5e ÉDITION Tome II

1000 tests d'aptitude du concours infirmier

André Combres

IFSI

LAMARRE CONCOURS

Conforme au nouveau concours

Annales corrigées

EDITIONS LAMARRE

Directeur de collection
Pascal Le Masson

Du même auteur, pour le concours d'entrée en IFSI :

* Les maths du concours infirmier (3e édition)
* La méthodologie des tests d'aptitude du concours infirmier (2e édition)
* 1 000 tests d'aptitude du concours infirmier tome 1 (5e édition)
* 500 tests d'aptitude du concours infirmier, tome 1 (3e édition)
* 300 tests d'aptitude du concours infirmier

ISBN 978-2-7573-0756-4

PRÉFACE

Cet ouvrage est destiné aux candidats préparant les concours d'entrée en Institut de formation en soins infirmiers.
Selon les textes en vigueur, l'une des deux épreuves d'admissibilité consiste en des tests d'aptitude.

En référence à l'arrêté du 31 juillet 2009, ceux-ci ont pour objet d'évaluer les capacités suivantes :

* le raisonnement logique et analogique ;
* l'abstraction et la concentration ;
* la résolution de problème et les aptitudes numériques.

Les tests qui vous sont proposés vous serviront d'entraînement et vous familiariseront avec ce qui peut vous être demandé le jour du concours. Plus vous vous préparerez à ce type d'épreuve plus vos chances de réussite à cette dernière seront élevées.

C'est de votre travail que dépendront les résultats.

Alors bon courage et…

Bonne chance !

Nicole ROUCH GARCIA

Directeur des soins

Conseillère Pédagogique Régionale

Service des Formations de Santé

DRASS Midi-Pyrénées

AVANT-PROPOS DE L'AUTEUR

Cet ouvrage est destiné aux candidats préparant le concours infirmier.

Observation sur l'épreuve de tests d'aptitude

Beaucoup de candidats éprouvent des difficultés sur les questions de calculs et les problèmes. Pour vous aider, consultez l'ouvrage : « *Les maths du concours IFSI* » aux éditions Lamarre. Tous les calculs, les problèmes, les pourcentages, les conversions et les calculs d'aires et de volumes sont abordés par des exemples simples.

Contenu de l'ouvrage

Cet ouvrage comporte 10 sujets de concours blancs de 100 questions chacun.

Chaque sujet est suivi d'une correction détaillée.

Tous les types de tests énoncés dans l'arrêté fixant les modalités du concours d'entrée en IFSI sont traités dans cet ouvrage : le raisonnement logique et analogique, l'abstraction et la concentration, la résolution de problème et les aptitudes numériques. Pour chaque série de tests, la durée de travail conseillée est indiquée.

Dans cet ouvrage, les tests d'aptitudes numériques et les problèmes sont résolus sans utiliser les réponses proposées. Cela permet de donner tous les détails dans la correction, et de permettre aux candidats de progresser. Cependant, on obtient parfois des réponses plus rapides en utilisant les propositions de réponse.

Quelques conseils pour se préparer efficacement à cette épreuve

Tout d'abord, il faut réviser les notions élémentaires de calcul.

Ensuite, comme pour tous les concours, il faut s'entraîner dans les conditions de l'épreuve.

- Au début de votre préparation, l'objectif ne doit pas être de terminer l'épreuve dans le temps imposé. Il faut chercher toutes les questions, dans le seul but de trouver le maximum de réponses.

* Ensuite, le nouvel objectif est de chercher le maximum de questions en deux heures (durée de l'épreuve), puis de poursuivre son travail pour chercher les autres questions.
* Enfin, il faut trouver le maximum de réponses en deux heures.

Il est très profitable de reprendre les sujets déjà cherchés pour améliorer ses performances.

Bonne préparation et bon courage !

André COMBRES

ARRÊTÉ DU 21 DÉCEMBRE 2012 MODIFIANT L'ARRÊTÉ DU 31 JUILLET 2009 RELATIF AU DIPLÔME D'ÉTAT D'INFIRMIER

Version consolidée au 2 février 2014

Article 15

Les épreuves d'admissibilité comprennent :

1° Une épreuve écrite, qui consiste en un travail écrit anonyme d'une durée de deux heures, notée sur 20 points. Elle comporte l'étude d'un texte comprenant 3 000 à 6 000 signes, relatif à l'actualité dans le domaine sanitaire et social. Le texte est suivi de trois questions permettant au candidat de présenter le sujet et les principaux éléments du contenu, de situer la problématique dans le contexte, d'en commenter les éléments, notamment chiffrés, et de donner un avis argumenté sur le sujet. Cette épreuve permet d'évaluer les capacités de compréhension, d'analyse, de synthèse, d'argumentation et d'écriture des candidats ;

2° Une épreuve de tests d'aptitude de deux heures notée sur 20 points.
Cette épreuve a pour objet d'évaluer :

- les capacités de raisonnement logique et analogique,
- les capacités d'abstraction,
- les capacités de concentration,
- les capacités de résolution de problème,
- et les aptitudes numériques.

Les deux épreuves d'admissibilité sont écrites et anonymes.

Pour être admissible, le candidat doit obtenir un total de points au moins égal à 20 sur 40 aux deux épreuves.

Une note inférieure à 8 sur 20 à l'une de ces épreuves est éliminatoire.

Vous pouvez consulter l'arrêté en entier sur :

http://www.legifrance.gouv.fr/

SOMMAIRE

ÉPREUVE DE TESTS N° 1

- Durée : 2 heures.
- Nombre de questions : 100.
- Vous devez reporter vos réponses sur la « grille réponse ».
- Tout instrument de calcul est interdit.
- Chaque question, notée sur un point est suivie de propositions de réponse dont une seule est exacte (sauf indication contraire).
- Vous pouvez utiliser des feuilles de brouillon.
- *Il est recommandé de respecter le temps de travail conseillé.*

Test n° 1

Temps conseillé 5 min

Q1. Calculer : $A = \frac{1}{2} \div 2$

A. 1 **B.** 0,25 **C.** 4 **D.** 0

Q2. Calculer : $B = 1 - \frac{1}{3} \times 3^2$

A. 2 **B.** – 1 **C.** 6 **D.** – 2

Q3. Calculer : $C = 1^5 - 1^4 + 1^3 - 1^2 + 1^1 - 1^0$

A. – 3 **B.** 3 **C.** 1 **D.** 0

Q4. Calculer approximativement : $D = 2\sqrt{8} - \sqrt{5} + 3\sqrt{3}$

A. 10 **B.** 0,25 **C.** 4 **D.** 0

Q5. Calculer 50 % de 50 % de 500.

A. 250 **B.** 125 **C.** 2 000 **D.** 500

Test n° 2

Temps conseillé 5 min

Trois infirmières travaillent chacune dans trois services hospitaliers, et n'ont pas la même ancienneté de service.

Cécile n'a pas 7 ans d'ancienneté. L'infirmière qui travaille aux urgences n'a pas 5 ans d'ancienneté. Berthe qui a 12 ans d'ancienneté ne travaille ni en cardiologie, ni aux urgences.

Q6. Dans quel service travaille Amélie ?
A. Cardiologie **B.** Pneumologie **C.** Urgences

Q7. Qui a 7 ans d'ancienneté ?
A. Amélie **B.** Berthe **C.** Cécile

Q8. Qui travaille en pneumologie ?
A. Amélie **B.** Berthe **C.** Cécile

Q9. Quelle est l'ancienneté d'Amélie ?
A. 5 ans **B.** 7 ans **C.** 12 ans

Q10. Quel service accueille l'infirmière ayant le moins d'ancienneté ?
A. Cardiologie **B.** Pneumologie **C.** Urgences

Pour vous aider à répondre rapidement, vous disposez d'une grille à compléter.

		Services			Anciennetés		
		Cardio.	Pneumo.	Urgences	5 ans	7 ans	12 ans
Prénoms	Amélie						
	Berthe						
	Cécile						
Anciennetés	5 ans						
	7 ans						
	12 ans						

Test n° 3

Temps conseillé 10 min

Q11. Résoudre l'équation : $3x + 5 - 3(1 - x) = 8$
A. *Pas de solution* **B.** 0 **C.** –1 **D.** 1

Q12. Calculer : $E = \left(1 - \frac{1}{3}\right)^3$

A. $\frac{1}{9}$ **B.** 0 **C.** $\frac{8}{27}$ **D.** $1 - \frac{1}{27}$

Q13. Calculer : $F = (2\sqrt{3})^2$

A. $4\sqrt{3}$ **B.** 6 **C.** 12 **D.** $2\sqrt{9}$

Q14. Calculer : $G = \sqrt{2} - \frac{1}{\sqrt{2}}$

A. –1 **B.** 1 **C.** $\frac{\sqrt{2}}{2}$ **D.** $\frac{-1}{\sqrt{2}}$

Q15. Calculer la valeur de x, solution du système : $\begin{cases} x - y = 3 \\ x + 2y = 6 \end{cases}$

A. –1 **B.** –4 **C.** 1 **D.** 4

Test n° 4

Temps conseillé 5 min

Trois médicaments sont chacun fabriqués par l'un des trois laboratoires Pharmabest, Médibest et Santébest. L'un est une pommade, l'autre un sirop, et le dernier est un cachet. Un médicament n'est pas remboursé, l'autre n'est que partiellement remboursé, et le dernier est entièrement remboursé.

Le sirop qui n'est pas fabriqué par Pharmabest n'est pas entièrement remboursé. La pommade n'est pas partiellement remboursée et n'est pas fabriquée par Santébest. Ce dernier laboratoire ne fabrique pas le cachet, ni le médicament entièrement remboursé.

Q16. Quel est la forme du médicament entièrement remboursé ?
A. Sirop **B.** Pommade **C.** Cachet

Q17. Quel est le laboratoire qui fabrique la pommade ?
A. Pharmabest **B.** Médibest **C.** Santébest

Q18. Comment est remboursé le cachet ?
A. Pas du tout **B.** Partiellement **C.** Entièrement

Q19. Quel est le médicament fabriqué par le laboratoire Santébest ?
A. Sirop **B.** Pommade **C.** Cachet

Q20. Quel est le médicament non remboursé ?
A. Sirop **B.** Pommade **C.** Cachet

Pour vous aider à répondre rapidement, vous disposez d'une grille à compléter.

		Remboursements			**Formes**		
		Non remboursé	Partiellement	Entièrement	Sirop	Pommade	Cachet
Laboratoires	Médibest						
	Santébest						
	Pharmabest						
Formes	Sirop						
	Pommade						
	Cachet						

Test n° 5

Temps conseillé 15 min

Chaque exercice comprend quatre images dont une seule est différente des trois autres. Les images ont parfois été transformées par une rotation ou un effet miroir.

Q21. Quelle est l'image différente des trois autres ?

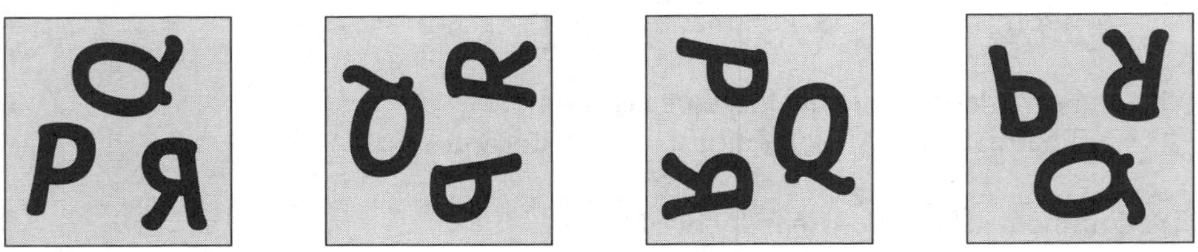

A. **B.** **C.** **D.**

Q22. Quelle est l'image différente des trois autres ?

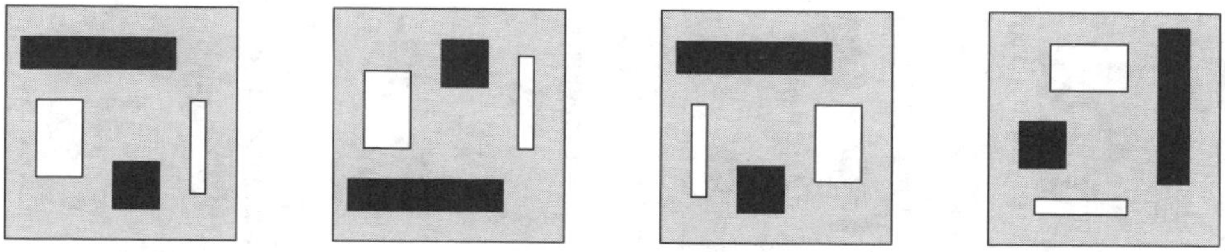

A. B. C. D.

Q23. Quelle est l'image différente des trois autres ?

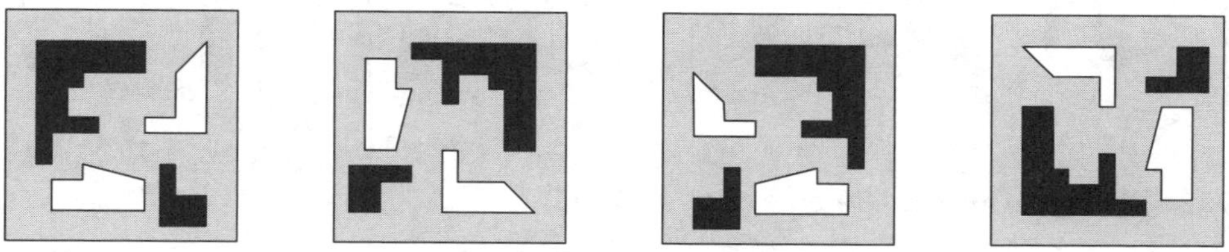

A. B. C. D.

Q24. Quelle est l'image différente des trois autres ?

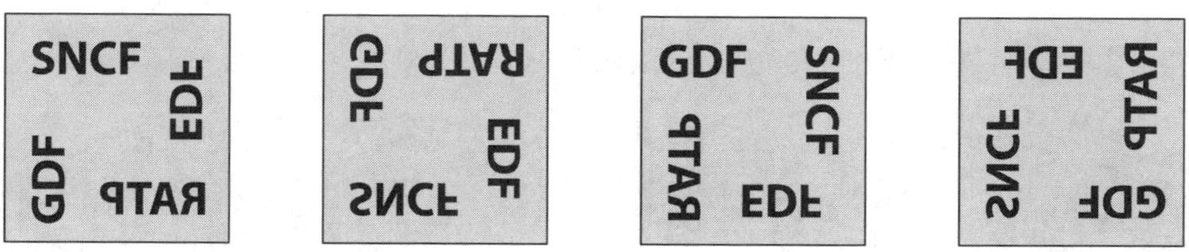

A. B. C. D.

Q25. Quelle est l'image différente des trois autres ?

A. B. C. D.

Q26. Quelle est l'image différente des trois autres ?

A. B. C. D.

Q27. Quelle est l'image différente des trois autres ?

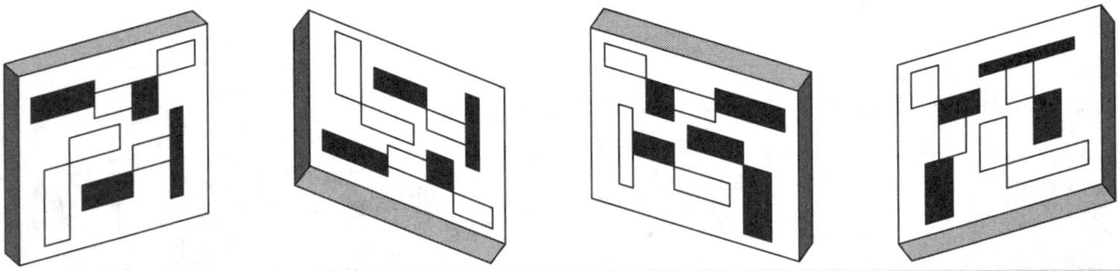

A. B. C. D.

Q28. Quelle est l'image différente des trois autres ?

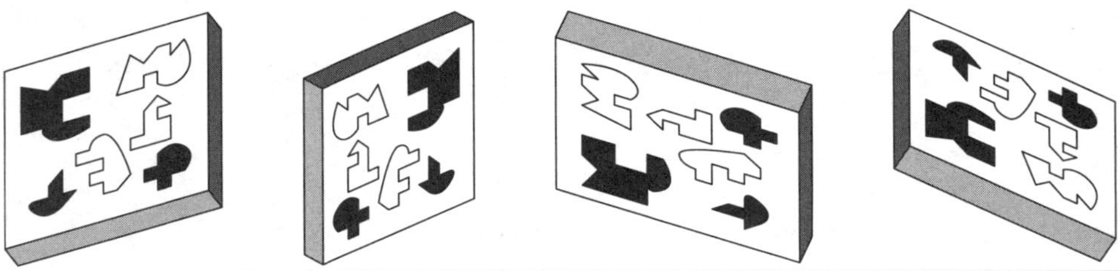

A. B. C. D.

Q29. Quelle est l'image différente des trois autres ?

Q30. Quelle est l'image différente des trois autres ?

A. B. C. D.

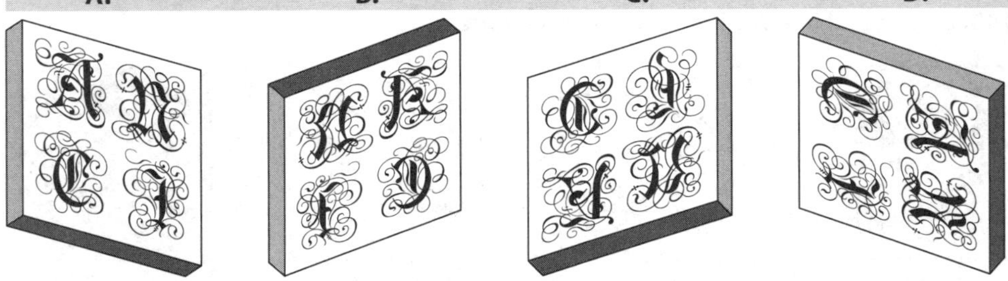

A. B. C. D.

Test n° 6

Temps conseillé 10 min

Pour répondre aux questions suivantes, il faut s'en tenir aux seules informations contenues dans ce test.

Une unité de pompiers possède quatre véhicules d'intervention de tailles différentes et classés dans l'ordre croissant :
- un véhicule de type Jeep ;
- une ambulance ;
- un camion citerne ;
- un camion équipé d'une grande échelle.

Seulement deux véhicules sont utilisés pour intervenir sur les sinistres en ville. Les deux autres véhicules sont utilisés pour intervenir sur les sinistres à la campagne.
Un des quatre véhicules fut acheté par le conseil régional, un autre par le conseil général, un troisième par le groupement de communes et le dernier fut acheté suite à des donations des habitants des différentes communes.
On sait que la Jeep intervient sur les mêmes lieux que le camion citerne. On sait aussi que le plus grand camion n'a pas été acheté par le conseil général.

Q31. À ce niveau d'information, on est sûr que le plus grand véhicule est :
A. La Jeep.
B. Le camion équipé d'une grande échelle.
C. L'ambulance.
D. Le camion citerne.

Q32. À ce niveau d'information, on est sûr que :
A. Les pompiers se rendent parfois avec la Jeep et le camion citerne sur un feu.
B. La Jeep n'intervient pas sur les sinistres à la campagne.
C. La Jeep et l'ambulance interviennent sur les mêmes lieux.
D. Le camion équipé d'une grande échelle est couplé au camion citerne.

On ajoute maintenant les informations suivantes : les habitants des différentes communes ont participé à l'achat du plus petit véhicule qui n'intervient qu'à la campagne.

Q33. À ce niveau d'information, on est sûr que :
A. Deux accidents peuvent se produire au même moment.
B. L'ambulance fut financée par les donations des habitants des différentes communes.
C. Le camion citerne intervient uniquement sur les sinistres à la campagne.
D. Pour un accident de la circulation, l'ambulance sera fort utile.

Q34. À ce niveau d'information, on est sûr que :
A. Les donations des habitants des différentes communes ont permis de financer l'ambulance.

B. Le conseil général n'a pas financé le camion équipé d'une grande échelle.
C. La Jeep est uniquement utilisée pour les sinistres en ville.
D. La Jeep n'est pas adaptée au transport des blessés.

On ajoute maintenant l'information suivante : le camion citerne fut acheté par le conseil général.

Q35. À ce niveau d'information, on est sûr que :
A. Le camion citerne intervient sur les mêmes lieux que la Jeep.
B. Le conseil général a financé l'ambulance.
C. Le camion citerne ne peut pas se déplacer sur un terrain très accidenté.
D. Le préfet a autorité sur les pompiers.

On ajoute maintenant l'information suivante : le conseil régional n'a pas financé l'ambulance.

Q36. À ce niveau d'information, on est sûr que :
A. C'est le groupement de communes qui a financé l'ambulance.
B. Le camion équipé d'une grande échelle ne peut pas intervenir sur les feux dans les immeubles en ville.
C. L'ambulance et le camion citerne interviennent ensemble sur les mêmes sinistres.
D. En ville, seul le camion équipé d'une grande échelle intervient sur les différents sinistres.

Q37. À ce niveau d'information, on est sûr que :
A. Les pompiers n'ont pas le droit de grève.
B. L'ambulance est utilisée par les pompiers pour les accidents en ville.
C. Les pompiers n'ont pas le droit de refuser d'intervenir suite à un appel de détresse.
D. Tous les véhicules de pompiers sont de couleur rouge.

Q38. À ce niveau d'information, on est sûr que :
A. Le « patron » des pompiers est « Ste Barbe ».
B. « Mourir ou sauver » est la devise des pompiers.
C. Les véhicules inadaptés pour intervenir à la campagne sont l'ambulance et le camion citerne.
D. Les véhicules prévus pour intervenir en ville sont l'ambulance et le camion équipé d'une grande échelle.

Q39. À ce niveau d'information, il est faux d'affirmer que :
A. Le « 18 » est le numéro de téléphone à composer pour joindre les pompiers.
B. Le camion citerne fut financé par le conseil général et n'intervient que sur les sinistres à la campagne.
C. Le « 112 » est le numéro de téléphone à composer pour joindre les pompiers partout en Europe.
D. Le groupement des communes a financé la Jeep qui n'intervient que sur les sinistres à la campagne.

Q40. À ce niveau d'information, il est faux de nier les affirmations suivantes :
A. Le conseil régional a financé l'ambulance ou le camion équipé d'une grande échelle.
B. L'ambulance est le plus petit des quatre véhicules proposés.
C. Le conseil général a financé la Jeep et le camion citerne.
D. La Jeep n'est pas le fruit des donations des habitants des différentes communes.

Test n° 7

Temps conseillé 5 min

On donne une figure géométrique composée de petits éléments appelés des cases. Le but de ce test est de déterminer le nombre de cases à noircir pour que la figure admette un axe de symétrie.

Q41. Quel nombre minimal de cases faut-il noircir pour que l'image suivante admette un axe de symétrie ?
A. 1 **B.** 2 **C.** 3 **D.** 4

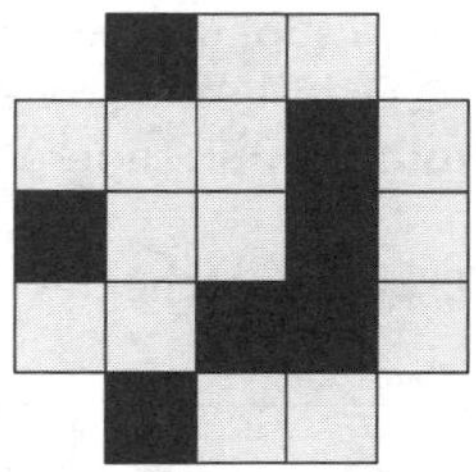

Q42. Quel nombre minimal de cases faut-il noircir pour que l'image suivante admette un axe de symétrie ?
A. 1 **B.** 2 **C.** 3 **D.** 4

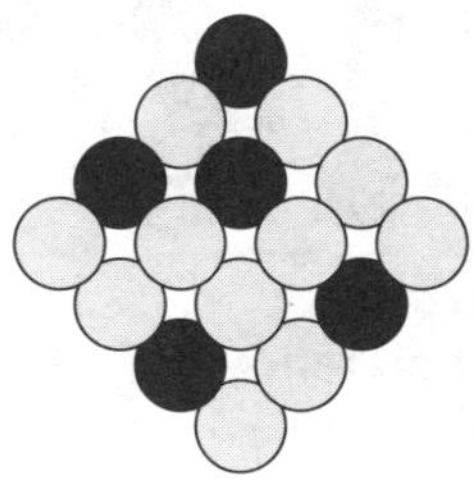

Q43. Quel nombre maximal de cases faut-il noircir pour que l'image suivante admette un axe de symétrie ?
A. 5 **B.** 6 **C.** 7 **D.** 8

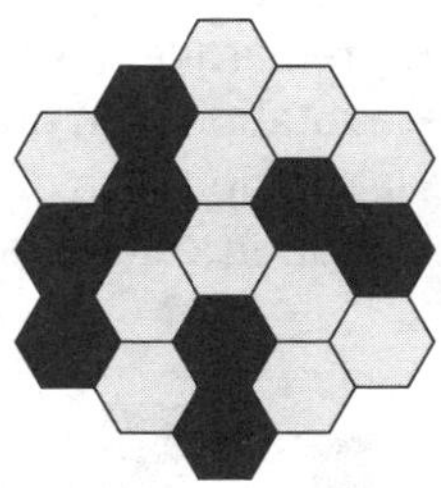

Q44. Quel nombre maximal de cases faut-il noircir pour que l'image suivante admette un axe de symétrie ?
A. 5 **B.** 6 **C.** 7 **D.** 8

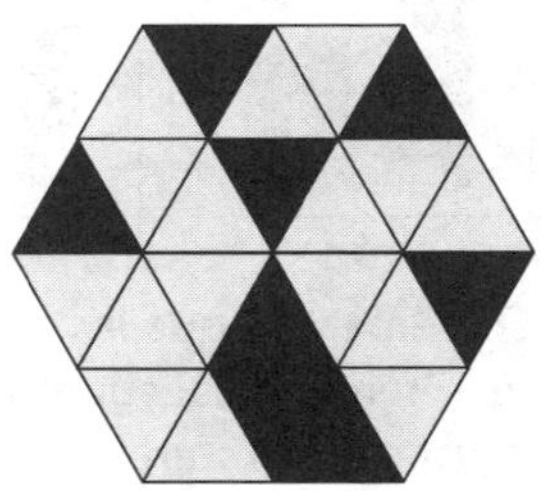

Q45. Quel nombre minimal de cases faut-il noircir pour que l'image suivante admette un axe de symétrie ?

A. 6 **B.** 7 **C.** 8 **D.** 9

Test n° 8

Temps conseillé 5 min

On donne une série d'images, dont la première est l'image de référence. Cette image est la superposition de deux images parmi les quatre propositions de réponse. Le but de ce test est de déterminer les deux images qui doivent d'abord être transformées par rotation puis superposées, pour obtenir l'image de référence.

Exemple: cocher les deux images reproduisant l'image de référence par superposition.

Référence **A** **B** **C** **D**

Solution

On remarque que l'on obtient l'image de référence en effectuant :

- la rotation d'un quart de tour dans le sens antihoraire de l'image **A** ;
- la rotation d'un demi-tour de l'image **B** ;
- la superposition de ces deux images ainsi transformées.

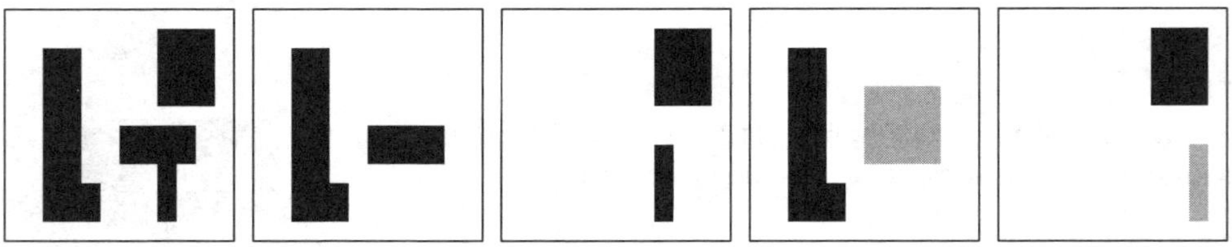

On remarque que les deux dernières images ne permettent pas de reproduire l'image de référence par superposition. En effet, elles possèdent chacune un dessin de taille ou de position différentes. Ces détails sont indiqués en gris.

Q46. Cocher les deux images reproduisant l'image de référence par superposition.

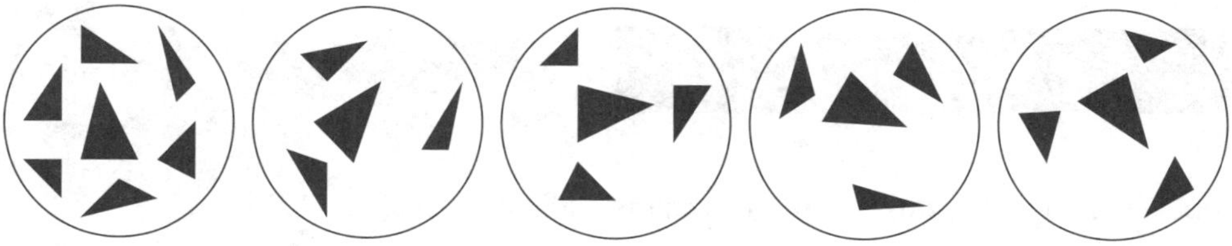

Référence **A** **B** **C** **D**

Q47. Cocher les deux images reproduisant l'image de référence par superposition.

Référence **A** **B** **C** **D**

Q48. Cocher les deux images reproduisant l'image de référence par superposition.

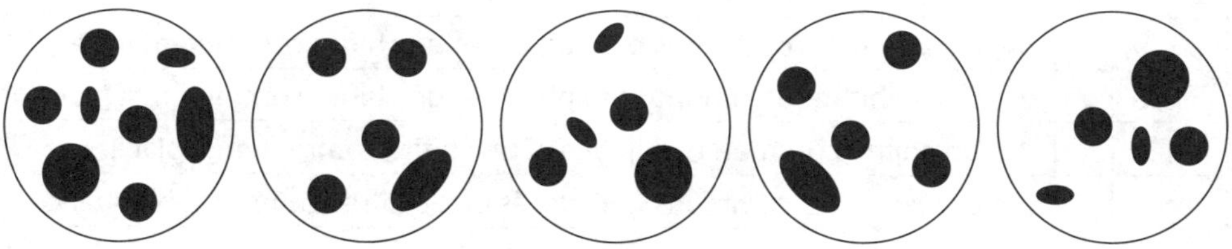

Référence **A** **B** **C** **D**

Q49. Cocher les deux images reproduisant l'image de référence par superposition.

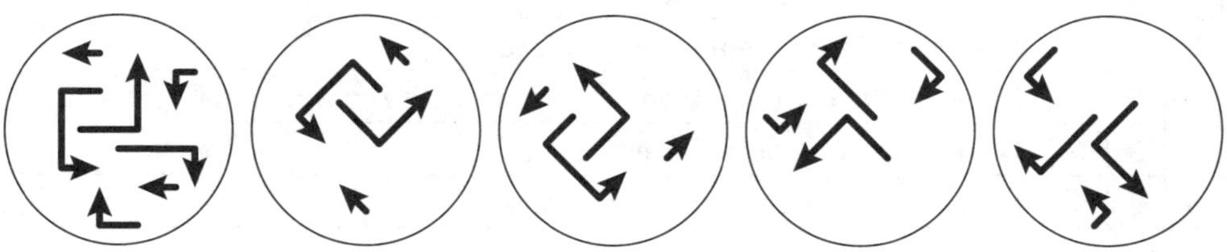

Référence **A** **B** **C** **D**

Q50. Cocher les deux images reproduisant l'image de référence par superposition.

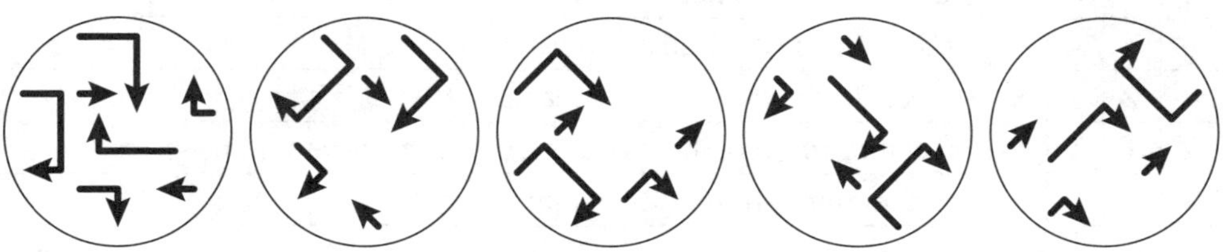

Référence **A** **B** **C** **D**

Test n° 9

Temps conseillé 10 min

Trouver la bonne réponse à partir des chiffres utilisés : 0 ; 1 ; 2 ; 3 ; 4 ; 5.

Les chiffres ne peuvent pas apparaître plus d'une fois dans chaque exercice.

4	3	2	1	Deux chiffres communs bien placés
5	3	4	1	Deux chiffres communs bien placés
4	3	1	5	Un chiffre commun bien placé et un chiffre commun mal placé
4	1	2	3	Un chiffre commun bien placé et un chiffre commun mal placé
4	5	2	1	Un chiffre commun bien placé et un chiffre commun mal placé

Q51. **A.** 5 1 2 3 **B.** 5 3 2 0 **C.** 0 2 3 5 **D.** 0 3 1 2

2	4	3	5	Deux chiffres communs bien placés
2	0	1	5	Deux chiffres communs bien placés et un chiffre commun mal placé
5	0	3	2	Deux chiffres communs bien placés et un chiffre commun mal placé
5	2	3	4	Un chiffre commun bien placé et un chiffre commun mal placé
1	0	3	2	Deux chiffres communs mal placés et 2 chiffres communs bien placés

Q52. **A.** 3 0 2 1 **B.** 2 0 3 1 **C.** 0 2 3 5 **D.** 4 0 3 2

4	0	5	1	Deux chiffres communs mal placés
3	4	5	0	Deux chiffres communs bien placés
0	5	1	4	Un chiffre commun bien placé et un chiffre commun mal placé
2	3	0	4	Trois chiffres communs mal placés
5	2	1	4	Deux chiffres communs bien placés

Q53. **A.** 3 2 1 0 **B.** 3 1 0 2 **C.** 2 3 0 1 **D.** 2 5 1 0

3	4	0	2	Trois chiffres communs mal placés
0	1	4	5	Deux chiffres communs bien placés
4	2	3	5	Deux chiffres communs mal placés
2	1	4	5	Un chiffre commun bien placé et un chiffre commun mal placé
4	1	2	3	Trois chiffres communs bien placés

Q54. **A.** 0 1 2 3 **B.** 3 2 0 1 **C.** 2 3 1 0 **D.** 3 2 1 0

4	0	2	1	Un chiffre commun bien placé et un chiffre commun mal placé
5	0	1	4	Deux chiffres communs mal placés
5	2	4	0	Deux chiffres communs mal placés
5	4	1	2	Trois chiffres communs mal placés
0	2	3	5	Trois chiffres communs mal placés

Q55. **A.** 1 5 2 3 **B.** 2 5 3 1 **C.** 2 1 3 5 **D.** 1 2 3 4

0	1	5	2	Deux chiffres communs mal placés
1	2	5	0	Deux chiffres communs bien placés
2	3	4	0	Trois chiffres communs bien placés
3	1	0	5	Trois chiffres communs mal placés
1	0	5	2	Un chiffre commun bien placé et un chiffre commun mal placé

Q56. **A.** 0 3 5 1 **B.** 5 3 0 1 **C.** 1 3 4 0 **D.** 3 0 5 1

3	1	4	0	Un chiffre commun bien placé et un chiffre commun mal placé
2	1	4	3	Deux chiffres communs mal placés
3	4	1	2	Deux chiffres communs mal placés
4	1	0	2	Trois chiffres communs mal placés
1	2	0	4	Deux chiffres communs bien placés et un chiffre commun mal placé

Q57. **A.** 4 2 0 1 **B.** 5 2 0 1 **C.** 4 2 0 5 **D.** 1 2 5 0

5	0	2	1	4	Deux chiffres communs bien placés et 2 chiffres communs mal placés
4	0	1	2	5	Trois chiffres communs bien placés et un chiffre commun mal placé
4	5	1	2	3	Trois chiffres communs bien placés et un chiffre commun mal placé
4	0	1	3	2	Deux chiffres communs bien placés et 2 chiffres communs mal placés
1	0	5	4	3	Deux chiffres communs bien placés et 2 chiffres communs mal placés

Q58. **A.** 5 0 1 2 3 **B.** 4 0 1 3 2 **C.** 4 0 3 2 1 **D.** 3 2 1 0 5

1	5	4	0	2	Trois chiffres communs mal placés et un chiffre commun bien placé
4	1	2	5	3	Trois chiffres communs mal placés et un chiffre commun bien placé
4	1	3	0	2	Deux chiffres communs bien placés et 2 chiffres communs mal placés
0	5	4	3	2	Deux chiffres communs bien placés et 2 chiffres communs mal placés
1	0	3	5	2	Quatre chiffres communs mal placés et un chiffre commun bien placé

Q59. **A.** 1 4 2 3 0 **B.** 1 2 5 3 0 **C.** 5 1 0 3 2 **D.** 2 3 0 1 4

3	5	4	0	1	Trois chiffres communs mal placés et un chiffre commun bien placé
2	4	1	3	0	Trois chiffres communs mal placés et un chiffre commun bien placé
3	1	0	2	4	Deux chiffres communs bien placés et 2 chiffres communs mal placés
4	0	2	5	1	Deux chiffres communs bien placés et 2 chiffres communs mal placés
5	1	2	0	4	Deux chiffres communs bien placés et 2 chiffres communs mal placés

Q60. **A.** 5 4 2 1 3 **B.** 5 2 3 1 4 **C.** 0 1 2 3 5 **D.** 3 1 2 5 0

Test n° 10

Temps conseillé **10 min**

Pour exécuter le « programme » ci-dessous, il faut, sauf indication contraire, traiter la première ligne, puis passer à la ligne suivante. Par exemple, après avoir effectué la ligne 1 il faut passer à la ligne 2. L'exercice est terminé quand on arrive à la dernière ligne du programme. Elle est notée « Fin ». On peut alors répondre à la question posée.

Numéro de la ligne du programme	Instruction
0	Début :
1	Lire le nombre P.
2	Lire le nombre Q.
3	Si P < Q aller à la ligne 7, sinon aller à la ligne 4.
4	Calculer : R = P − Q
5	P prend la valeur de Q. Q prend la valeur de R.
6	Si R < 5 aller à la ligne 8, sinon aller à la ligne 3.
7	S prend la valeur de P. P prend la valeur de Q. Q prend la valeur de S. Continuer à la ligne 4.
8	Écrire le nombre R.
9	Fin.

Q61. Quelle est la valeur de R, si P = 10 et Q = 8 ?
A. 0 **B.** 1 **C.** 2 **D.** 3

Q62. Quelle est la valeur de R, si P = 15 et Q = 9 ?
A. 3 **B.** 2 **C.** 1 **D.** 0

Q63. Quelle est la valeur de R, si P = 20 et Q = 12 ?
A. 3 **B.** 4 **C.** 2 **D.** 1

Q64. Quelle est la valeur de R, si P = 13 et Q = 8 ?
A. 4 **B.** 3 **C.** 2 **D.** 1

Q65. Quelle est la valeur de R, si P = 15 et Q = 18 ?
A. 2 **B.** 4 **C.** 1 **D.** 3

Test n° 11

Temps conseillé 5 min

Le but de ce test est de compléter chaque série.

Q66. Vache – herbe ; chat – lait ; cochon – ?
A. Paille **B.** Pomme **C.** Pastèque **D.** Purin

Q67. Souris – grise ; jument – blanche ; cochon – ?
A. Blanc **B.** Poilu **C.** Gras **D.** Rose

Q68. Mer – sable ; ciel – nuages ; terre – ?
A. Cailloux **B.** Pelouse **C.** Herbe **D.** Eau

Q69. Vache – veau ; biche – faon ; chat – ?
A. Gris **B.** Noir **C.** Souris **D.** Eau

Q70. Oreilles – dent ; clavicule – doigt ; orteil – ?
A. Nez **B.** Langue **C.** Bouche **D.** Pied

Test n° 12

Temps conseillé 15 min

Pour chaque question, indiquer la ligne à partir de laquelle le calcul est erroné.

Q71.

$$\boxed{P = 1 - \frac{1}{2} \div \frac{5}{8} \times \frac{15}{2}}$$

A. $P = 1 - \frac{1}{2} \div \frac{5}{8} \div \frac{2}{15}$

B. $P = \frac{1}{2} \div \frac{5}{8} \div \frac{2}{15}$

C. $P = \frac{1 \times 8 \times 15}{2 \times 5 \times 2}$

D. $P = 6$

Q72.

$$\boxed{P = (3\sqrt{2} - \sqrt{8})^2}$$

A. $P = (3\sqrt{2} - 4\sqrt{2})^2$

B. $P = (-\sqrt{2})^2$

C. $P = \sqrt{4}$

D. $P = 2$

Q73.

$P = 4^{-3} \div 8^3$

A. $P = 2^{-6} \div 2^9$
B. $P = 2^{-6} \times 2^{-9}$
C. $P = \frac{1}{2^{15}}$
D. $P = -2^{15}$

Q74.

$P = (3a - 4b)^2$

A. $P = (3a)^2 - 12ab + (4b)^2$
B. $P = 3^2a^2 - 12ab + 4^2b^2$
C. $P = 9a^2 - 12ab + 16b^2$
D. $P = 3a(3a - 4b) + 16b^2$

Q75.

$P = 0{,}0025 \times 10^{-3} \times 400 \times 10^5$

A. $P = 2{,}5 \times 10^{-6} \times 4 \times 10^7$
B. $P = 10^1 \times 10^1$
C. $P = 100^2$
D. $P = 10\,000$

Q76.

$P = \frac{\sqrt{3} + \sqrt{2}}{\sqrt{3} - \sqrt{2}}$

A. $P = \frac{(\sqrt{3} + \sqrt{2})^2}{(\sqrt{3} - \sqrt{2})(\sqrt{3} + \sqrt{2})}$
B. $P = \frac{(\sqrt{3})^2 + (\sqrt{2})^2}{(\sqrt{3})^2 - (\sqrt{2})^2}$
C. $P = \frac{3 + 2}{3 - 2}$
D. $P = 5$

Q77.

$P = 3a^4b^9 - 12a^6b^{12} - 9a^9b^7$

A. $P = 3a^4b^7(ab^2 - 4a^2b^5 - 3a^5b)$
B. $P = 3a^4b^7[ab(b - 4ab^4 - 3a^4)]$
C. $P = 3a^4b^7\{ab[b - a(4b^4 - 3a^3)]\}$
D. $P = 3a^5b^8(b - 4ab^4 - 3a^4)$

Q78.

$P = 1 + \cfrac{1}{1 + \cfrac{1}{1 + \cfrac{1}{5}}}$

A. $P = 1 + \cfrac{1}{1 + \cfrac{1}{\cfrac{6}{5}}}$
B. $P = 1 + \cfrac{1}{1 + \cfrac{5}{6}}$
C. $P = 1 + \cfrac{1}{\cfrac{11}{6}}$
D. $P = \frac{17}{6}$

Q79.

$$\boxed{P = (3^4 - 1^2 \div 5^2 \times 3^2)^2}$$

A. $P = [3^2(3^2 - 1^2 \div 5^2)]^2$

B. $P = 3^4(3^2 - 1^2 \div 5^2)^2$

C. $P = 3^4(9 - 2 \div 25)^2$

D. $P = 81\left(9 - \frac{2}{25}\right)^2$

Q80.

$$\boxed{\begin{cases} x - \frac{1}{2}y = 1 \\ 4x + 3y = -1 \end{cases}}$$

A. $\begin{cases} 2x - y = 2 \\ 4x + 3y = -1 \end{cases}$

B. $\begin{cases} 6x - 3y = 6 \\ 4x + 3y = -1 \end{cases}$

C. $\begin{cases} 10x = 5 \\ 4x + 3y = -1 \end{cases}$

D. $\begin{cases} x = \frac{1}{2} \\ y = 1 \end{cases}$

Test n° 13

Temps conseillé 15 min

Le but de ce test est de retrouver toutes les étoiles identiques à un modèle donné dans l'image suivante.

Q81. Dans l'image ci-dessus, donner le nombre d'étoiles identiques à celle-ci : 

A. 12 **B.** 11 **C.** 10 **D.** 9

Q82. Dans l'image ci-dessus, donner le nombre d'étoiles identiques à celle-ci : 

A. 12 **B.** 11 **C.** 10 **D.** 9

Q83. Dans l'image ci-dessus, donner le nombre d'étoiles identiques à celle-ci : 

A. 11 **B.** 12 **C.** 13 **D.** 14

Q84. Dans l'image ci-dessus, donner le nombre d'étoiles identiques à celle-ci : 

A. 10 **B.** 11 **C.** 12 **D.** 13

Q85. Dans l'image ci-dessus, donner le nombre d'étoiles identiques à celle-ci : 

A. 7 **B.** 8 **C.** 9 **D.** 10

Q86. Dans l'image ci-dessus, donner le nombre d'étoiles identiques à celle-ci : 

A. 4 **B.** 5 **C.** 6 **D.** 7

Q87. Dans l'image ci-dessus, donner le nombre d'étoiles identiques à celle-ci : 

A. 2 **B.** 3 **C.** 4 **D.** 5

Q88. Dans l'image ci-dessus, donner le nombre d'étoiles identiques à celle-ci : 

A. 7 **B.** 8 **C.** 9 **D.** 10

Q89. Dans l'image ci-dessus, donner le nombre d'étoiles identiques à celle-ci : 

A. 4 **B.** 5 **C.** 6 **D.** 3

Q90. Dans l'image ci-dessus, donner le nombre d'étoiles identiques à celle-ci : 

A. 9 **B.** 8 **C.** 7 **D.** 10

Test n° 14

Temps conseillé 5 min

Des figurines se déplacent sur un carré gris. On voit l'évolution de ces déplacements sur les trois premières images.

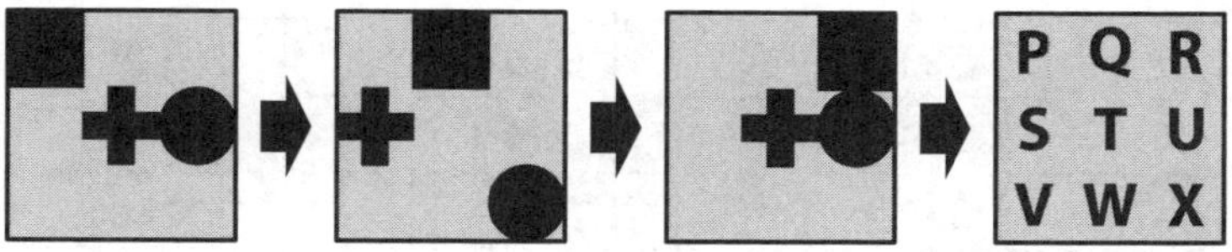

Q91. Sur quelle lettre de la dernière image, le carré se trouve-t-il ?
A. P **B.** Q **C.** T **D.** V

Q92. Sur quelle lettre de la dernière image, le disque se trouve-t-il ?
A. V **B.** T **C.** U **D.** R

Q93. Sur quelle lettre de la dernière image, la croix se trouve-t-elle ?
A. V **B.** U **C.** T **D.** X

Q94. Quelle est la figurine placée sur la lettre W ?
A. Le carré **B.** Le disque **C.** Aucune **D.** La croix

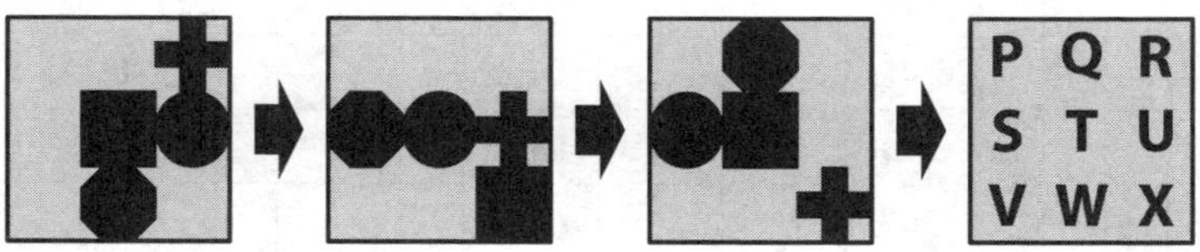

Q95. Sur quelle lettre de la dernière image, le carré se trouve-t-il ?
A. P **B.** Q **C.** T **D.** V

Q96. Sur quelle lettre de la dernière image, le disque se trouve-t-il ?
A. V **B.** T **C.** U **D.** R

Q97. Sur quelle lettre de la dernière image, la croix se trouve-t-elle ?
A. V **B.** U **C.** T **D.** X

Q98. Sur quelle lettre de la dernière image, l'octogone se trouve-t-il ?
A. V **B.** U **C.** T **D.** X

Q99. Quelle est la figurine placée sur la lettre X ?
A. Le carré **B.** Le disque **C.** Aucune **D.** La croix

Q100. Quelle est la figurine placée sur la lettre U ?
A. Le carré **B.** Le disque **C.** Aucune **D.** La croix

Grille réponse

Avec un crayon, cochez vos réponses à chaque question.

	A	B	C	D		A	B	C	D		A	B	C	D		A	B	C	D
Q1					**Q26**					**Q51**					**Q76**				
Q2					**Q27**					**Q52**					**Q77**				
Q3					**Q28**					**Q53**					**Q78**				
Q4					**Q29**					**Q54**					**Q79**				
Q5					**Q30**					**Q55**					**Q80**				
Q6					**Q31**					**Q56**					**Q81**				
Q7					**Q32**					**Q57**					**Q82**				
Q8					**Q33**					**Q58**					**Q83**				
Q9					**Q34**					**Q59**					**Q84**				
Q10					**Q35**					**Q60**					**Q85**				
Q11					**Q36**					**Q61**					**Q86**				
Q12					**Q37**					**Q62**					**Q87**				
Q13					**Q38**					**Q63**					**Q88**				
Q14					**Q39**					**Q64**					**Q89**				
Q15					**Q40**					**Q65**					**Q90**				
Q16					**Q41**					**Q66**					**Q91**				
Q17					**Q42**					**Q67**					**Q92**				
Q18					**Q43**					**Q68**					**Q93**				
Q19					**Q44**					**Q69**					**Q94**				
Q20					**Q45**					**Q70**					**Q95**				
Q21					**Q46**					**Q71**					**Q96**				
Q22					**Q47**					**Q72**					**Q97**				
Q23					**Q48**					**Q73**					**Q98**				
Q24					**Q49**					**Q74**					**Q99**				
Q25					**Q50**					**Q75**					**Q100**				

Vous pouvez vous attribuer une note N sur 20, en comptant le nombre de bonnes réponses B, et en le divisant par 5.

$$N = \frac{B}{5} = \frac{\boxed{}}{5} = \boxed{}$$

CORRIGÉ DE L'ÉPREUVE N° 1

Test n° 1

Q1. Réponse **B.**

$A = \frac{1}{2} \div 2$

Diviser par 2 revient à multiplier par son inverse ; c'est-à-dire 1/2.

$A = \frac{1}{2} \times \frac{1}{2}$

$A = \boxed{\frac{1}{4}} = \boxed{0,25}$

Q2. Réponse **D.**

$B = 1 - \frac{1}{3} \times 3^2$ *On calcule d'abord $3^2 = 9$.*

$B = 1 - \frac{1}{3} \times 9$ *On simplifie le produit.*

$B = 1 - \frac{1}{\cancel{3}_1} \times \cancel{9}^3$ *On simplifie et calcule le produit.*

$B = 1 - 3$ *On calcule la différence.*

$B = \boxed{-2}$

Q3. Réponse **D.**

1 élevé à une puissance entière est toujours égal à 1.

$C = 1^5 - 1^4 + 1^3 - 1^2 + 1^1 - 1^0$

$C = 1 - 1 + 1 - 1 + 1 - 1$

$C = \boxed{0}$

Q4. Réponse **A.**

$\sqrt{8} \approx \sqrt{9} = 3$

$\sqrt{5} \approx \sqrt{4} = 2$

$\sqrt{3} \approx \sqrt{4} = 2$

On remplace le nombre sous la racine par un carré parfait. Ainsi la racine carrée est égale à un nombre entier.

$D = 2\sqrt{8} - \sqrt{5} + 3\sqrt{3}$

$D \approx 2\sqrt{9} - \sqrt{4} + 3\sqrt{4}$

Chaque racine carrée est remplacée par un nombre entier.

$D \approx 2 \times 3 - 2 + 3 \times 2$

$D \approx 6 - 2 + 6$

$D \approx \boxed{10}$

On calcule ensuite les multiplications puis les additions et soustractions.

Q5. Réponse **B.**

Prendre 50 % d'un nombre, c'est multiplier ce nombre par 50 % soit 1/2.

$P = 50\,\% \times 50\,\% \times 500$

$P = \frac{50}{100} \times \frac{50}{100} \times 500$ *$50\,\% = \frac{50}{100} = \frac{1}{2}$*

$P = \frac{1}{2} \times \frac{1}{2} \times 500$ *On calcule le produit des fractions.*

$P = \frac{1}{4} \times 500$

$P = \frac{500}{4}$

$P = \boxed{125}$

Test n° 2

Questions de Q6 à Q10 : se reporter à la grille réponse.

On dresse le tableau donné à la page suivante que l'on remplit en **gras** avec les données du problème.

Sur chaque ligne et sur chaque colonne, il ne doit y avoir qu'une seule fois OUI (O), et donc deux fois NON (N).

De plus, les propositions de réponse donnent des infirmations pour compléter le tableau.

Les flèches indiquent l'incidence d'une réponse sur une autre case du tableau.

Exemple pour les flèches en trait plein : Berthe qui a 12 ans d'ancienneté ne travaille ni en cardiologie, ni aux urgences. Elle travaille donc en pneumologie.

		Services			**Anciennetés**		
		Cardio.	Pneumo.	Urgences	5 ans	7 ans	12 ans
Prénoms	Amélie	N	N	O	N	O	N
	Berthe	**N**	O	**N**	N	N	**O**
	Cécile	O	N	N	O	**N**	N
Anciennetés	5 ans	O	N	**N**			
	7 ans	N	N	O			
	12 ans	N	O	N			

Test n° 3

Q11. Réponse **D.**

$3x + 5 - 3(1 - x) = 8$

$3x + 5 - 3 + 3x = 8$

On développe le premier membre de l'équation.

$6x = 8 - 5 + 3$

$6x = 6$

On effectue la somme des x au 1er membre de l'équation.

$x = \frac{6}{6}$

$x = \boxed{1}$

Quand on déplace un nombre au 2nd membre, on le change de signe.

Q12. Réponse **C.**

$E = \left(1 - \frac{1}{3}\right)^3$

$E = \left(\frac{3}{3} - \frac{1}{3}\right)^3$

Pour effectuer la différence dans la parenthèse, il faut d'abord réduire les deux termes au même dénominateur.

$E = \left(\frac{3-1}{3}\right)^3$

Puis on élève le résultat au cube (puissance 3).

$E = \left(\frac{2}{3}\right)^3$

$E = \frac{2^3}{3^3}$

$E = \boxed{\frac{8}{27}}$

On élève une fraction simplifiée au cube, en élevant le numérateur et le dénominateur au cube. Il n'y a plus de simplification possible.

Q13. Réponse **C.**

$F = (2\sqrt{3})^2$

$F = 2^2 \times \sqrt{3^2}$

Chaque facteur : 2 et $\sqrt{3}$ est élevé au carré.

$F = 4 \times 3 = \boxed{12}$

$\sqrt{3^2} = 3$

Q14. Réponse **C.**

$G = \sqrt{2} - \frac{1}{\sqrt{2}}$

$G = \sqrt{2} - \frac{1 \times \sqrt{2}}{\sqrt{2} \times \sqrt{2}}$

$G = \sqrt{2} - \frac{\sqrt{2}}{2}$

On multiplie le numérateur et le dénominateur de la fraction par $\sqrt{2}$. Le dénominateur devient alors un nombre entier.

$G = \frac{\sqrt{2}}{1} - \frac{\sqrt{2}}{2}$

$G = \frac{2\sqrt{2} - \sqrt{2}}{2}$

$G = \boxed{\frac{\sqrt{2}}{2}}$

On calcule la différence en réduisant les deux quotients à un dénominateur commun : 2.

Q15. Réponse **D.**

$\begin{cases} x - y = 3 \\ x + 2y = 6 \end{cases}$

On multiplie par 2 tous les nombres de la 1re équation.

$\begin{cases} 2x - 2y = 6 \\ x + 2y = 6 \end{cases}$

On fait la somme terme à terme des deux équations.

$$\begin{cases} 2x \quad -2y \quad = 6 \\ 1x \quad +2y \quad = 6 \\ \hline 2x + 1x \quad \cancel{-2y + 2y} \quad = 6 + 6 \end{cases}$$

$3x = 12$

$x = \frac{12}{3}$

$x = \boxed{4}$

L'équation obtenue ne possède plus que l'inconnue à déterminer : x.
On résout cette équation.

Test n° 4

Questions de Q16 à Q20 : se reporter à la grille réponse.

On procède comme pour le test n° 2.

		Rembour.			Formes		
		Non remb.	Partiellement	Entièrement	Sirop	Pommade	Cachet
Labo.	Médi.	N	N	O	N	**O**	N
	Santé.	**O**	N	N	O	N	N
	Pharma.	N	O	N	**N**	N	O
Formes	Sirop	O	N	**N**			
	Pommade	N	**N**	O			
	Cachet	N	O	N			

Test n° 5

Pour chaque exercice, on indique l'image différente des autres images. De plus, on précise les éléments qui différencient ces images des autres images.

21B

22C

23C

24D

25C

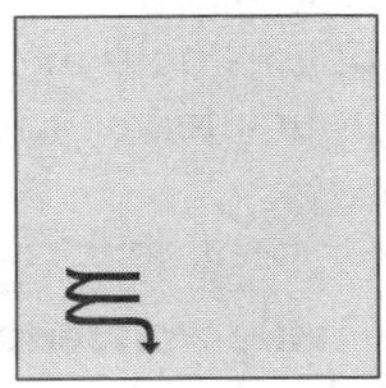

26D

27C

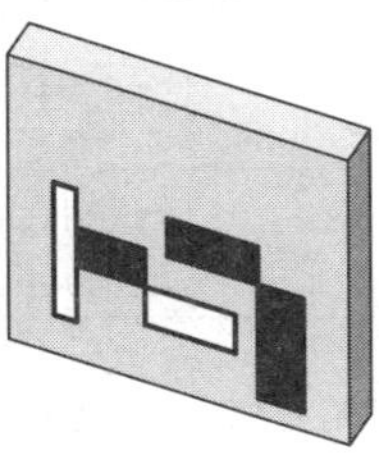

28C

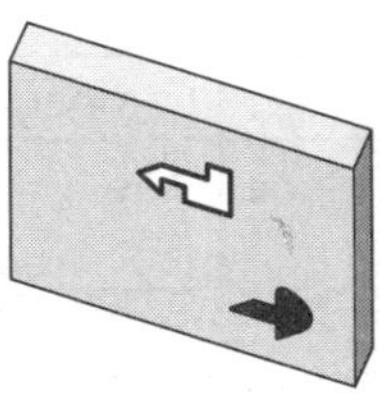

29A

30C

Test n° 6

Pour répondre aux questions suivantes, il faut s'en tenir aux seules informations contenues dans ce test et ne pas se laisser influencer par ses propres connaissances.

Q31. À ce niveau d'information, on est sûr que le plus grand véhicule est :
B. Le camion équipé d'une grande échelle.

Pour répondre à cette question, il suffit de relire l'énoncé suivant :

Une unité de pompiers possède quatre véhicules d'intervention de tailles différentes et classés dans l'ordre croissant :
- un véhicule de type Jeep ;
- une ambulance ;
- un camion citerne ;
- un camion équipé d'une grande échelle.

Q32. À ce niveau d'information, on est sûr que :
A. Les pompiers se rendent parfois avec la Jeep et le camion citerne sur un feu.

Pour répondre à cette question, il suffit de relire l'énoncé suivant :
on sait que la Jeep intervient sur les mêmes lieux que le camion citerne.

On ajoute maintenant les informations suivantes : les habitants des différentes communes ont participé à l'achat du plus petit véhicule qui n'intervient qu'à la campagne.

Cela veut dire que le plus petit véhicule est la Jeep et qu'elle n'intervient qu'à la campagne. Or, on sait que la Jeep intervient sur les mêmes lieux que le camion citerne. Cela signifie que la Jeep et le camion citerne interviennent à la campagne.

D'autre part, dans l'énoncé, on lit l'information suivante : seulement deux véhicules sont utilisés pour intervenir sur les sinistres en ville. Les deux autres véhicules sont utilisés pour intervenir sur les sinistres à la campagne.

On peut donc compléter le tableau de la page suivante :

Taille croissante des véhicules	**Type de véhicule**	**Lieu d'intervention**	**Véhicule acheté par :**
Le plus petit	Jeep	Campagne	Les habitants
	Ambulance	Ville	
	Camion citerne	Campagne	
Le plus gros	Camion équipé d'une grande échelle	Ville	N'est pas acheté par le conseil général

Q33. À ce niveau d'information, on est sûr que :
C. Le camion citerne intervient uniquement sur les sinistres à la campagne.
Voir le tableau ci-dessus.

Q34. À ce niveau d'information, on est sûr que :
B. Le conseil général n'a pas financé le camion équipé d'une grande échelle.
Voir le tableau ci-dessus.

On ajoute maintenant l'information suivante : le camion citerne fut acheté par le conseil général. On peut alors compléter le tableau comme suit :

Taille croissante des véhicules	Type de véhicule	Lieu d'intervention	Véhicule acheté par :
Le plus petit	Jeep	Campagne	Les habitants
	Ambulance	Ville	
	Camion citerne	Campagne	Le conseil général
Le plus gros	Camion équipé d'une grande échelle	Ville	N'est pas acheté par le conseil général

Q35. À ce niveau d'information, on est sûr que :
A. Le camion citerne intervient sur les mêmes lieux que la Jeep.
Voir le tableau ci-dessus.

On ajoute maintenant l'information suivante : le conseil régional n'a pas financé l'ambulance. On peut alors compléter le tableau comme suit :

Taille croissante des véhicules	Type de véhicule	Lieu d'intervention	Véhicule acheté par :
Le plus petit	Jeep	Campagne	Les habitants
	Ambulance	Ville	Le groupement de communes
	Camion citerne	Campagne	Le conseil général
Le plus gros	Camion équipé d'une grande échelle	Ville	N'est pas acheté par le conseil général

Q36. À ce niveau d'information, on est sûr que :
A. C'est le groupement de communes qui a financé l'ambulance.
Voir le tableau précédent.

Q37. À ce niveau d'information, on est sûr que :
B. L'ambulance est utilisée par les pompiers pour les accidents en ville.
Voir le tableau précédent.

Q38. À ce niveau d'information, on est sûr que :
D. Les véhicules prévus pour intervenir en ville sont l'ambulance et le camion équipé d'une grande échelle.
Voir le tableau précédent.

Q39. À ce niveau d'information, il est faux d'affirmer que :
B. Le camion citerne fut financé par le conseil régional et n'intervient que sur les sinistres à la campagne.
Voir le tableau précédent.

Q40. À ce niveau d'information, il est faux de nier les affirmations suivantes. Cela peut s'écrire plus simplement : il est vrai d'affirmer les propositions suivantes.
A. Le conseil régional a financé l'ambulance ou le camion équipé d'une grande échelle.
Voir le tableau précédent.

Test n° 7

Pour chaque question, on montre toutes les cases à noircir (ici en fris foncé) suivant la symétrie appliquée. Les nombres indiquent les cases à noircir. Les traits montrent la symétrie appliquée, dans l'ordre : suivant un axe vertical, suivant un axe horizontal, et suivant les deux axes obliques.

Q41. Réponse **A**.

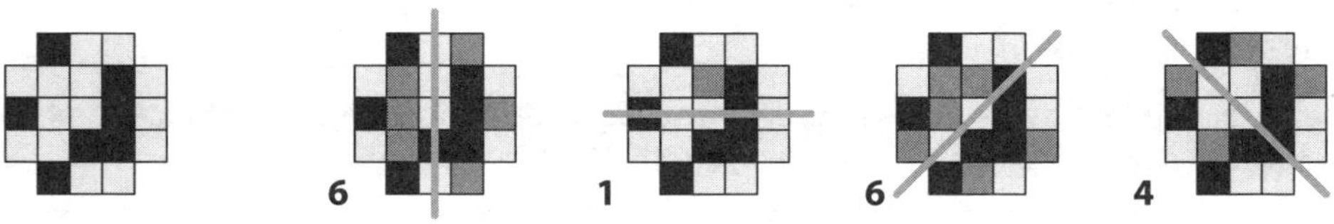

Q42. Réponse **C**.

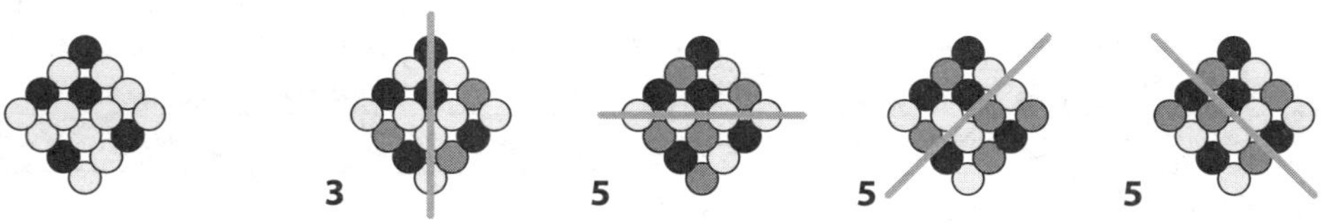

Q43. Réponse **B**.

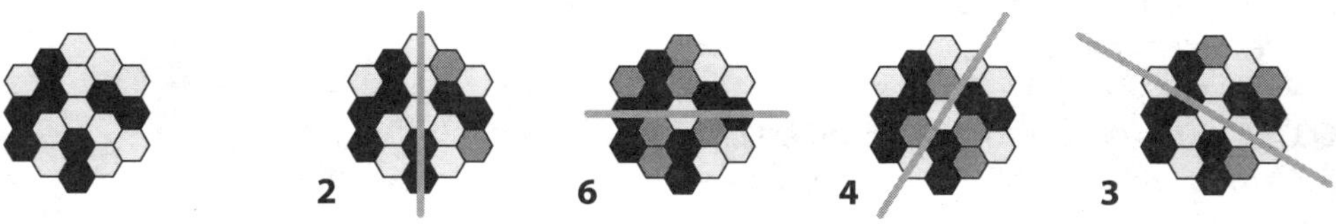

Q44. Réponse **D**.

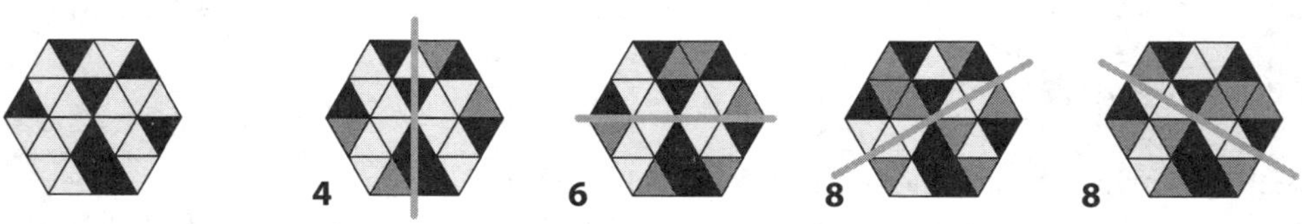

Q45. Réponse **B**.

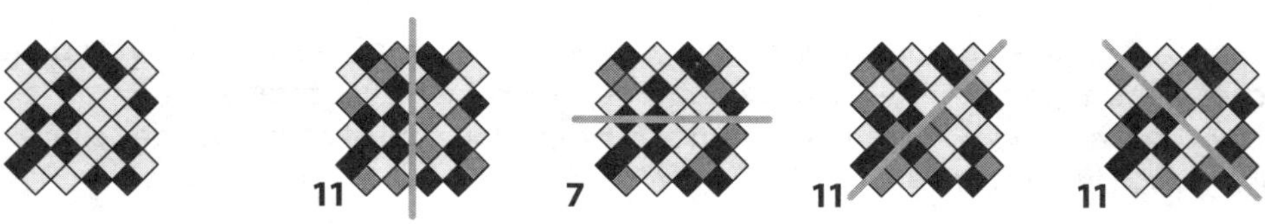

Test n° 8

Pour chaque question, on donne les deux images qui en se superposant donnent l'image de référence.
Remarque : les rotations des deux images ont été appliquées.

Q46. Réponses **B** et **C**.

Q47. Réponses **A** et **B**.

Q48. Réponses **A** et **D**.

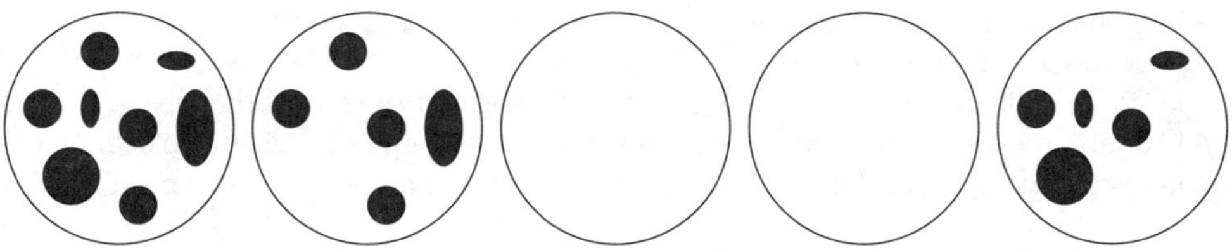

Q49. Réponses **A** et **C**.

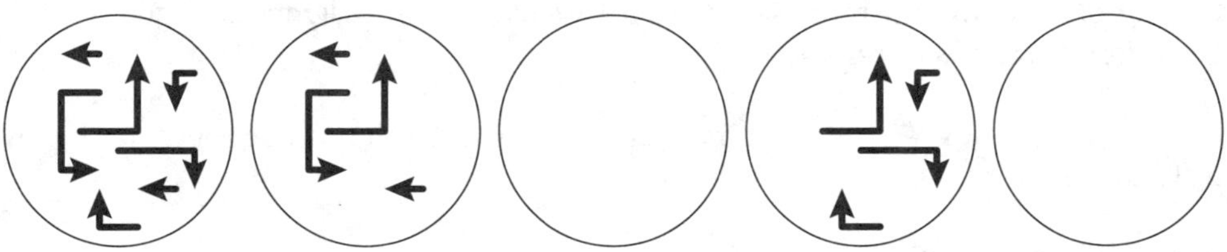

Q50. Réponses **A** et **C**.

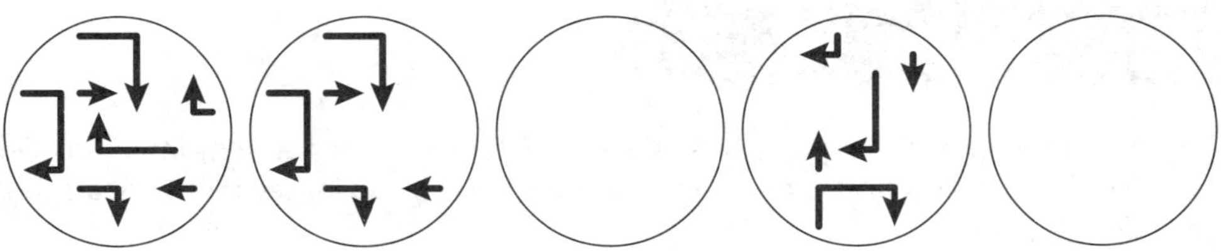

Test n° 9

Trouver la bonne réponse à partir des chiffres utilisés : 0 ; 1 ; 2 ; 3 ; 4 ; 5.

On regarde si chaque réponse proposée vérifie toutes les lignes de l'énoncé.

4	3	2	1	Deux chiffres communs bien placés
5	3	4	1	Deux chiffres communs bien placés
4	3	1	5	Un chiffre commun bien placé et un chiffre commun mal placé
4	1	2	3	Un chiffre commun bien placé et un chiffre commun mal placé
4	5	2	1	Un chiffre commun bien placé et un chiffre commun mal placé

Q51. **A.** 5 1 2 3 **B.** 5 3 2 0 **C.** 0 2 3 5 **D.** 0 3 1 2

On regarde si la première proposition : « **A.** 5 1 2 3 » vérifie toutes les lignes de l'énoncé. À la première ligne de l'énoncé, uniquement le chiffre « 2 » est bien placé. Il n'y a donc pas deux chiffres communs bien placés. La proposition « **A.** 5 1 2 3 » ne vérifie pas la première ligne de l'énoncé. ***Elle n'est pas la réponse exacte à la question posée.***

On regarde maintenant si la deuxième réponse « **B.** 5320 » vérifie toutes les lignes de l'énoncé.

- À la première ligne de l'énoncé, les chiffres « 3 et 2 » sont bien placés.
- À la deuxième ligne, les chiffres « 5 et 3 » sont bien placés.
- À la troisième ligne, le chiffre « 3 » est bien placé et le chiffre « 5 » est mal placé.
- À la quatrième ligne, le chiffre « 2 » est bien placé et le chiffre « 3 » est mal placé.
- À la cinquième ligne, le chiffre « 2 » est bien placé et le chiffre « 5 » est mal placé.

À chaque ligne, seuls les chiffres indiqués sont communs avec ceux de l'énoncé.

Conclusion : la deuxième réponse « **B.** 5 3 2 0 » vérifie toutes les lignes de l'énoncé.
C'est donc la réponse à retenir.

On peut vérifier que les autres réponses ne sont pas des solutions de toutes les lignes de l'énoncé.

Questions de Q51 à Q60 : se reporter à la grille réponse.

Test n° 10

Tout d'abord on cherche les premières valeurs de P, Q et R. Si le programme nous amène à calculer de nouvelles valeurs de ces variables, on remplit alors les secondes valeurs des variables.

Q61. Réponse **C**. R = 2

N°	Instruction	1res valeurs de P, Q, R
0	Début :	
1	Lire le nombre P.	10
2	Lire le nombre Q.	8
3	Si P < Q aller à la ligne 7 sinon aller à la ligne 4.	10 < 8. C'est faux. Aller à la ligne 4.
4	Calculer : R = P – Q	R = 10 – 8 = 2
5	P prend la valeur de Q. Q prend la valeur de R.	P = 8 et Q = 2
6	Si R < 5 aller à la ligne 8 sinon aller à la ligne 3.	R = 2 < 5. C'est vrai. Aller à la ligne 8.
7	S prend la valeur de P. P prend la valeur de Q. Q prend la valeur de S. Continuer à la ligne 4.	
8	Écrire le nombre R.	R = 2
9	Fin.	

Q62. Réponse **A**. R = 3

N°	Instruction	1res valeurs de P, Q, R	2es valeurs de P, Q, R
0	Début :		
1	Lire le nombre P.	15	
2	Lire le nombre Q.	9	
3	Si P < Q aller à la ligne 7 sinon aller à la ligne 4.	15 < 9. C'est faux. Aller à la ligne 4.	9 < 6. C'est faux. Aller à la ligne 4.
4	Calculer : R = P – Q	R = 15 – 9 = 6	R = 9 – 6 = 3
5	P prend la valeur de Q. Q prend la valeur de R.	P = 9 et Q = 6	P = 6 et Q = 3
6	Si R < 5 aller à la ligne 8 sinon aller à la ligne 3.	R = 6 > 5 Aller à la ligne 3. *Voir la colonne suivante.*	R = 3 <5. C'est vrai. Aller à la ligne 8.
7	S prend la valeur de P. P prend la valeur de Q. Q prend la valeur de S. Continuer à la ligne 4.		
8	Écrire le nombre R.		R = 3
9	Fin.		

Q63. Réponse **B**. R = 4

N°	**Instruction**	**1res valeurs de P, Q, R**	**2es valeurs de P, Q, R**
0	Début :		
1	Lire le nombre P.	20	
2	Lire le nombre Q.	12	
3	Si P < Q aller à la ligne 7 sinon aller à la ligne 4.	20 < 12. C'est faux. Aller à la ligne 4.	12 < 8. C'est faux. Aller à la ligne 4.
4	Calculer : R = P – Q	R = 20 – 12 = 8	R = 12 – 8 = 4
5	P prend la valeur de Q. Q prend la valeur de R.	P = 12 et Q = 8	P = 8 et Q = 4
6	Si R < 5 aller à la ligne 8 sinon aller à la ligne 3.	R = 8 > 5 Aller à la ligne 3. *Voir la colonne suivante.*	R = 4 < 5 C'est vrai. Aller à la ligne 8.
7	S prend la valeur de P. P prend la valeur de Q. Q prend la valeur de S. Continuer à la ligne 4.		
8	Écrire le nombre R.		R = 4
9	Fin.		

Q64. Réponse **B**. R = 3

N°	**Instruction**	**1res valeurs de P, Q, R**	**2es valeurs de P, Q, R**
0	Début :		
1	Lire le nombre P.	13	
2	Lire le nombre Q.	8	
3	Si P < Q aller à la ligne 7 sinon aller à la ligne 4.	13 < 8. C'est faux. Aller à la ligne 4.	8 < 5. C'est faux. Aller à la ligne 4.
4	Calculer : R = P – Q	R = 13 – 8 = 5	R = 8 – 5 = 3
5	P prend la valeur de Q. Q prend la valeur de R.	P = 8 et Q = 5	P = 5 et Q = 3
6	Si R < 5 aller à la ligne 8 sinon aller à la ligne 3.	R = 5 Aller à la ligne 3. *Voir la colonne suivante.*	R = 3 < 5 C'est vrai. Aller à la ligne 8.
7	S prend la valeur de P. P prend la valeur de Q. Q prend la valeur de S. Continuer à la ligne 4.		
8	Écrire le nombre R.		R = 3
9	Fin.		

Q65. Réponse **D**. R = 4

N°	**Instruction**	**1res valeurs de P, Q, R**	**2es valeurs de P, Q, R**
0	Début :		
1	Lire le nombre P.	15	
2	Lire le nombre Q.	18	
3	Si P < Q aller à la ligne 7 sinon aller à la ligne 4.	15 < 18. C'est vrai. Aller à la ligne 7.	18 < 15. C'est faux. Aller à la ligne 4.
4	Calculer : R = P – Q		R = 18 – 15 = 3
5	P prend la valeur de Q. Q prend la valeur de R.		P = 15 et Q = 3
6	Si R < 5 aller à la ligne 8 sinon aller à la ligne 3.		R = 3 < 5 C'est vrai. Aller à la ligne 8.
7	S prend la valeur de P. P prend la valeur de Q. Q prend la valeur de S. Continuer à la ligne 4.	S = 15 ; P = 18 et Q = 15 *Voir la colonne suivante.*	
8	Écrire le nombre R.		R = 4
9	Fin.		

Test n° 11

Ce test n'est pas un test d'aptitude verbale, mais un test de raisonnement analogique. Les tests d'aptitude verbale ne figurent pas dans le journal officiel du concours infirmier.

Q66. Réponse **A**. On conserve le même nombre de lettres : cochon – paille.

Q67. Réponse **D**. On conserve le même nombre de voyelles : cochon – rose.

Q68. Réponse **B**. Deux lettres de plus dans le mot associé : terre – pelouse.

Q69. Réponse **D**. Une lettre de moins dans le mot associé : chat – eau.

Q70. Réponse **A**. Le nombre de consonnes du premier mot est égal au nombre de lettres de second mot : orteil – nez.

Test n° 12

Questions de Q71 à Q80 : se reporter à la grille réponse.

Pour chaque question, on corrige à partir de la ligne erronée.

Q71. Réponse **B**.

$$\boxed{P = 1 - \frac{1}{2} \div \frac{5}{8} \times \frac{15}{2}}$$

A. $P = 1 - \frac{1}{2} \div \frac{5}{8} \div \frac{2}{15}$

B. $P = 1 - \frac{1}{2} \div \frac{5}{8} \div \frac{2}{15}$

$P = 1 - \frac{1 \times 8 \times 15}{2 \times 5 \times 2}$

$P = 1 - 6$

$P = \boxed{-5}$

*Erreur commise dans le sujet à la ligne **B** : non respect des priorités des opérations. Les divisions sont prioritaires par rapport à la soustraction.*

Q73. Réponse **D**.

$$\boxed{P = 4^{-3} \div 8^{3}}$$

A. $P = 2^{-6} \div 2^{9}$

B. $P = 2^{-6} \times 2^{-9}$

C. $P = \frac{1}{2^{15}}$

D. $P = \boxed{2^{-15}}$

*Erreur commise dans le sujet à la ligne **D** : mauvaise application d'une formule sur les puissances d'un nombre.*

$\frac{1}{2^{a}} = 2^{-a}$

Q75. Réponse **C**.

$$\boxed{P = 0{,}0025 \times 10^{-3} \times 400 \times 10^{5}}$$

A. $P = 2{,}5 \times 10^{-6} \times 4 \times 10^{7}$

B. $P = 10^{1} \times 10^{1}$

C. $P = 10^{2}$

$P = \boxed{100}$

*Erreur commise dans le sujet à la ligne **C** : mauvaise application d'une formule sur les puissances de 10.*

$10^{a} \times 10^{b} = 10^{a+b}$

$10^{1} \times 10^{1} = 10^{1+1} = 10^{2}$

Q72. Réponse **A**.

$$\boxed{P = (3\sqrt{2} - \sqrt{8})^{2}}$$

*Erreur commise dans le sujet à la ligne **A** : mauvaise simplification de $\sqrt{8}$.*

A. $P = (3\sqrt{2} - 2\sqrt{2})^{2}$

$P = (1\sqrt{2})^{2}$

$P = \boxed{2}$

$\sqrt{8} = \sqrt{4 \times 2} = \sqrt{4} \times \sqrt{2} = 2\sqrt{2}$

Q74. Réponse **A**.

$$\boxed{P = (3a - 4b)^{2}}$$

$(p + q)^{2} = p^{2} + \mathbf{2} \times pq + q^{2}$

A. $P = (3a)^{2} - 2 \times 12ab + (4b)^{2}$

$P = \boxed{9a^{2} - 24ab + 16b^{2}}$

*Erreur commise dans le sujet à la ligne **A** : oubli du double produit dans le développement de l'identité remarquable.*

Q76. Réponse **B**.

$$\boxed{P = \frac{\sqrt{3} + \sqrt{2}}{\sqrt{3} - \sqrt{2}}}$$

$(p + q)^{2} = p^{2} + \mathbf{2} \times pq + q^{2}$

A. $P = \frac{(\sqrt{3} + \sqrt{2})^{2}}{(\sqrt{3} - \sqrt{2})(\sqrt{3} + \sqrt{2})}$

B. $P = \frac{(\sqrt{3})^{2} + 2\sqrt{3} \times \sqrt{2} + (\sqrt{2})^{2}}{(\sqrt{3})^{2} - (\sqrt{2})^{2}}$

$P = \frac{3 + 2\sqrt{6} + 2}{3 - 2}$

$P = \boxed{5 + 2\sqrt{6}}$

*Erreur commise dans le sujet à la ligne **B** : oubli du double produit dans le développement au numérateur.*

Q77. Réponse **A.**

$$\boxed{P = 3a^4b^9 - 12a^6b^{12} - 9a^9b^7}$$

*Erreur commise dans le sujet à la ligne **A** : ajout de facteurs dans la parenthèse.*

A. $P = 3a^4b^7(\not{a}b^2 - 4a^2b^5 - 3a^5\not{b})$

A. $P = \boxed{3a^4b^7(b^2 - 4a^2b^5 - 3a^5)}$

On ne peut pas factoriser dans la parenthèse.

Q78. Réponse **D.**

$$\boxed{P = 1 + \cfrac{1}{1 + \cfrac{1}{1 + \frac{1}{5}}}}$$

D. $P = 1 + \frac{6}{11}$

$P = \frac{1}{1} + \frac{6}{11}$

$P = \frac{11 + 6}{11}$

$P = \boxed{\frac{17}{11}}$

*Erreur commise dans le sujet à la ligne **D** : calcul erroné dans la somme.*
Il faut remplacer 1 par une fraction, puis réduire les fractions au même dénominateur.
Enfin on effectue la somme des numérateurs.

Q79. Réponse **C.**

$$\boxed{P = (3^4 - 1^2 \div 5^2 \times 3^2)^2}$$

A. $P = [3^2(3^2 - 1^2 \div 5^2)]^2$

B. $P = 3^4(3^2 - 1^2 \div 5^2)^2$

*Erreur commise dans le sujet à la ligne **C** : erreur de calcul sur une puissance : $1^2 = 1 \times 1 = 1$.*

C. $P = 3^4(9 - 1 \div 25)^2$

$P = \boxed{81\left(9 - \frac{1}{25}\right)^2}$

Pour information, le calcul est terminé ci-dessous.

$P = 81\left(9 - \frac{1}{25}\right)^2$

$P = 81\left(\frac{9 \times 25 - 1}{25}\right)^2$

$P = 81\left(\frac{224}{25}\right)^2$

Ce long calcul n'est pas demandé.

$P = 81 \times \frac{224^2}{25^2}$

$P = 81 \times \frac{50\,176}{625}$

$P = \frac{4\,064\,256}{625}$

Q80. Réponse **D.**

$$\boxed{\begin{cases} x - \frac{1}{2}y = 1 \\ 4x + 3y = -1 \end{cases}}$$

*Erreur commise dans le sujet à la ligne **D** : calcul erroné pour déterminer y.*

C. $\begin{cases} 10x = 5 \\ 4x + 3y = -1 \end{cases}$

D. $\begin{cases} x = \frac{5}{10} = \frac{1}{2} \\ 4x + 3y = -1 \end{cases}$

Dans la 1re équation, on calcule x.

$4 \times \frac{1}{2} + 3y = -1$

Dans la 2de équation, on remplace x par 1/2.

$2 + 3y = -1$

On calcule la multiplication.

$3y = -1 - 2$

On résout l'équation.

$3y = -3$

$y = \frac{-3}{3} = \boxed{-1}$

Test n° 13

Questions de Q81 à Q90 : se reporter à la grille réponse.

Pour chaque question, on donne l'image solution correspondante.

Q81.

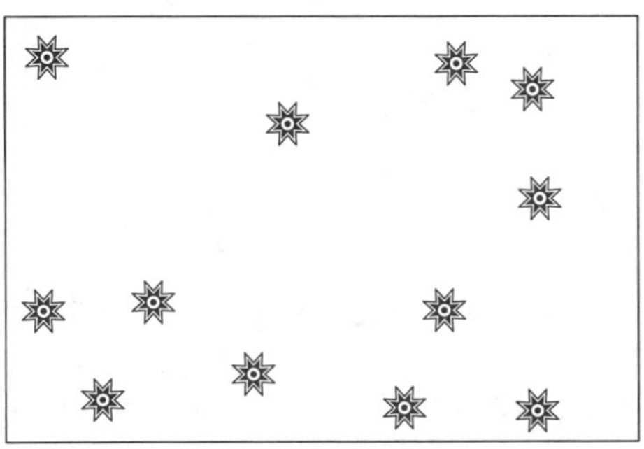

Q82.

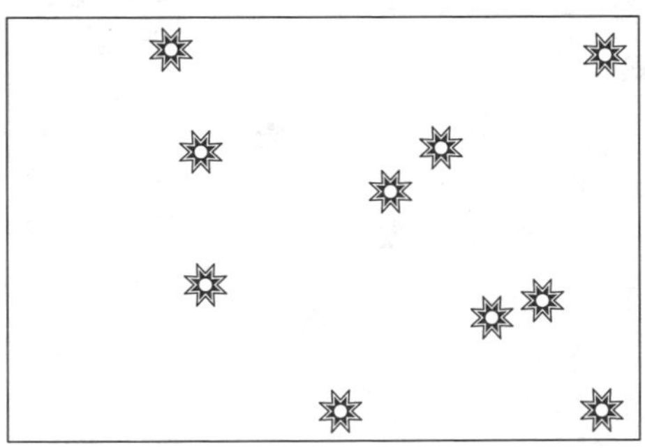

Q83.

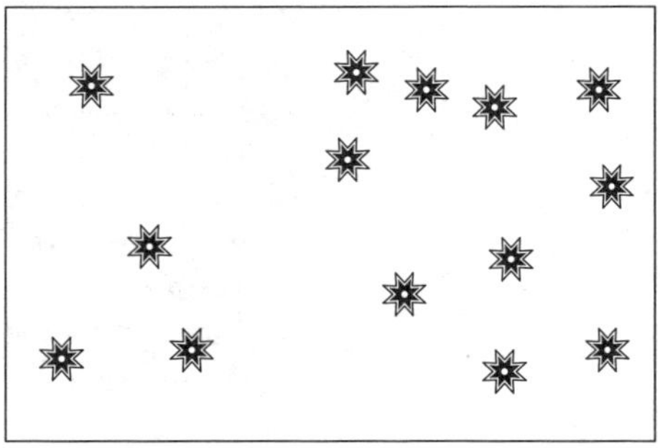

Q84.

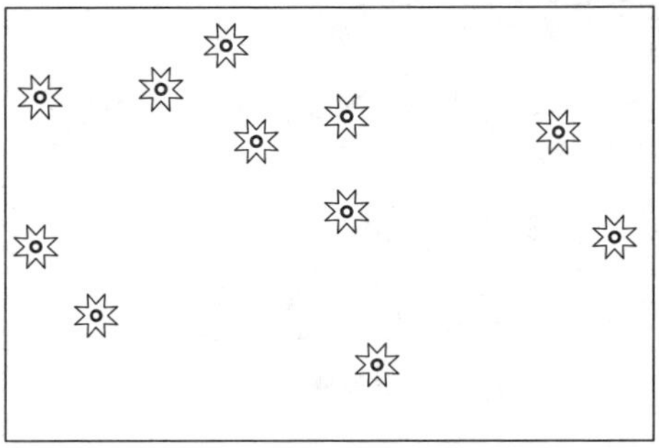

Q85.

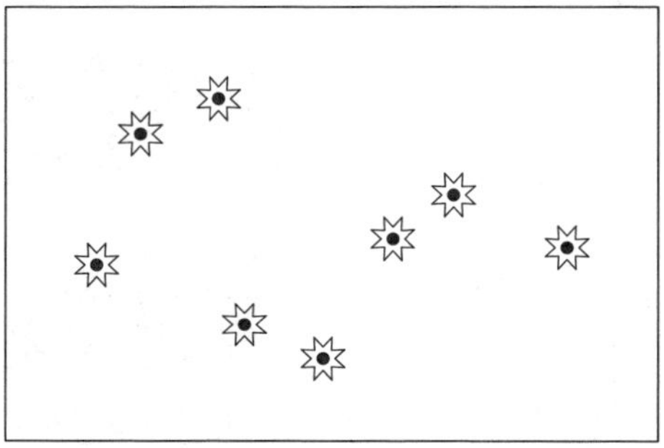

Q86.

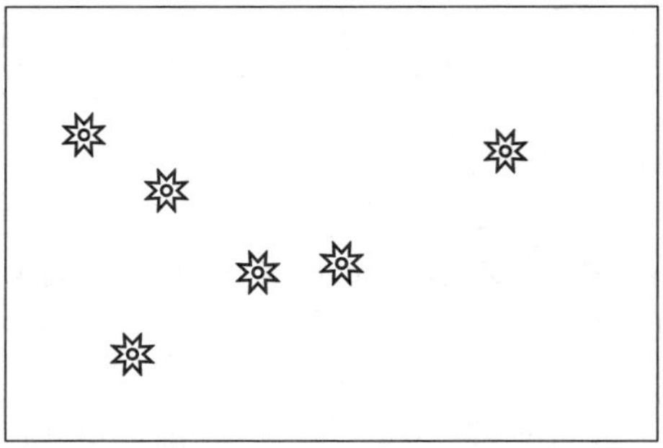

Q87.

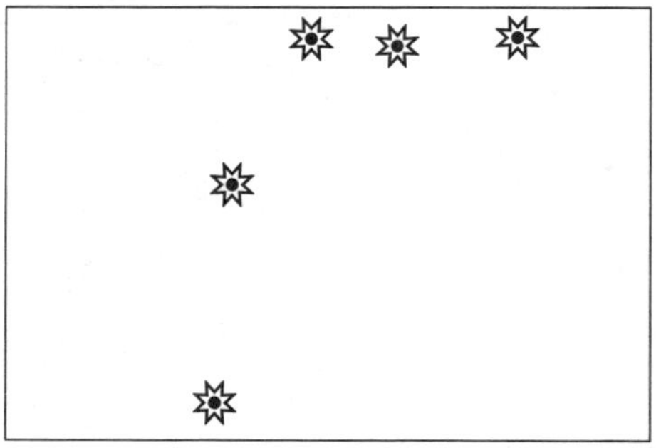

Q88.

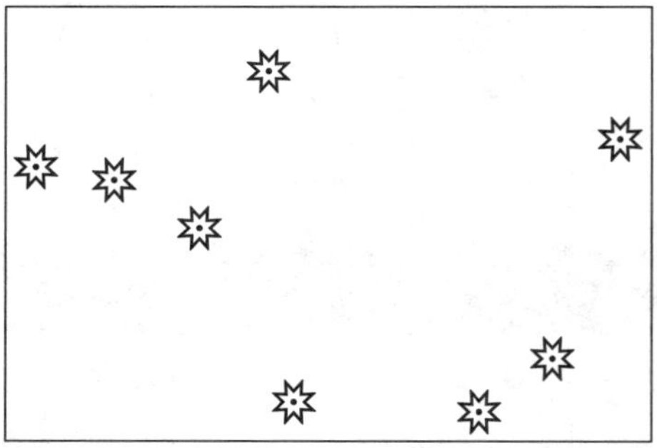

Q89.

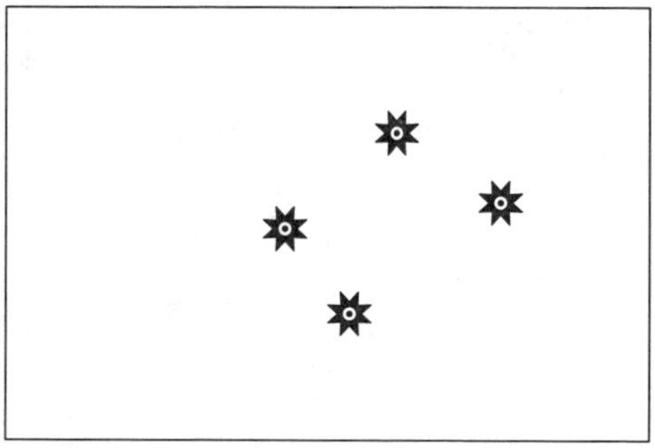

Q90.

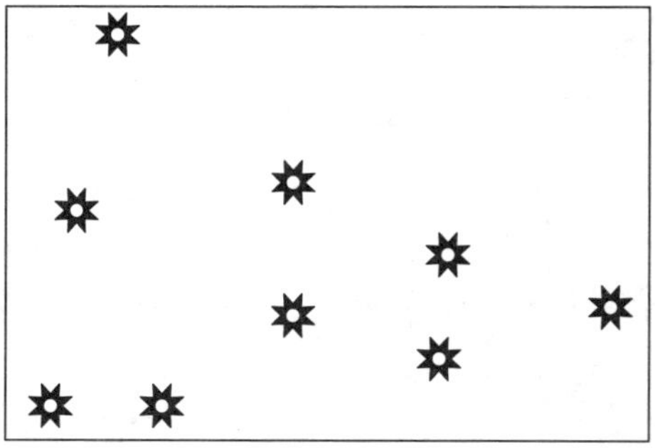

Test n° 14

Questions de Q91 à Q94 : se reporter à la grille réponse.

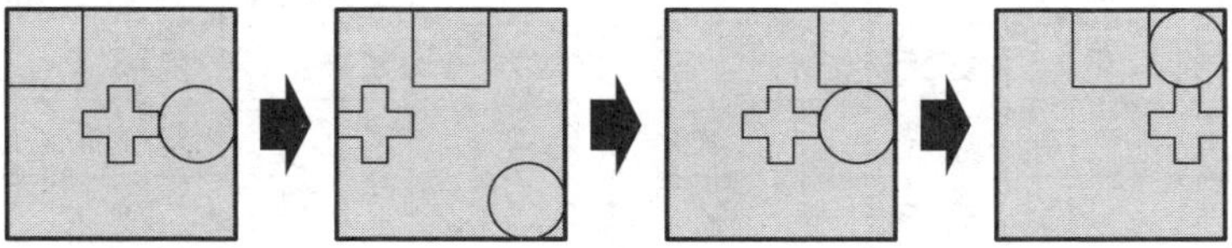

Sur les trois premières images, on remarque que la croix « rebondit » quand elle atteint l'extrémité gauche de chaque image.

<u>Par analogie</u>

- Le carré se déplace horizontalement, et se trouve alors sur la case **Q** de la 4e image.
- La croix se déplace horizontalement, et se trouve alors sur la case **U** de la 4e image.
- Le disque se déplace verticalement, et se trouve alors sur la case **R** de la 4e image.

Questions de Q95 à Q100 : se reporter à la grille réponse.

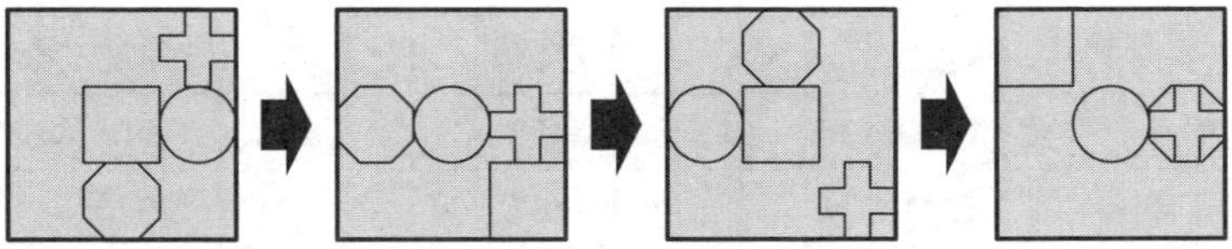

Sur les trois premières images, on remarque que le carré « rebondit » quand il atteint l'extrémité en bas et à droite de chaque image.

<u>Par analogie</u>

- Le carré se déplace en diagonale, et se trouve alors sur la case **P** de la 4e image.
- La croix se déplace verticalement, et se trouve alors sur la case **U** de la 4e image.
- Le disque se déplace horizontalement, et se trouve alors sur la case **T** de la 4e image.
- L'octogone se déplace en diagonale et se trouve alors sur la case **U** de la 4e image.

Grille réponse

	A	B	C	D		A	B	C	D		A	B	C	D		A	B	C	D
Q1		×			Q26				×	Q51		×			Q76		×		
Q2				×	Q27			×		Q52		×			Q77	×			
Q3				×	Q28			×		Q53	×				Q78				×
Q4	×				Q29	×				Q54	×				Q79			×	
Q5		×			Q30			×		Q55	×				Q80				×
Q6			×		Q31		×			Q56			×		Q81	×			
Q7	×				Q32	×				Q57				×	Q82			×	
Q8		×			Q33			×		Q58	×				Q83				×
Q9		×			Q34		×			Q59			×		Q84		×		
Q10	×				Q35	×				Q60				×	Q85		×		
Q11				×	Q36	×				Q61			×		Q86			×	
Q12			×		Q37		×			Q62	×				Q87				×
Q13			×		Q38				×	Q63		×			Q88		×		
Q14			×		Q39		×			Q64		×			Q89	×			
Q15				×	Q40	×				Q65				×	Q90	×			
Q16		×			Q41	×				Q66	×				Q91		×		
Q17		×			Q42			×		Q67				×	Q92				×
Q18		×			Q43		×			Q68		×			Q93		×		
Q19	×				Q44				×	Q69				×	Q94			×	
Q20	×				Q45		×			Q70	×				Q95	×			
Q21		×			Q46		×	×		Q71		×			Q96		×		
Q22			×		Q47	×	×			Q72	×				Q97		×		
Q23			×		Q48	×			×	Q73				×	Q98		×		
Q24				×	Q49	×		×		Q74	×				Q99			×	
Q25			×		Q50	×		×		Q75			×		Q100				×

ÉPREUVE DE TESTS N° 2

- Durée : 2 heures.
- Nombre de questions : 100.
- Vous devez reporter vos réponses sur la « grille réponse ».
- Tout instrument de calcul est interdit.
- Chaque question, notée sur un point est suivie de propositions de réponse dont une seule est exacte (sauf indication contraire).
- Vous pouvez utiliser des feuilles de brouillon.
- *Il est recommandé de respecter le temps de travail conseillé.*

Test n° 1

Temps conseillé 10 min

Le but de ces cinq premières questions est de classer dans l'ordre alphabétique les mots d'un texte court.

Rappel : on ne prend pas en compte les signes de ponctuation. Exemple : « L'oiseau volait haut dans le ciel, d'un bleu très pur. » est composé de douze mots.

L'	oiseau	volait	haut	dans	le	ciel	d'	un	bleu	très	pur

Exception : « aujourd'hui » n'est composé que d'un seul mot.

Q1. Donner le classement du mot « **homme** » dans le texte suivant : « *On reconnaît l'arbre à ses fruits : c'est à ses actes qu'on connaît la valeur d'un homme* ».

A. 10 **B.** 11 **C.** 8 **D.** 5

Q2. Donner le classement du mot « **amour** » dans le texte suivant : « *Heureux au jeu, malheureux en amour : celui qui gagne souvent au jeu est rarement heureux en ménage* ».

A. 3 **B.** 1 **C.** 5 **D.** 7

Q3. Donner le classement du mot « **monde** » dans le texte suivant : « *La plus belle fille du monde ne peut donner que ce qu'elle a : nul ne peut donner ce qu'il n'a pas* ».

A. 13 **B.** 14 **C.** 11 **D.** 12

Q4. Donner le classement du mot « **courage** » dans le texte suivant : « *À cœur vaillant rien d'impossible : avec du courage, on vient à bout de tout* ».

A. 5 **B.** 5 **C.** 6 **D.** 7

Q5. Donner le classement du mot « **loups** » dans le texte suivant : « *Les loups ne se mangent pas entre eux : les méchants ne cherchent pas à se nuire* ».

A. 6 **B.** 7 **C.** 8 **D.** 9

Le but de ces cinq autres questions est de classer dans l'ordre alphabétique inverse (de *z* à *a*) les mots d'un texte court.

Q6. Donner le classement du mot « **lumière** » dans le texte suivant : « *De la discussion jaillit la lumière : de la confrontation des idées peut naître la solution* ».

A. 7 **B.** 5 **C.** 3 **D.** 4

Q7. Donner le classement du mot « **cœur** » dans le texte suivant : « *Mains froides, cœur chaud : la froideur des mains indique un tempérament amoureux* ».

A. 9 **B.** 10 **C.** 3 **D.** 5

Q8. Donner le classement du mot « **expérience** » dans le texte suivant : « *À quelque chose malheur est bon : les événements pénibles peuvent avoir un aspect positif, notamment en donnant de l'expérience* ».

A. 7 **B.** 8 **C.** 10 **D.** 11

Q9. Donner le classement du mot « **monde** » dans le texte suivant : « *Le soleil luit pour tout le monde : chacun a droit aux choses que la nature a accordées à tous* ».

A. 13 **B.** 11 **C.** 5 **D.** 7

Q10. Donner le classement du mot « **difficultés** » dans le texte suivant : « *À chaque jour suffit sa peine : faisons face aux difficultés d'aujourd'hui sans penser par avance à celles que peut nous réserver l'avenir* ».

A. 15 **B.** 10 **C.** 12 **D.** 17

Test n° 2

Temps conseillé **15 min**

Pour chaque test, on résout un petit calcul. Vous devez indiquer la ligne (notée de **A** à **D**) qui comporte une erreur. Il n'y a qu'une seule ligne où un calcul est erroné, les autres lignes ne comportent pas d'erreur.

Remarque : si par exemple, il y a une erreur à la ligne **B**, alors les lignes suivantes **C** et **D** ne tiennent pas compte de cette erreur.

Q11. Résoudre l'équation : $3x + 7(2 - x) = 4 + x$

A. $\Leftrightarrow 3x + 14 - 7x = 4 + x$

B. $\Leftrightarrow 3x - 7x + x = 4 - 14$

C. $\Leftrightarrow -5x = -10$

D. $\Leftrightarrow x = 2$

Q12. Calculer plus simplement : $E = \left(1 - \frac{1}{2}\right)^2 - \frac{1}{2}$

A. $E = \left(1 - 1 + \frac{1}{4}\right) - \frac{1}{2}$

B. $E = 1 - 1 + \frac{1}{4} - \frac{2}{4}$

C. $E = -\frac{1+2}{4}$

D. $E = -\frac{1}{4}$

Q13. Développer : $F = (p - q)^3$

A. $F = (p - q)^2 \times (p - q)$

B. $F = (p^2 - 2pq + q^2) \times (p - q)$

C. $F = p^3 + 2p^2q - pq^2 + p^2q - 2pq^2 - q^3$

D. $F = p^3 - 3p^2q + 3pq^2 - q^3$

Q14. Calculer : $G = 2 - \sqrt{2 + \sqrt{2 + \sqrt{4}}}$

A. $G = 2 - \sqrt{2 + \sqrt{2 + 2}}$

B. $G = 2 - \sqrt{2 + 2}$

C. $G = 2 - 2$

D. $G = -4$

Q15. Calculer : 10 % de 50 % de 200

A. $H = \left(\frac{10}{100} + \frac{50}{100}\right) \times 200$

B. $H = \frac{1}{10} \times \frac{1}{2} \times 200$

C. $H = \frac{1}{10} \times 100$

D. $H = 10$

Test n° 3

Temps conseillé **10 min**

On superpose un premier damier après l'avoir transformé, sur un second damier lui aussi transformé. On repère alors cinq cases notées de P à T du damier obtenu.
Le but de ce test est de déterminer les figures qui doivent remplacer les lettres de P à T.

Q16. Avant de superposer les damiers, il faut tourner le 1er d'un quart de tour dans le sens horaire, et effectuer une symétrie suivant un axe horizontal du 2nd.

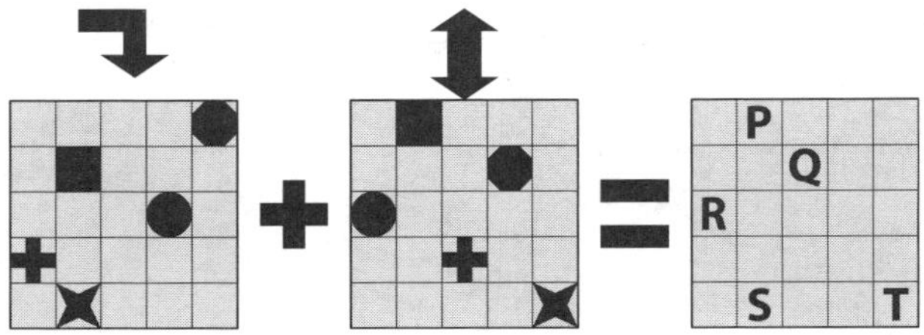

Quelles sont les figures qui remplacent les lettres de P à T ?

Q17. Avant de superposer les damiers, il faut effectuer une symétrie suivant un axe vertical du 1er, et tourner le 2nd d'un quart de tour dans le sens horaire.

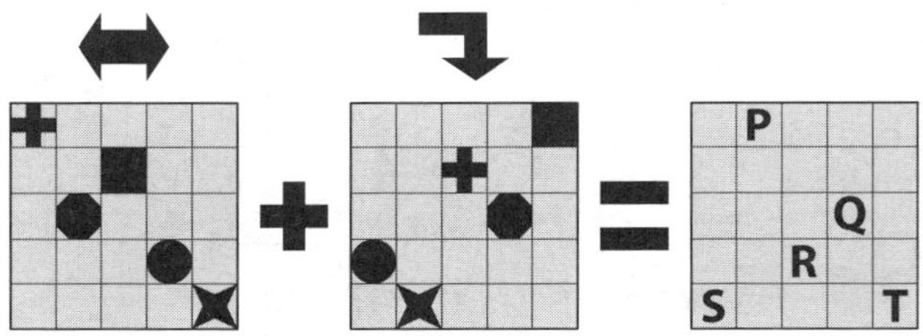

Quelles sont les figures qui remplacent les lettres de P à T ?

Q18. Avant de superposer les damiers, il faut tourner le 1er d'un quart de tour dans le sens antihoraire, et effectuer une symétrie suivant un axe horizontal du 2nd.

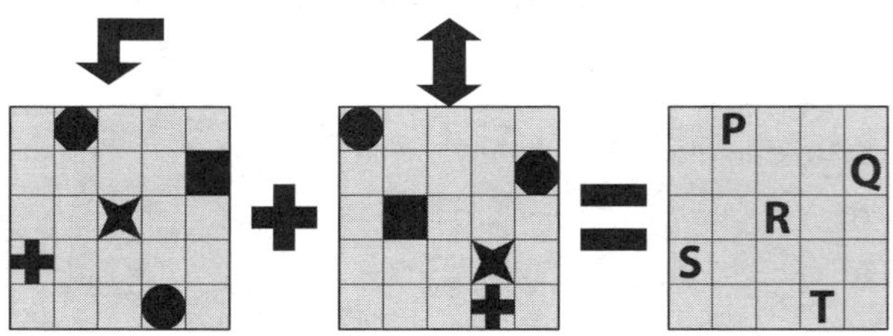

Quelles sont les figures qui remplacent les lettres de P à T ?

Q19. Avant de superposer les damiers, il faut tourner le 1er d'un quart de tour dans le sens horaire, et tourner le 2nd d'un quart de tour dans le sens antihoraire.

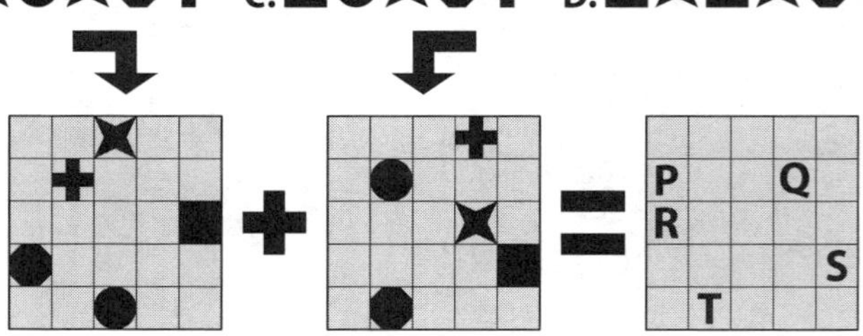

Quelles sont les figures qui remplacent les lettres de P à T ?

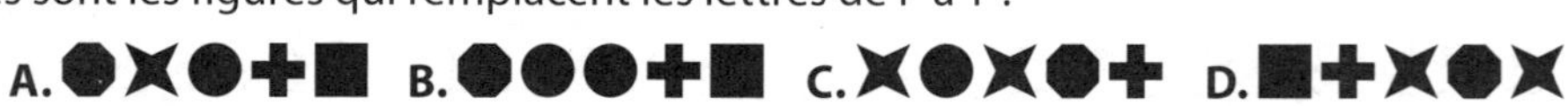

Q20. Avant de superposer les damiers, il faut effectuer une symétrie suivant un axe vertical du 1er, et il faut effectuer une symétrie suivant un axe horizontal du 2nd.

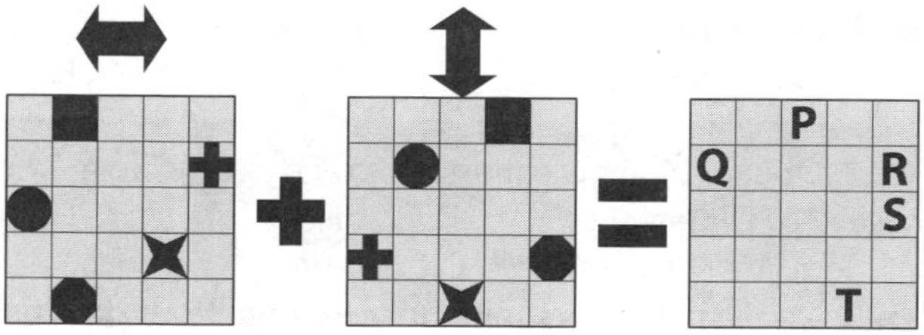

Quelles sont les figures qui remplacent les lettres de P à T ?

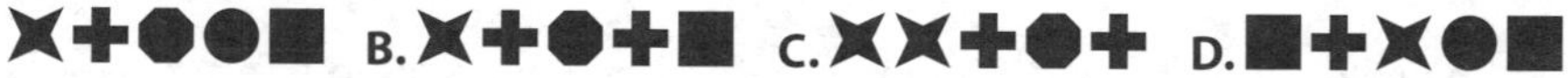

Test n° 4

Temps conseillé **10 min**

Trois personnes d'âges différents suivent chacune un traitement médical différent les unes des autres, et aux durées différentes.
Didier n'est pas le plus jeune, ne prend pas le plus grand nombre de médicaments chaque jour, et a une durée de traitement inférieure à celle de Fiona. La personne la plus âgée ne prend pas le moins de médicaments par jour, et a la durée de traitement la plus petite. La plus jeune personne qui n'est pas Fiona, n'a pas le traitement de plus grande durée. Didier ne prend pas qu'un seul médicament chaque jour. La personne qui prend le plus de médicaments chaque jour n'a pas la durée de traitement la plus grande.
Pour vous aider à répondre aux questions posées à la page suivante, vous disposez ci-dessous d'une grille à compléter.

		Quantités			**Durées**			**Âges**		
		1 médicament	2 médicaments	3 médicaments	1 semaine	1 mois	3 mois	25 ans	32 ans	47 ans
Prénoms	Didier									
	Élodie									
	Fiona									
Âges	25 ans									
	32 ans									
	47 ans									
Durée	1 semaine									
	1 mois									
	3 mois									

Q21. Quelle est la personne la plus jeune ?
A. Didier **B.** Élodie **C.** Fiona **D.** Pas de réponse

Q22. Quelle est la personne qui prend le plus de médicaments par jour ?
A. Didier **B.** Élodie **C.** Fiona **D.** Pas de réponse

Q23. Quelle est la personne qui a le traitement de plus grande durée ?
A. Didier **B.** Élodie **C.** Fiona **D.** Pas de réponse.

Q24. Quelle est la durée du traitement de la personne qui prend un médicament par jour ?
A. 1 semaine **B.** 1 mois **C.** 3 mois **D.** Pas de réponse

Q25. Quel est l'âge de la personne qui suit le traitement de plus courte durée ?
A. 25 ans **B.** 32 ans **C.** 47 ans **D.** Pas de réponse

Q26. Quelle est la durée du traitement de la personne d'âge intermédiaire ?
A. 1 semaine **B.** 1 mois **C.** 3 mois **D.** Pas de réponse

Q27. Combien la personne dont la durée de traitement est la plus petite, prend-elle de médicaments par jour ?
A. 1 **B.** 2 **C.** 3 **D.** Pas de réponse

Q28. Combien de médicaments prend la personne la plus âgée ?
A. 1 **B.** 2 **C.** 3 **D.** Pas de réponse

Q29. Quelle est la personne qui prend le moins de médicaments par jour ?
A. Didier **B.** Élodie **C.** Fiona **D.** Pas de réponse

Q30. Quelle est la personne qui prend deux médicaments chaque jour ?
A. Didier **B.** Élodie **C.** Fiona **D.** Pas de réponse

Test n° 5

Temps conseillé **5 min**

Le but de ce test est de déterminer les chiffres qui doivent remplacer les lettres de **P** à **T** dans la division ci-contre. Les nombres de 2 086 à 1 353 sont les restes intermédiaires de la division.

4 7 2 9 6 8	P 6 Q 3
2 0 8 6	R 7 8 , 9
2 S 6 5	
2 5 T 4	
1 3 5 3	

Q31. Par quel chiffre doit-on remplacer la lettre P ?
A. 2 **B.** 3 **C.** 1 **D.** 4

Q32. Par quel chiffre doit-on remplacer la lettre Q ?
A. 6 **B.** 5 **C.** 3 **D.** 4

Q33. Par quel chiffre doit-on remplacer la lettre R ?
A. 4 **B.** 1 **C.** 3 **D.** 2

Q34. Par quel chiffre doit-on remplacer la lettre S ?
A. 6 **B.** 4 **C.** 3 **D.** 5

Q35. Par quel chiffre doit-on remplacer la lettre T ?
A. 1 **B.** 2 **C.** 3 **D.** 4

Test n° 6

Temps conseillé 5 min

On donne ci-contre une suite d'images qui se répète indéfiniment.

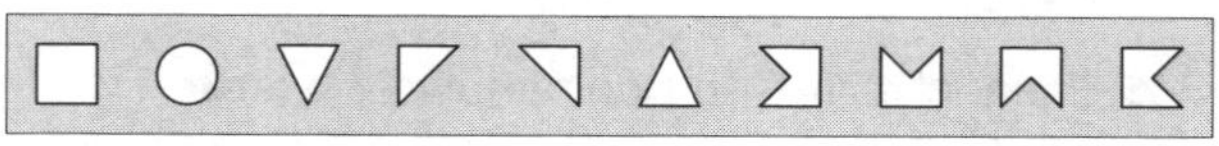

Dans le tableau ci-contre, certaines images sont remplacées par des lettres. Le but de ce test est de déterminer les images qui remplacent les lettres.

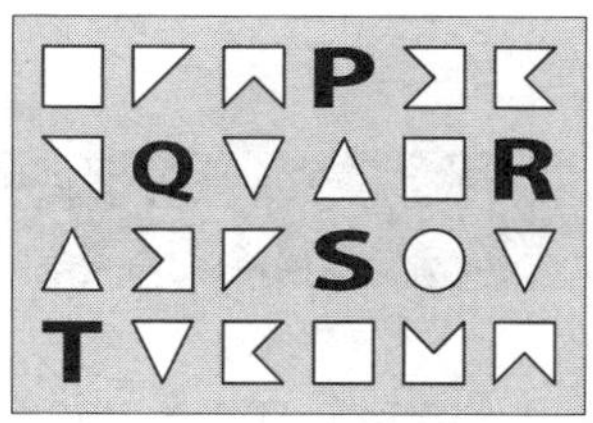

Q36. Par quelle image doit-on remplacer la lettre **P** ?
A.  **B.**  **C.**  **D.** 

Q37. Par quelle image doit-on remplacer la lettre **Q** ?
A. 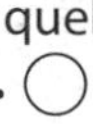 **B.**  **C.**  **D.** 

Q38. Par quelle image doit-on remplacer la lettre **R** ?
A.  **B.**  **C.** 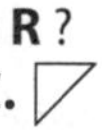 **D.** 

Q39. Par quelle image doit-on remplacer la lettre **S** ?
A.  **B.** 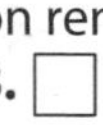 **C.**  **D.** 

Q40. Par quelle image doit-on remplacer la lettre **T** ?
A.  **B.**  **C.** 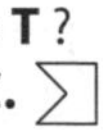 **D.** 

Test n° 7

Temps conseillé 5 min

Le but de ce test est de déterminer les chiffres qui doivent remplacer les lettres de **P** à **T** dans la division ci-contre. Les nombres de 2 086 à 1 353 sont les restes intermédiaires de la division.

4 P 2 9	Q 6
1 S	R 2
1 T	

Q41. Par quel chiffre doit-on remplacer la lettre **P** ?
A. 4 **B.** 5 **C.** 6 **D.** 7

Q42. Par quel chiffre doit-on remplacer la lettre **Q** ?
A. 6 **B.** 9 **C.** 8 **D.** 7

Q43. Par quel chiffre doit-on remplacer la lettre **R** ?
A. 3 **B.** 6 **C.** 4 **D.** 5

Q44. Par quel chiffre doit-on remplacer la lettre **S** ?
A. 6 **B.** 4 **C.** 3 **D.** 5

Q45. Par quel chiffre doit-on remplacer la lettre **T** ?
A. 6 **B.** 8 **C.** 7 **D.** 9

Test n° 8

Temps conseillé 5 min

On donne ci-contre une suite d'images qui se répète indéfiniment.

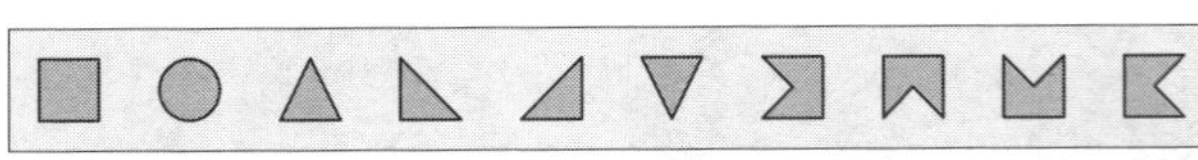

Dans le tableau ci-contre, certaines images sont remplacées par des lettres. Le but de ce test est de déterminer les images qui remplacent les lettres.

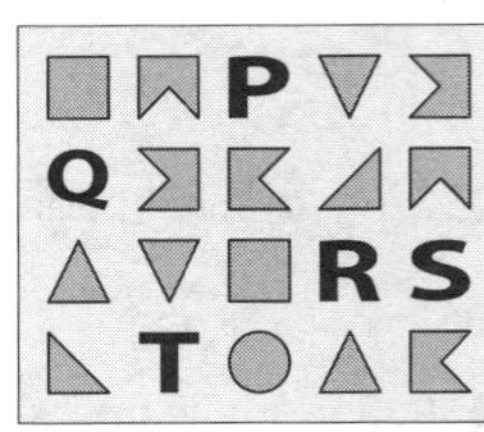

Q46. Par quelle image doit-on remplacer la lettre **P** ?
A.  **B.**  **C.**  **D.** 

Q47. Par quelle image doit-on remplacer la lettre **Q** ?
A.  **B.**  **C.**  **D.** 

Q48. Par quelle image doit-on remplacer la lettre **R** ?
A.  **B.**  **C.**  **D.** 

Q49. Par quelle image doit-on remplacer la lettre **S** ?

A.  **B.**  **C.**  **D.** 

Q50. Par quelle image doit-on remplacer la lettre **T** ?

A.  **B.**  **C.**  **D.** 

Test n° 9

Temps conseillé 10 min

Répondre aux questions posées ci-dessous.		A	B	C	D
Q51	Quel est le nombre d'inégalités « ≠ » fausses ?	10	11	12	13
Q52	Quel est le nombre d'égalités « = » fausses ?	4	5	6	7
Q53	Quel est le nombre d'inégalités « ≠ » exactes ?	27	29	30	32
Q54	Quel est le nombre d'égalités « = » exactes ?	41	42	43	44
Q55	Combien de fois peut-on lire les deux chiffres consécutifs 4 et 5 ?	26	27	28	29
Q56	Combien y a-t-il de multiples de 3 ?	51	52	53	54
Q57	Combien y a-t-il de nombres pairs ?	49	50	51	52
Q58	Quel est le nombre de chiffres 5 ?	197	198	199	200
Q59	Quel est le nombre de chiffres 4 ?	74	75	76	77
Q60	Quel est le nombre de chiffres 7 ?	24	25	26	27

9249 ≠ 9299
5347 = 5347
353 = 353
54520 ≠ 54529
5145 = 5145
251329 = 251392
51133 ≠ 57133
35 ≠ 355
5224 ≠ 52242
151551 = 151551
425 ≠ 254
45 ≠ 95
22554 = 22554

452573 ≠ 452513
21233 = 21233
3545 = 3545
225425 ≠ 225295
524025 = 524025
922225 ≠ 92225
45529 = 45529
113952 = 113252
210955 = 210955
4521 = 4521
229029 = 229229
554 = 554
42573 ≠ 42533

91 = 91
555 = 555
1513 ≠ 1513
157 ≠ 557
52422 ≠ 52422
229 ≠ 229
135595 = 135595
390937 = 390937
2222 ≠ 2922
921533 = 113392
23395 ≠ 23395
299052 ≠ 299042
92595 = 92595
11511 ≠ 11511
251345 ≠ 452513
772293 = 772293
54215 ≠ 54251
53252 ≠ 25235
45002 = 45002
35445 ≠ 3545
5533 = 5533
55221 = 55221
99999 = 99999
23391 = 23391
33755 ≠ 33745
552294 = 552294
3544 ≠ 35444
922973 ≠ 922933
354 = 354
330545 ≠ 33545
512551 ≠ 512151
53332 ≠ 537332
12334 ≠ 12335

1111 = 1111
29533 ≠ 329513
5133 = 5133
35279 ≠ 35927
253149 ≠ 253149
3242 ≠ 3242
455337 = 455337
251133 = 251133
433033 = 433033
253313 = 253313
39292 = 39292
250 ≠ 250
3725 = 3725
37900 = 37900
4025 = 4025
1 = 1
02291 = 02291
29291 = 29291
34102 ≠ 34102
29299 = 29299
21590 ≠ 21590
251334 ≠ 251334
0159 = 0159
33500 ≠ 3350
5314 = 5314
925334 ≠ 25334
2413 = 2413
599595 ≠ 955995
3455 ≠ 3455
229292 ≠ 229292
125095 ≠ 150925
9249 ≠ 9299
5347 = 5347

Test n° 10

Temps conseillé 15 min

Q61. Une solution saline est dosée à 30 % en masse. La masse de la solution est égale à 240 g. Quelle est la masse de sel contenue dans cette solution ?

A. 72 g **B.** 144 g **C.** 210 g **D.** 270 g

Q62. Au cours d'une analyse, le laborantin mesure 2,4 g de glucose pour une masse de 48 g de solution. Quel est la concentration en pourcentage de glucose ?

A. 0,5 % **B.** 5 % **C.** 15 % **D.** 50 %

Q63. Quelle est la masse de la solution de chlorure de potassium sachant que si elle est dosée à 30 % on mesure 6 g de sel ?

A. 18 g **B.** 20 g **C.** 15 g **D.** 1,8 g

Q64. Le montant d'un acte paramédical de 24 € augmente de 5 %. Quel sera le nouveau prix ?

A. 22,8 € **B.** 24,5 € **C.** 25,2 € **D.** 29 €

Q65. En se déshydratant, une préparation perd 70 % de sa masse initialement égale à 750 g. Quelle est la masse déshydratée ?

A. 525 g **B.** 680 g **C.** 500 g **D.** 225 g

Q66. La baguette de pain passe de 1,02 € à 1,07 €. De combien augmente-elle en pourcentage ? Arrondir.

A. 9 % **B.** 6 % **C.** 5 % **D.** 2 %

Q67. Le niveau d'eau d'un puits passe en été de 1,8 m à 45 cm après deux mois de sécheresse. De quel pourcentage baisse le niveau d'eau ?

A. 200 % **B.** 100 % **C.** 50 % **D.** 75 %

Q68. Le nombre de consultations a augmenté l'été dernier de 15 %. En moyenne, on compte actuellement 460 consultations par semaine. Quel était le nombre de consultations avant l'augmentation ?

A. 400 **B.** 445 **C.** 475 **D.** 529

Q69. En fondant, le volume d'un produit baisse de 5 %. Il est actuellement égal à 380 mL. Quel était le volume initial ?

A. 190 mL **B.** 380 mL **C.** 400 mL **D.** 420 mL

Q70. Une tablette de 200 g de chocolat contient 30 % de cacao. Quelle est la masse de cacao contenu dans cette tablette ?

A. 180 g **B.** 30 g **C.** 60 g **D.** 120 g

Test n° 11

Temps conseillé 10 min

Chaque petite figure géométrique de couleur noire est à remplacer par un nombre à un seul chiffre. Les valeurs ainsi attribuées restent constantes pour toutes les questions de ce test. Répondre aux questions posées.

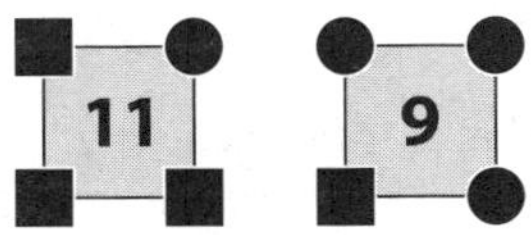

Q71. Quelle est la valeur numérique associée au petit carré noir ?
A. 3 **B.** 2 **C.** 1 **D.** 4

Q72. Quelle est la valeur numérique associée au petit rond noir ?
A. 4 **B.** 3 **C.** 2 **D.** 1

Q73. Quelle est la valeur numérique associée à la lettre P ?
A. 5 **B.** 12 **C.** 17 **D.** 22

Q74. Quelle est la valeur numérique associée à la lettre Q ?
A. 12 **B.** 5 **C.** 3 **D.** 17

Q75. Quelle est la petite figure géométrique associée à la lettre R ?
A. L'octogone **B.** Le rond **C.** Le cône **D.** L'étoile

Q76. Quelle est la petite figure géométrique associée à la lettre S ?
A. Le triangle **B.** Le cône **C.** Le rond **D.** L'octogone

Q77. Quelle est la valeur numérique associée à la lettre E ?
A. 2 **B.** 10 **C.** 15 **D.** 19

Q78. Quelle est la petite figure géométrique associée à la lettre F ?
A. Le carré **B.** Le rond **C.** Le cône **D.** L'étoile

Q79. Quelle est la valeur numérique associée à la lettre G ?
A. 9 **B.** 11 **C.** 13 **D.** 15

Q80. Quelle est la petite figure géométrique associée à la lettre H ?
A. L'octogone **B.** Le rond **C.** Le carré **D.** Le cône

Test n° 12

Temps conseillé **5 min**

On donne une série d'images, dont la première est l'image de référence. Cette image est la partie commune de la superposition de deux images parmi les quatre propositions de réponse. Le but de ce test est de déterminer les deux images qui doivent d'abord être transformées par rotation puis superposées, pour obtenir la partie commune donnée à l'image de référence.

<u>Exemple</u>

Cocher les deux images, qui par superposition ont la 1re image pour partie commune.

Référence **A** **B** **C** **D**

<u>Solution</u>

On remarque que l'on obtient l'image de référence par :
- la rotation d'un quart de tour dans le sens inverse des aiguilles d'une montre de l'image **A** ;
- la rotation d'un quart de tour dans le sens inverse des aiguilles d'une montre de l'image **B** ;
- la superposition de ces deux images ainsi transformées.

Pour montrer la partie commune qui est obtenue en superposant les deux premières images, on a reproduit en gris foncé l'image **A** et en gris clair l'image **B**. La partie commune est alors reproduite en noir.

Q81. Cocher les 2 images, qui par superposition ont la 1re image pour partie commune.

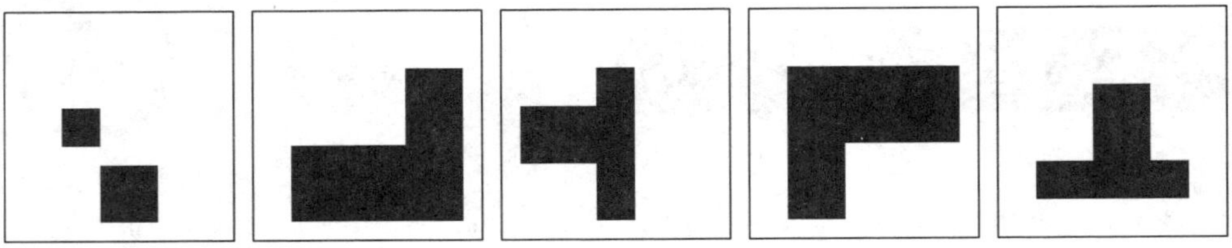

Référence **A** **B** **C** **D**

Q82. Cocher les 2 images, qui par superposition ont la 1re image pour partie commune.

Référence **A** **B** **C** **D**

Q83. Cocher les 2 images, qui par superposition ont la 1re image pour partie commune.

Référence **A** **B** **C** **D**

Q84. Cocher les 2 images, qui par superposition ont la 1e image pour partie commune.

Référence **A** **B** **C** **D**

Q85. Cocher les 2 images, qui par superposition ont la 1e image pour partie commune.

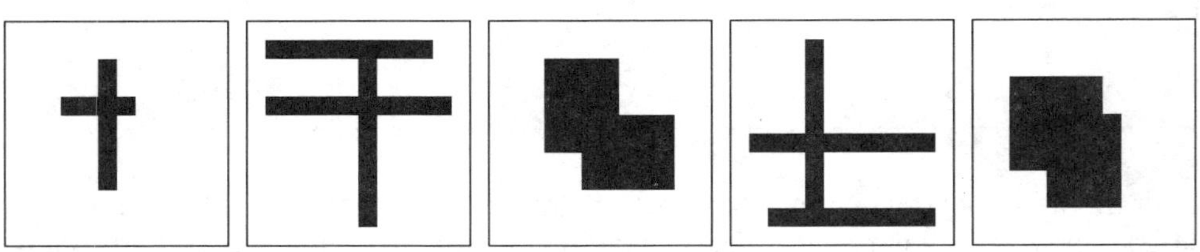

Référence **A** **B** **C** **D**

Test n° 13

Temps conseillé 5 min

Le but de ce test est de compléter chaque série.

Q86. Vache – herbe ; chat – riz ; chien – ?
A. Pain **B.** Chat **C.** Os **D.** Viande

Q87. Souris – grise ; jument – marron ; cochon – ?
A. Blanc **B.** Poilu **C.** Gras **D.** Rose

Q88. Mer – ciel ; ciel – terre ; terre – ?
A. Cailloux **B.** Pelouse **C.** Herbe **D.** Pierre

Q89. Vache – wagon ; bouc – cerf ; chat – ?
A. Chien **B.** Chacal **C.** Daim **D.** Didon

Q90. Cantate – banane ; oreille – nouille ; savon – ?
A. Tanin **B.** Raton **C.** Sapin **D.** Talon

Test n° 14

Temps conseillé 10 min

Pour chaque question, vous devez répondre par analogie avec l'exemple suivant.

Ex :	**A**	**B**	**C**	**D**
	12	13	14	18

La réponse est la proposition **B,** car tous les nombres sont pairs sauf 13.

Pour chaque question, entourer la réponse et reportez-la sur la grille réponse.

	A	**B**	**C**	**D**
Q91	12	16	14	20
Q92	12	96	48	36
Q93	83	913	526	94
Q94	128	512	32	156
Q95	453	541	354	435
Q96	621	552	72	421
Q97	385	187	153	660
Q98	167	428	313	155
Q99	421	655	81	857
Q100	113	753	84	35

Grille réponse

Avec un crayon, cochez vos réponses à chaque question.

	A	B	C	D		A	B	C	D		A	B	C	D		A	B	C	D
Q1					**Q26**					**Q51**					**Q76**				
Q2					**Q27**					**Q52**					**Q77**				
Q3					**Q28**					**Q53**					**Q78**				
Q4					**Q29**					**Q54**					**Q79**				
Q5					**Q30**					**Q55**					**Q80**				
Q6					**Q31**					**Q56**					**Q81**				
Q7					**Q32**					**Q57**					**Q82**				
Q8					**Q33**					**Q58**					**Q83**				
Q9					**Q34**					**Q59**					**Q84**				
Q10					**Q35**					**Q60**					**Q85**				
Q11					**Q36**					**Q61**					**Q86**				
Q12					**Q37**					**Q62**					**Q87**				
Q13					**Q38**					**Q63**					**Q88**				
Q14					**Q39**					**Q64**					**Q89**				
Q15					**Q40**					**Q65**					**Q90**				
Q16					**Q41**					**Q66**					**Q91**				
Q17					**Q42**					**Q67**					**Q92**				
Q18					**Q43**					**Q68**					**Q93**				
Q19					**Q44**					**Q69**					**Q94**				
Q20					**Q45**					**Q70**					**Q95**				
Q21					**Q46**					**Q71**					**Q96**				
Q22					**Q47**					**Q72**					**Q97**				
Q23					**Q48**					**Q73**					**Q98**				
Q24					**Q49**					**Q74**					**Q99**				
Q25					**Q50**					**Q75**					**Q100**				

Vous pouvez vous attribuer une note « N » sur 20, en comptant le nombre de bonnes réponses « B » et en le divisant par 5.

$$N = \frac{B}{5} = \frac{\square}{5} = \square$$

ÉPREUVE DE TESTS N° 3

- Durée : 2 heures.
- Nombre de questions : 100.
- Vous devez reporter vos réponses sur la « grille réponse ».
- Tout instrument de calcul est interdit.
- Chaque question, notée sur un point est suivie de propositions de réponse dont une seule est exacte (sauf indication contraire).
- Vous pouvez utiliser des feuilles de brouillon.
- *Il est recommandé de respecter le temps de travail conseillé.*

Test n° 1

Temps conseillé **10 min**

Pour produire la suite ci-dessous, on multiplie le premier nombre par un nombre entier positif ou négatif, puis on ajoute au résultat obtenu un nombre positif ou négatif. On recommence avec le nombre obtenu pour engendrer toute la suite.

Les nombres sus-indiqués sont des nombres entiers compris entre – 2 et + 2 (valeurs incluses).

Le but de ce test est de déterminer le nombre qui remplace le point d'interrogation.

<u>Exemple :</u>

Nombre 1	Nombre 2	Nombre 3	Nombre 4	Nombre 5
1	3	7	?	31

À partir du premier nombre noté x, on obtient le deuxième nombre noté y par la relation : $y = 2x + 1$.

Voici le détail des calculs en commençant par le premier nombre :

$\boxed{y = 2x + 1}$

$x = 1 \longrightarrow y = 2 \times 1 + 1 = 2 + 1 = 3$ $\boxed{y = 3}$

$x = 3 \longrightarrow y = 2 \times 3 + 16 + 1 = 7$ $\boxed{y = 7}$

$x = 7 \longrightarrow y = 2 \times 7 + 1 = 14 + 1 = 15$ $\boxed{y = 15}$ ← *15 est le nombre cherché dans la suite.*

$x = 15 \longrightarrow y = 2 \times 15 + 1 = 30 + 1 = 31$ $\boxed{y = 31}$

Pour répondre à ce test, il faut déterminer au préalable la relation qui lie les nombres.

Déterminer le nombre qui doit remplacer le point d'interrogation.

Questions	Suite de nombres					Réponses proposées A	B	C	D
Q1	?	5	7	9	11	3	1	5	4
Q2	−2	5	?	5	−2	5	0	−2	1
Q3	2	3	5	9	?	17	15	13	11
Q4	9	?	5	3	1	8	7	6	5
Q5	−1	0	?	6	14	2	1	0	−1

Test n° 2

Temps conseillé **5 min**

Pour chaque test, les trois premiers damiers suivent une certaine logique. Le but de ce test est de déterminer le 4e damier.

Q6. Quel est le damier qui doit remplacer le point d'interrogation ?

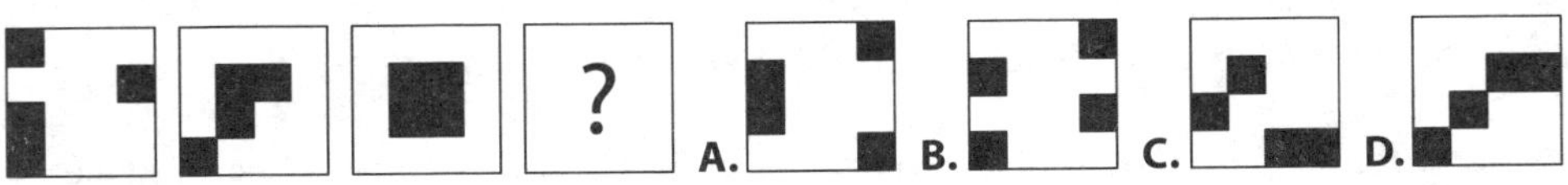

Q7. Quel est le damier qui doit remplacer le point d'interrogation ?

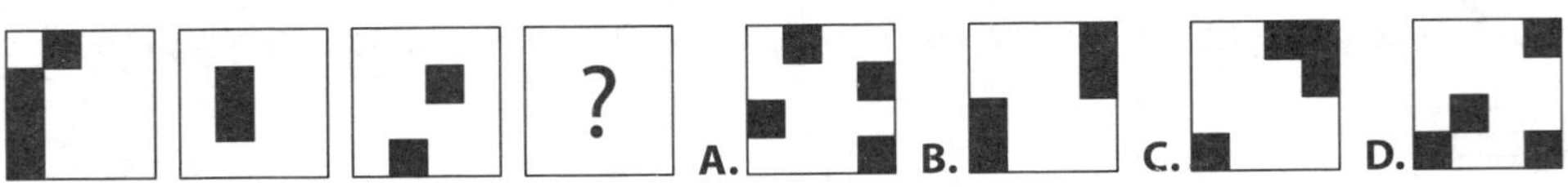

Q8. Quel est le damier qui doit remplacer le point d'interrogation ?

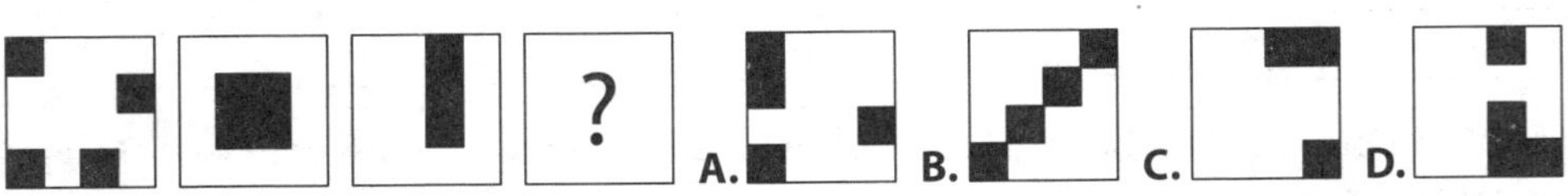

Q9. Quel est le damier qui doit remplacer le point d'interrogation ?

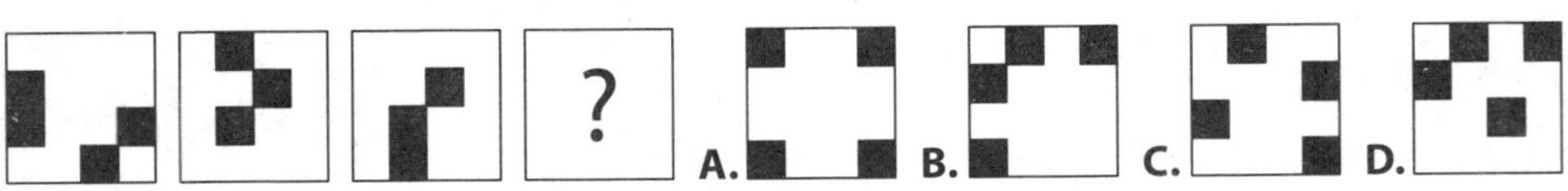

Q10. Quel est le damier qui doit remplacer le point d'interrogation ?

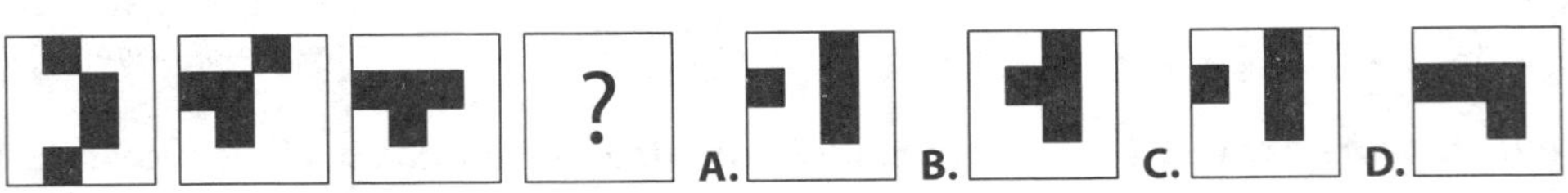

Test n° 3

Temps conseillé

Le but de ce test est de déterminer la figure en gris clair qui s'emboîte parfaitement avec la première figure en gris foncé. Les deux figures forment alors un carré.

Q11. Quelle est la figure qui complète la 1re figure en gris foncé pour former un carré ?

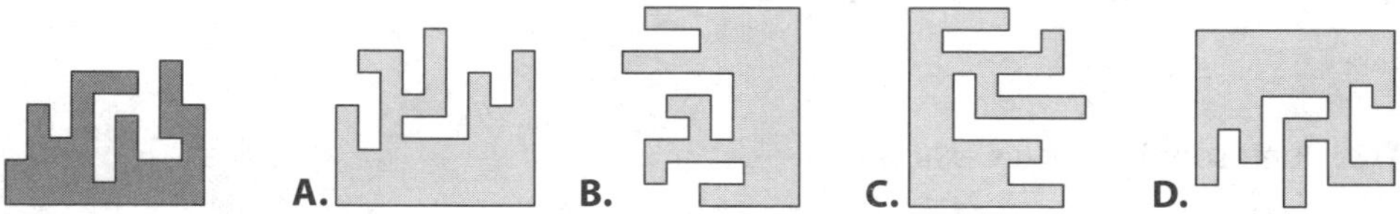

Q12. Quelle est la figure qui complète la 1re figure en gris foncé pour former un carré ?

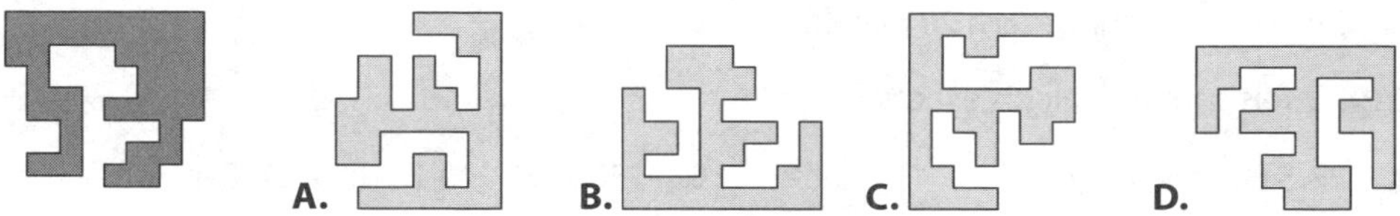

Q13. Quelle est la figure qui complète la 1re figure en gris foncé pour former un carré ?

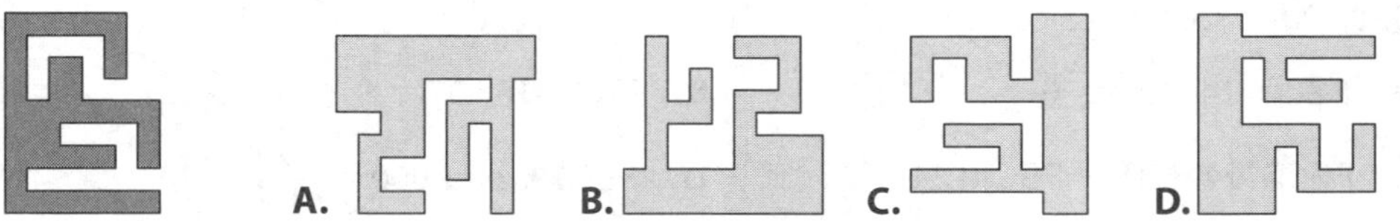

Q14. Quelle est la figure qui complète la 1re figure en gris foncé pour former un carré ?

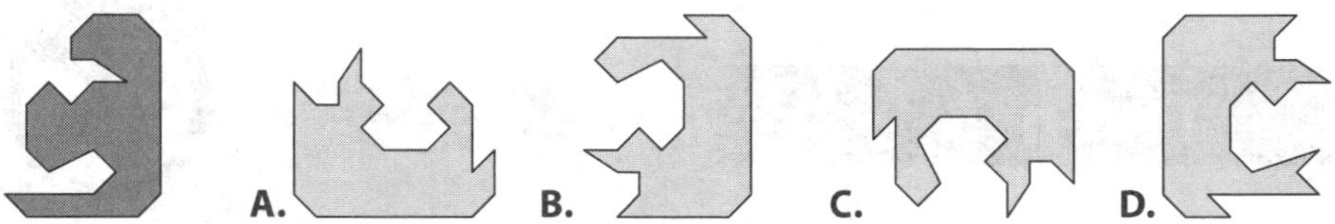

Q15. Quelle est la figure qui complète la 1re figure en gris foncé pour former un carré ?

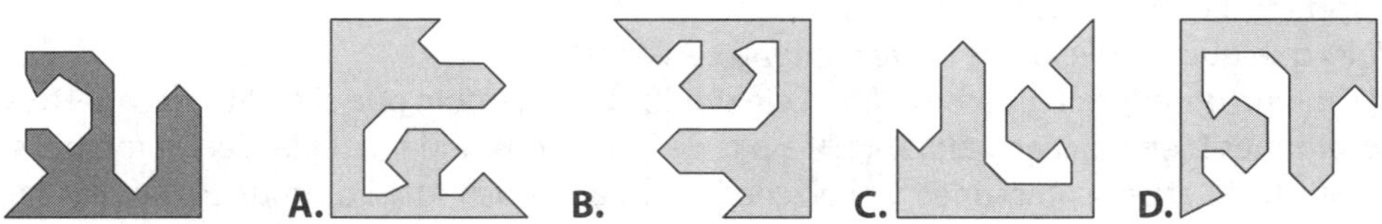

Test n° 4

Temps conseillé

Pour chaque question, on donne quatre calculs. Le but de ce test est de déterminer ceux qui sont exacts. Il y a donc parfois plusieurs réponses possibles.

Q16. Quels sont les calculs exacts ?

A. $-(-1^2)-(-1)^2=0$

B. $8^2+15^2=17^2$

C. $\left(1-\frac{1}{2}\right)^2=\left(\frac{1}{2}-1\right)^2$

D. $(3a-1)^2=9a^2-3a+1$

Q17. Quels sont les calculs exacts ?

A. $\sqrt{4+2\sqrt{4}+\sqrt{1}}=3$

B. $325\text{ mL}=0{,}325\text{ dm}^3$

C. $p=-1^2$; $q=-2$; $-2p-3q=-8$

D. $\frac{1}{4}-\frac{1}{2}+1=\frac{1}{2}$

Q18. Quels sont les calculs exacts ?

A. $90\text{ km/h}=25\text{ m/s}$

B. $12{,}5\text{ a}=12\,500\text{ m}^2$

C. $2\text{ h }20\text{ s}-40\text{ min}=1\text{h }20\text{ min }40\text{ s}$

D. $\frac{17}{23}=\frac{221}{299}$

Q19. Quels sont les calculs exacts ?

A. $22{,}5\text{ cL}=2{,}25\text{ cm}^3$

B. $150\text{ cm}^3+0{,}25\text{ dL}=400\text{ mL}$

C. $(12\text{ min }15\text{ s})\times 6=1\text{h }13\text{ min }40\text{ s}$

D. $32\text{ s}<(4\text{ min }20\text{ s})\div 8<33\text{ s}$

Q20. Quels sont les calculs exacts ?

A. $\text{PGCD}(24\,;18)=6$

B. $\text{PPCM}(18\,;6)=9\times 6$

C. $\text{PGCD}(24\,;18)=\text{PGCD}(24-18\,;18)$

D. $2\,000\text{ \% de }2\,000=\frac{20}{100}\times 20$

Test n° 5

Temps conseillé 10 min

Le but de ce test est de déterminer la proposition de réponse qui est la solution de toutes les lignes de l'énoncé.
Voici quelques explications sur le contenu de ce test.
a) Chaque description est complète. Cela signifie par exemple que si on lit « deux lettres communes bien placées » alors, il n'y a pas de lettre commune mal placée. De même, si on lit « trois lettres communes mal placées » il n'y a pas de lettre commune bien placée.
b) Quand on lit « lettre commune » on ne précise pas si celle-ci est bien placée où mal placée. On comptabilisera toute lettre commune bien et mal placée.
c) Quand on lit « au moins deux… » cela signifie « deux et au-delà ».
d) Quand on lit « au plus quatre… » cela signifie « quatre et en deçà ».
e) Quand on lit « moins de trois… » cela signifie « deux et en deçà ».
f) Quand on lit « plus de trois… » cela signifie « quatre et au-delà ».
g) Quand on lit « entre deux et quatre… » cela signifie « deux, trois ou quatre ».
h) Les lettres ne peuvent pas apparaître plus d'une fois dans chaque ligne d'exercice.

Les lettres utilisées sont P, Q, R, S et T.

Q21. **A.** QTP **B.** PTR **C.** RQS **D.** PQR

P	S	T	Moins de deux lettres communes bien placées.
Q	R	S	Au moins une lettre commune mal placée.
P	Q	S	Au moins une lettre commune bien placée.
Q	R	P	Au moins deux lettres communes mal placées.

Q22. **A.** QTS **B.** QPR **C.** RSP **D.** TSR

P	S	T	Au moins une lettre commune mal placée.
P	Q	R	Moins de deux lettres communes mal placées.
S	Q	T	Au moins deux lettres communes mal placées.
P	T	R	Au moins une lettre commune bien placée.

Q23. **A.** TPS **B.** RST **C.** RQT **D.** QSR

P	S	T	Au moins une lettre commune mal placée.
R	Q	S	Au plus une lettre commune bien placée.
T	R	Q	Moins de deux lettres communes bien placées.
S	Q	R	Au plus deux lettres communes mal placées.

Q24. **A.** PQR **B.** SRQ **C.** TPQ **D.** QSR

P	R	S	Moins de trois lettres communes mal placées.
T	S	R	Au moins une lettre commune bien placée.
S	P	T	Au moins une lettre commune (bien ou mal placée).
T	Q	S	Au moins deux lettres communes mal placées.

Q25. **A.** QST **B.** QPR **C.** RPS **D.** TSR

Q	P	T	Au moins une lettre commune (bien ou mal placée).
T	P	S	Au moins une lettre commune (bien ou mal placée).
P	Q	T	Au plus deux lettres communes.
T	P	Q	Au moins une lettre commune mal placée.

Les lettres utilisées sont P, Q, R, S, T, U et V.

Q26. **A.** TPS **B.** RST **C.** RQT **D.** QSR

Q	R	U	T	Au moins deux lettres communes.
P	S	R	U	Pas plus de deux lettres communes mal placées.
Q	R	S	T	Trois lettres communes.
U	T	P	R	Entre une et trois lettres communes bien placées.

Q27. **A.** STRV **B.** TQPS **C.** PQRS **D.** SPRQ

T	S	V	R	Au moins trois lettres communes.
P	T	R	Q	Exactement deux lettres communes bien placées.
S	P	U	Q	Au plus deux lettres communes bien placées.
T	U	P	R	Moins de trois lettres communes mal placées.

Q28. **A.** PQTRV **B.** SQVTU **C.** QSTVU **D.** PQVRU

S	Q	U	P	T	Au moins quatre lettres communes mal placées.
Q	P	R	U	V	Au moins deux lettres communes.
P	S	T	V	U	Pas moins de trois lettres communes bien placées.
Q	P	R	U	V	Moins de quatre lettres communes.

Q29. **A.** VSTUP **B.** STUVP **C.** TPVSQ **D.** RTSVQ

S	V	Q	P	R	Au moins trois lettres communes.
T	V	P	R	S	Exactement quatre lettres communes mal placées.
P	T	S	V	R	Deux lettres communes bien placées et moins de trois lettres communes mal placées.
S	V	T	U	P	Trois lettres communes mal placées et plus d'une lettre commune bien placée.

Q30. **A.** QSTVP **B.** TSVQP **C.** RVQSP **D.** VTSRQ

T	V	P	S	Q	Toutes les lettres sont mal placées.
R	Q	V	P	U	Aucune lettre commune bien placée et trois lettres communes mal placée.
Q	V	T	R	S	Au plus quatre lettres communes.
R	S	T	V	U	Au moins trois lettres communes bien placées.

Test n° 6

Temps conseillé **10 min**

Le but de ce test est de déterminer l'élément qui suit le dernier élément d'une suite. Pour construire une suite, vous devez déterminer la « loi » qui régit la succession des éléments de la cette suite. Exemple :

Suite de nombres					Propositions de réponse			
E 1	E 2	E 3	E 4	E 5	A	B	C	D
5	6	8	11	15	20	21	22	23

À partir de l'élément E1 on obtient l'élément E2 en ajoutant **1**, car 5 + **1** = 6.
À partir de l'élément E2 on obtient l'élément E3 en ajoutant **2**, car 6 + **2** = 8.
À partir de l'élément E3 on obtient l'élément E4 en ajoutant **3**, car 8 + **3** = 11.
À partir de l'élément E4 on obtient l'élément E5 en ajoutant **4**, car 11 + **4** = 15.
À partir de l'élément E5 on obtient l'élément cherché en ajoutant **5** ; alors 15 + **5** = 20.
La bonne réponse est alors : **A**.

Pour chaque question, déterminer l'élément qui suit l'élément E5 ou qui doit remplacer le point d'interrogation.

Questions	Suite d'éléments					Propositions de réponse			
	E1	E2	E3	E4	E5	A	B	C	D
Q31	7	11	15	19	23	24	25	26	27
Q32	– 3	– 6	– 5	– 10	– 9	– 15	– 18	– 20	– 22
Q33	8	24	12	36	18	24	36	48	54
Q34	51	44	37	30	23	26	22	18	16
Q35	46	54	49	57	52	45	48	58	60
Q36	1 876	6 718	8 761	1 867	7 68?	4	3	2	1
Q37	E(5)	J(10)	O(15)	S(20)	H(?)	5	8	20	25
Q38	A(3)	D(5)	I(3)	L(–5)	?(0)	D	E	F	G
Q39	PBKD	KDPB	BKPD	KPBD	?KDB	P	D	K	G
Q40	84	77	231	224	?72	6	5	3	4

Test n° 7

Temps conseillé **15 min**

Le but de ce test est de déterminer la lettre que l'on obtient en se déplaçant dans le tableau de la page suivante.

	a	b	c	d	e	f	g	h	i	j	k	l	m	n	o
1	Q	U	A	N	D	N	O	U	S	C	H	A	N	T	E
2	R	O	N	S	A	U	T	E	M	P	S	D	E	S	C
3	E	R	I	S	E	S	E	T	G	A	I	R	O	S	S
4	I	G	N	O	L	E	T	M	E	R	L	E	M	O	Q
5	U	E	U	R	S	E	R	O	N	T	T	O	U	S	E
6	N	F	E	T	E	L	E	S	B	E	L	L	E	S	A
7	U	R	O	N	T	L	A	F	O	L	I	E	E	N	T
8	E	T	E	E	T	L	E	S	A	M	O	U	R	E	U
9	X	D	U	S	O	L	E	I	L	A	U	C	O	E	U
10	R	Q	U	A	N	D	N	O	U	S	C	H	A	N	T
11	E	R	O	N	S	A	U	T	E	M	P	S	D	E	S
12	C	E	R	I	S	E	S	S	I	F	F	L	E	R	A
13	B	I	E	N	M	I	E	U	X	L	E	M	E	R	L
14	E	M	O	Q	U	E	U	R	M	O	N	T	A	N	D

Les colonnes de ce tableau sont notées de **a** à **o**. Les lignes sont notées de **1** à **14**. Dans ce tableau, l'intersection de la colonne **a** avec la ligne **1** est la lettre Q. On écrira : a1 = Q.

À partir d'une case de ce tableau, on effectue des déplacements. Voici comment ils sont notés :

Notation du déplacement	Déplacement effectué
H	Vers le haut
B	Vers le bas
D	Vers la droite
G	Vers la gauche
HD	En diagonale vers le haut et la droite
HG	En diagonale vers le haut et la gauche
BD	En diagonale vers le bas et la droite
BG	En diagonale vers le bas et la gauche

On note **2D** le déplacement de deux cases vers la droite.
On note **3HG** le déplacement de trois cases en diagonale vers le haut et la gauche. Le chiffre qui précède la ou les lettres, indique de combien de cases qu'il faut se déplacer.

Exemple : à partir de la case **a1** on effectue le déplacement de deux cases vers la droite. On note ce déplacement **2D**. En partant de la case **a1** et en se déplaçant de deux cases vers la droite, on se retrouve sur la case **c1** dans laquelle on lit la lettre **A**.

On écrira : 2D(a1) = A.

Cette écriture se lit ainsi : à partir de la case **a1** et en effectuant un déplacement **2D** (deux cases vers la droite) on obtient alors la case **c1** qui contient la lettre **A**.

D'autres exemples sont illustrés sur l'image de la page suivante :

	a	b	c	d	e	f	g	h	i	j	k	l	m	n	o
1	**Q**	U	**A**	N	D	N	O	U	S	C	H	A	N	T	E
2	[illegible]	[illegible]	[illegible]	S	A	U	T	E	M	P	S	D	E	S	C
3	E	R	I	S	E	S	E	T	G	A	I	R	O	S	S
4	I	G	**N**	O	L	**E**	T	M	**E**	R	L	E	M	O	Q
5	U	E	[illegible]	[illegible]	[illegible]	[illegible]	R	O	N	T	T	O	U	S	E
6	N	F	E	T	E	L	**E**	S	B	E	L	L	E	S	A
7	U	R	O	N	T	L	A	F	O	L	**I**	E	E	N	T
8	E	T	E	E	T	[illegible]	[illegible]	[illegible]	A	M	O	U	R	E	U
9	X	D	U	S	O	**L**	E	**I**	L	A	U	C	O	E	U
10	R	Q	U	A	N	D	N	O	U	S	C	H	A	N	T
11	E	R	O	N	S	A	**U**	T	E	M	P	S	D	E	S
12	C	E	R	I	S	E	S	S	I	F	F	L	E	R	A
13	B	I	E	N	M	I	E	U	X	L	E	M	E	R	L
14	E	M	O	Q	U	E	U	R	M	O	N	T	A	N	D

2D(a1) = A

3G(f4) = c4 = N

2HD(g6) = i4

2D(f9) = h9 = I

4BG(k7) = g11 = U

Q41. Préciser la lettre obtenue par le déplacement : 7D(b5).

A. S **B.** N **C.** O **D.** R

Q42. Préciser la lettre obtenue par le déplacement : 5B(c7).

A. R **B.** O **C.** E **D.** N

Q43. Préciser la lettre qui est le point de départ du déplacement : 6G(?) = f3.

A. R **B.** I **C.** O **D.** N

Q44. Préciser la lettre qui est le point de départ du déplacement : 4BD(?) = f6.

A. R **B.** I **C.** O **D.** N

Q45. Préciser le déplacement qui vérifie la relation : ?(O6) = m4.

A. 2HG **B.** 3BD **C.** 5H **D.** 4D

Q46. Préciser la lettre obtenue par le déplacement : 2B[5D(a9)].

A. E **B.** S **C.** U **D.** A

Q47. Préciser la lettre qui est le point de départ du déplacement : 2B[3G(j7)].

A. N **B.** L **C.** E **D.** I

Q48. Préciser la lettre obtenue par le déplacement : 3B[2BD(?)] = l9 = C.

A. R **B.** E **C.** T **D.** L

Q49. Préciser la lettre obtenue par le déplacement : 3BG{2G[2B(j9)]}.

A. E **B.** I **C.** M **D.** U

Q50. Préciser la lettre qui est le point de départ du déplacement : 4G{2BD[2BG(?)]} = j13 = L.

A. O **B.** N **C.** E **D.** U

Test n° 8

Temps conseillé 10 min

Le but de ce test est de compter le nombre d'images identiques à un modèle donné. Les dix modèles d'images sont notés de **P** à **Y** et sont donnés sur la première image ci-dessous. Ces modèles sont reproduits sur la seconde image.

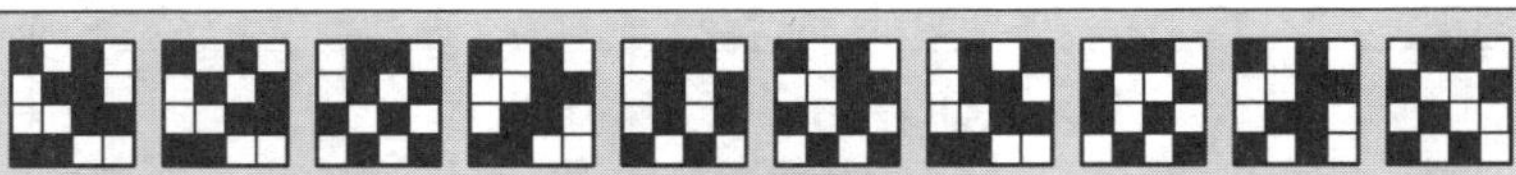

P Q R S T U V W X Y

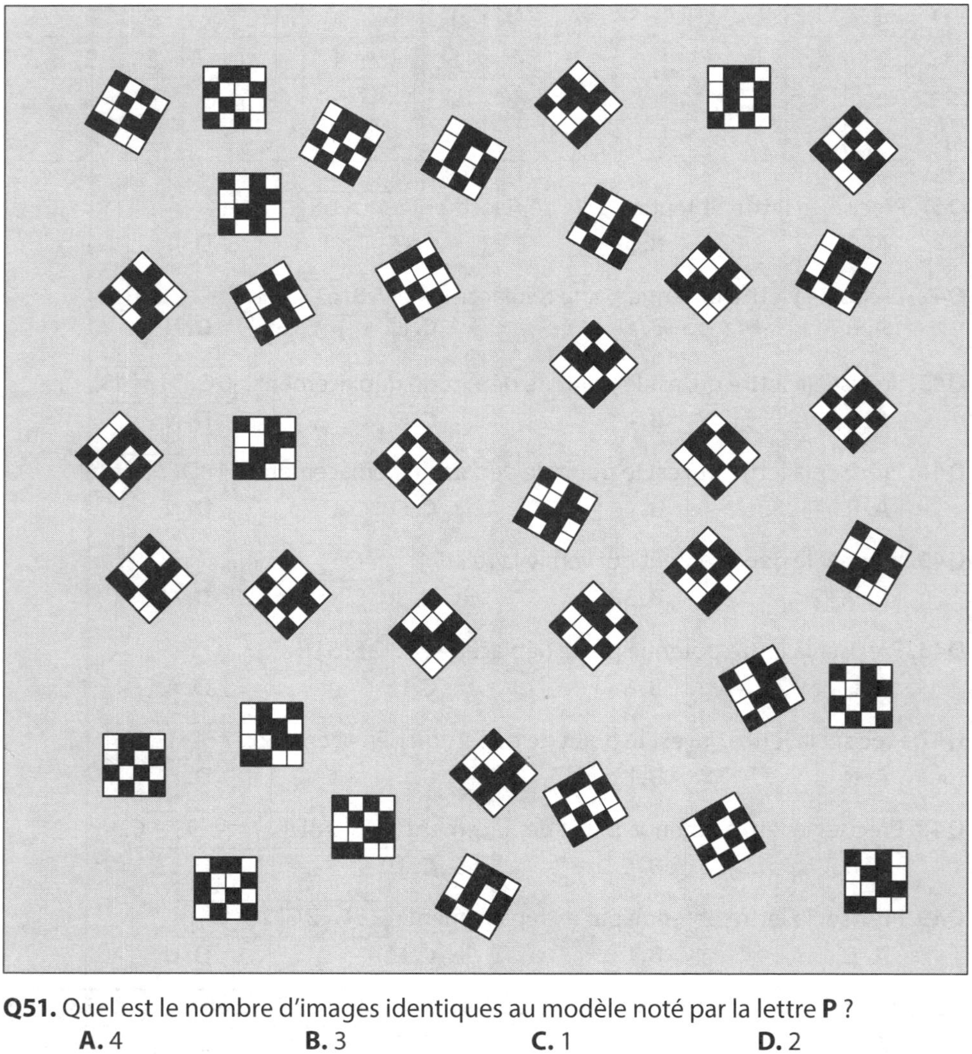

Q51. Quel est le nombre d'images identiques au modèle noté par la lettre **P** ?

A. 4 **B.** 3 **C.** 1 **D.** 2

Q52. Quel est le nombre d'images identiques au modèle noté par la lettre **Q** ?
A. 4 **B.** 3 **C.** 2 **D.** 1

Q53. Quel est le nombre d'images identiques au modèle noté par la lettre **R** ?
A. 2 **B.** 3 **C.** 1 **D.** 4

Q54. Quel est le nombre d'images identiques au modèle noté par la lettre **S** ?
A. 2 **B.** 5 **C.** 4 **D.** 3

Q55. Quel est le nombre d'images identiques au modèle noté par la lettre **T** ?
A. 6 **B.** 5 **C.** 3 **D.** 4

Q56. Quel est le nombre d'images identiques au modèle noté par la lettre **U** ?
A. 4 **B.** 3 **C.** 6 **D.** 5

Q57. Quel est le nombre d'images identiques au modèle noté par la lettre **V** ?
A. 4 **B.** 3 **C.** 2 **D.** 1

Q58. Quel est le nombre d'images identiques au modèle noté par la lettre **W** ?
A. 1 **B.** 2 **C.** 3 **D.** 4

Q59. Quel est le nombre d'images identiques au modèle noté par la lettre **X** ?
A. 2 **B.** 5 **C.** 4 **D.** 3

Q60. Quel est le nombre d'images identiques au modèle noté par la lettre **Y** ?
A. 3 **B.** 5 **C.** 4 **D.** 6

Test n° 9

Temps conseillé **5 min**

Le but de ce test est de déterminer l'image qui est une vue différente dans l'espace des trois autres images. Exemple : sur les quatre images suivantes, la première est différente des trois autres car elle possède des « angles arrondis » contrairement aux autres images. La réponse est alors **A**.

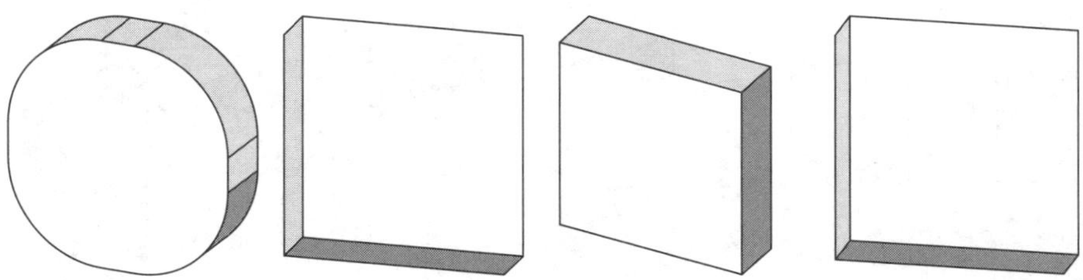

A. **B.** **C.** **D.**

Q61. Quelle est l'image différente des trois autres images ?

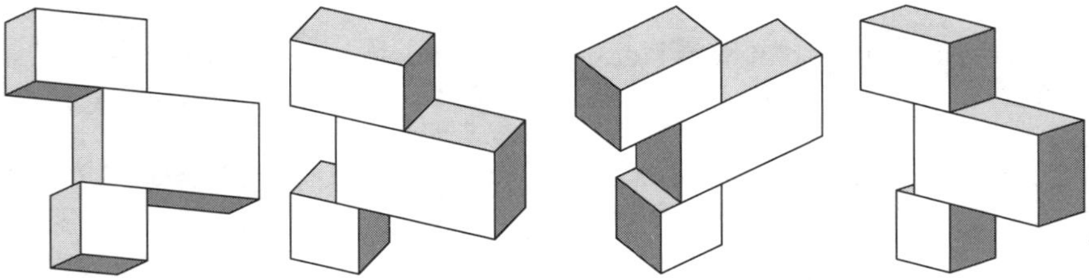

A.	B.	C.	D.

Q62. Quelle est l'image différente des trois autres images ?

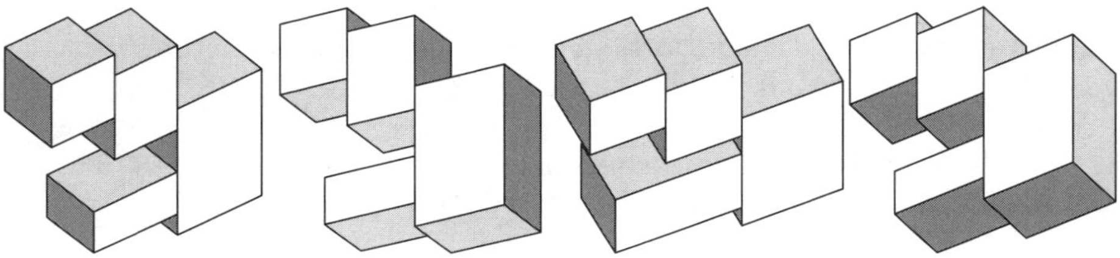

A.	B.	C.	D.

Q63. Quelle est l'image différente des trois autres images ?

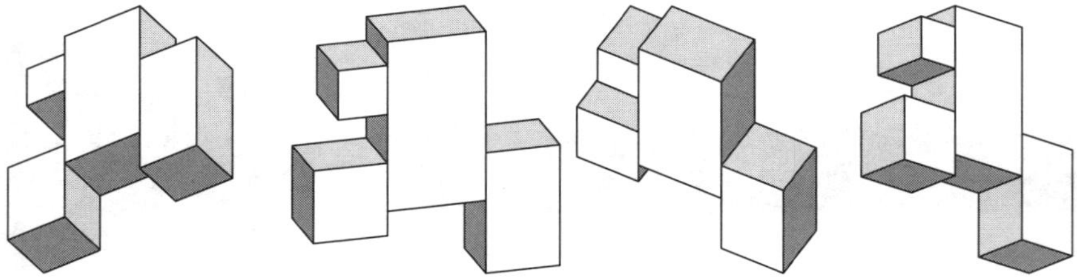

A.	B.	C.	D.

Q64. Quelle est l'image différente des trois autres images ?

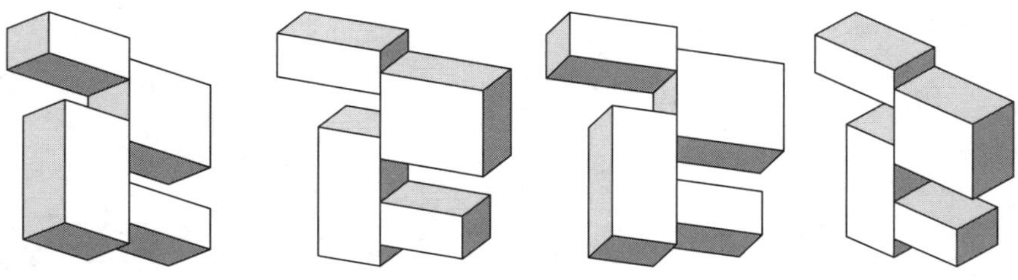

A.	B.	C.	D.

Q65. Quelle est l'image différente des trois autres images ?

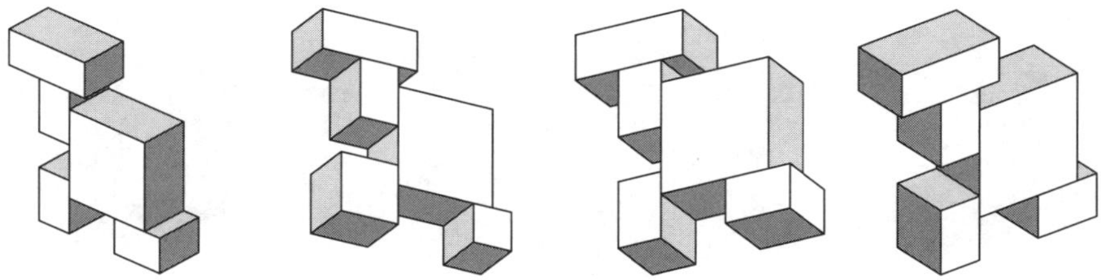

A. B. C. D.

Q66. Quelle est l'image différente des trois autres images ?

A. B. C. D.

Q67. Quelle est l'image différente des trois autres images ?

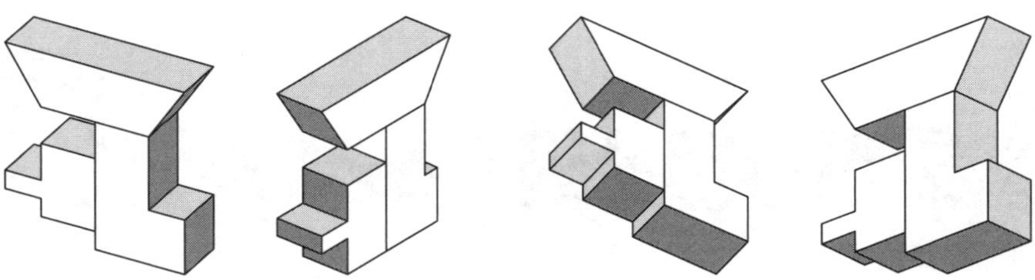

A. B. C. D.

Q68. Quelle est l'image différente des trois autres images ?

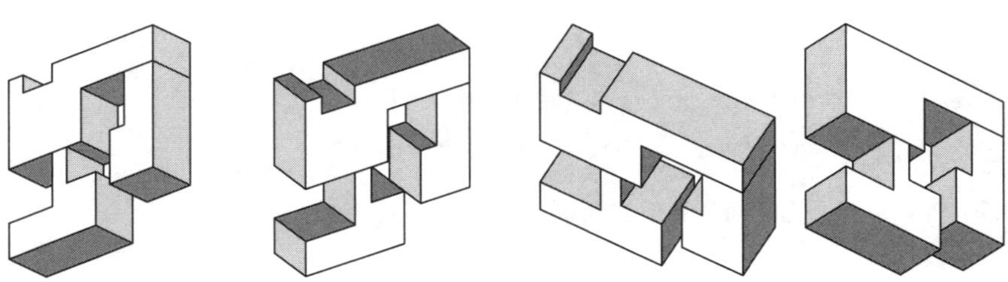

A. B. C. D.

Q69. Quelle est l'image différente des trois autres images ?

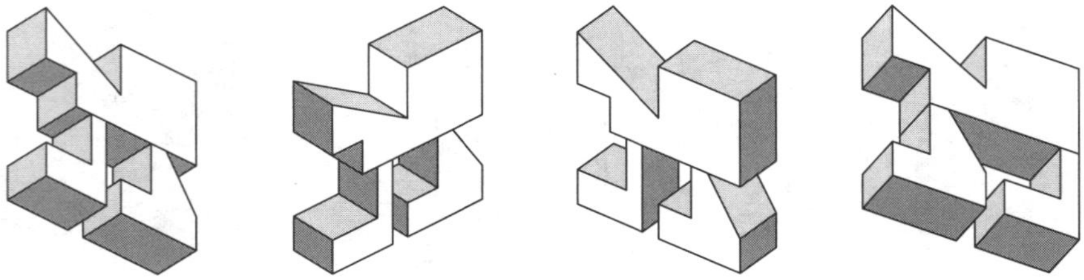

A. **B.** **C.** **D.**

Q70. Quelle est l'image différente des trois autres images ?

A. **B.** **C.** **D.**

Test n° 10

Temps conseillé **10 min**

Pour chaque test, huit nombres vérifient une relation simple. Par exemple, à partir d'un nombre, on obtient le suivant en lui ajoutant 3.
Le but de ce test est de déterminer les nombres qui doivent remplacer les lettres **P** et **Q**.

Q71. Quel est le nombre qui doit remplacer la lettre **P** ?
A. 9 **B.** 10 **C.** 11 **D.** 12

Q72. Quel est le nombre qui doit remplacer la lettre **Q** ?
A. 19 **B.** 21 **C.** 23 **D.** 25

14
5 Q
20 8
P 17
26

16

51 Q

30 58

P 23

44

Q73. Quel est le nombre qui doit remplacer la lettre **P** ?
A. 9 **B.** 10 **C.** 11 **D.** 12

Q74. Quel est le nombre qui doit remplacer la lettre **Q** ?
A. 31 **B.** 34 **C.** 37 **D.** 41

13

26 Q

17 9

P 18

21

Q75. Quel est le nombre qui doit remplacer la lettre **P** ?
A. 14 **B.** 15 **C.** 16 **D.** 19

Q76. Quel est le nombre qui doit remplacer la lettre **Q** ?
A. 19 **B.** 20 **C.** 22 **D.** 23

18

6 Q

30 12

P 15

9

Q77. Quel est le nombre qui doit remplacer la lettre **P** ?
A. 4 **B.** 5 **C.** 6 **D.** 9

Q78. Quel est le nombre qui doit remplacer la lettre **Q** ?
A. 19 **B.** 20 **C.** 23 **D.** 27

15

4 Q

24 12

P 8

51

Q79. Quel est le nombre qui doit remplacer la lettre **P** ?
A. 4 **B.** 5 **C.** 6 **D.** 9

Q80. Quel est le nombre qui doit remplacer la lettre **Q** ?
A. 17 **B.** 20 **C.** 21 **D.** 27

Test n° 11

Temps conseillé 15 min

Q81. Calculer : $P = \frac{3}{5} \div \frac{6}{10} \times \frac{3}{5} + 1.$

A. $\frac{4}{5}$ **B.** $\frac{-2}{5}$ **C.** $\frac{8}{5}$ **D.** $\frac{-4}{15}$

Q82. Quelle est la longueur d'un morceau de baguette de pain mesurant 60 cm et coupée en trois coups de couteau ? Les morceaux sont tous de même longueur.

A. 20 **B.** 18 **C.** 15 **D.** 12

Q83. Quinze infirmières pratiquent quarante soins en huit heures. Combien faut-il de temps à dix infirmières pour pratiquer trente soins ?

A. 10 h **B.** 9 h **C.** 8 h **D.** 6 h

Q84. Quelle est la distance parcourue en roulant en voiture pendant 40 minutes à la vitesse moyenne de 90 km/h ?

A. 75 km **B.** 45 km **C.** 120 km **D.** 60 km

Q85. Quel est le chiffre qui remplace le point d'interrogation : $\frac{1\ 8\ ?\ 5}{?\ 5\ 0} = \frac{5}{2}$?

A. 8 **B.** 7 **C.** 5 **D.** 4

Q86. Calculer : $Q = 2^3 - 3^3$

A. – 19 **B.** 1 **C.** 35 **D.** 17

Q87. Quelle est l'aire en cm^2 d'une sphère de 10 cm de diamètre ?

A. $100\,\pi$ **B.** $400\,\pi$ **C.** $\frac{4}{3}\pi \times 5^3$ **D.** $\frac{4}{3}\pi \times 10^3$

Q88. Convertir 25 m/s en km/h.

A. 90 km/h **B.** 50 km/h **C.** 25 km/h **D.** 9 km/h

Q89. Combien rapportent en deux ans 150 € placés en intérêts composés à 10 % l'an ?

A. 30 € **B.** 31,5 € **C.** 35 € **D.** 65 €

Q90. Si mille souris grignotent dix silos de grain en dix jours, combien de souris grignotent 30 silos de grain en 30 jours ?

A. 1 000 **B.** 3 000 **C.** 100 **D.** 9 000

Test n° 12

Temps conseillé 20 min

Trois caisses de pommes et deux caisses de fraises coûtent 69 €. Deux caisses de pommes et trois caisses de fraises coûtent 66 €.

Q91. Quel est alors le prix d'une caisse de pommes et d'une caisse de fraises ?
A. 21 € **B.** 23 € **C.** 25 € **D.** 27 €

Q92. Quel est alors le prix de quatre caisses de pommes et de cinq caisses de fraises ?
A. 120 € **B.** 130 € **C.** 150 € **D.** 160 €

Deux magnifiques bagues, un collier de perles et trois bracelets en or coûtent 47,5 €. Une magnifique bague et trois colliers de perles coûtent 19 €. Deux colliers de perles et un bracelet en or coûtent 16 €.

Q93. Quel est alors le prix d'un collier de perles et d'un bracelet en or ?
A. 11 € **B.** 12,5 € **C.** 14,5 € **D.** 15 €

Q94. Quel est alors le prix de trois magnifiques bagues et de deux bracelets en or ?
A. 28 € **B.** 32,5 € **C.** 37 € **D.** 43,5 €

Q95. Quel est alors le prix de deux magnifiques bagues et de trois colliers de perle ?
A. 27,5 € **B.** 41 € **C.** 44,5 € **D.** 48 €

Deux lecteurs MP3 et un téléphone portable coûtent 260 € ; un téléphone portable et deux manettes de jeu coûtent 190 € ; un lecteur MP3 coûte autant que deux manettes de jeu et un ordinateur ultra-portable coûte autant que trois téléphones portables.

Q96. Quel est alors le prix d'un lecteur MP3 et d'une manette de jeu ?
A. 105 € **B.** 110 € **C.** 115 € **D.** 120 €

Q97. Quel est alors le prix d'un ordinateur ultra-potable et d'un téléphone portable ?
A. 420 € **B.** 450 € **C.** 480 € **D.** 520 €

Q98. Quel est alors le prix de deux lecteurs MP3 et d'un ordinateur ultra-portable ?
A. 490 € **B.** 500 € **C.** 510 € **D.** 590 €

Q99. Quel est alors le prix de l'article le moins cher ?
A. 35 € **B.** 40 € **C.** 45 € **D.** 50 €

Q100. Quel est alors le prix des deux articles les plus chers ?
A. 380 € **B.** 420 € **C.** 480 € **D.** 540 €

Grille réponse

Avec un crayon, cochez vos réponses à chaque question.

	A	B	C	D		A	B	C	D		A	B	C	D		A	B	C	D
Q1					Q26					Q51					Q76				
Q2					Q27					Q52					Q77				
Q3					Q28					Q53					Q78				
Q4					Q29					Q54					Q79				
Q5					Q30					Q55					Q80				
Q6					Q31					Q56					Q81				
Q7					Q32					Q57					Q82				
Q8					Q33					Q58					Q83				
Q9					Q34					Q59					Q84				
Q10					Q35					Q60					Q85				
Q11					Q36					Q61					Q86				
Q12					Q37					Q62					Q87				
Q13					Q38					Q63					Q88				
Q14					Q39					Q64					Q89				
Q15					Q40					Q65					Q90				
Q16					Q41					Q66					Q91				
Q17					Q42					Q67					Q92				
Q18					Q43					Q68					Q93				
Q19					Q44					Q69					Q94				
Q20					Q45					Q70					Q95				
Q21					Q46					Q71					Q96				
Q22					Q47					Q72					Q97				
Q23					Q48					Q73					Q98				
Q24					Q49					Q74					Q99				
Q25					Q50					Q75					Q100				

Vous pouvez vous attribuer une note « N » sur 20, en comptant le nombre de bonnes réponses « B » et en le divisant par 5.

$$N = \frac{B}{5} = \frac{\square}{5} = \square$$

CORRIGÉ DE L'ÉPREUVE N° 3

Test n° 1

La première colonne du tableau ci-dessous indique le numéro de la question traitée. La deuxième colonne donne la relation entre deux nombres successifs. Dans les autres colonnes figurent les calculs permettant de trouver les différents nombres.

Q	Relation	Nb1	Nb2	Nb3	Nb4	Nb5
Q1	$y = x + 2$	$5 - 2 = 3$ Réponse **A**	5	7	9	11
Q2	$y = -x + 3$	−2	5	−2 Réponse **C**	5	−2
Q3	$y = 2x - 1$	2	3	5	9	17 Réponse **A**
Q4	$y = x - 2$	9	7 Réponse **B**	5	3	1
Q5	$y = 2x + 2$	−1	0	2 Réponse **A**	6	14

Pour déterminer la relation liant les nombres, on peut utiliser l'intuition ou préférer une résolution d'un système d'équations. Appliquons cette méthode à la question **Q1**.
La relation liant les nombres est du type : $y = ax + b$.

1) On obtient la première équation à partir des nombres n° 2 et n° 3. Le nombre n° 2 est égal à x, et le nombre n° 3 est égal à y. On écrit alors : $7 = 5a + b$.
2) On obtient la seconde équation à partir des nombres n° 3 et n° 4. Le nombre n° 3 est égal à x, et le nombre n° 4 est égal à y. On écrit alors : $9 = 7a + b$.

3) On détermine les deux nombres associés aux lettres a et b en résolvant le système formé par les deux équations précédentes :

$$\begin{cases} 7 = 5a + b \\ 9 = 7a + b \end{cases}$$

4) On soustrait membre à membre les deux équations pour déterminer a.

$$\begin{aligned} 7 &= 5a + b \\ 9 &= 7a + b \\ \hline 7 - 9 &= 5a - 7a \cancel{+ b - b} \\ -2 &= -2a \\ \boxed{a = 1} \end{aligned}$$

5) On remplace a par 1 dans la 1re équation :

$$\begin{aligned} 7 &= 5 \times 1 + b \\ 7 &= 5 + b \\ b &= 7 + 5 \\ \boxed{b = 2} \end{aligned}$$

6) On obtient alors la relation, ce qui permet de générer tous les nombres de la suite.

$$y = x + 2$$

Test n° 2

On considère que les quatre carrés noirs des damiers sont tous différents. Pour cela, on modifie leurs couleurs. On observe alors les déplacements de ces petits carrés sur les trois premiers damiers pour déterminer le 4e damier. Parfois les petits carrés se superposent. Afin de les observer, sur les corrections ci-dessous, ils sont alors légèrement décalés.

Q6. Réponse **A.**

Q7. Réponse **D.**

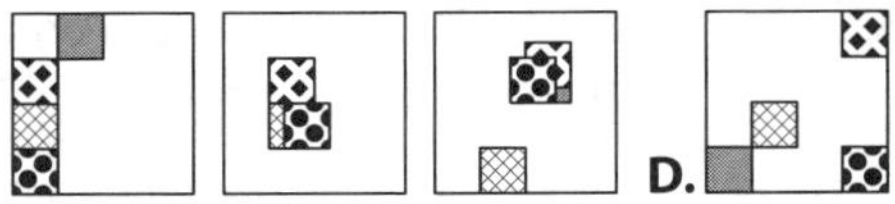

Q8. Réponse **C.**

Q9. Réponse **B.**

Q10. Réponse **D.**

Test n° 3

Pour chaque question, on essaie d'emboîter la 1re figure avec les propositions de réponse. Dans un seul cas, on obtient un carré. Dans les autres cas, il manque des surfaces ou il y a des surfaces excédentaires qui sont indiquées par des ronds noirs.

Q11. Réponse **A.**

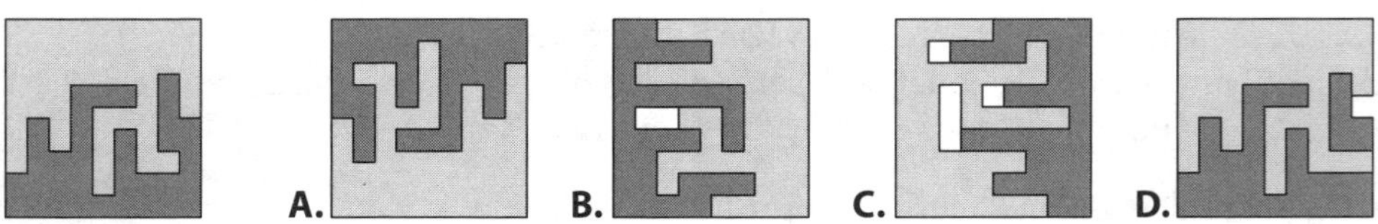

Q12. Réponse **D.**

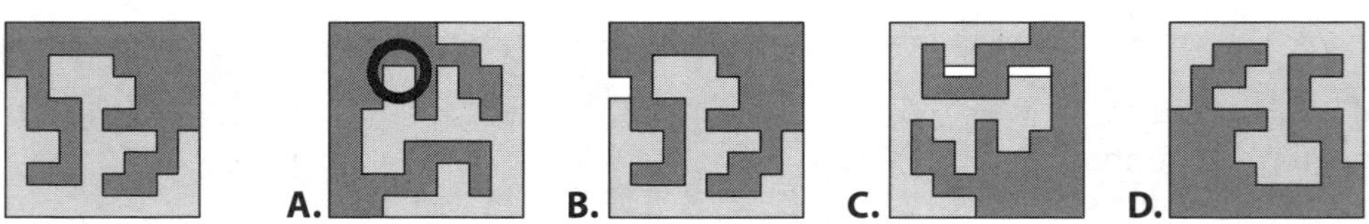

Q13. Réponse **D.**

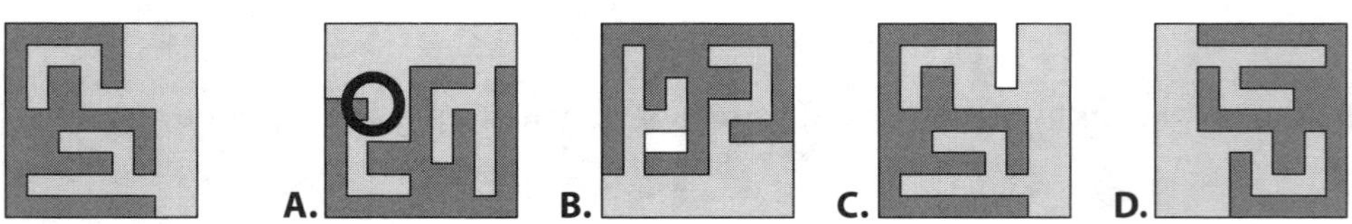

Q14. Réponse **B**. Les deux figures assemblées forment un carré biseauté.

A. 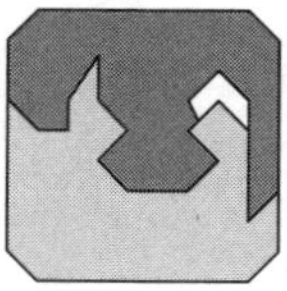
B. 
C. 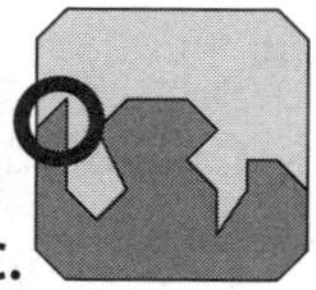
D. 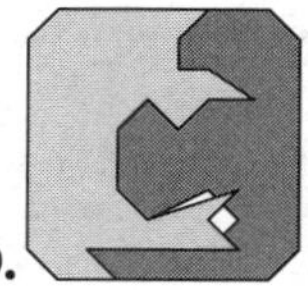

Q15. Réponse **C**.

A. 
B. 
C. 
D. 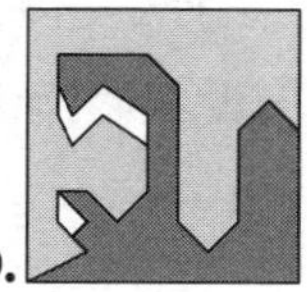

Test n° 4

Q16. Réponses **A**, **B** et **C**.

A. $-(-1^2)-(-1)^2 = -(-1)-(+1) = 1-1 = \boxed{0}$

B. $8^2 + 15^2 = 64 + 225 = 289 = \boxed{17^2}$

C. $\left(1-\frac{1}{2}\right)^2 = \left(\frac{2-1}{2}\right)^2 = \left(\frac{1}{2}\right)^2 = \boxed{\frac{1}{4}}$

$\left(\frac{1}{2}-1\right)^2 = \left(\frac{1-2}{2}\right)^2 = \left(\frac{-1}{2}\right)^2 = \boxed{\frac{1}{4}}$

Rappels :
$1^2 = 1$
$-1^2 = -(1^2) = -1$
$(-1)^2 = +1$

D. $(3a-1)^2 = 9a^2 - 2\times 3a \times 1 + 1 = 9a^2 - 6a + 1 \neq 9a^2 - 3a + 1$

$\boxed{(p-q)^2 = p^2 - 2pq + q^2}$

Q17. Réponses **A** et **B**.

A. $\sqrt{4+2\sqrt{4}+\sqrt{1}} = \sqrt{4+2\times 2+1} = \sqrt{4+4+1} = \sqrt{9} = \boxed{3}$

B. $325\ \text{mL} = 325\ \text{cm}^3 = \boxed{0{,}325\ \text{dm}^3}$

C. $p = -1^2 = -1$; $q = -2$

$-2p - 3q = -2\times(-1) - 3\times(-2) = 2 + 6 = 8 \neq -8$

D. $\frac{1}{4} - \frac{1}{2} + 1 = \frac{1-2+4}{4} = \frac{3}{4} \neq \frac{1}{2}$

Q18. Réponses **A** et **C**.

A. $90 \div 3{,}6 = 25$; $\boxed{90\ \text{km/h} = 25\ \text{m/s}}$

B. $12{,}5\ \text{a} = 12{,}5 \times 100\ \text{m}^2 = 1250\ \text{m}^2 \neq 12\,500\ \text{m}^2$

C. 2 h 20 s − 40 min = 1h 60 min 20 s − 40 min = 1h 20 min 20 s ≠ 1h 20 min 40 s

D. $17 \times 299 = 5\,083$; $23 \times 221 = 5\,083$; $\boxed{\frac{17}{23} = \frac{221}{299}}$

Deux quotients sont égaux s'ils vérifient l'égalité des produits en croix.

Q19. Réponse **D**.

A. $22{,}5\text{ cL} = 225\text{ mL} = 225\text{ cm}^3 \neq 2{,}25\text{ cm}^3$

B. $150\text{ cm}^3 + 0{,}25\text{ dL} = 150\text{ mL} + 25\text{ mL} = 175\text{ mL} \neq 400\text{ mL}$

C. $(12\text{ min }15\text{ s}) \times 6 = 12 \times 6\text{ min} + 15 \times 6\text{ s} = 72\text{ min} + 90\text{ s} = 73\text{ min} + 30\text{ s}$
$= 1\text{h }13\text{ min }30\text{ s} \neq 1\text{h }13\text{ min }40\text{ s}$

D. $\boxed{32\text{ s} < (4\text{ min }20\text{ s}) \div 8 < 33\text{ s}}$
$(4\text{ min }20\text{ s}) \div 8 = (4 \times 60\text{ s} + 20\text{ s}) \div 8 = (240\text{ s} + 20\text{ s}) \div 8 = 260\text{ s} \div 8 = 32{,}5\text{ s}$

Q20. Réponses **A** et **C**.

A. $24 = \boxed{6} \times 4$; $18 = \boxed{6} \times 3$; $\boxed{\text{PGCD}(24\,;18) = 6}$

B. $18 = 6 \times 3$; $6 = 6 \times 1$; $\text{PPCM}(18\,;6) = 6 \times 3 = 18 \neq 9 \times 6 = 54$

C. $24 = 6 \times 4$; $18 = 6 \times 3$; $\text{PGCD}(24\,;18) = 6$
$24 - 18 = 6$; $18 = 6 \times 3$; $\text{PGCD}(24 - 18\,;18) = \text{PGCD}(6\,;18) = 6$
$\boxed{\text{PGCD}(24\,;18) = \text{PGCD}(24 - 18\,;18)}$

D. $2\,000\ \%\text{ de }2\,000 = \frac{2\,000}{100} \times 2\,000 = 20 \times 2\,000 \neq \frac{20}{100} \times 20$

Test n° 5

On vérifie si la proposition **A** est la solution de toutes les lignes de l'énoncé. Si cette proposition vérifie toutes les lignes de l'exercice, alors cette proposition est la solution à retenir. Si ce n'est pas le cas, on recommence avec la proposition suivante. L'exercice est terminé quand on a trouvé la proposition qui vérifie toutes les lignes de l'énoncé.
Voici le détail de la solution pour la question **Q21** :

P	S	T	Moins de deux lettres communes bien placées.
Q	R	S	Au moins une lettre commune mal placée.
P	Q	S	Au moins une lettre commune bien placée.
Q	R	P	Au moins deux lettres communes mal placées.

A. QTP **B.** PTR **C.** RQS **D.** PQR

La réponse **A.** QTP est-elle la solution de toutes les lignes de l'énoncé ?

<u>À la première ligne de l'énoncé :</u>

P	S	T	Moins de deux lettres communes bien placées.

La réponse **A.** QTP ne possède pas de lettre commune bien placée. La condition « Moins de deux lettres communes bien placées » est alors vérifiée.

À la deuxième ligne de l'énoncé :

Q	R	S	Au moins une lettre commune mal placée.

La réponse **A.** QTP ne possède pas de lettre commune mal placée. La lettre Q est une lettre commune bien placée. La condition « Au moins une lettre commune mal placée » n'est alors pas vérifiée.

Conclusion : la réponse **A.** QTP n'est pas la solution de ce test.
Il en est de même pour les propositions **B** et **C**.

Vérifions que la réponse **D.** PQR est solution de ce test.

À la première ligne de l'énoncé :

P	S	T	Moins de deux lettres communes bien placées.

La réponse **D.** PQR possède une lettre commune bien placée ; c'est la lettre P. La condition « Moins de deux lettres communes bien placées » est alors vérifiée.

À la deuxième ligne de l'énoncé :

Q	R	S	Au moins une lettre commune mal placée.

La réponse **D.** PQR possède deux lettres communes mal placées ; ce sont les lettres Q et R. La condition « Au moins une lettre commune mal placée » est alors vérifiée.

À la troisième ligne de l'énoncé :

P	Q	S	Au moins une lettre commune bien placée.

La réponse **D.** PQR possède deux lettres communes bien placées ; ce sont les lettres P et Q. La condition « Au moins une lettre commune bien placée » est alors vérifiée.

À la dernière ligne de l'énoncé :

Q	R	P	Au moins deux lettres communes mal placées.

La réponse **D.** PQR possède trois lettres communes mal placées. La condition « Au moins deux lettres communes mal placées » est alors vérifiée.

Conclusion : la réponse **D.** PQR vérifie toutes les lignes de l'énoncé. La réponse à ce test est donc la réponse **D.** PQR.

Questions de Q22 à Q30 : se reporter à la grille réponse.

Test n° 6

	Suite d'éléments					Solution	Justification
	E1	E2	E3	E4	E5		
Q31	7	11	15	19	23	**D.** 27	On ajoute 4 à chaque nombre.
Q32	–3	–6	–5	–10	–9	**B.** –18	On alterne deux opérateurs : $\times 2$ et $+ 1$.
Q33	8	24	12	36	18	**D.** 54	De E1 à E2 on multiplie par 3, puis de E2 à E3 on divise par 2.
Q34	51	44	37	30	23	**D.** 16	On retranche 7 à chaque nombre.
Q35	46	54	49	57	52	**D.** 60	De E1 à E2 on ajoute 8, puis de E2 à E3 on retranche 5.
Q36	1876	6718	8761	1867	768?	**D.** 1	Apparaissent toujours les mêmes chiffres.
Q37	E(5)	J(10)	O(15)	S(20)	H(?)	**B.** 8	Le nombre indique le rang de la lettre dans l'alphabet.
Q38	A(3)	D(5)	I(3)	L(–5)	G(0)	**D.** G	Chaque lettre est remplacée par son rang dans l'alphabet. On additionne le rang de la lettre avec le chiffre dans la parenthèse pour trouver la lettre suivante.
Q39	PBKD	KDPB	BKPD	KPBD	?KDB	**A.** P	Apparaissent toujours les mêmes lettres.
Q40	84	77	231	224	?72	**A.** 6	De E1 à E2 on retranche 7, puis de E2 à E3 on multiplie par 3.

Test n° 7

Toutes les solutions sont reproduites sur le tableau suivant. **Q41** à **Q50** désignent les numéros des questions. Les déplacements sont notés aux extrémités des flèches.

Remarque : si vous lisez les lignes de ce tableau, vous allez reconnaître la célèbre chanson « Le temps des cerises ». Un grand interprète de cette chanson est indiqué dans les dernières lettres du tableau.

Questions de Q41 à Q50 : se reporter à la grille réponse.

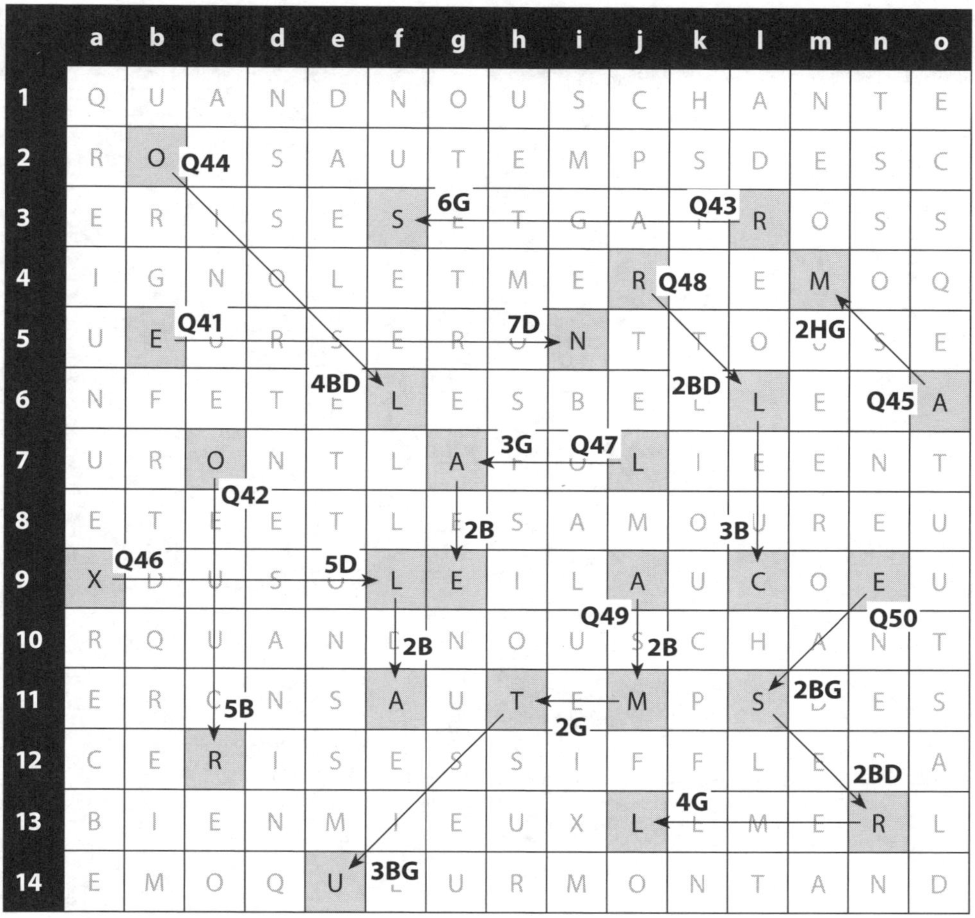

Test n° 8

Pour vous aider à corriger votre travail, on montre les figures identiques sur différentes images.

Questions de Q51 à Q60 : se reporter à la grille réponse.

Q51. Voici les images identiques au modèle noté par la lettre P.

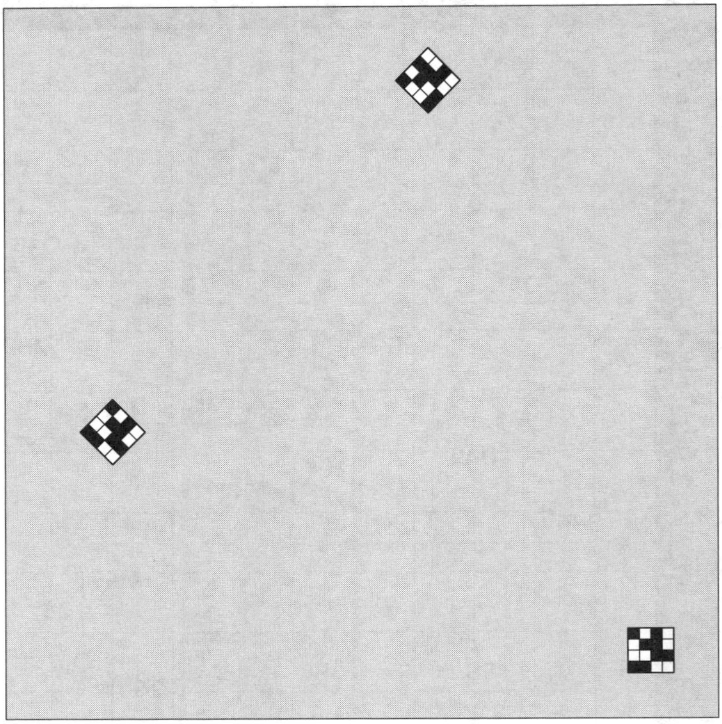

Q52. Voici les images identiques au modèle noté par la lettre Q.

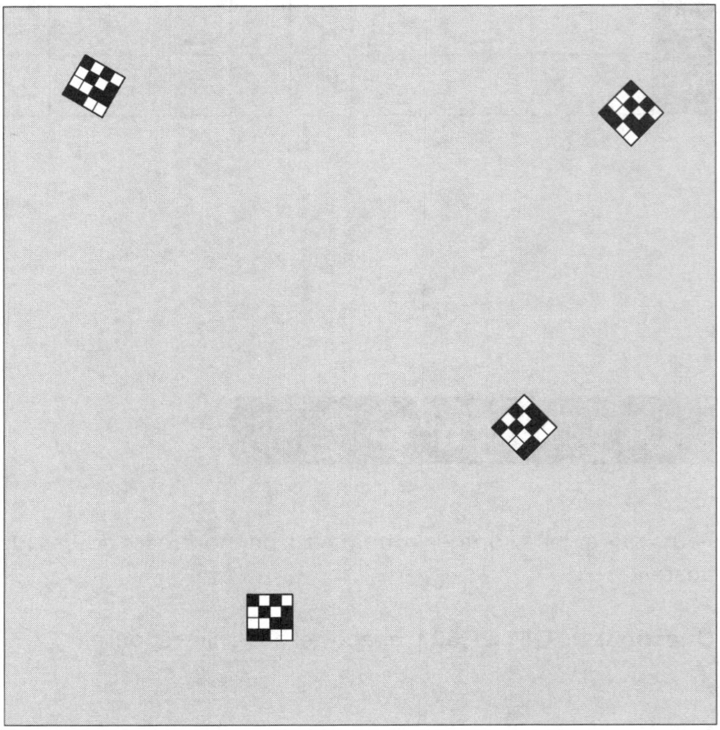

Q53. Voici les images identiques au modèle noté par la lettre R.

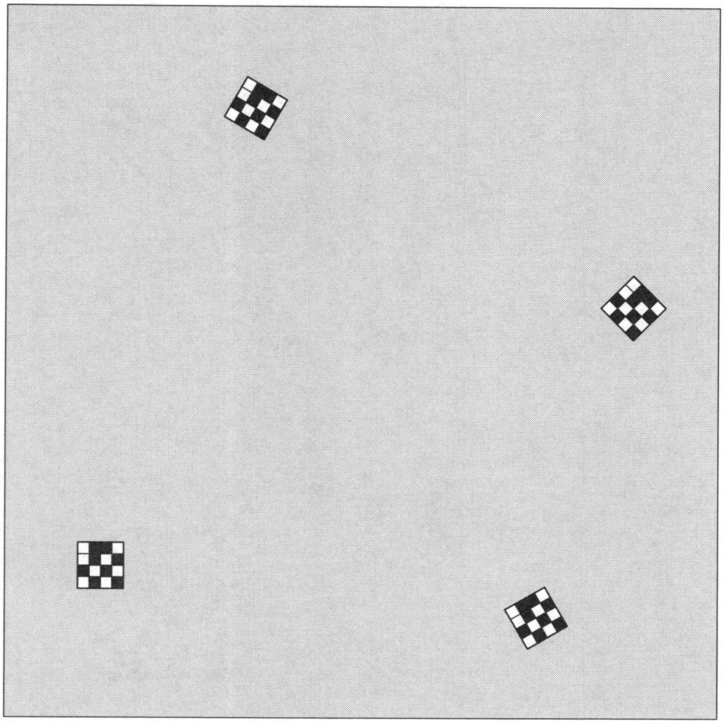

Q54. Voici les images identiques au modèle noté par la lettre S.

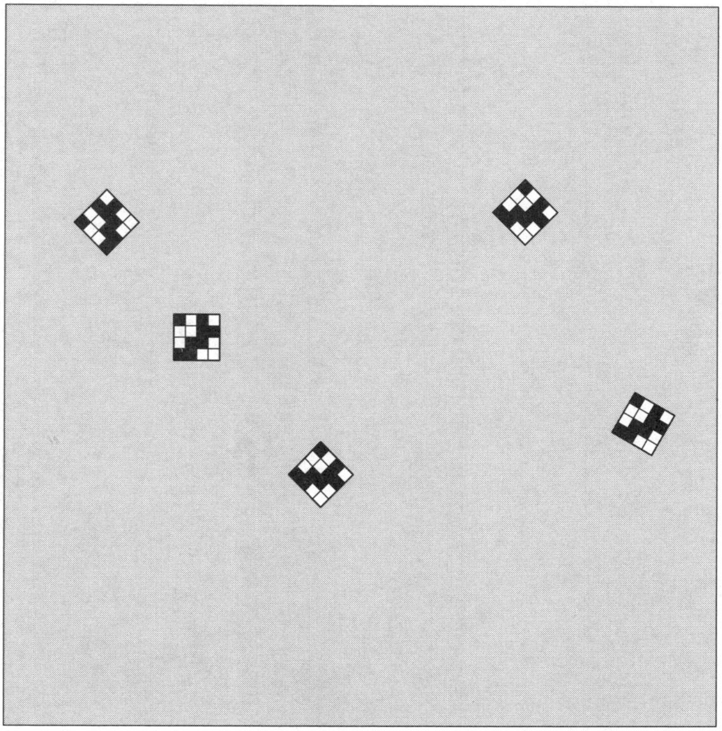

Q55. Voici les images identiques au modèle noté par la lettre T.

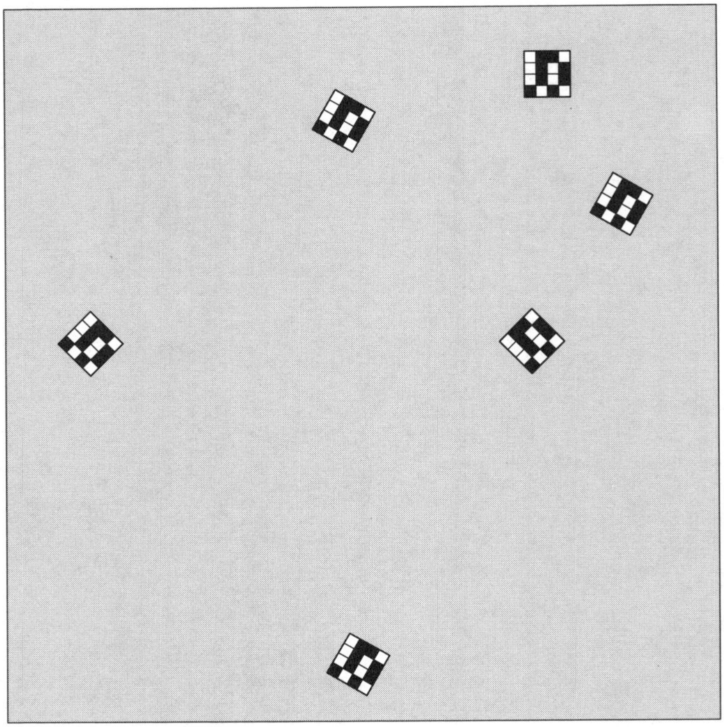

Q56. Voici les images identiques au modèle noté par la lettre U.

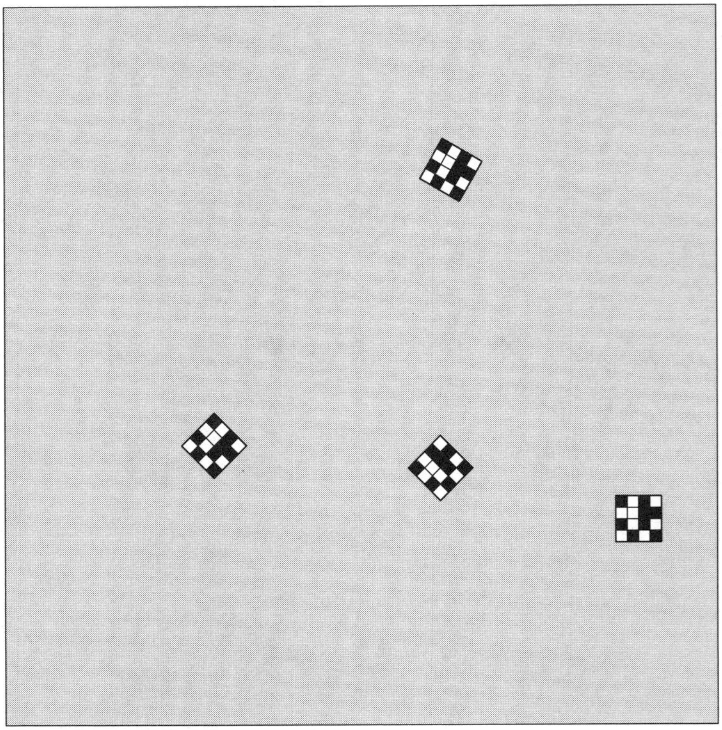

Q57. Voici les images identiques au modèle noté par la lettre V.

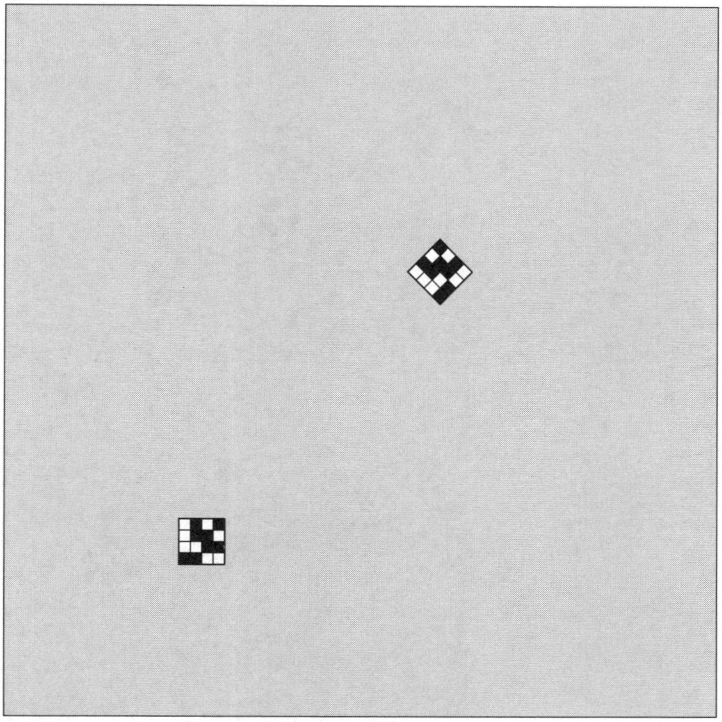

Q58. Voici les images identiques au modèle noté par la lettre W.

Q59. Voici les images identiques au modèle noté par la lettre X.

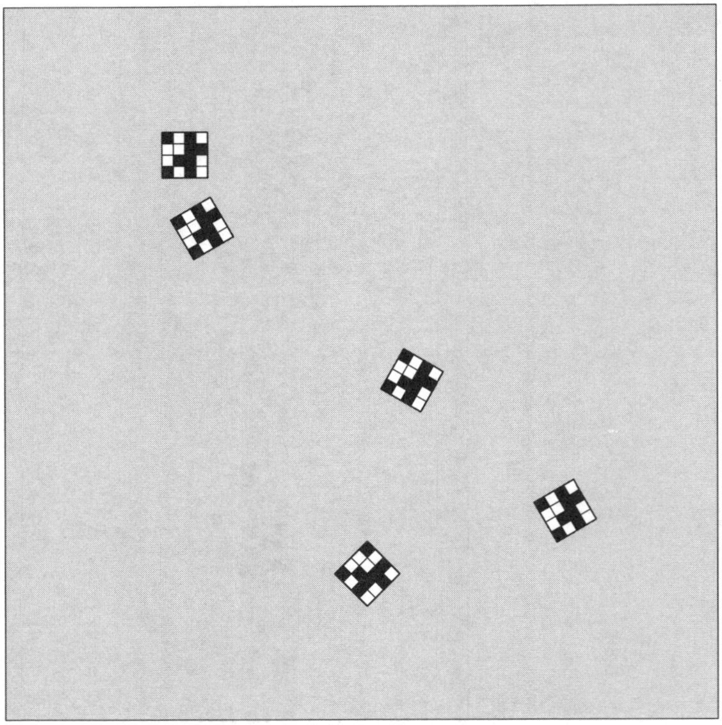

Q60. Voici les images identiques au modèle noté par la lettre Y.

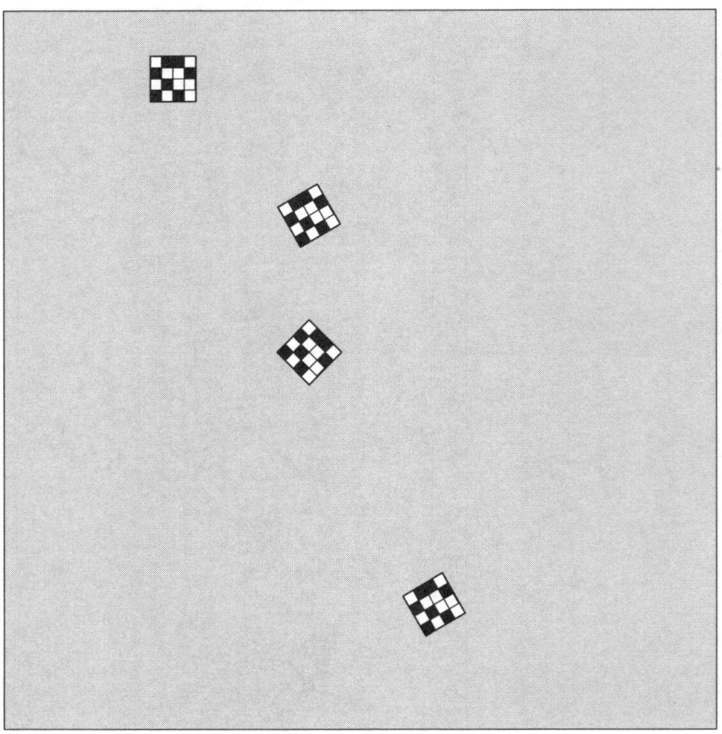

Test n° 9

Dans les dessins ci-dessous, on a entouré les éléments géométriques faisant les différences avec les autres images. Par exemple **Q61B** signifie qu'à la question **Q61**, l'image **B** est une vue différente des autres images de cet exercice.

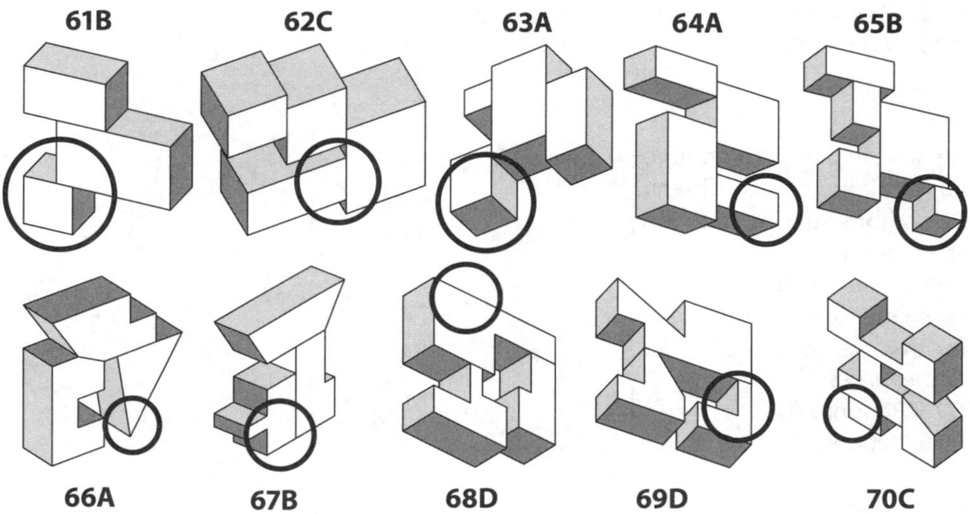

Questions de Q61 à Q70 : se reporter à la grille réponse.

Test n° 10

À partir du plus petit nombre (5) on ajoute 3 pour obtenir le nombre suivant.
D'un nombre à l'autre, on saute deux cases comme le montrent les flèches noires et les flèches grises.

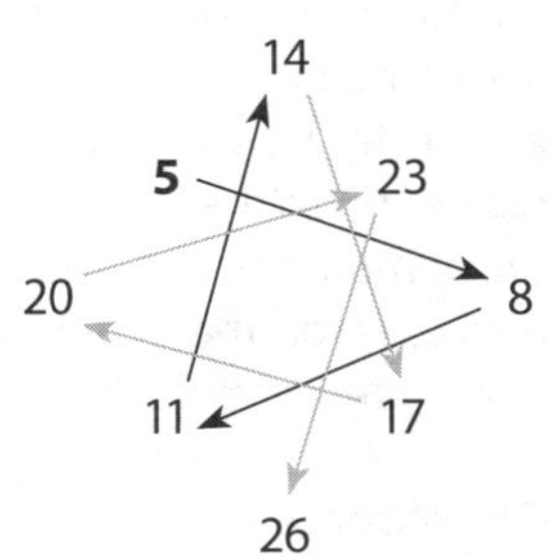

Q71. Réponse **C.**
Q72. Réponse **C.**

À partir du plus petit nombre (9) on ajoute 7 pour obtenir le nombre suivant.
D'un nombre à l'autre, on saute deux cases comme le montrent les flèches noires et les flèches grises.

Q73. Réponse **A.**
Q74. Réponse **C.**

16
51 **Q**
30 58
P 23
44

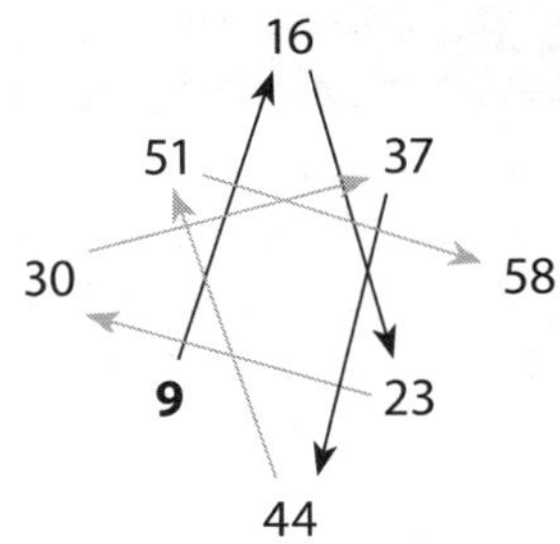

À partir du plus petit nombre (9) on ajoute 5 pour obtenir le nombre suivant, puis on retranche 1.
D'un nombre à l'autre, on saute deux cases comme le montrent les trois flèches noires et les flèches grises.
Q75. Réponse **A.**
Q76. Réponse **C.**

13
26 **Q**
17 9
P 18
21

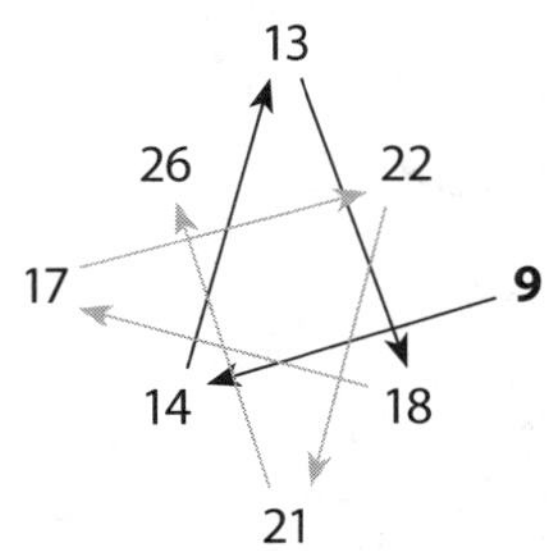

À partir d'un des deux nombres 9, on retranche 3 pour obtenir le nombre suivant, puis on multiplie par 2.
D'un nombre à l'autre, on saute deux cases comme le montrent les trois premières flèches.

Q77. Réponse **D.**
Q78. Réponse **D.**

18
6 **Q**
30 12
P 15
9

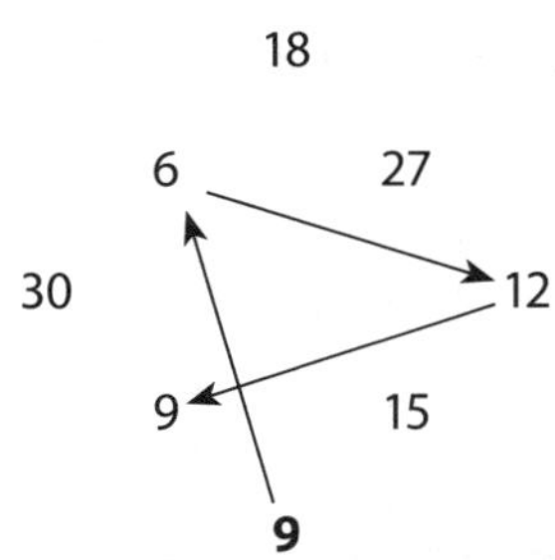

À partir du plus petit nombre (4) on multiplie par 3 pour obtenir le nombre suivant, puis on retranche 7.
D'un nombre à l'autre, on saute deux cases comme le montrent les trois premières flèches.

Q79. Réponse **B.**
Q80. Réponse **A.**

15
4 **Q**
24 12
P 8
51

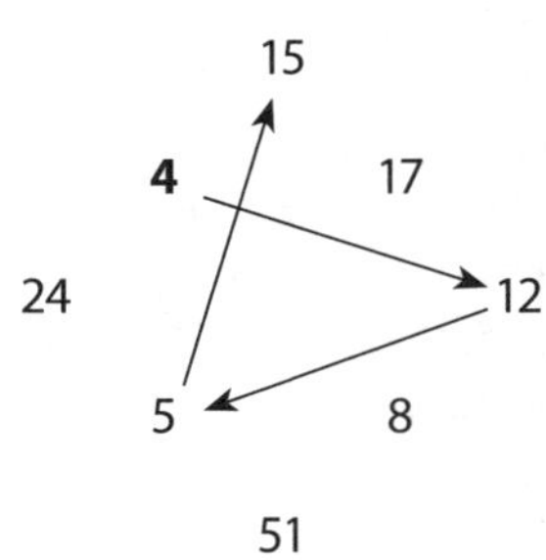

Test n° 11

Q81. Réponse **C.**
Détail du calcul :

$P = \frac{3}{5} \div \frac{6}{10} \times \frac{3}{5} + 1$

$P = \frac{3}{5} \times \frac{10}{6} \times \frac{3}{5} + 1$

$P = \frac{3 \times 10 \times 3}{5 \times 6 \times 5} + 1$

$P = \frac{\cancel{3} \times \cancel{10} \times 3}{\cancel{5} \times \cancel{6} \times 5} + 1$ (6 devient 2)

$P = \frac{3}{5} + 1$

$P = \frac{3 + 5}{5}$

$\boxed{P = \frac{8}{5}}$

Les multiplications et les divisions sont prioritaires par rapport à l'addition.

Diviser par une fraction, revient à multiplier par son inverse. $\div \frac{6}{10}$ *devient :* $\times \frac{10}{6}$.

Pour calculer la somme d'une fraction et d'un nombre entier, il faut tout réduire au même dénominateur (5).

Q82. Réponse **C.**
En coupant une baguette de 60 cm en trois coups de couteau, on obtient quatre morceaux identiques de 15 cm, car : $60 \div 4 = \boxed{15}$.

Q83. Réponse **B.**
On dresse un tableau :

Nb. d'IDE	Nb. de soins	Durée en h
15	40	8

On conserve le nombre d'infirmières. Le nombre de soins et la durée sont proportionnels.

Nb. d'IDE	Nb. de soins	Durée en h
15	40	8
15	30	t

On obtient t par une règle de 3 : $t = \frac{30 \times 8}{40} = 6$

On conserve le nombre de soins.

Nb. d'IDE		Nb. de soins		Durée en h
15	$\times \frac{10}{15}$	30	$\times \frac{15}{10}$	6
10		30		t

Si le nombre d'IDE diminue, la durée du travail augmente. Le nombre d'infirmières et la durée du travail sont inversement proportionnels. On écrit alors :

$$t = 6 \times \frac{15}{10} = 9 \;;\; \boxed{t = 9\,\text{h}}$$

Conclusion : il faut 9 h de soins.

Q84. Réponse **D.**
Il faut au préalable convertir 40 minutes en fraction d'heure :

$$t = 40\,\text{min} = \frac{40}{60}\,\text{h} = \frac{4}{6}\,\text{h} = \frac{2}{3}\,\text{h}$$

La distance parcourue est alors égale à :

$D = V \times T$

$D = 90 \times \frac{2}{3}$

$D = \frac{90 \times 2}{3}$

$D = 30 \times 2 = 60$

$\boxed{D = 60\,\text{km}}$

Conclusion : la distance parcourue est de 60 km.

Q85. Réponse **B.**
On utilise les différentes propositions de réponse.
On remarque qu'en remplaçant le point d'interrogation par **7**, l'égalité est vérifiée.

$$\frac{1875}{750} = \frac{375 \times 5}{375 \times 2} = \frac{5}{2}$$

Conclusion : 7 doit remplacer le point d'interrogation.

Q86. Réponse **A.**
Il n'existe pas de formule, on calcule simplement :

$Q = 2^3 - 3^3$

$Q = 8 - 27$

$\boxed{Q = -19}$

Q87. Réponse **A.**
Le rayon est égal à 5 cm. On calcule l'aire de la sphère à partir d'une formule :

$$S = 4\pi R^2$$
$$S = 4\pi \times 5^2$$
$$S = 4\pi \times 25$$
$$\boxed{S = 100\pi}$$

Q88. Réponse **A.**
Pour convertir en km/h une vitesse exprimée en m/s, il suffit de multiplier par 3,6.

$$25 \times 3{,}6 = 90$$
$$\boxed{V = 25\,\text{m/s} = 90\,\text{km/h}}$$

Q89. Réponse **B.**
En intérêts composés, on calcule les sommes acquises à la fin de chaque année.

Intérêts en € acquis au bout d'un an :

$$I_1 = 150 \times 10\,\%$$
$$I_1 = 150 \times 0{,}1$$
$$I_1 = 15$$

Capital en € obtenu au bout d'un an :

$$150 + 15 = 165$$

Intérêts en € acquis au bout de deux ans :

$$I_2 = 165 \times 10\,\%$$
$$I_2 = 165 \times 0{,}1$$
$$I_2 = 16{,}5$$

Somme en € Des intérêts :

$$I = I_1 + I_2$$
$$I = 15 + 16{,}5$$
$$\boxed{I = 31{,}5}$$

Conclusion : en deux ans, les intérêts sont de 31,5 €.

Q90. Réponse **A.**
Il y a proportionnalité entre le nombre de silos grignotés et la durée.
Alors, si un nombre de souris grignotent dix silos de grain en dix jours, le même nombre de souris grignotent 30 silos de grain en 30 jours.

Conclusion : il faut mille souris.

Test n° 12

Questions Q91 et Q92
On note a le prix d'une caisse de pommes et b celui d'une caisse de fraises. Avec les données de l'énoncé, on écrit deux équations.
3 caisses de pommes et 2 caisses de fraises coûtent 69 € s'écrit : $3a + 2b = 69$.
2 caisses de pommes et 3 caisses de fraises coûtent 66 € s'écrit : $2a + 3b = 66$.
On résout le système formé par ce deux équations.

On utilise au départ la méthode de combinaison linéaire. Pour cela, on fait apparaître le même coefficient de a dans les deux équations. Il faut alors multiplier tous les nombres de la 1re équation par 2, et tous les nombres de la 2de équation par 3.

$$\begin{cases} 3a + 2b = 69 \\ 2a + 3b = 66 \end{cases}$$

On obtient alors le système suivant :

$$\begin{cases} 6a + 4b = 138 \\ 6a + 9b = 198 \end{cases}$$

On fait la différence terme à terme des deux équations :

$$\begin{array}{rcrcr} 6a & + & 4b & = & 138 \\ -6a & - & 9b & = & 198 \\ \hline \times & - & 5b & = & -60 \end{array}$$

On obtient une équation que l'on résout pour déterminer b :

$$-5b = -60$$
$$b = \frac{-60}{-5}$$
$$b = \frac{60}{5}$$
$$\boxed{b = 12}$$

On poursuit la résolution du système par la méthode de substitution. Dans la première équation, on remplace b par 12. On obtient alors la valeur de a :

$$3a + 2b = 69$$
$$3a + 2 \times 12 = 69$$
$$3a + 24 = 69$$
$$3a = 69 - 24$$
$$3a = 45$$
$$a = \frac{45}{3}$$
$$\boxed{a = 15}$$

On sait alors qu'une caisse de pommes coûte 15 €, et qu'une caisse de fraises coûte 12 €.

Q91. Réponse **D.**
Calcul du prix d'une caisse de pommes et d'une caisse de fraises : $15 + 12 = 27$.
Le prix d'une caisse de pommes et d'une caisse de fraises est alors égal à 27 €.

Q92. Réponse **A.**
Calcul du prix de 4 caisses de pommes et de 5 caisses de fraises :

$$P = 4a + 5b$$
$$P = 4 \times 15 + 5 \times 12$$
$$P = 60 + 60$$
$$\boxed{P = 120}$$

Le prix de 4 caisses de pommes et de 5 caisses de fraises est de 120 €.

Questions de Q93 à Q95
On note a le prix d'une magnifique bague, b celui d'un collier de perles et c le prix d'un bracelet en or. Avec les données de l'énoncé, on écrit trois équations.
2 bagues, 1 collier et 3 bracelets coûtent 47,5 € s'écrit : $2a + b + 3c = 47{,}5$.
1 bague et 3 colliers coûtent 19 € s'écrit : $a + 3b = 19$.
2 colliers et 1 bracelet coûtent 16 € s'écrit : $2b + c = 16$.

On doit résoudre le système formé par ces trois équations.

1) On écrit le système de 3 équations à 3 inconnues.

$$\begin{cases} 2a + b + 3c = 47{,}5 \\ a + 3b = 19 \\ 2b + c = 16 \end{cases}$$

2) On utilise la méthode de substitution. Pour cela, on transforme les deux dernières équations qui n'ont chacune que 2 inconnues.

$$a + 3b = 19 \longrightarrow \boxed{a = 19 - 3b}$$
$$2b + c = 16 \longrightarrow \boxed{c = 16 - 2b}$$

3) Dans la première équation du système, on remplace *a* et *c* par les expressions ci-dessus.

$$2a + b + 3c = 47{,}5$$
$$2(19 - 3b) + b + 3(16 - 2b) = 47{,}5$$

4) On résout cette équation où la seule inconnue est *b*.
Pour cela, on développe d'abord les parenthèses.

$$38 - 6b + b + 48 - 6b = 47{,}5$$
$$-6b + b - 6b = 47{,}5 - 38$$
$$-11b = 47{,}5 - 38 - 48$$
$$-11b = -38{,}5$$
$$b = \frac{-38{,}5}{-11}$$
$$\boxed{b = 3{,}5}$$

Dans une précédente équation, on détermine *a* en remplaçant *b* par 3,5.

$$\boxed{a = 19 - 3b}$$
$$a = 19 - 3 \times 3{,}5$$
$$a = 19 - 10{,}5$$
$$\boxed{a = 8{,}5}$$

5) Dans une précédente équation, on détermine *c* en remplaçant *b* par 3,5.

$$\boxed{c = 16 - 2b}$$
$$c = 16 - 2 \times 3{,}5$$
$$c = 16 - 7$$
$$\boxed{c = 9}$$

Conclusion : une bague coûte 8,5 €, un collier coûte 3,5 € et un bracelet 9 €.

Q93. Réponse **B.**
On calcule alors le prix en € d'un collier de perles et d'un bracelet en or :

$$b + c = 3{,}5 + 9$$
$$\boxed{b + c = 12{,}5}$$

Q94. Réponse **D.**
On calcule alors le prix en € de trois bagues et de deux bracelets :

$$3a + 2c = 3 \times 8{,}5 + 2 \times 9$$
$$3a + 2c = 25{,}5 + 18$$
$$\boxed{3a + 2c = 43{,}5}$$

Q95. Réponse **A.**
On calcule alors le prix en € de deux bagues et de trois colliers :

$$2a + 3b = 2 \times 8{,}5 + 3 \times 3{,}5$$
$$2a + 3b = 17 + 10{,}5$$
$$\boxed{2a + 3b = 27{,}5}$$

Questions de Q96 à Q100

On note *a* le prix d'un lecteur MP3, *b* celui d'un téléphone portable, *c* le prix d'une manette de jeu et enfin *d* le prix d'un ordinateur ultra-portable. Avec les données de l'énoncé, on écrit quatre équations.
2 lecteurs MP3 et 1 téléphone portable coûtent 260 € s'écrit : $2a + b = 260$.
1 téléphone portable et 2 manettes de jeu coûtent 190 € s'écrit : $b + 2c = 190$.
1 lecteur MP3 coûte autant que 2 manettes de jeu s'écrit : $a = 2c$.
1 ordinateur ultra-portable coûte autant que 3 téléphones portables s'écrit : $d = 3b$.

On doit résoudre le système formé par ces quatre équations nommées de *p* à *s*.

$$\begin{cases} 2a + b = 260 \\ b + 2c = 190 \\ a = 2c \\ d = 3b \end{cases} = \begin{cases} p \\ q \\ r \\ s \end{cases}$$

1) On combine les équations *p* et *r*.

$\boxed{a = 2c}$

$2a + b = 260$

$2 \times 2c + b = 260$

$\boxed{b + 4c = 260}$

2) On résout le système formé par cette dernière équation et l'équation *q*.

$$\begin{cases} b + 4c = 260 \\ b + 2c = 190 \end{cases}$$

On fait la soustraction terme à terme de ce deux équations.

$$\begin{array}{ccccc} b & + & 4c & = & 260 \\ b & + & 2c & = & 190 \\ \hline \cancel{b - b} & & 4c - 2c & = & 260 - 190 \end{array}$$

On obtient la valeur de *c*.

$4c - 2c = 260 - 190$

$2c = 70$

$\boxed{c = 35}$

3) On obtient alors la valeur de *b* avec l'équation *q*.

$q \longrightarrow b + 2c = 190$

$b + 2 \times 35 = 190$

$b + 70 = 190$

$b = 190 - 70$

$\boxed{b = 120}$

4) On obtient alors la valeur de *a* avec l'équation *r*.

$r \longrightarrow a = 2c$

$a = 2 \times 35$

$\boxed{a = 70}$

5) On obtient alors la valeur de *d* avec l'équation *s*.

$s \longrightarrow d = 3b$

$d = 3 \times 120$

$\boxed{d = 360}$

Q96. Réponse **A.**
On calcule alors le prix en € d'un lecteur MP3 et d'une manette de jeu :

$a + c = 70 + 35$

$\boxed{a + c = 105}$

Q97. Réponse **C.**
On calcule alors le prix en € d'un ordinateur et d'un téléphone portable :

$d + b = 360 + 120$

$\boxed{b + d = 480}$

Q98. Réponse **B.**
On calcule alors le prix en € de deux lecteurs MP3 et d'un ordinateur :

$2a + d = 2 \times 70 + 360$

$2a + d = 140 + 360$

$\boxed{2a + d = 500}$

Q99. Réponse **A.**
Le prix de l'article le moins cher est celui de la manette de jeu qui est égal à 35 €.

Q100. Réponse **C.**
Le prix des deux articles les plus chers est celui du téléphone portable et de l'ordinateur. La somme en € est égale à :

$b + d = 120 + 360$

$\boxed{b + d = 480}$

Grille réponse

	A	B	C	D		A	B	C	D		A	B	C	D		A	B	C	D
Q1	×				Q26		×			Q51		×			Q76			×	
Q2			×		Q27	×				Q52	×				Q77				×
Q3	×				Q28			×		Q53				×	Q78				×
Q4		×			Q29		×			Q54		×			Q79		×		
Q5	×				Q30	×				Q55	×				Q80	×			
Q6	×				Q31				×	Q56	×				Q81			×	
Q7				×	Q32		×			Q57			×		Q82			×	
Q8			×		Q33				×	Q58	×				Q83		×		
Q9		×			Q34				×	Q59		×			Q84				×
Q10				×	Q35				×	Q60			×		Q85		×		
Q11	×				Q36				×	Q61		×			Q86	×			
Q12				×	Q37		×			Q62			×		Q87	×			
Q13				×	Q38				×	Q63	×				Q88	×			
Q14		×			Q39	×				Q64	×				Q89		×		
Q15			×		Q40	×				Q65		×			Q90	×			
Q16	×	×	×		Q41		×			Q66	×				Q91				×
Q17	×	×			Q42	×				Q67		×			Q92	×			
Q18	×		×		Q43	×				Q68				×	Q93		×		
Q19				×	Q44			×		Q69				×	Q94				×
Q20	×		×		Q45	×				Q70			×		Q95	×			
Q21				×	Q46				×	Q71			×		Q96	×			
Q22	×				Q47			×		Q72			×		Q97			×	
Q23	×				Q48	×				Q73	×				Q98		×		
Q24				×	Q49				×	Q74			×		Q99	×			
Q25	×				Q50			×		Q75	×				Q100			×	

ÉPREUVE DE TESTS N° 4

- Durée : 2 heures.
- Nombre de questions : 100.
- Vous devez reporter vos réponses sur la « grille réponse ».
- Tout instrument de calcul est interdit.
- Chaque question, notée sur un point est suivie de propositions de réponse dont une seule est exacte (sauf indication contraire).
- Vous pouvez utiliser des feuilles de brouillon.
- *Il est recommandé de respecter le temps de travail conseillé.*

Test n° 1

Temps conseillé 5 min

Des figurines noires se déplacent sur les bords d'un carré. Parfois ces figurines se superposent. Le but de ce test est de déterminer la proposition de réponse qui doit remplacer l'image possédant un point d'interrogation.

Q1.

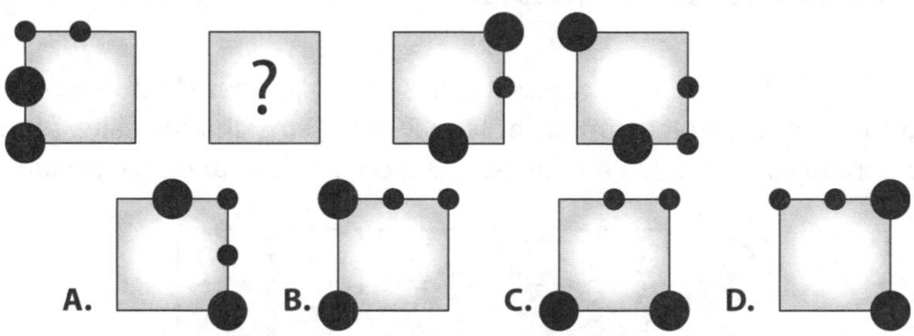

Q2.

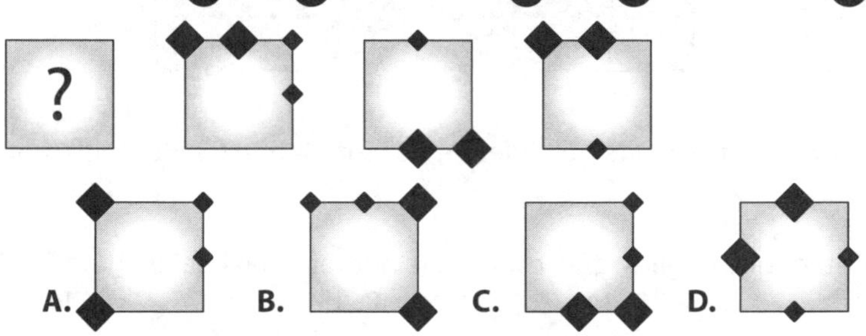

Q3.

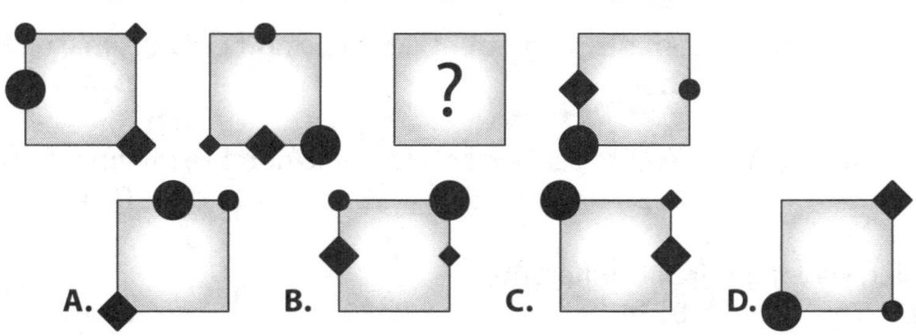

Q4.

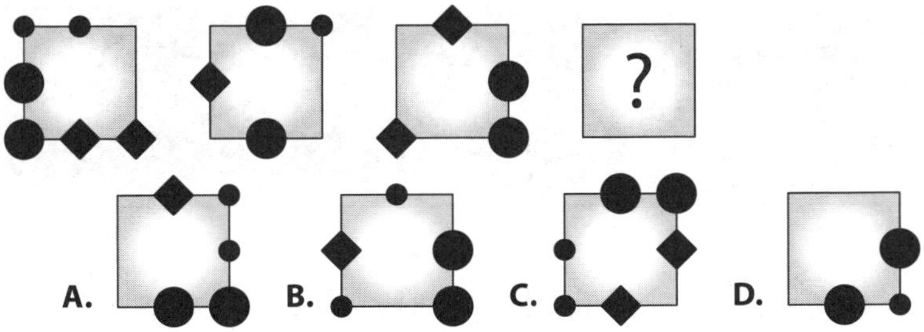

Q5.

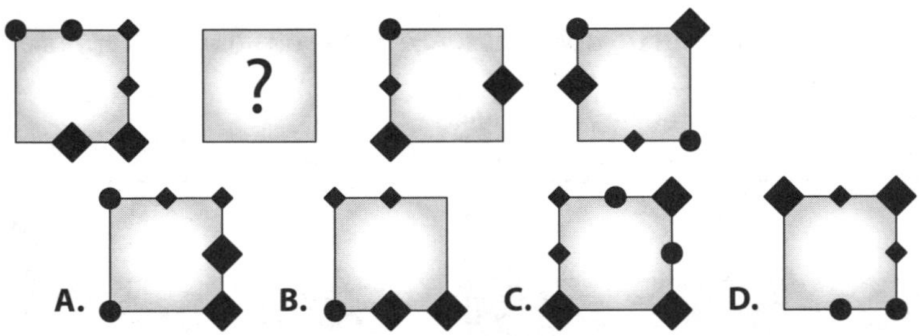

Test n° 2

Temps conseillé

Un architecte fait visiter un local composé de salles équipées de bureaux. L'entrée et la sortie du local sont respectivement notées **E** et **S**. Dans chaque salle, on indique le nombre de bureaux installés. On ne doit jamais repasser dans une salle pendant la visite.

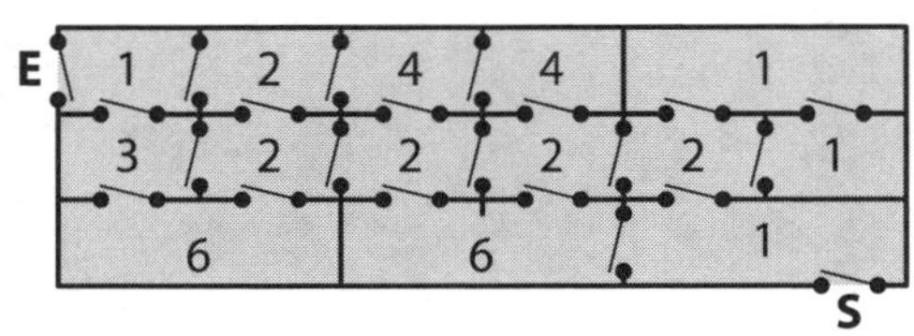

Q6. Combien y a-t-il de circuits possibles en ne visitant que 6 salles (différentes) ?
A. 1 **B.** 2 **C.** 3 **D.** 4

Q7. En ne visitant que 6 salles, quel est alors le nombre maximal de bureaux ?
A. 13 **B.** 14 **C.** 15 **D.** 16

Q8. Combien de circuits différents permettent de voir le nombre maximal de bureaux ?
A. 1 **B.** 2 **C.** 3 **D.** 4

Q9. Combien de circuits différents permettent de voir le nombre minimal de bureaux ?
A. 1 **B.** 2 **C.** 3 **D.** 4

Q10. Combien y a-t-il de circuits différents ?
A. 22 **B.** 34 **C.** 39 **D.** 46

Test n° 3

Temps conseillé 10 min

Le personnel du centre de secours de la ville de Joucla se compose de pompiers professionnels (hommes) et de volontaires (hommes et femmes) pour un total de 120 personnes. Les interventions effectuées par ce centre de secours portent sur :
- les incendies ;
- les accidents de la circulation routière ;
- les accidents domestiques ;
- les interventions spécialisées comme l'aide aux personnes âgées ou en détresse, la protection contre les animaux (chiens agressifs, essaims d'abeilles…), la formation, le conseil et la prévention pour ne citer que les principales.

Le chef du centre de secours affecte le personnel suivant la nature de l'intervention. C'est ainsi que deux fois plus de personnes sont mobilisées sur les accidents de la circulation routière que sur les accidents domestiques.

Répondre au test suivant où une seule réponse convient à chaque question.

Q11. On sait que 70 % du personnel sont des pompiers professionnels. Quel est alors le nombre de volontaires ?

A. 12 **B.** 36 **C.** 24 **D.** 48

Q12. On sait de plus que 30 % du personnel est affecté pour les incendies, dont deux tiers sont des pompiers professionnels. Quel est alors le nombre de pompiers volontaires affectés aux incendies ? Ces volontaires sont tous des hommes.

A. 12 **B.** 15 **C.** 18 **D.** 24

Q13. Il n'y a aucun volontaire affecté aux accidents domestiques qui mobilisent 24 pompiers professionnels. Quel est alors le pourcentage de l'effectif total des pompiers affectés aux accidents domestiques ?

A. 10 % **B.** 15 % **C.** 20 % **D.** 30 %

Q14. On sait de plus que les pompiers volontaires affectés aux accidents de la route sont trois fois moins nombreux que les pompiers professionnels affectés à ces mêmes accidents. Parmi ces pompiers volontaires, on dénombre autant d'hommes que de femmes. Quel est alors le pourcentage de pompiers professionnels affectés aux accidents de la circulation routière ?

A. 30 % **B.** 20 % **C.** 15 % **D.** 5 %

Q15. Quel est le nombre de volontaires hommes affectés aux accidents de la circulation routière ?

A. 6 **B.** 8 **C.** 12 **D.** 18

De plus, il y a autant de volontaires femmes affectées aux accidents de la circulation routière que de volontaires hommes affectés aux interventions spécialisées.

Q16. Quel est le nombre de volontaires hommes affectés aux interventions spécialisées ?
A. 6 **B.** 8 **C.** 12 **D.** 15

Q17. Quel est le pourcentage de pompiers professionnels affectés aux interventions spécialisées ?
A. 0 % **B.** 5 % **C.** 10 % **D.** 15 %

Q18. Quel est le nombre de personnes formant le corps des volontaires hommes ?
A. 18 **B.** 24 **C.** 27 **D.** 48

Q19. Quel est le pourcentage de volontaires femmes affectées aux interventions spécialisées ?
A. 0 % **B.** 5 % **C.** 10 % **D.** 15 %

Q20. Quel est le pourcentage de volontaires femmes dans ce centre de secours ?
A. 5 % **B.** 10 % **C.** 15 % **D.** 20 %

Test n° 4

Temps conseillé 10 min

Pour chaque exercice, la première image est l'image de référence. Elle est suivie de quatre images qui sont des transformations de l'image de référence par rotation d'un quart de tour, ou par symétrie d'axe vertical ou horizontal.
Le but de ce test est de trouver la ou les images qui ne sont pas exactement des transformations de l'image de référence. Plusieurs réponses sont possibles.

Q21. Quelles images ne sont pas des transformations de l'image de référence ?

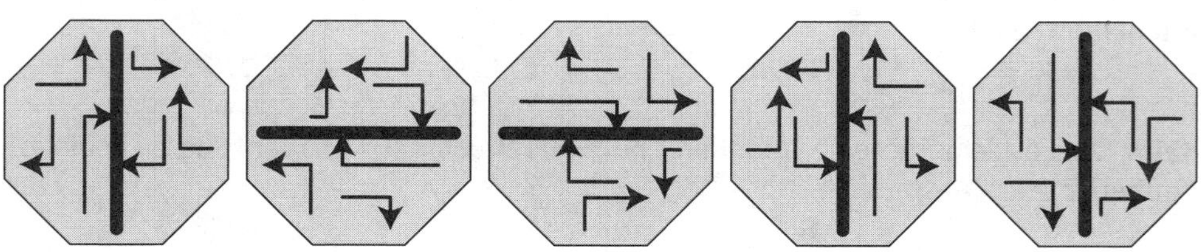

Référence **A.** **B.** **C.** **D.**

Q22. Quelles images ne sont pas des transformations de l'image de référence ?

Référence **A.** **B.** **C.** **D.**

Q23. Quelles images ne sont pas des transformations de l'image de référence ?

Référence **A.** **B.** **C.** **D.**

Q24. Quelles images ne sont pas des transformations de l'image de référence ?

Référence **A.** **B.** **C.** **D.**

Q25. Quelles images ne sont pas des transformations de l'image de référence ?

Référence **A.** **B.** **C.** **D.**

Q26. Quelles images ne sont pas des transformations de l'image de référence ?

Référence **A.** **B.** **C.** **D.**

Q27. Quelles images ne sont pas des transformations de l'image de référence ?

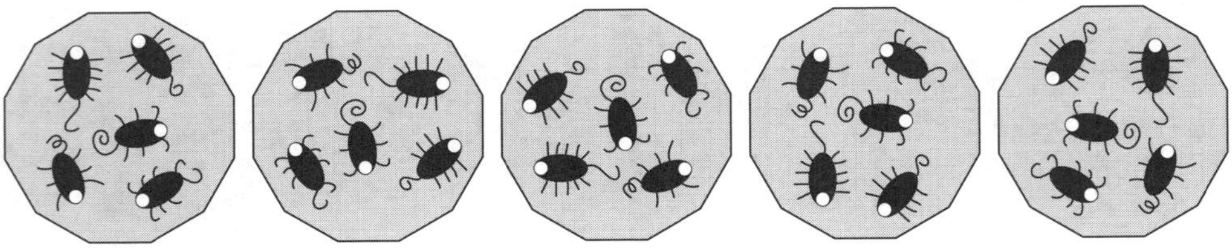

Référence **A.** **B.** **C.** **D.**

Q28. Quelles images ne sont pas des transformations de l'image de référence ?

Référence **A.** **B.** **C.** **D.**

Q29. Quelles images ne sont pas des transformations de l'image de référence ?

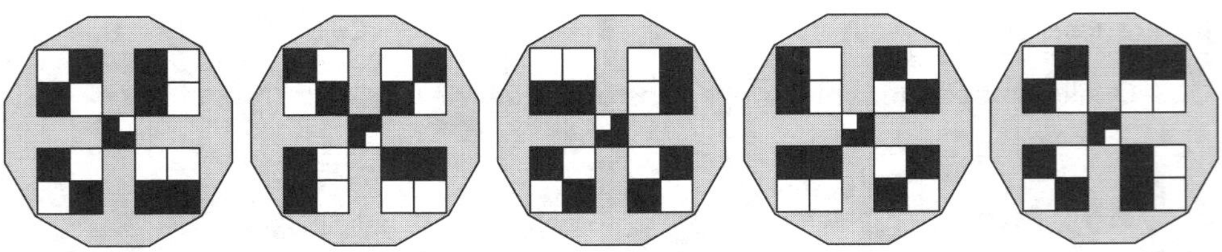

Référence **A.** **B.** **C.** **D.**

Q30. Quelles images ne sont pas des transformations de l'image de référence ?

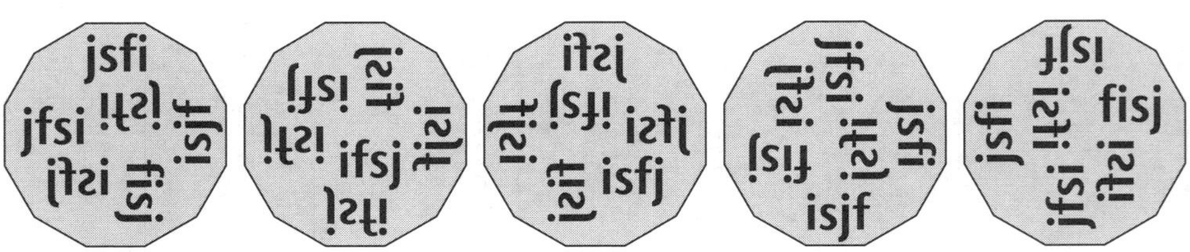

Référence **A.** **B.** **C.** **D.**

Test n° 5

Temps conseillé 10 min

Le but de ce test est de calculer les aires de figures données. On remarque que les unités ne sont pas mentionnées. Les résultats sont alors donnés sans unité.

Q31. Quelle est l'aire de la figure suivante ?

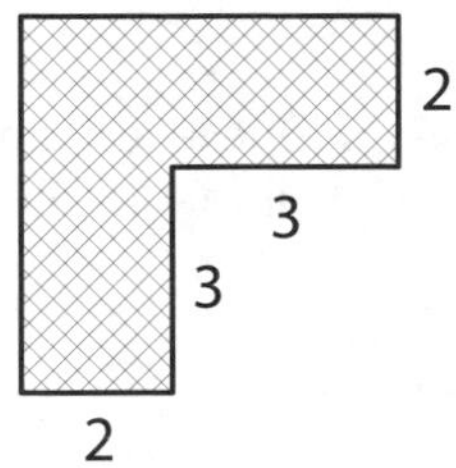

A. 16 **B.** 18 **C.** 25 **D.** 34

Q32. Quelle est l'aire de la figure suivante ?

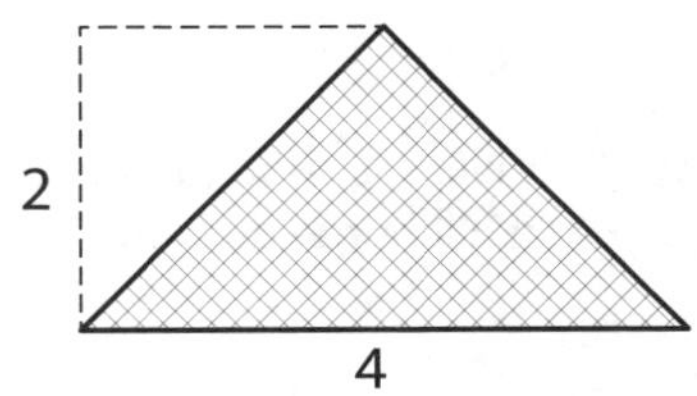

A. 4 **B.** 6 **C.** 8 **D.** 12

Q33. Quelle est l'aire de la figure suivante ?

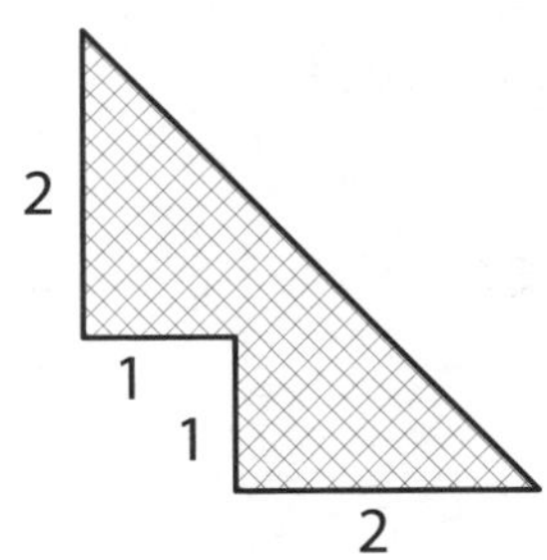

A. 8 **B.** 7 **C.** 4 **D.** 3,5

Q34. Quelle est approximativement l'aire de la figure suivante ?

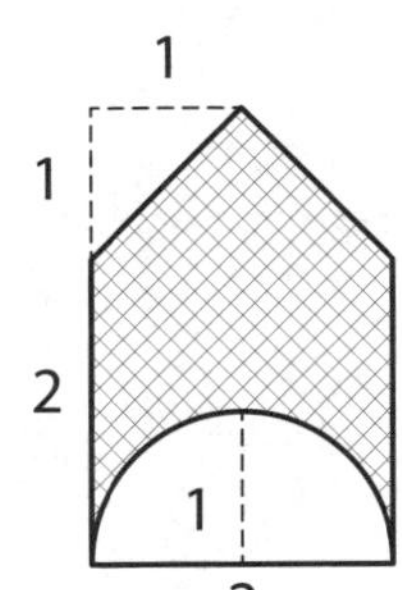

A. 3,5 **B.** 4 **C.** 4,5 **D.** 5

Q35. Quelle est approximativement l'aire de la partie hachurée de la figure suivante ?

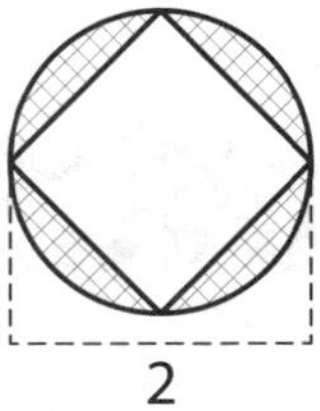

A. 4 **B.** 3,6 **C.** 2,2 **D.** 1,1

Q36. Quelle est approximativement l'aire de la figure suivante ?

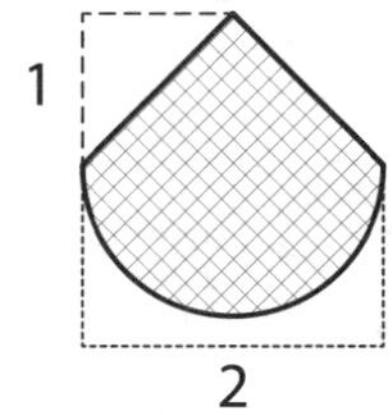

A. 1,9 **B.** 2,2 **C.** 2,6 **D.** 3,1

Q37. Quelle est approximativement l'aire de la partie hachurée de la figure suivante ?

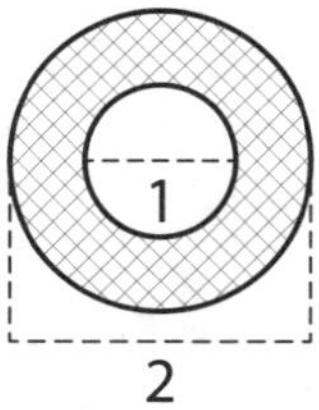

A. 1,5 **B.** 2,3 **C.** 3,6 **D.** 2,9

Q38. Quelle est l'aire de la figure suivante ?

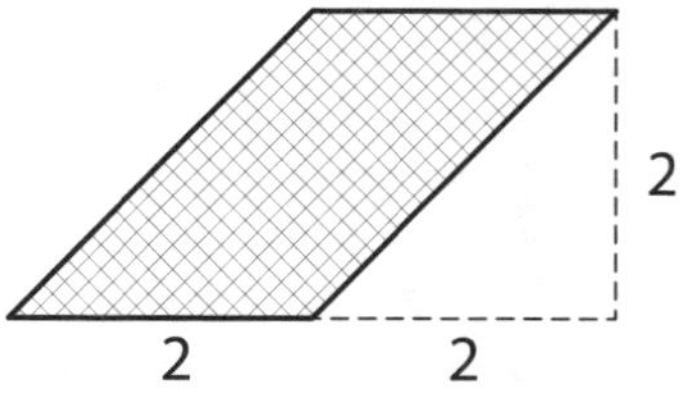

A. 3 **B.** 4 **C.** 6 **D.** 8

Q39. Quelle est l'aire de la figure suivante ?

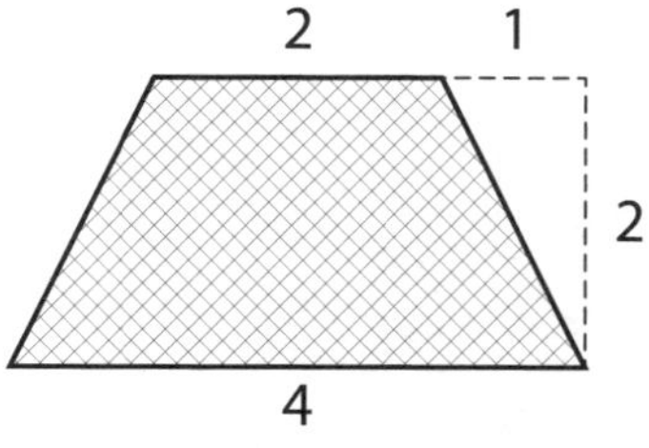

A. 12 **B.** 8 **C.** 6 **D.** 10

Q40. Quelle est approximativement l'aire de la figure suivante ?

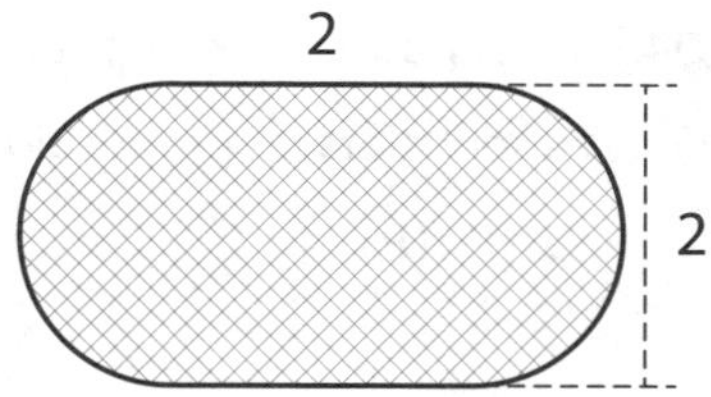

A. 5,6 **B.** 6,8 **C.** 7,1 **D.** 8,4

Test n° 6

Temps conseillé 15 min

Dans l'image comportant 20 cases qui est donnée ci-dessous, on effectue des déplacements notés de D_1 à D_6. Le but de ce test est de déterminer les propositions de réponse qui sont exactes. Plusieurs réponses sont possibles.

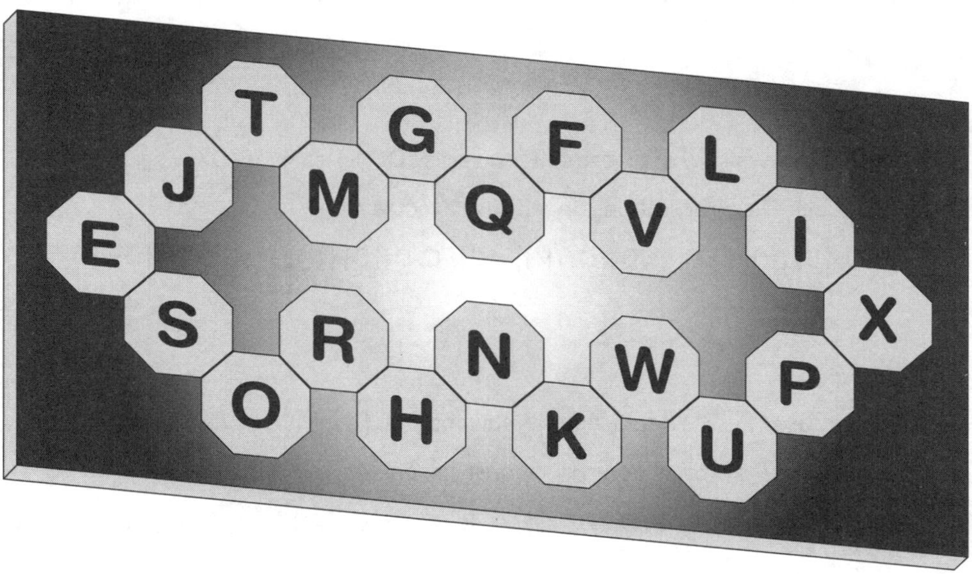

Q41. On suppose vrais les déplacements suivants : $D_1(M) = Q$; $D_2(E) = S$.

Quelles sont alors les propositions de réponse exactes ?

A. $D_1(V) = X$ **B.** $D_2(W) = K$ **C.** $D_1(N) = R$ **D.** $D_2(I) = P$

Q42. On suppose vrais les déplacements suivants : $D_3(Q) = M$; $D_4(W) = R$.

Quelles sont alors les propositions de réponse exactes ?

A. $D_3(P) = I$ **B.** $D_4(L) = G$ **C.** $D_3(K) = H$ **D.** $D_4(R) = S$

Q43. Pour effectuer le déplacement : $D_1[D_2(F)] = V$, on effectue d'abord le déplacement : $D_2(F) = Q$ puis le déplacement : $D_1(Q) = V$.
On écrit alors : $D_1[D_2(F)] = D_1(Q) = V$.

Quelles sont alors les propositions de réponse exactes ?

A. $D_2[D_1(K)] = P$ **B.** $D_1[D_2(W)] = N$ **C.** $D_1[D_1(T)] = V$ **D.** $D_2[D_2(R)] = N$

Q44. On suppose vrais les déplacements suivants : $D_5(R) = W$; $D_6(V) = L$.

Quelles sont alors les propositions de réponse exactes ?

A. $D_5(Q) = J$ **B.** $D_6(J) = E$ **C.** $D_1[D_1(T)] = V$ **D.** $D_6(X) = I$

Q45. On suppose vrais les déplacements suivants : $D_5(R) = W$; $D_6(V) = L$.

Quelles sont alors les propositions de réponse exactes ?

A. $D_2[D_3(P)] = M$ **B.** $D_3[D_1(H)] = H$ **C.** $D_4[D_1(O)] = G$ **D.** $D_1[D_3(V)] = Q$

Q46. On suppose vrais les déplacements suivants : $D_5(R) = W$; $D_6(V) = L$.

Quelles sont alors les propositions de réponse exactes ?

A. $D_4[D_3(S)] = T$ **B.** $D_3[D_5(G)] = R$ **C.** $D_1[D_6(W)] = N$ **D.** $D_4[D_5(V)] = V$

Q47. On suppose vrais les déplacements suivants : $D_5(R) = W$; $D_6(V) = L$.

Quelles sont alors les propositions de réponse exactes ?

A. $D_1[D_4(P)] = H$ **B.** $D_5[D_3(X)] = Q$ **C.** $D_6[D_2(J)] = J$ **D.** $D_5[D_4(E)] = L$

Q48. On suppose vrais les déplacements suivants : $D_5(R) = W$; $D_6(V) = L$.

Quelles sont alors les propositions de réponse exactes ?

A. $D_1\{D_3[D_1(O)]\} = H$

B. $D_2\{D_2[D_2(R)]\} = K$

C. $D_5\{D_1[D_6(H)]\} = M$

D. $D_6\{D_4[D_3(J)]\} = T$

Q49. On suppose vrais les déplacements suivants : $D_5(R) = W$; $D_6(V) = L$.

Quelles sont alors les propositions de réponse exactes ?

A. $D_3\{D_5[D_1(V)]\} = M$

B. $D_1(V) = D_4(Q)$

C. $D_2[D_5(X)] = D_6(G)$

D. $D_2[D_1(E)] = D_3[D_6(M)]$

Q50. Quel est le chiffre qui doit remplacer l'étoile dans l'expression : $D*(S) = R$?

Quelles sont alors les propositions de réponse exactes ?

A. 4 **B.** 2 **C.** 6 **D.** 3

Pour faciliter votre travail, l'image utilisée est reproduite ci-dessous.

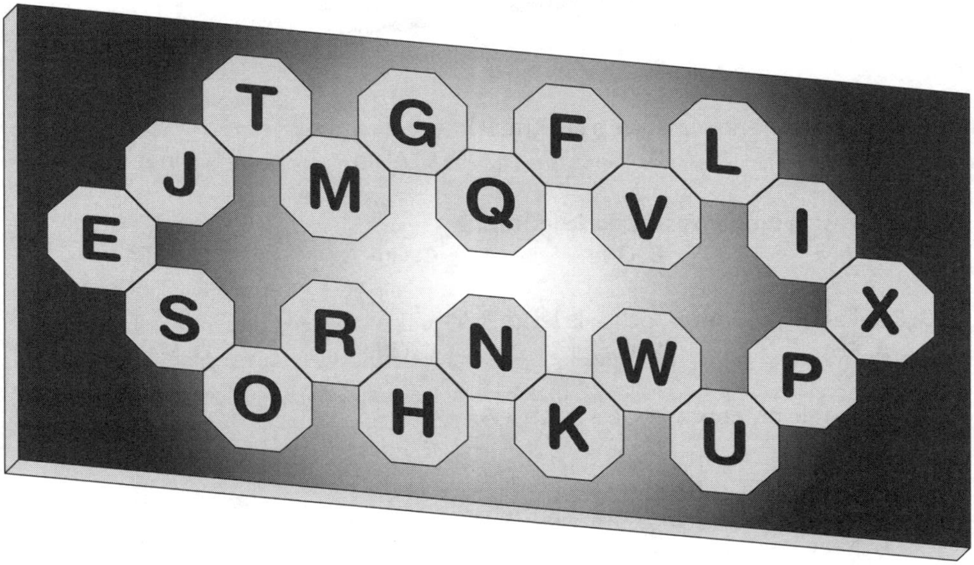

Test n° 7

Temps conseillé 5 min

On donne une suite d'images que l'on nomme respectivement (de la gauche vers la droite) par les prénoms : Marc, Ode, Alain, Inès, Guy et Rose.

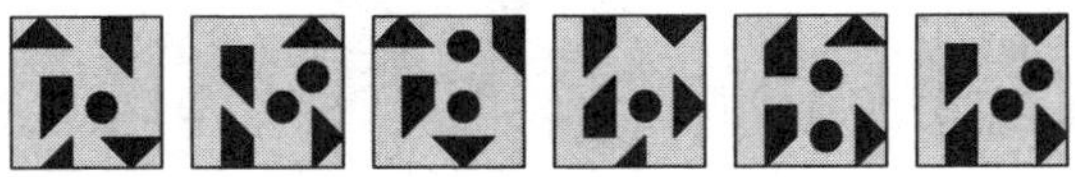

Le but de ce test est de déterminer les prénoms qui sont associés aux images de P à T.
Les images suivantes respectent un cheminement logique à déterminer.
Voici l'image utilisée pour les questions de **Q51** à **Q55**.

Q51. Quel est le prénom associé à la lettre P ?

A. Rose **B.** Marc **C.** Alain **D.** Inès

Q52. Quel est le prénom associé à la lettre Q ?

A. Inès **B.** Ode **C.** Guy **D.** Alain

Q53. Quel est le prénom associé à la lettre R ?

A. Rose **B.** Guy **C.** Ode **D.** Marc

Q54. Quel est le prénom associé à la lettre S ?

A. Ode **B.** Guy **C.** Rose **D.** Alain

Q55. Quel est le prénom associé à la lettre T ?

A. Marc **B.** Rose **C.** Ode **D.** Inès

Voici l'image utilisée pour les questions de **Q56** à **Q60**.

Q56. Quel est le prénom associé à la lettre P ?
A. Rose **B.** Marc **C.** Inès **D.** Ode

Q57. Quel est le prénom associé à la lettre Q ?
A. Marc **B.** Ode **C.** Guy **D.** Inès

Q58. Quel est le prénom associé à la lettre R ?
A. Ode **B.** Rose **C.** Alain **D.** Guy

Q59. Quel est le prénom associé à la lettre S ?
A. Guy **B.** Alain **C.** Ode **D.** Marc

Q60. Quel est le prénom associé à la lettre T ?
A. Rose **B.** Inès **C.** Alain **D.** Guy

Test n° 8

Temps conseillé 15 min

Le but de ce test est de déterminer les propositions de réponse qui sont exactes. Plusieurs réponses sont possibles.

Au cours d'une soirée IFSI, quelques infirmiers ravis d'avoir répondu correctement à l'épreuve de tests d'aptitude, décident d'organiser un jeu amusant. Ils forment une troupe de comédiens composée de quatre personnes. Magali pose des questions à ses camarades de scène et les autres artistes en herbe répondent à leur façon.

• À une question posée, Cécile se gratte le ventre quand elle pense qu'il faut répondre « OUI » et se bouche le nez quand elle pense qu'il faut répondre « NON ». Parfois, elle ne sait pas répondre.

• À la même question posée, Isabelle se bouche le nez quand elle ne sait pas répondre, se gratte le ventre quand elle pense qu'il faut répondre « NON » et ne répond pas quand elle pense qu'il faut répondre « OUI ».

• Enfin, Pascal, à la même question se gratte le ventre quand il pense qu'il faut répondre « NON » ou qu'il ne sait pas répondre et se bouche le nez quand il pense qu'il faut répondre « OUI ».

Répondre aux questions suivantes

Q61. Magali pose une question où la réponse exacte est « NON ». Cécile se bouche le nez. Son attitude nous montre qu'elle pense répondre ?

A. « NON »
B. « OUI »
C. Ne sait pas répondre
D. On ne peut pas se prononcer avec certitude.

Q62. Magali pose une question où la réponse fausse est « OUI ». Cécile ne répond pas. Que pouvons-nous affirmer ?

A. Que Cécile pense que la réponse est « OUI ».
B. Que Cécile pense que la réponse est « NON ».
C. Que Cécile ne sait pas répondre.
D. Que l'on ne peut pas se prononcer avec certitude.

Q63. Magali pose une question où la réponse exacte est « NON ». Isabelle se bouche le nez et Pascal se gratte le ventre.
Que peut-on dire sur l'attitude d'Isabelle ?

A. Elle ne sait pas répondre.
B. Elle pense que la réponse est « OUI ».
C. Elle pense que la réponse est « NON ».
D. On ne peut pas se prononcer avec certitude.

Q64. Magali pose une question où la réponse fausse est « NON ». Isabelle se bouche le nez et Pascal se gratte le ventre.
Que peut-on dire sur les attitudes d'Isabelle et de Pascal ?

A. Isabelle pense que la réponse est « NON ».
B. Pascal ne sait peut-être pas répondre.
C. Isabelle ne sait pas répondre.
D. Pascal pense que la réponse est « OUI ».

Q65. À une question posée par Magali, Pascal et Isabelle répondent correctement en se grattant le ventre !
Quelle est la réponse correcte à la question posée par Magali ?

A. « OUI »
B. On ne peut pas se prononcer avec certitude.
C. La question posée est incompréhensible.
D. « NON »

Q66. Magali pose une question où la réponse fausse est « NON ». Toutes les personnes connaissent la bonne réponse. Les deux filles répondent en se grattant le ventre et le garçon se bouche le nez.
Que peut-on affirmer ?

A. Cécile ment.
B. Pascal ment.
C. Isabelle ment.
D. On ne peut pas se prononcer avec certitude.

Q67. À une question posée par Magali, toutes les personnes répondent en se bouchant le nez.
Que peut-on en déduire ?

A. Cécile pense que la réponse est « NON ».
B. Pascal pense que la réponse est « NON ».
C. Isabelle ne sait pas répondre.
D. La réponse la plus probable à la question posée par Magali est « OUI ».

Q68. Le jeu se complique un peu plus. Magali pose une question tout doucement à l'oreille de Pascal qui répond correctement en se grattant le ventre. Les deux filles observent Pascal et imaginent alors la réponse à la question.
Que peut-on affirmer ?

A. Cécile pense que la réponse est « OUI ». Elle a raison.
B. Isabelle pense que la réponse est « NON ». Elle a raison.
C. Cécile veut répondre correctement et se gratte le ventre.
D. La réponse à la question posée par Magali est « NON ».

Q69. Cécile se tourne vers Isabelle et se bouche le nez. Tout le monde éclate de rire ! Isabelle ne se laisse pas impressionner et se gratte le ventre. Pascal, qui n'a d'yeux que pour Isabelle, se gratte le ventre à son tour. Magali, qui fait une fixation sur Pascal dit alors à haute voix que la réponse à la prochaine question qu'elle posera dans cinq minutes est « OUI ». Tout ceci n'est qu'un jeu, bien sûr !
Parmi les propositions suivantes quelle est ou quelles sont celles qui sont fausses ?

A. Cécile, Isabelle et Pascal ne pensent pas la même réponse.
B. Isabelle pense que la réponse est « OUI ».
C. Pascal pense ce que dit tout haut Magali.
D. Magali ne dit pas tout haut ce que pensent les trois autres personnes.

Q70. Si la réponse exacte à la question posée par Magali est la même que celle que pense Isabelle en se grattant le ventre, alors il faut que Cécile se bouche le nez pour montrer qu'elle pense la même chose.
Quelle est ou quelles sont les propositions fausses ?

A. Cécile et Isabelle pensent que la réponse est « OUI ».
B. Isabelle est la seule à penser que la réponse est « NON ».
C. On connait avec certitude ce que pense Pascal.
D. La réponse à la question posée par Magali est « OUI ».

Test n° 9

Temps conseillé 15 min

Un petit garçon dispose de 168 billes bleues, 210 billes rouges et 378 billes vertes. Il veut organiser un tournoi de billes avec le plus grand nombre possible de camarades et en utilisant toutes les billes. Il veut donner à chaque camarade un petit sachet de billes. Tous les sachets de billes sont identiques.

Q71. Quel est le nombre de sachets ?

A. 18 **B.** 24 **C.** 30 **D.** 42

Q72. Quel est le nombre de billes bleues dans chaque sachet ?

A. 4 **B.** 5 **C.** 6 **D.** 9

Q73. Quel est le nombre de billes rouges dans chaque sachet ?

A. 4 **B.** 5 **C.** 6 **D.** 9

Q74. Quel est le nombre de billes vertes dans chaque sachet ?

A. 4 **B.** 5 **C.** 6 **D.** 9

Q75. Madame Martin possède un blouson rouge, un blouson bleu et un blouson jaune ainsi qu'une paire de gants verts et une autre paire marron. Combien a-t-elle de possibilités de vêtir ses deux enfants avec chacun un blouson et une paire de gants ?

A. 4 **B.** 5 **C.** 12 **D.** 18

Q76. Si le prix d'un article baisse de 60 %, de combien faudra-t-il alors qu'il augmente pour retrouver son prix initial ?

A. 40 % **B.** 150 % **C.** 220 % **D.** 250 %

Q77. Si j'ai une chance sur dix de réussir le concours infirmier en passant le concours dans une seule école, combien ai-je alors de chances de réussir si je passe le concours dans deux écoles ?

A. 10 % **B.** 16 % **C.** 19 % **D.** 20 %

Q78. Si j'ai une chance sur deux de gagner au jeu de pile ou face, combien de fois faut-il alors jouer pour que j'ai au moins neuf chances sur dix de gagner ?

A. 2 **B.** 3 **C.** 4 **D.** 5

Q79. Julie possède une bague en or jaune, une bague en or gris et une bague en or rose. Elle veut porter chaque bague sur un doigt de sa main gauche mais pas sur le pouce. Combien a-t-elle de possibilités ?

A. 6 **B.** 12 **C.** 24 **D.** 36

Q80. Une infirmière se rend à son cabinet en voiture en roulant à la vitesse moyenne de 60 km/h à l'aller et à 40 km/h au retour en prenant la même route. Quelle est alors sa vitesse moyenne ?

A. 44 km/h **B.** 46 km/h **C.** 48 km/h **D.** 50 km/h

Test n° 10

Temps conseillé 5 min

Voici une série d'images notées de la lettre K à la lettre W. On remarque qu'il n'y a pas de lettre O.

K L M N P Q R S T U V W

Le but de ce test est compter le nombre d'images identiques dans le dessin ci-dessous.

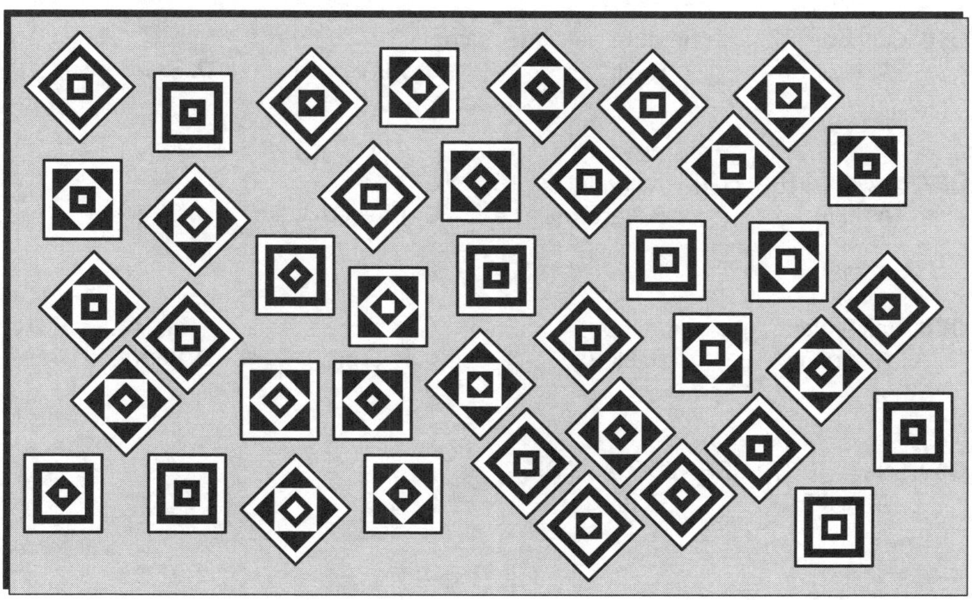

Remarque : dans ce dessin, certaines images sont tournées d'un quart de tour.

Q81. Quel est le nombre d'images notées **K** dans le dessin précédent ?
A. 5 **B.** 6 **C.** 7 **D.** 8

Q82. Quel est le nombre d'images notées **L** dans le dessin précédent ?
A. 2 **B.** 3 **C.** 4 **D.** 5

Q83. Quel est le nombre d'images notées **M** dans le dessin précédent ?
A. 5 **B.** 4 **C.** 3 **D.** 2

Q84. Quel est le nombre d'images notées **N** dans le dessin précédent ?
A. 3 **B.** 4 **C.** 5 **D.** 6

Q85. Quel est le nombre d'images notées **P** dans le dessin précédent ?
A. 1 **B.** 2 **C.** 3 **D.** 4

Test n° 11

Temps conseillé 5 min

Le but de ce test est de compléter chaque série.

Q86. Cannabis – herbe ; héroïne – drogue ; alcool – ?
A. Boisson **B.** Vin **C.** Verre **D.** Eau-de-vie

Q87. Nez – bouche ; crâne – cervelet ; cil – ?
A. Poil **B.** Vertèbres **C.** Cheveu **D.** Os

Q88. Noir – blanc ; gris – jaune ; vert – ?
A. Violet **B.** Bleu **C.** Pourpre **D.** Rouge

Q89. SNCF – RATP ; GDF – EDF ; ASSEDIC – ?
A. ANPE **B.** RMC **C.** CAF **D.** RAI

Q90. Chat – chien ; rat – truie ; corps – ?
A. Sandre **B.** Baleine **C.** Sardine **D.** Truite

Test n° 12

Temps conseillé 10 min

Q91. Quel est le chiffre des unités de 2^{21} ?

A. 2 **B.** 4 **C.** 6 **D.** 8

Q92. Quel est le chiffre des unités de 2^{26} ?

A. 2 **B.** 4 **C.** 6 **D.** 8

Q93. Quel est le chiffre des unités de $2^{21} \times 2^{26}$?

A. 2 **B.** 4 **C.** 6 **D.** 8

Q94. Si un quadrilatère a ses diagonales de même longueur, quelle est alors sa nature ?

A. Rectangle **B.** Trapèze **C.** Carré **D.** *Quelconque*

Q95. Si un quadrilatère a ses diagonales de même longueur et qui se coupent en leur milieu, combien possède-t-il alors d'angles droits ?

A. 0 **B.** Seulement 1 **C.** Seulement 2 **D.** 4

Q96. Si un rectangle a ses diagonales perpendiculaires, quelle est alors sa nature ?

A. Rectangle **B.** Trapèze **C.** Carré **D.** Losange

Q97. Si un triangle est inscrit dans un cercle dont le diamètre est l'un de ses côtés, quelle est alors sa nature ? C'est un triangle...

A. Rectangle **B.** Isocèle **C.** Équilatéral **D.** *Quelconque*

Q98. Si un parallélogramme a ses diagonales perpendiculaires, quelle est alors sa nature ?

A. Rectangle **B.** Trapèze **C.** Carré **D.** Losange

Q99. Si on transforme une figure plane par une symétrie ayant pour centre un point extérieur à la figure, quelle est alors la nature de cette transformation ?

A. Rotation **B.** Déplacement **C.** Agrandissement **D.** Effet miroir

Q100. Si un cône de révolution posé en équilibre stable sur une table horizontale est rempli d'une crème à la vanille jusqu'à la moitié de sa hauteur, quelle est alors la fraction du volume du cône occupé par la crème ?

A. 50 % **B.** 25 % **C.** 72,5 % **D.** 87,5 %

Grille réponse

Avec un crayon, cochez vos réponses à chaque question.

	A	B	C	D		A	B	C	D		A	B	C	D		A	B	C	D
Q1					Q26					Q51					Q76				
Q2					Q27					Q52					Q77				
Q3					Q28					Q53					Q78				
Q4					Q29					Q54					Q79				
Q5					Q30					Q55					Q80				
Q6					Q31					Q56					Q81				
Q7					Q32					Q57					Q82				
Q8					Q33					Q58					Q83				
Q9					Q34					Q59					Q84				
Q10					Q35					Q60					Q85				
Q11					Q36					Q61					Q86				
Q12					Q37					Q62					Q87				
Q13					Q38					Q63					Q88				
Q14					Q39					Q64					Q89				
Q15					Q40					Q65					Q90				
Q16					Q41					Q66					Q91				
Q17					Q42					Q67					Q92				
Q18					Q43					Q68					Q93				
Q19					Q44					Q69					Q94				
Q20					Q45					Q70					Q95				
Q21					Q46					Q71					Q96				
Q22					Q47					Q72					Q97				
Q23					Q48					Q73					Q98				
Q24					Q49					Q74					Q99				
Q25					Q50					Q75					Q100				

Vous pouvez vous attribuer une note « N » sur 20, en comptant le nombre de bonnes réponses « B » et en le divisant par 5.

$$N = \frac{B}{5} = \frac{\square}{5} = \square$$

CORRIGÉ DE L'ÉPREUVE N° 4

Test n° 1

Parfois ces figurines se superposent. Dans la mesure du possible, les superpositions sont visibles.

Q1. Réponse **C**.

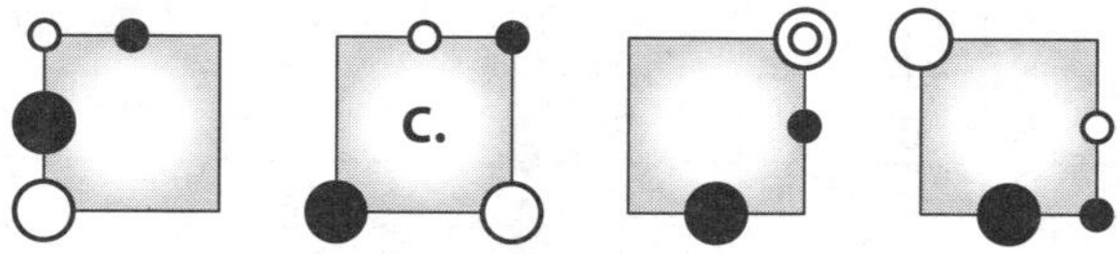

Q2. Réponse **C**.

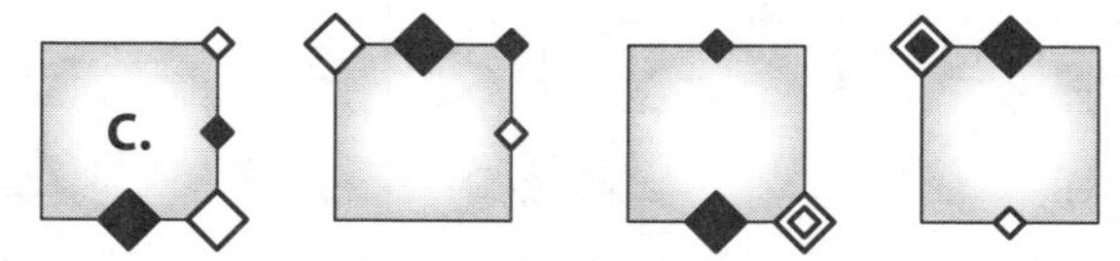

Q3. Réponse **A**.

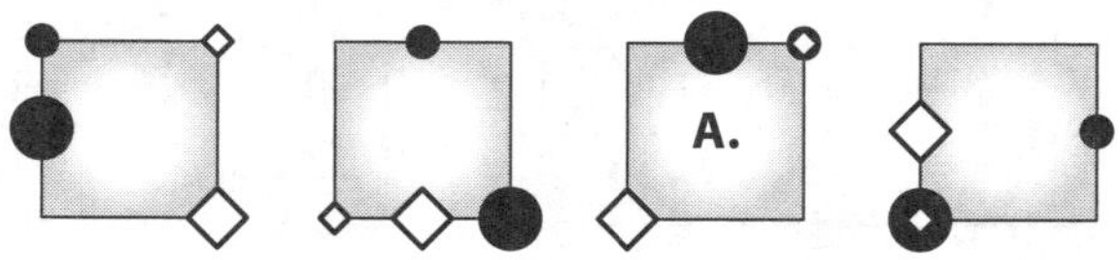

Q4. Réponse **D**.

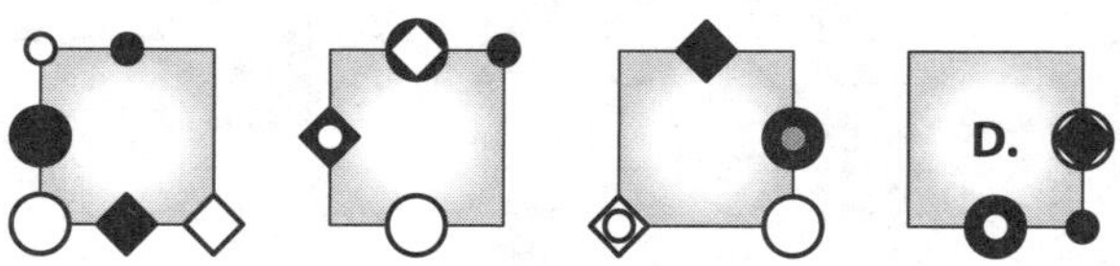

Q5. Réponse **B**.

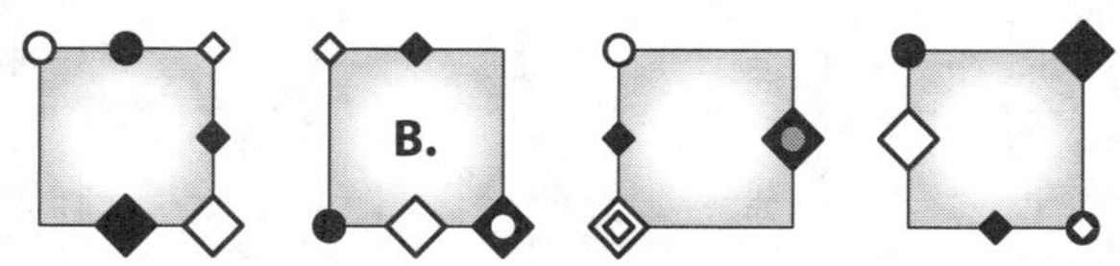

Test n° 2

On donne ci-dessous tous les chemins possibles en tenant compte des consignes des énoncés. On précise aussi le nombre de bureaux visités dans un petit carré gris.

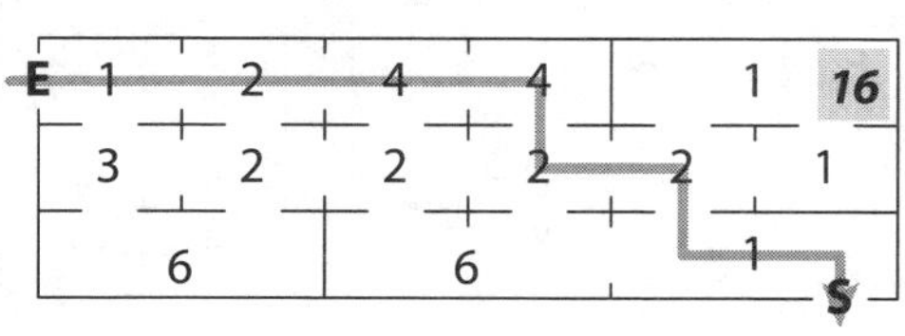

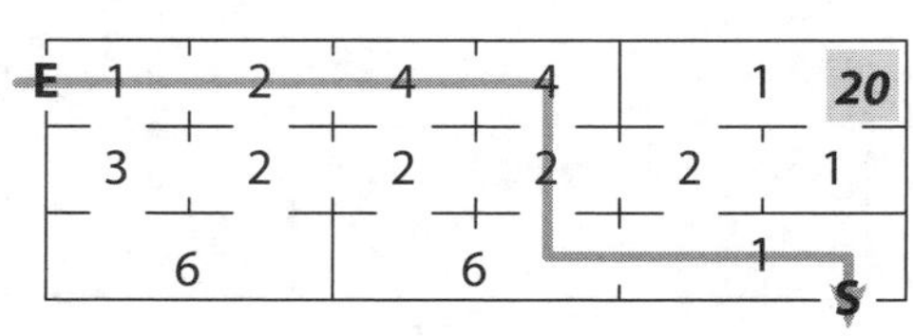

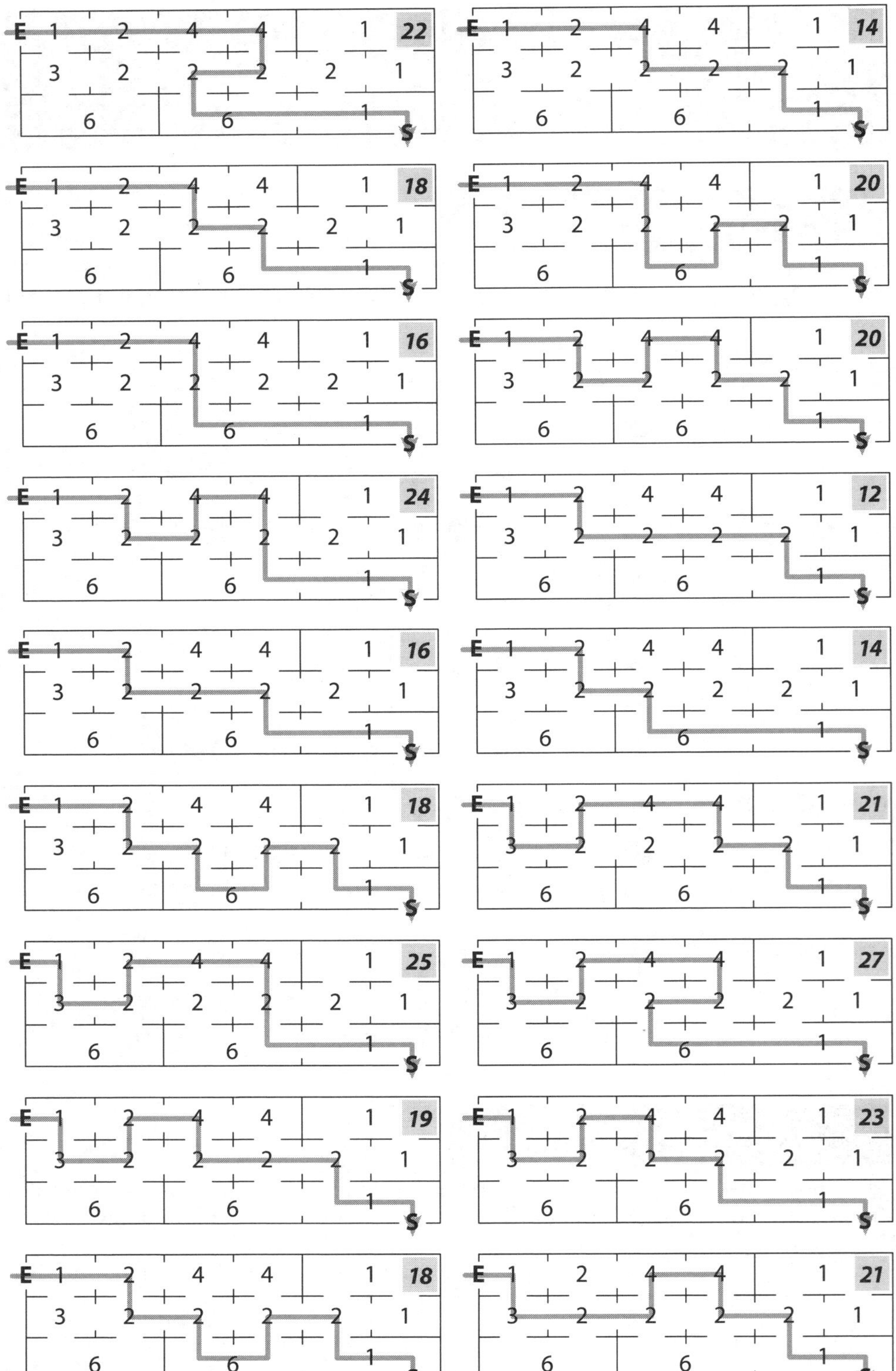
22
14
18
20
16
20
24
12
16
14
18
21
25
27
19
23
18
21

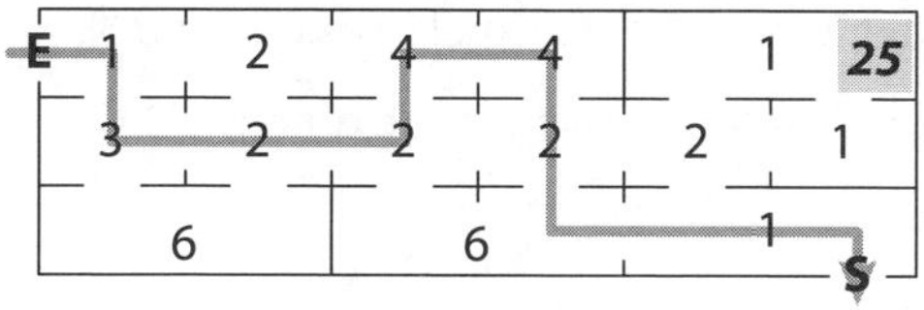

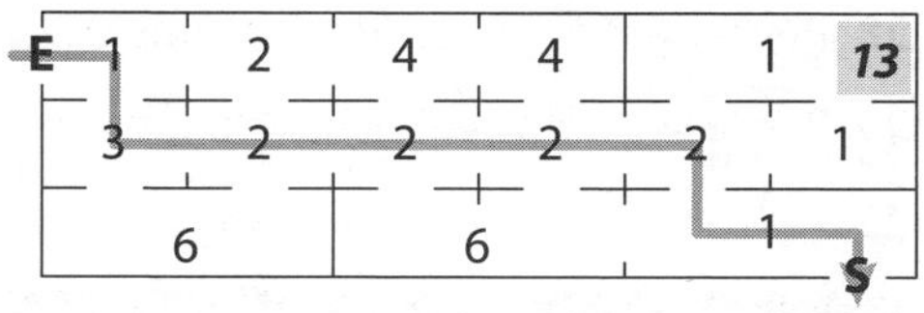

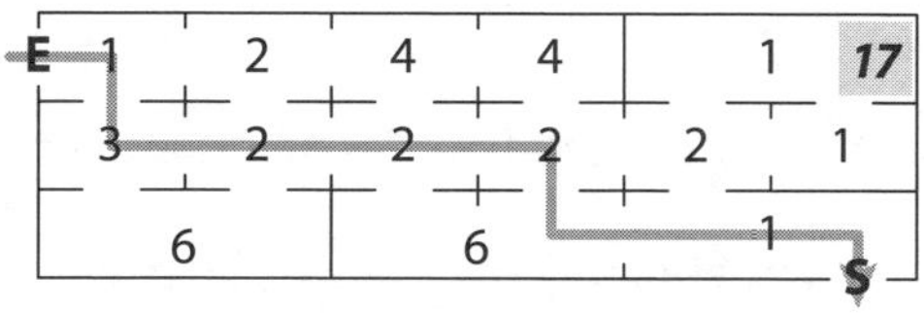

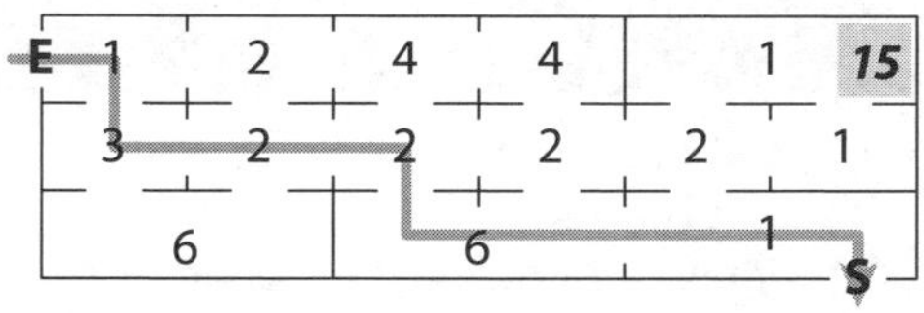

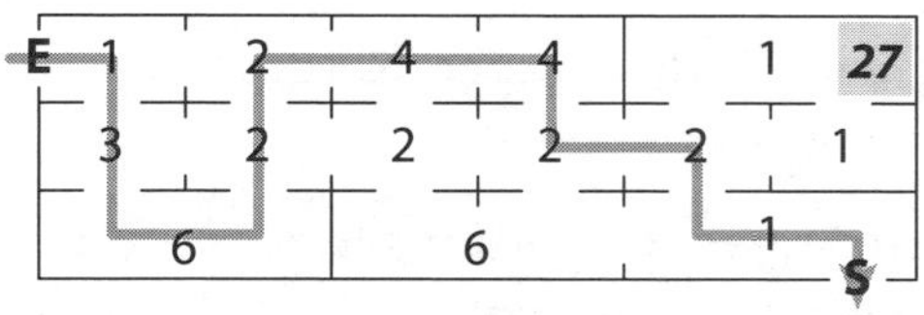

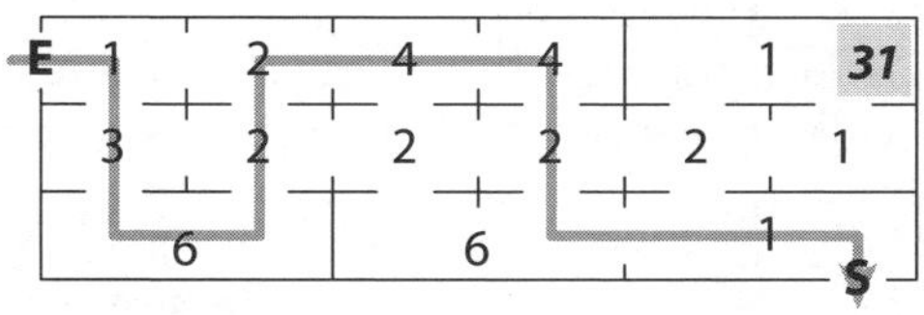

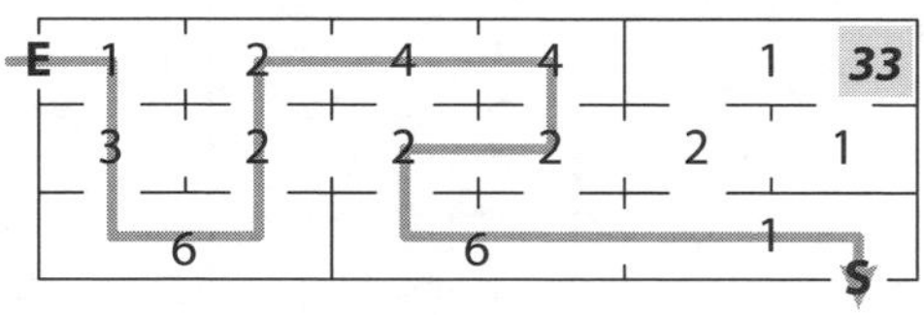

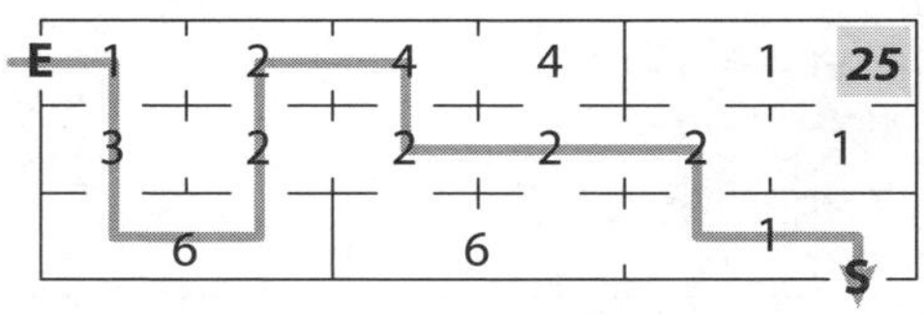

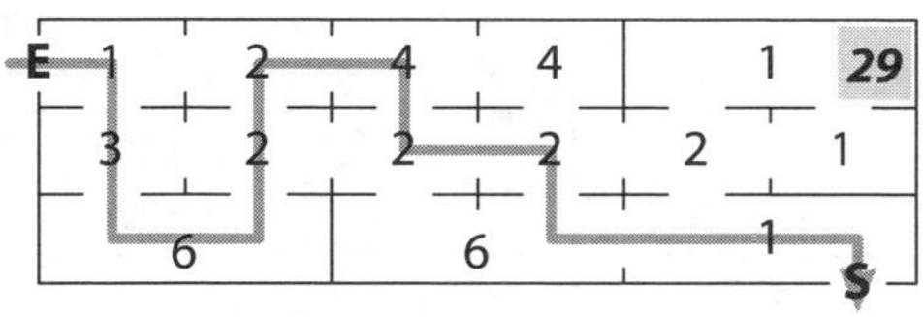

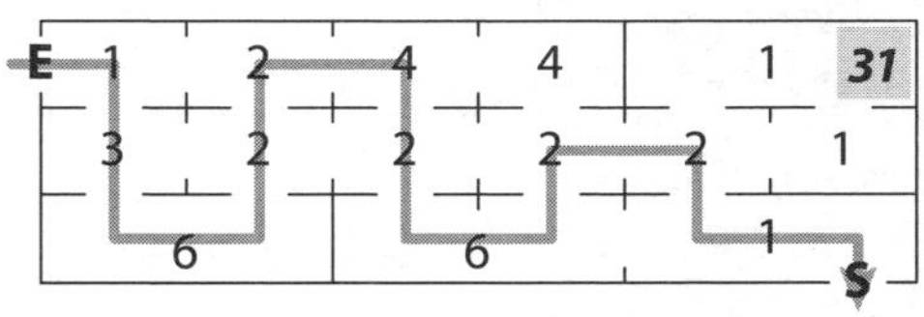

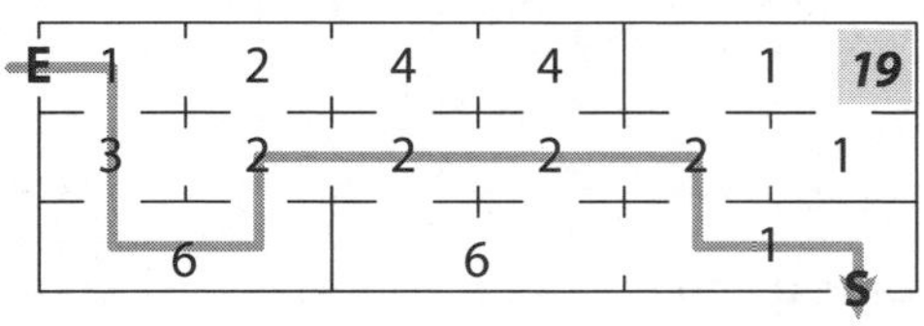

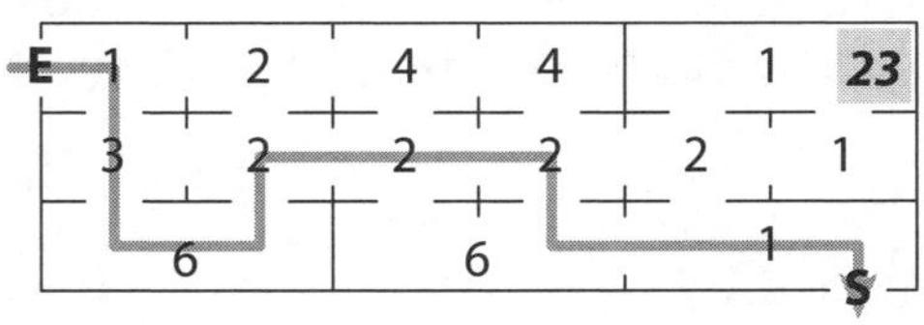

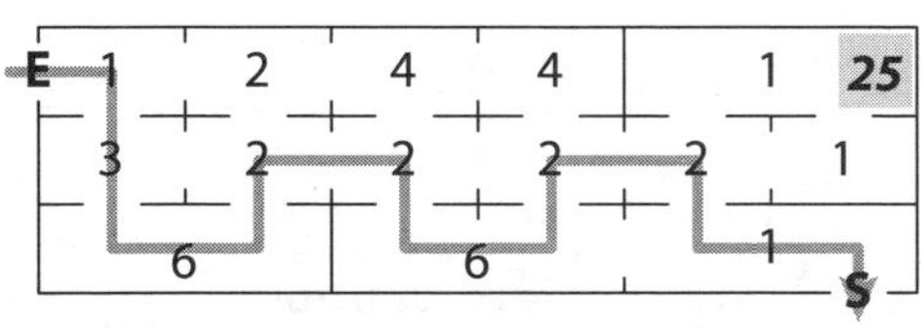

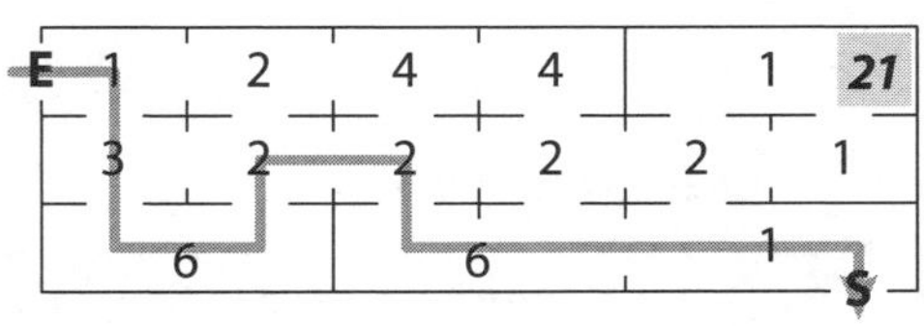

Q6. Réponse **C**.

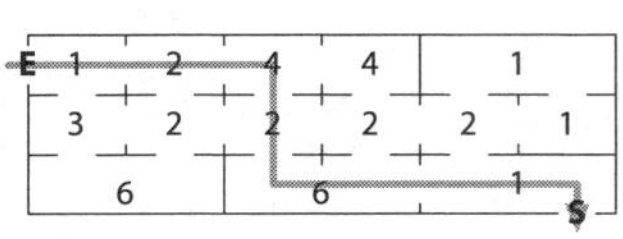
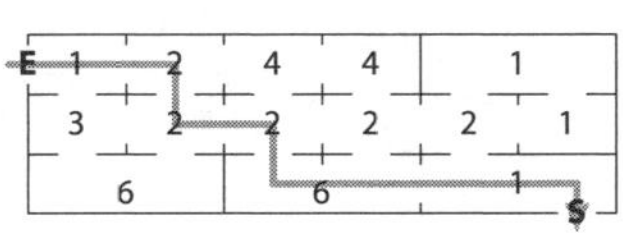
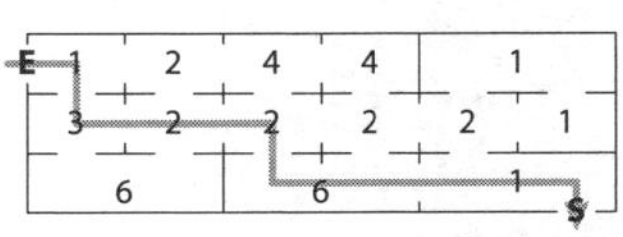

Q7. Réponse **D**.

La 1re image précédente montre que le nombre de bureaux visités est de :
$1 + 2 + 4 + 2 + 6 + 1 = 16$. C'est le nombre maximal de bureaux visités.
La 2e image précédente montre que le nombre de bureaux visités est de : 14.
La 3e image précédente montre que le nombre de bureaux visités est de : 15.

Q8. Réponse **A**. Un seul circuit permet de visiter le nombre maximal de bureaux (33).

Q9. Réponse **A**. Un seul circuit permet de visiter le nombre minimal de bureaux (12).

Q10. Réponse **B**. On dénombre 34 circuits différents.

Test n° 3

• Tout d'abord, on prépare un tableau en tenant compte des différentes rubriques données dans l'énoncé.
• On remarquera qu'il n'y a pas de distinction homme-femme dans le corps des pompiers professionnels.
En revanche, chez les volontaires on note le groupe des hommes et celui des femmes.
• On notera en gras, les informations obtenues à chaque question.

	Incendies	**Accidents de la circulation**	**Accidents domestiques**	**Interventions spécialisées**	***Totaux***
Pompiers professionnels					
Volontaires hommes					
Volontaires femmes					
Totaux					100 % **120 p.**

Q11. Le personnel se compose de 70 % de pompiers professionnels. Cela représente un nombre de pompiers professionnels égal à :

$$70\,\% \times 120 = \frac{70}{100} \times 120 = 0{,}7 \times 120 = 7 \times 12 = \boxed{84}$$

De plus, il y a 30 % de volontaires. Cela représente un nombre de volontaires égal à :

$$30\,\% \times 120 = \frac{30}{100} \times 120 = 3 \times 12 = \boxed{36}$$

On complète alors le tableau :

	Incendies	**Accidents de la circulation**	**Accidents domestiques**	**Interventions spécialisées**	***Totaux***
Pompiers professionnels					**70 %** **84 p.**
Volontaires hommes					**30 %** **36 p.**
Volontaires femmes					
Totaux					100 % 120 p.

Q12. Si 30 % du personnel est affecté pour les incendies dont les deux tiers sont des pompiers professionnels, on peut écrire que le nombre de personnes affectées aux incendies est égal à : $30\ \% \times 120 = \frac{30}{100} \times 120 = 3 \times 12 = \boxed{36}$.

Le nombre de pompiers professionnels est égal à : $\frac{2}{3} \times 30\ \% \times 120 = 20\ \% \times 120 = \boxed{24}$.

De plus, comme les deux tiers de 30 % sont des pompiers professionnels, on peut écrire qu'un tiers de 30 % sont des volontaires uniquement hommes comme le précise l'énoncé. Il y a donc 10 % de volontaires hommes ce qui représente 12 personnes.
On complète alors le tableau :

	Incendies	Accidents de la circulation	Accidents domestiques	Interventions spécialisées	*Totaux*
Pompiers professionnels	**20 % 24 p.**				70 % 84 p.
Volontaires hommes	**10 % 12 p.**				30 % 36 p.
Volontaires femmes	**0 % 0 p.**				
Totaux	**30 % 36 p.**				100 % 120 p.

Q13. Les accidents domestiques ne mobilisent pas de volontaires ; c'est-à-dire 0 % de volontaires hommes et 0 % de volontaires femmes. Les pompiers professionnels représentent 24 personnes. Par rapport à l'effectif total, elles représentent : $\frac{24}{120} = \frac{1}{5} = \boxed{20\ \%}$.

On complète alors le tableau :

	Incendies	Accidents de la circulation	Accidents domestiques	Interventions spécialisées	*Totaux*
Pompiers professionnels	20 % 24 p.		**20 % 24 p.**		70 % 84 p.
Volontaires hommes	10 % 12 p.		**0 % 0 p.**		30 % 36 p.
Volontaires femmes	0 % 0 p.		**0 % 0 p.**		
Totaux	30 % 36 p.		**20 % 24 p.**		100 % 120 p.

Q14 et Q15. Les accidents de la circulation routière mobilisent deux fois plus de personnes que les accidents domestiques. Il y a donc 2 × 24 % = 48 % du personnel affecté aux accidents de la circulation routière. Cela représente un taux égal à :

$$40\ \% \times 120 = \frac{40}{100} \times 120 = \frac{48}{100} = \boxed{48\ \%}$$

Les pompiers volontaires affectés aux accidents de la route sont trois fois moins nombreux que les pompiers professionnels affectés à ces mêmes accidents.
Cela représente 10 % de volontaires (soit 12 personnes) et 30 % de pompiers professionnels (soit 36 personnes).

Parmi ces pompiers volontaires, on dénombre autant d'hommes que de femmes. Alors, il y a 5 % d'hommes et 5 % de femmes volontaires. En nombre cela représente 5 % × 120 = 6 hommes et 6 femmes. On complète alors le tableau :

<table>
<tr><th></th><th>Incendies</th><th>Accidents de la circulation</th><th>Accidents domestiques</th><th>Interventions spécialisées</th><th>Totaux</th></tr>
<tr><th>Pompiers professionnels</th><td>20 %
24 p.</td><td>30 %
36 p.</td><td>20 %
24 p.</td><td></td><td>70 %
84 p.</td></tr>
<tr><th>Volontaires hommes</th><td>10 %
12 p.</td><td>5 %
6 p.</td><td>0 %
0 p.</td><td></td><td rowspan="2">30 %
36 p.</td></tr>
<tr><th>Volontaires femmes</th><td>0 %
0 p.</td><td>5 %
6 p.</td><td>0 %
0 p.</td><td></td></tr>
<tr><th>Totaux</th><td>30 %
36 p.</td><td>40 %
48 p.</td><td>20 %
24 p.</td><td></td><td>100 %
120 p.</td></tr>
</table>

De Q16 à Q20. Il y a autant de volontaires femmes affectées aux accidents de la circulation routière que de volontaires hommes affectés aux interventions spécialisées. Cela signifie qu'il y a 5 % de volontaires hommes affectés aux interventions spécialisées, soit 6 personnes. On complète alors le tableau :

<table>
<tr><th></th><th>Incendies</th><th>Accidents de la circulation</th><th>Accidents domestiques</th><th>Interventions spécialisées</th><th>Totaux</th></tr>
<tr><th>Pompiers professionnels</th><td>20 %
24 p.</td><td>30 %
36 p.</td><td>20 %
24 p.</td><td></td><td>70 %
84 p.</td></tr>
<tr><th>Volontaires hommes</th><td>10 %
12 p.</td><td>5 %
6 p.</td><td>0 %
0 p.</td><td>5 %
6 p.</td><td rowspan="2">30 %
36 p.</td></tr>
<tr><th>Volontaires femmes</th><td>0 %
0 p.</td><td>5 %
6 p.</td><td>0 %
0 p.</td><td></td></tr>
<tr><th>Totaux</th><td>30 %
36 p.</td><td>40 %
48 p.</td><td>20 %
24 p.</td><td></td><td>100 %
120 p.</td></tr>
</table>

On peut compléter d'autres cases du tableau, car on connaît toute la ligne des volontaires hommes :

- 20 % de volontaires hommes ;
- il y a 10 % de volontaires femmes, soit 12 personnes ;
- il y a alors 5 % de volontaires femmes affectées aux interventions spécialisées, soit 6 personnes.

	Incen-dies	Accidents de la circulation	Accidents do-mestiques	Interventions spécialisées	*Totaux*
Pompiers pro-fessionnels	20 % 24 p.	30 % 36 p.	20 % 24 p.		70 % 84 p.
Volontaires hommes	10 % 12 p.	5 % 6 p.	0 % 0 p.	5 % 6 p.	**20 % 24 p.**
Volontaires femmes	0 % 0 p.	5 % 6 p.	0 % 0 p.	**5 % 6 p.**	**10 % 12 p.**
Totaux	30 % 36 p.	40 % 48 p.	20 % 24 p.		100 % 120 p.

En lisant la première ligne du tableau et en faisant la somme des pourcentages, on peut noter qu'il n'y a pas de pompiers professionnels affectés aux interventions spécialisées.

On complète alors cette colonne du tableau.

	Incen-dies	Accidents de la circulation	Accidents do-mestiques	Interventions spécialisées	*Totaux*
Pompiers pro-fessionnels	20 % 24 p.	30 % 36 p.	20 % 24 p.	**0 % 0 p.**	70 % 84 p.
Volontaires hommes	10 % 12 p.	5 % 6 p.	0 % 0 p.	5 % 6 p.	**20 % 24 p.**
Volontaires femmes	0 % 0 p.	5 % 6 p.	0 % 0 p.	**5 % 6 p.**	**10 % 12 p.**
Totaux	30 % 36 p.	40 % 48 p.	20 % 24 p.	**10 % 12 p.**	100 % 120 p.

Questions de Q11 à Q20 : se reporter à la grille réponse.

Test n° 4

Pour chaque exercice, on donne l'image de référence et la ou les images modifiées. Pour ces dernières, ne sont dessinés que les éléments différents par rapport à l'image de référence.

Remarque : pour chaque exercice, il faut identifier la transformation effectuée sur les images, puis rechercher les éventuelles différences avec l'image de référence.

Q21.

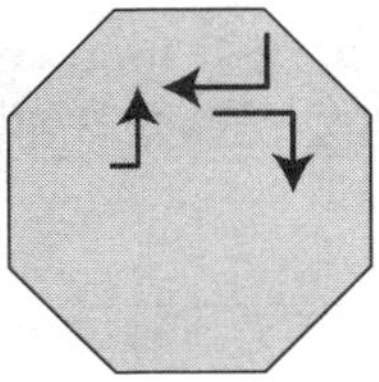

A.

Ces flèches sont légèrement décalées de leurs positions initiales.

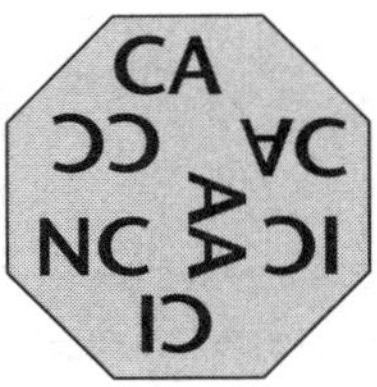

Q22.

A.

Q23.

C.

Q24.

B.

Q25.

B.

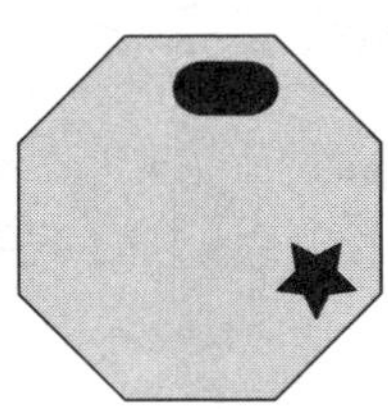

C.

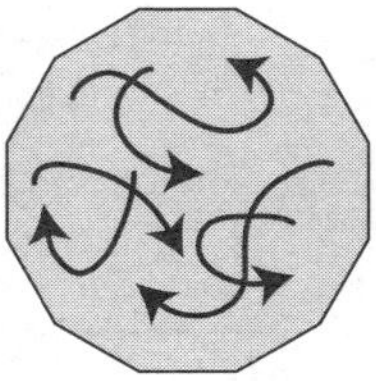

Q26.

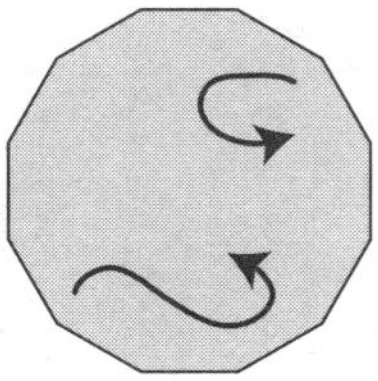

A.

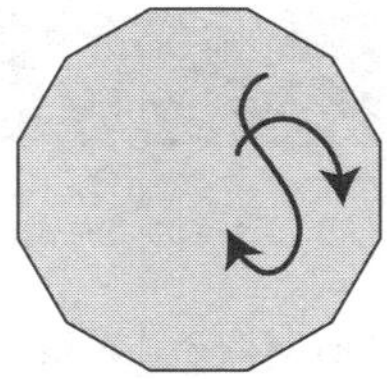

D.

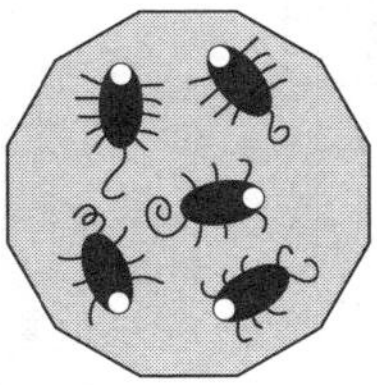

Q27.

B.

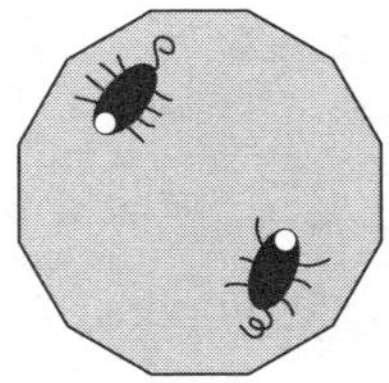

D.

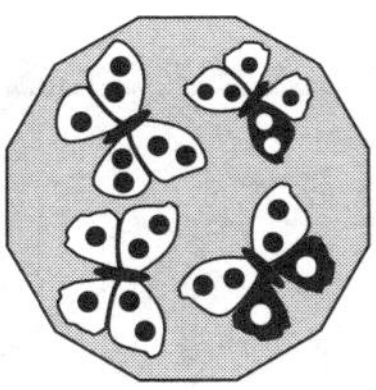

Q28.

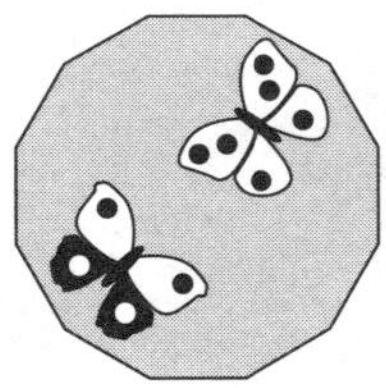

C.

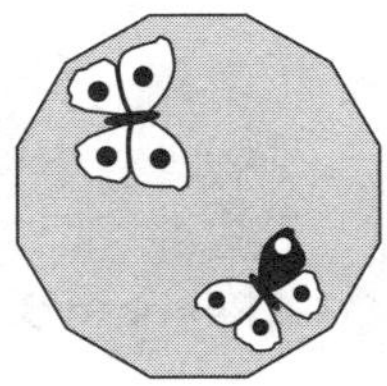

D.

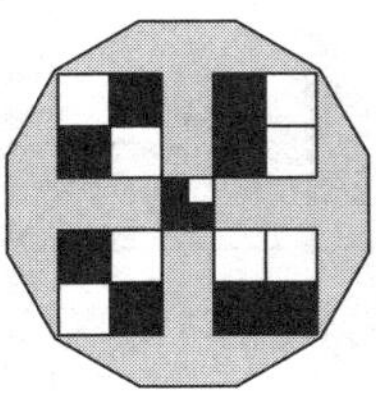

Q29.

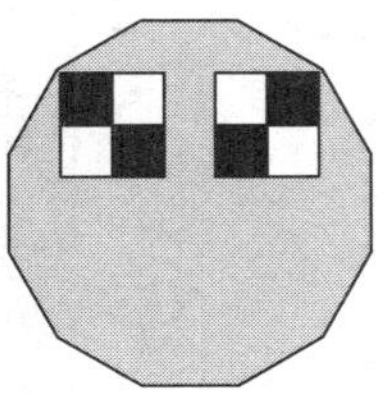

A.

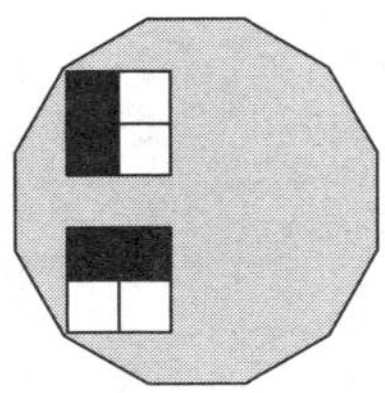

C.

Q30.

D.

Test n° 5

Q31. Réponse **A.**

On découpe la figure en deux rectangles, puis on effectue la somme des aires.

$$\mathcal{A} = (5 \times 2) + (3 \times 2)$$

$$\boxed{\mathcal{A} = 16}$$

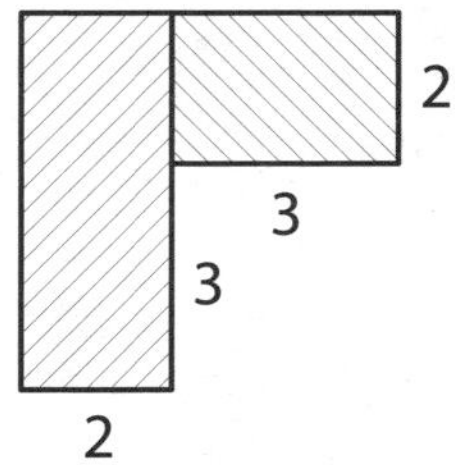

Q32. Réponse **A.**

La base du triangle est notée *B*.
La hauteur du triangle est notée *h*.

$$\mathcal{A} = \frac{B \times h}{2}$$

$$\mathcal{A} = \frac{4 \times 2}{2}$$

$$\boxed{\mathcal{A} = 4}$$

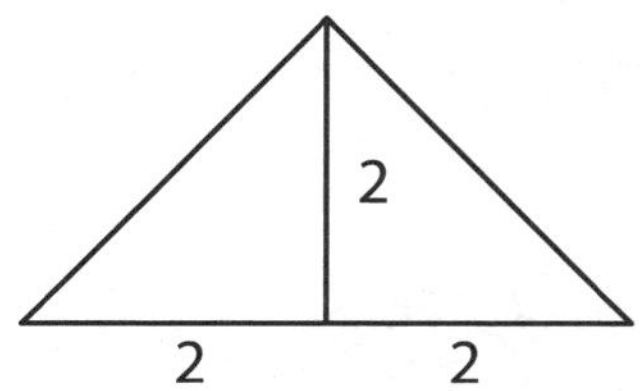

Q33. Réponse **D.**

On fait la différence de l'aire du triangle et de l'aire du carré.

$$\mathcal{A} = \frac{3 \times 3}{2} - 1 \times 1$$

$$\mathcal{A} = 4{,}5 - 1$$

$$\boxed{\mathcal{A} = 3{,}5}$$

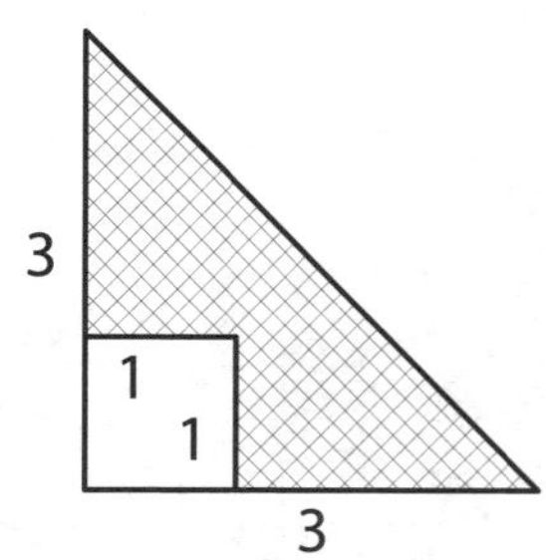

Q34. Réponse **A.**

On calcule les aires du triangle, du carré et du demi-disque.
On obtient l'aire cherchée en calculant la somme algébrique des aires ci-contre.

$$\mathcal{A} = \mathcal{A}_{\text{triangle}} + \mathcal{A}_{\text{carré}} - \mathcal{A}_{\text{demi - disque}}$$

$$\mathcal{A} = \frac{2 \times 1}{2} + 2 \times 2 - \frac{\pi}{2} \times 1^2$$

$$\mathcal{A} = 1 + 4 - \frac{\pi}{2}$$

$$\mathcal{A} = 5 - \frac{\pi}{2}$$

$$\mathcal{A} \approx 5 - \frac{3{,}1}{2}$$

$$\boxed{\mathcal{A} \approx 3{,}5}$$

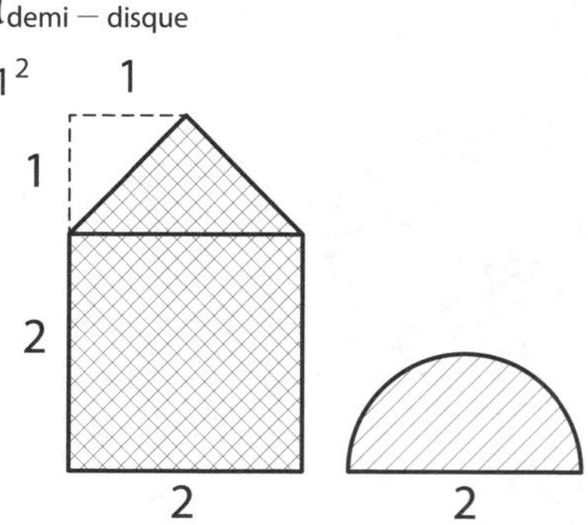

Q35. Réponse **D.**

On calcule d'abord l'aire du disque puis l'aire du carré. Pour cette dernière, comme on ne connaît pas la longueur d'un côté, on considère alors que le carré est découpé en deux triangles de même aire.
On obtient enfin l'aire cherchée en faisant la différence de l'aire du disque et de l'aire du carré.

$\mathcal{A} = \pi \times 1^2 - 2 \times \frac{2 \times 1}{2}$

$\mathcal{A} = \pi - 2$

$\mathcal{A} \approx 3,1 - 2$

$\boxed{\mathcal{A} \approx 1,1}$

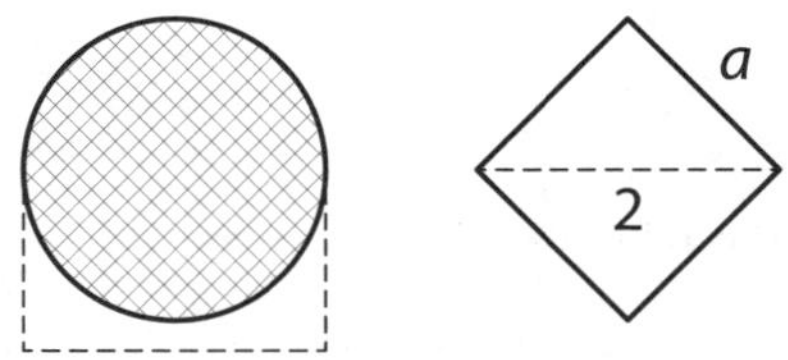

Q36. Réponse **C.**

On obtient l'aire cherchée en faisant la somme de l'aire du demi-disque et de l'aire du triangle.

$\mathcal{A} = \frac{2 \times 1}{2} + \frac{1}{2}\pi \times 1^2$

$\mathcal{A} = 1 + \frac{1}{2}\pi$

$\mathcal{A} \approx 1 + 0,5 \times 3,1$

$\boxed{\mathcal{A} \approx 2,6}$

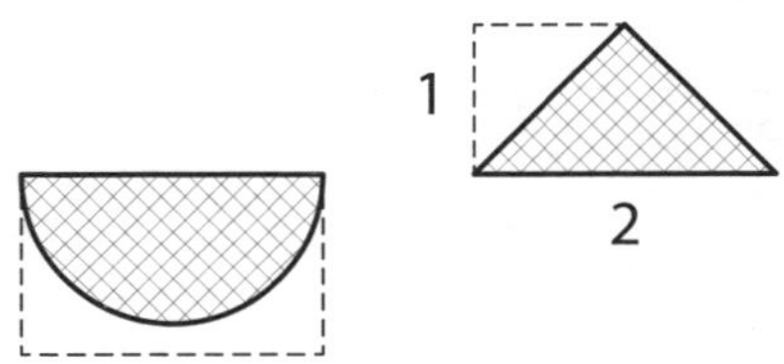

Q37. Réponse **B.**

On obtient l'aire cherchée en faisant la différence des aires des deux disques.

$\mathcal{A} = \pi\,(R^2 - r^2)$

$\mathcal{A} = \pi\,(1^2 - 0,5^2)$

$\mathcal{A} = \pi\,(1 - 0,25)$

$\mathcal{A} = \pi \times 0,75$

$\mathcal{A} \approx 3,1 \times 0,75$

$\boxed{\mathcal{A} \approx 2,3}$

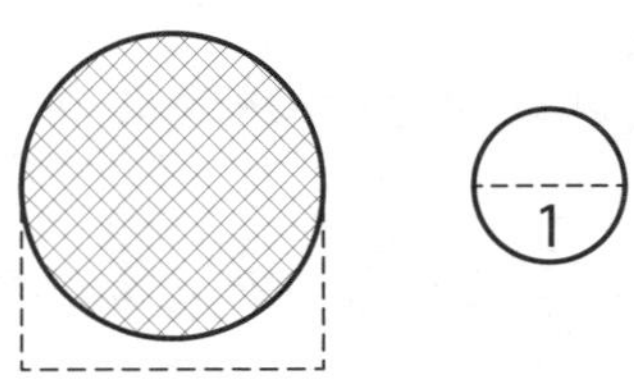

Q38. Réponse **B.**

La base du parallélogramme est notée *B*.
La hauteur du parallélogramme est notée *h*.

$\mathcal{A} = B \times h$

$\mathcal{A} = 2 \times 2$

$\boxed{\mathcal{A} = 4}$

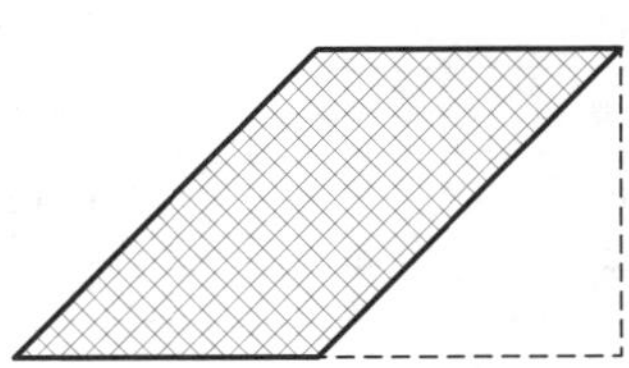

Q39. Réponse **C.**

La grande base du trapèze est notée *B*.
La petite base du trapèze est notée *b*.
La hauteur du trapèze est notée *h*.

$$\mathcal{A} = \frac{B+b}{2} \times h$$

$$\mathcal{A} = \frac{4+2}{2} \times 2$$

$$\boxed{\mathcal{A} = 6}$$

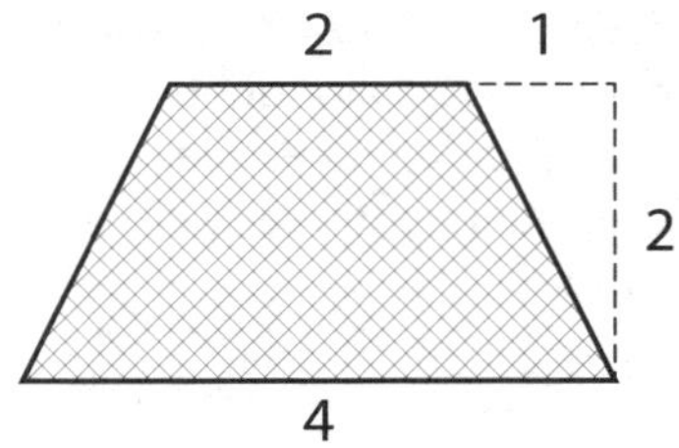

Q40. Réponse **C.**

La figure est composée d'un carré et de deux demi-disques.

$$\mathcal{A} = \mathcal{A}_{\text{carré}} + \mathcal{A}_{\text{disque}}$$

$$\mathcal{A} = 2 \times 2 + \pi \times 1^2$$

$$\mathcal{A} = 4 + \pi$$

$$\mathcal{A} \approx 4 + 3{,}1$$

$$\boxed{\mathcal{A} \approx 7{,}1}$$

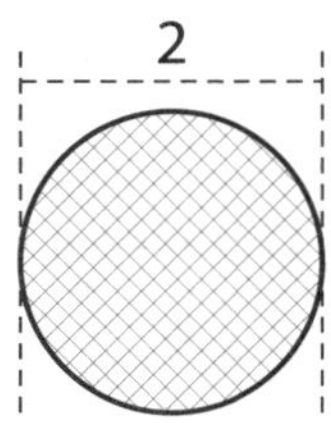

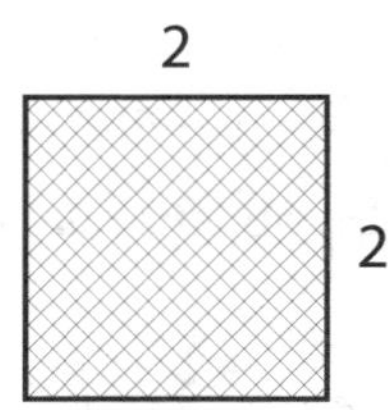

Test n° 6

Questions de Q41 à Q50 : se reporter à la grille réponse.

Voici le descriptif des différents déplacements :

Nom du déplacement	Nature du déplacement
D1	Deux cases dans le sens des aiguilles d'une montre
D2	Une case dans le sens inverse des aiguilles d'une montre
D3	Deux cases dans le sens inverse des aiguilles d'une montre
D4	Quatre cases dans le sens des aiguilles d'une montre
D5	Quatre cases dans le sens inverse des aiguilles d'une montre
D6	Une case dans le sens des aiguilles d'une montre

Pour chaque question, on donne toutes les réponses corrigées.

	Propositions de réponse	
Q41	**A.** $D_1(V) = I$	**B.** $D_2(W) = U$
	C. $D_1(N) = R$	**D.** $D_2(I) = L$
Q42	**A.** $D_3(P) = I$	**B.** $D_4(L) = U$
	C. $D_3(K) = U$	**D.** $D_4(R) = J$
Q43	**A.** $D_2[D_1(K)] = D_2(H) = N$	**B.** $D_1[D_2(W)] = D_1(U) = K$
	C. $D_1[D_1(T)] = D_1(G) = F$	**D.** $D_2[D_2(R)] = D_2(H) = N$
Q44	**A.** $D_5(Q) = J$	**B.** $D_6(J) = T$
	C. $D_1[D_1(T)] = D_1(G) = F$	**D.** $D_6(X) = P$
Q45	**A.** $D_2[D_3(P)] = D_2(I) = L$	**B.** $D_3[D_1(H)] = D_3(O) = H$
	C. $D_4[D_1(O)] = D_4(E) = G$	**D.** D1[D3(V)] = D1(Q) = V
Q46	**A.** $D_4[D_3(S)] = D_4(R) = J$	**B.** $D_3[D_5(G)] = D_3(E) = O$
	C. $D_1[D_6(W)] = D_1(K) = H$	**D.** $D_4[D_5(V)] = D_4(M) = V$
Q47	**A.** $D_1[D_4(P)] = D_1(N) = R$	**B.** $D_5[D_3(X)] = D_5(L) = G$
	C. $D_6[D_2(J)] = D_6(E) = J$	**D.** $D_5[D_4(E)] = D_5(G) = E$
Q48	**A.** $D_1\{D_3[D_1(O)]\} = D_1[D_3(E)] = D_1(O) = E$	
	B. $D_2\{D_2[D_2(R)]\} = D_2[D_2(H)] = D_2(N) = K$	
	C. $D_5\{D_1[D_6(H)]\} = D_5[D_1(R)] = D_5(S) = N$	
	D. $D_6\{D_4[D_3(J)]\} = D_6[D_4(S)] = D_6(M) = G$	
Q49	**A.** $D_3\{D_5[D_1(V)]\} = D_3[D_5(I)] = D_3(Q) = M$	
	B. $D_1(V) = I = D_4(Q)$	
	C. $D_2[D_5(X)] = D_2(F) = Q = D_6(G)$	
	D. $D_2[D_1(E)] = D_2(T) = J = D_3(M) = D_3[D_6(T)]$	
Q50	**D.** 3	

Test n° 7

Voici la suite d'images que l'on nomme par les différents prénoms et par les lettres de A à F dans les corrections.

A	B	C	D	E	F
Marc	Ode	Alain	Inès	Guy	Rose

Voici l'image solution pour les questions de **Q51** à **Q55**.

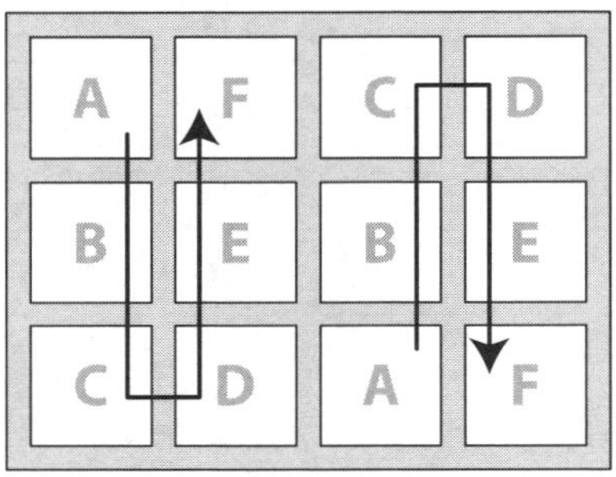

Voici l'image solution pour les questions de **Q56** à **Q60**.

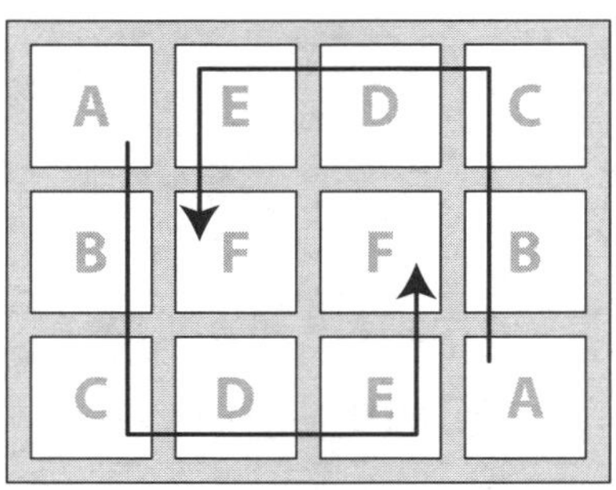

Questions de Q51 à Q60 : se reporter à la grille réponse.

Test n° 8

Avec les informations contenues dans l'énoncé, on peut écrire les tableaux suivants. Pour répondre aux questions posées, il faut toujours se référer à ces tableaux.

Cécile		Pense répondre		
		OUI	NON	Ne sait pas répondre
Répond	Se gratte le ventre	×		
	Se bouche le nez		×	
Ne répond pas				

Isabelle		Pense répondre		
		OUI	NON	Ne sait pas répondre
Répond	Se gratte le ventre		×	
	Se bouche le nez			×
Ne répond pas		×		

Pascal		Pense répondre		
		OUI	NON	Ne sait pas répondre
Répond	Se gratte le ventre		×	×
	Se bouche le nez	×		
Ne répond pas				

Q61. Réponse **A.**
En se référant au tableau, on remarque que si Cécile répond « en se bouchant le nez » cela signifie qu'elle pense répondre « NON ».

Q62. Réponse **D.**
Si Cécile ne répond pas, on ne peut pas connaître sa pensée. On ne peut donc pas se prononcer avec certitude.

Q63. Réponse **A.**
Si Isabelle « se bouche le nez » cela signifie qu'elle ne sait pas répondre.

Q64. Réponses **B** et **C.**
• Si Isabelle « se bouche le nez » cela signifie qu'elle ne sait pas répondre.
• Si Pascal « se gratte le ventre » cela signifie qu'il ne sait pas répondre ou qu'il pense que la réponse est négative.

Q65. Réponse **D.**
Si Isabelle et Pascal « se grattent le ventre » tout en répondant correctement, cela signifie que la réponse exacte est « NON ». C'est la seule réponse commune aux deux tableaux.

Q66. Réponse **C**.
La réponse exacte est « OUI ». Si toutes les personnes connaissent la réponse, elles doivent avoir les attitudes suivantes :
- Cécile se gratte le ventre ;
- Isabelle ne répond pas ;
- Pascal se bouche le nez.

C'est donc Isabelle qui ment.

Q67. Réponses **A** et **C**.
Si toutes les personnes répondent en se bouchant le nez, cela signifie que :
- Cécile pense que la réponse est négative ;
- Isabelle ne sait pas répondre ;
- Pascal pense que la réponse est positive.

Q68. Réponses **B** et **D**.
Si Pascal répond correctement en se grattant le ventre, cela signifie que la réponse exacte est « NON ». Cécile devrait alors « se boucher le nez » pour répondre correctement.

Q69. Réponses **A**, **B** et **C**.
Cécile se bouche le nez, elle pense que la prochaine réponse à la question que posera Magali dans cinq minutes est « NON ».
Isabelle se gratte le ventre. Elle pense la même chose, à savoir « NON ».
Il en est de même pour Pascal.

Q70. Réponses **A** et **B**.
Si Isabelle se gratte le ventre, cela signifie qu'elle pense que la réponse est « NON ». La réponse exacte posée par Magali est donc « NON ».
Si Cécile pense la même chose, elle doit le montrer en se bouchant le nez.

Test n° 9

Questions de Q71 à Q80 : se reporter à la grille réponse.

De Q71 à Q74. Comme toutes les billes sont utilisées et comme tous les sachets sont identiques, le nombre de camarades de jeu divise les trois nombres 168 ; 210 et 378. De plus, comme le petit garçon veut jouer avec le plus grand nombre possible de camarades, ce nombre est le plus grand diviseur commun aux trois nombres précédents.

Q71. On cherche donc le PGCD (168 ; 210 ; 378).

$$\left.\begin{array}{l} 168 = 42 \times 4 \\ 210 = 42 \times 5 \\ 378 = 42 \times 9 \\ 294 = 42 \times 7 \end{array}\right\} \text{PGCD} = 42$$

Chaque nombre s'écrit comme le produit de 42 par un nombre entier. 42 est le plus grand nombre entier commun aux quatre nombres. C'est alors le plus grand diviseur commun de ces nombres entiers.

Q72. Le nombre de billes bleues (B) dans chaque sachet est égal à : $B = \frac{168}{42} = \boxed{4}$.

On obtient le nombre de billes de chaque couleur, en divisant le nombre de billes bleues (respectivement rouges et vertes) par le PGCD obtenu précédemment.

Q73. Le nombre de billes rouges (R) dans chaque sachet est égal à : $R = \frac{210}{42} = \boxed{5}$.

Q74. Le nombre de billes vertes (V) dans chaque sachet est égal à : $V = \frac{378}{42} = \boxed{9}$.

Q75. Le premier enfant a trois choix pour le blouson ; le second enfant n'a plus que deux choix pour le blouson. Il y a donc 6 possibilités pour les blousons. Pour les paires de gants, le premier enfant a deux choix ; le second enfant prend obligatoirement l'autre paire de gants. Il y a donc 2 choix possibles pour les gants.
Conclusion : il y a $6 \times 2 = \boxed{12}$ possibilités.

Q76. Quand le prix d'un article baisse de 60 % son prix est alors multiplié par 0,4. Pour retrouver le prix initial, il faut diviser le nouveau prix par 0,4. Cela revient à multiplier le nouveau prix par 2,5 soit une augmentation de 150 %. Par le calcul, on obtient :

$P' = P \times (1 - 60\,\%)$

$\boxed{P' = P \times 0{,}4}$

$\boxed{P = P' \div 0{,}4}$

$\frac{1}{0{,}4} = \frac{10}{4} = 2{,}5$

$P = P' \times \frac{1}{0{,}4}$

$P = P' \times 2{,}5$

$P = P' \times (1 + 1{,}5)$

$P = P' \times \left(1 + \frac{150}{100}\right)$

$P = P' \times (1 + \boxed{150\,\%})$

Q77. Je réussis le concours infirmier si je n'échoue pas aux concours des deux écoles.
Si j'ai une chance sur dix de réussir un concours, j'ai donc 9 chances sur 10 d'échouer.
Alors, la probabilité d'échouer aux deux concours est égale à : $\frac{9}{10} \times \frac{9}{10} = \frac{81}{100}$.

Gagner est le contraire de perdre. La probabilité de gagner est alors égale à :

$p = 1 - \frac{81}{100}$

$p = \frac{100 - 81}{100}$

$p = \frac{19}{100} = \boxed{19\,\%}$

$P_{gagner} = 1 - P_{perdre}$

Conclusion : en passant deux concours, j'ai 19 chances sur 100 de réussir.

Q78. Si j'ai une chance sur deux de gagner, j'en ai autant de perdre. En jouant plusieurs fois, on gagne à la condition de ne pas perdre chaque fois. Pour avoir neuf chances sur 10 de gagner, il faut alors trouver la valeur de *n* vérifiant la relation : $p = 1 - \left(\frac{1}{2}\right)^n \geqslant \frac{9}{10}$.

n représente le nombre de fois où l'on joue.
p est la probabilité de gagner en jouant *n* fois.

Pour déterminer la valeur de n, on procède par essais successifs. On consigne le résultats dans le tableau suivant.

Nombre d'essais : n	Calcul de la probabilité : p	Commentaires
$n = 2$	$p = 1 - \left(\frac{1}{2}\right)^2 = 1 - \frac{1}{4} = \frac{3}{4} = 0{,}75$	$p < 90\ \%$
$n = 3$	$p = 1 - \left(\frac{1}{2}\right)^3 = 1 - \frac{1}{8} = \frac{7}{8} = 0{,}875$	$p < 90\ \%$
$n = 4$	$p = 1 - \left(\frac{1}{2}\right)^4 = 1 - \frac{1}{16} = \frac{15}{16} = 0{,}9375$	$p \geqslant \boxed{90\ \%}$

<u>Conclusion :</u> il faut jouer au moins **4** fois pour que la probabilité soit supérieure à 90 %.

Q79. Pour la bague en or jaune, Julie peut choisir un des quatre doigts de sa main gauche sauf le pouce. Pour la bague en or gris, elle n'a plus que trois choix et pour la bague en or rose, elle n'a que deux choix.
<u>Conclusion :</u> Julie a $4 \times 3 \times 2 = \boxed{24}$ choix possibles.

Q80. On note d la distance parcourue par l'infirmière pour aller de son domicile à son cabinet.

A) Pour aller de son domicile à son cabinet, l'infirmière se déplace à la vitesse de 60 km/h. Pour parcourir la distance d, la durée de son déplacement est égale à : $t_{aller} = \frac{d}{60}$.

B) Pour le retour à son domicile, l'infirmière se déplace à la vitesse de 40 km/h. Pour parcourir la distance d, la durée de son déplacement est égale à : $t_{retour} = \frac{d}{40}$.

C) La vitesse moyenne (V) se calcule en divisant la distance totale parcourue par la durée totale des déplacements.

$$V = \frac{d + d}{t_{aller} + t_{retour}}$$

D) Dans cette expression, on remplace les durées par les expressions précédemment données.

$$V = \frac{2d}{\frac{d}{60} + \frac{d}{40}}$$

E) On simplifie l'expression en divisant par d le numérateur et le dénominateur de cette expression.

$$V = \frac{2}{\frac{1}{60} + \frac{1}{40}}$$

F) On calcule la somme au dénominateur de la fraction.

$$V = \frac{2}{\frac{2+3}{120}}$$

$$V = \frac{2}{\frac{5}{120}}$$

G) On multiplie 2 par l'inverse du dénominateur.

$$V = 2 \times \frac{120}{5}$$

$$\boxed{V = 48}$$

<u>Conclusion :</u> la vitesse moyenne est égale à **48 km/h**.

Remarque : *la vitesse moyenne n'est pas égale à la moyenne arithmétique des vitesses.* *<u>Formule :</u>* $V_{moy} = \frac{2}{\frac{1}{V_1} + \frac{1}{V_2}}$

Test n° 10

Voici les différentes images et le nombre de répétitions de chacune d'entre elles sur le dessin.

Pour chaque question, on montre sur un dessin où sont placées les différentes images.

Q81. Réponse **A**.

Q82. Réponse **B**.

Q83. Réponse **D**.

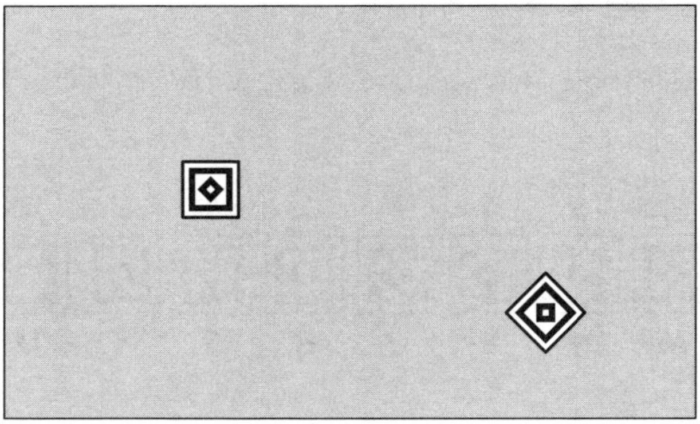

Q84. Réponse **D**.

Q85. Réponse **A**.

Test n° 11

Ce test n'est pas un test d'aptitude verbale, mais un test de raisonnement analogique. Les tests d'aptitude verbale ne figurent pas dans le *Journal officiel* du concours infirmier.

Q86. Réponse **A**. On note le nombre de lettres de chaque mot : 8–5 ; 7–6 ; 6–**7**. Le mot boisson possède **7** lettres.

Q87. Réponse **C**. On note le nombre de lettres de chaque mot : 3–6 ; 5–8 ; 3–**6**. Le mot cheveu possède **6** lettres.

Q88. Réponse **D**. Le second mot possède une lettre de plus que le premier mot.

Q89. Réponse **B**. Le second mot possède une consonne de moins que le premier mot.

Q90. Réponse **B**. Le second mot possède une voyelle de plus que le premier mot, puis deux voyelles de plus, et enfin trois voyelles de plus.

Test n° 12

De Q91 à 93. On écrit les différentes puissances de 2, et on encadre les chiffres des unités.

$2^1 = \boxed{2}$	$2^5 = 3\boxed{2}$	$2^9 = 51\boxed{2}$
$2^2 = \boxed{4}$	$2^6 = 6\boxed{4}$	$2^{10} = 102\boxed{4}$
$2^3 = \boxed{8}$	$2^7 = 12\boxed{8}$	$2^{11} = 2\,04\boxed{8}$
$2^4 = 1\boxed{6}$	$2^8 = 25\boxed{6}$	$2^{12} = 4\,09\boxed{6}$

On remarque que les chiffres des unités suivent une série : 2 ; 4 ; 8 et 6. Il suffit alors d'écrire chaque exposant comme la somme du produit de 4 par un nombre entier et d'un nombre entier compris entre 1 et 4. Par exemple :

$5 = 4 \times 1 + 1$	$9 = 4 \times 2 + 1$
$6 = 4 \times 1 + 2$	$10 = 4 \times 2 + 2$
$7 = 4 \times 1 + 3$	$11 = 4 \times 2 + 3$
$8 = 4 \times 1 + 4$	$12 = 4 \times 2 + 4$

On obtient alors pour les puissances de 5 à 8 :

$$2^5 = 2^{4\times1+1} = 3\boxed{2}$$
$$2^6 = 2^{4\times1+2} = 6\boxed{4}$$
$$2^7 = 2^{4\times1+3} = 12\boxed{8}$$
$$2^8 = 2^{4\times1+4} = 25\boxed{6}$$

On généralise les puissances de 2, et on écrit le chiffre des unités des nombres obtenus.

$$2^{4a+1} = ...\boxed{2}$$
$$2^{4a+2} = ...\boxed{4}$$
$$2^{4a+3} = ...\boxed{8}$$
$$2^{4a+4} = ...\boxed{6}$$

Pour répondre aux questions posées, il suffit de décomposer la puissance pour déterminer le chiffre des unités.

Q91. Réponse **A**.

$$2^{21} = 2^{20+1} = 2^{4\times5+1} = ...\boxed{2}$$

Q92. Réponse **B**.

$$2^{26} = 2^{24+2} = 2^{4\times 6+2} = ...\boxed{4}$$

Q93. Réponse **D**.
On effectue le produit des chiffres des unités des deux nombres précédents.

$$2^{21} \times 2^{26} = ...\boxed{2} \times ...\boxed{4} = ...\boxed{8}$$

Q94. Réponse **D**. C'est un quadrilatère quelconque comme le montre la figure ci-contre.

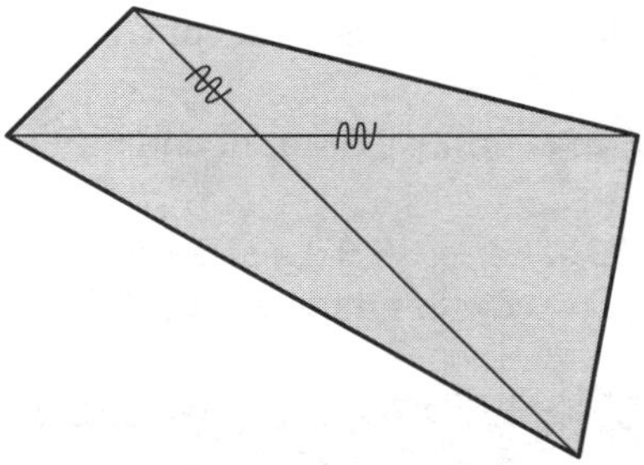

Le codage indique que les diagonales sont de même longueur. En revanche, dans un cas général elles ne se coupent pas en leur milieu.

Q95. Réponse **D**. Si un quadrilatère a ses diagonales de même longueur et qui se coupent en leur milieu, alors c'est un rectangle. Il possède 4 angles droits.

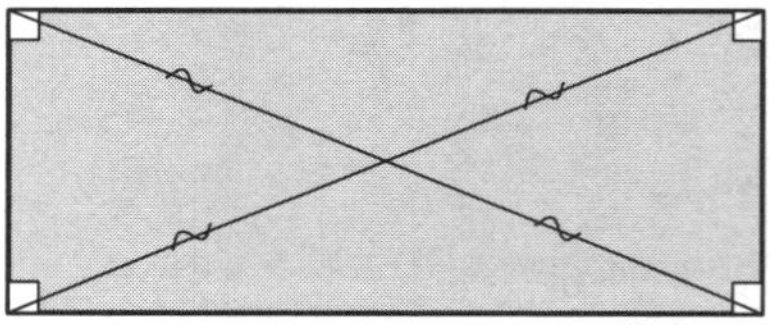

Le codage indique que les diagonales sont de même longueur et se coupent en leur milieu.

Q96. Réponse **C**. Si un rectangle a ses diagonales perpendiculaires, alors c'est un carré.

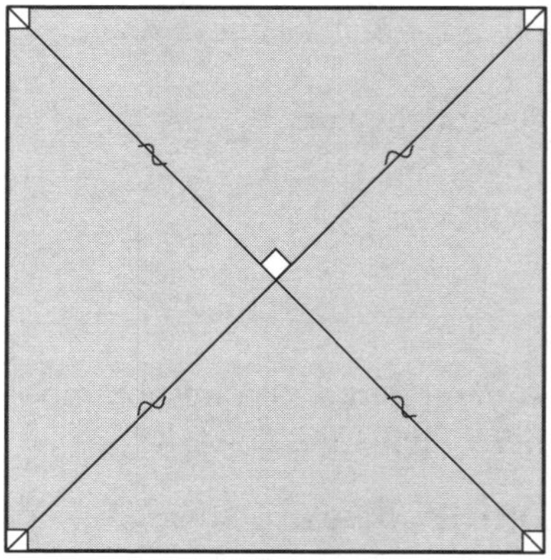

Q97. Réponse **A**. Si un triangle est inscrit dans un cercle de diamètre l'un de ses côtés, alors c'est un triangle rectangle.

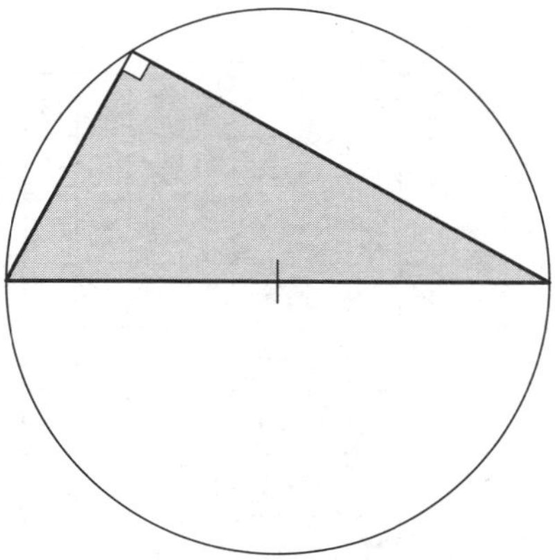

Q98. Réponse **D**. Si un parallélogramme a ses diagonales perpendiculaires, alors c'est un losange.

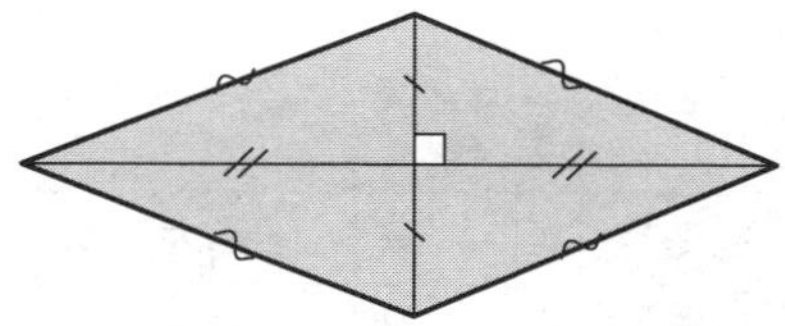

Un parallélogramme est un quadrilatère qui a ses côtés opposés de même longueur. Ses diagonales se coupent en leur milieu, mais ne sont pas généralement de même longueur.

Q99. Réponse **A**. Si on transforme une figure plane par une symétrie de centre un point extérieur à la figure, on effectue alors une **rotation d'un demi-tour** comme le montre l'image ci-contre.

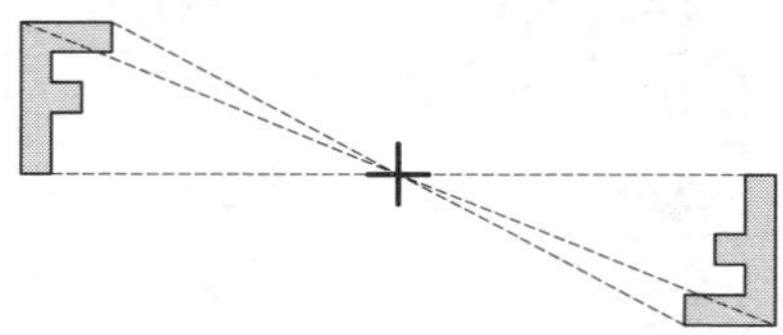

Les traits pointillés relient les symétriques de quelques sommets de la figure.

Q100. Réponse **D**. On note $\mathcal{V}$ le volume du cône tout entier, $\mathcal{V}_1$ le volume du petit cône. Le volume cherché $\mathcal{V}_2$ est la différence de $\mathcal{V}$ et de $\mathcal{V}_1$.

A) Formule du volume d'un cône.

$$\mathcal{V} = \frac{1}{3}\pi r^2 h$$

B) Calcul du volume du cône $\mathcal{V}_1$.

$$\mathcal{V}_1 = \frac{1}{3}\pi r'^2 \frac{h}{2}$$

$$\mathcal{V}_1 = \frac{1}{3}\pi \left(\frac{r}{2}\right)^2 \frac{h}{2}$$

$$\mathcal{V}_1 = \frac{1}{3}\pi \frac{r^2}{4} \times \frac{h}{2}$$

$$\mathcal{V}_1 = \frac{1}{3}\pi r^2 h \times \frac{1}{8}$$

$$\mathcal{V}_1 = \frac{1}{8} \times \left(\frac{1}{3}\pi r^2 h\right)$$

$$\mathcal{V}_1 = \frac{1}{8}\mathcal{V}$$

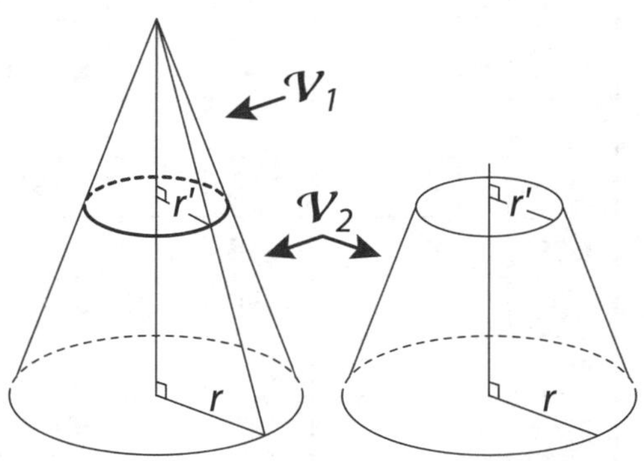

C) Calcul du volume du cône $\mathcal{V}_2$.

$$\mathcal{V}_2 = \mathcal{V} - \mathcal{V}_1$$

$$\mathcal{V}_2 = \mathcal{V} - \frac{1}{8}\mathcal{V}$$

$$\mathcal{V}_2 = \frac{8}{8}\mathcal{V} - \frac{1}{8}\mathcal{V}$$

$$\mathcal{V}_2 = \frac{7}{8}\mathcal{V}$$

$$\boxed{\mathcal{V}_2 = 87{,}5\,\%\,\mathcal{V}}$$

<u>Conclusion :</u> le volume occupé par la crème est de 87,5 % du volume du cône.

Grille réponse

	A	B	C	D		A	B	C	D		A	B	C	D		A	B	C	D
Q1			×		**Q26**	×			×	**Q51**	×				**Q76**		×		
Q2			×		**Q27**		×		×	**Q52**				×	**Q77**			×	
Q3	×				**Q28**			×	×	**Q53**			×		**Q78**			×	
Q4				×	**Q29**	×		×		**Q54**		×			**Q79**			×	
Q5		×			**Q30**				×	**Q55**				×	**Q80**			×	
Q6			×		**Q31**	×				**Q56**		×			**Q81**	×			
Q7				×	**Q32**	×				**Q57**				×	**Q82**		×		
Q8	×				**Q33**				×	**Q58**	×				**Q83**				×
Q9	×				**Q34**	×				**Q59**		×			**Q84**				×
Q10		×			**Q35**				×	**Q60**				×	**Q85**	×			
Q11		×			**Q36**			×		**Q61**	×				**Q86**	×			
Q12	×				**Q37**		×			**Q62**				×	**Q87**			×	
Q13			×		**Q38**		×			**Q63**	×				**Q88**				×
Q14	×				**Q39**			×		**Q64**		×	×		**Q89**		×		
Q15	×				**Q40**			×		**Q65**				×	**Q90**		×		
Q16	×				**Q41**			×		**Q66**			×		**Q91**	×			
Q17	×				**Q42**	×				**Q67**	×		×		**Q92**		×		
Q18		×			**Q43**				×	**Q68**		×		×	**Q93**				×
Q19		×			**Q44**	×				**Q69**	×	×	×		**Q94**				×
Q20		×			**Q45**		×	×		**Q70**	×	×			**Q95**				×
Q21	×				**Q46**				×	**Q71**				×	**Q96**			×	
Q22	×				**Q47**			×		**Q72**	×				**Q97**	×			
Q23			×		**Q48**		×			**Q73**		×			**Q98**				×
Q24		×			**Q49**	×	×	×		**Q74**				×	**Q99**	×			
Q25		×	×		**Q50**				×	**Q75**			×		**Q100**				×

ÉPREUVE DE TESTS N° 5

- Durée : 2 heures.
- Nombre de questions : 100.
- Vous devez reporter vos réponses sur la « grille réponse ».
- Tout instrument de calcul est interdit.
- Chaque question, notée sur un point est suivie de propositions de réponse dont une seule est exacte (sauf indication contraire).
- Vous pouvez utiliser des feuilles de brouillon.
- *Il est recommandé de respecter le temps de travail conseillé.*

Test n° 1

Temps conseillé 10 min

Q1. On donne trois nombres *P*, *Q* et *R*. Quelle est la proposition exacte ?

$$P = -\left(\frac{-1}{\sqrt{2}}\right)^2 \qquad Q = \left(1 + \frac{1}{2}\right)^2 \qquad R = \sqrt{2 + \sqrt{3 + \sqrt{1}}}$$

A. $P < Q < R$ **B.** $P < R < Q$ **C.** $R < P < Q$ **D.** $Q < R < P$

Q2. Un robinet fuit à raison de 15 gouttes par minute. Combien de temps faut-il pour remplir un verre de 20 cL ? Il faut 20 gouttes pour obtenir un volume de 1 cm^3.

A. 26 min 40 s **B.** 4 h 26 min 40 s **C.** 6 h 32 min 20 s **D.** 18 h 12 min 30 s

Q3. Trois personnes se partagent 252 €. La 1re personne prend le double de la somme prise par la 2e personne, qui a son tour prend le double de la somme prise par la 3e personne. Quelle est la somme prise par la 1re personne ?

A. 112 € **B.** 126 € **C.** 144 € **D.** 196 €

Q4. Trois personnes doivent repasser un lot de 100 paires de chaussettes. Quand les deux premières personnes travaillent ensemble, elles mettent la moitié de 25 min. Quand les deux dernières personnes travaillent ensemble, elles mettent 20 min. De plus, la 1re personne travaille aussi vite que les deux autres personnes. Combien de temps mettent les trois personnes pour repasser ensemble ce lot de 100 paires de chaussettes ?

A. 6 min **B.** 12 min **C.** 9 min **D.** 10 min

Q5. Un train part de Toulouse à 8 h 30 en direction de Bordeaux en roulant à la vitesse moyenne de 160 km/h. Un autre train fait le chemin inverse en partant de Bordeaux à 9 h, et en roulant à 120 km/h en moyenne. Il y a 220 km entre Toulouse et Bordeaux. À 9 h 15, les deux trains se seront-ils croisés ?

A. Oui **B.** Non **C.** On ne peut pas répondre.

Test n° 2

Temps conseillé 10 min

Pédro, Quévin et Ryad sont trois infirmiers âgés dans un ordre quelconque de 22 ans, 27 ans et 32 ans, travaillant des durées hebdomadaires différentes dans trois services d'un hôpital. Pédro n'est pas le plus âgé et travaille plus que son collègue en pédiatrie. Le plus jeune infirmier ne travaille pas en gériatrie et exerce moins d'heures par semaine que son collègue qui travaille en chirurgie. L'infirmier qui exerce en chirurgie travaille un plus grand nombre d'heures que celui qui exerce en gériatrie ; de plus il n'est pas le plus âgé des trois infirmiers. Ryad n'est pas l'infirmier le plus âgé et travaille moins que son collègue qui a 27 ans. Quévin qui n'exerce pas le plus petit nombre d'heures par semaine ne travaille pas en pédiatrie.

Q6. Qui travaille en pédiatrie ?
A. Pédro **B.** Quévin **C.** Ryad

Q7. Dans quel service exerce celui qui travaille 30 h par semaine ?
A. Chirurgie **B.** Gériatrie **C.** Pédiatrie

Q8. Quel est l'âge de Pédro ?
A. 22 ans **B.** 27 ans **C.** 32 ans

Q9. Quelle est la durée hebdomadaire de travail de l'infirmier qui exerce en chirurgie ?
A. 25 h **B.** 30 h **C.** 35 h

Q10. Quel est le prénom de l'infirmier qui travaille en Gériatrie ?
A. Pédro **B.** Quévin **C.** Ryad

Test n° 3

Temps conseillé 10 min

Le but de ce test est de remplacer les lettres de P à Y par des nombres entiers et positifs. Pour cela, le nombre placé dans une case est obtenu en faisant la différence des nombres contenus dans les deux cases immédiatement supérieures à celle choisie.

Comme on souhaite que tous les nombres soient positifs, on effectue la différence des deux nombres de telle sorte que cette différence soit positive.

Voici deux exemples :

• Pour la première image, on remarque que l'on obtient le chiffre 3 en effectuant la différence 10 – 7 = 3.
• Pour la seconde image, on obtient le chiffre 9 en effectuant la différence 21 – 12 = 9.

Dans l'image ci-contre, il faut utiliser cette méthode pour remplacer toutes les lettres par des nombres positifs.

Q11. Quel est le nombre qui doit remplacer la lettre P ?
A. 26 **B.** 12 **C.** 6 **D.** 10

Q12. Quel est le nombre qui doit remplacer la lettre Q ?
A. 8 **B.** 4 **C.** 28 **D.** 24

Q13. Quel est le nombre qui doit remplacer la lettre R ?
A. 14 **B.** 15 **C.** 16 **D.** 13

Q14. Quel est le nombre qui doit remplacer la lettre S ?
A. 11 **B.** 8 **C.** 10 **D.** 9

Q15. Quel est le nombre qui doit remplacer la lettre T ?
A. 4 **B.** 8 **C.** 6 **D.** 10

Q16. Quel est le nombre qui doit remplacer la lettre U ?
A. 4 **B.** 3 **C.** 5 **D.** 2

Q17. Quel est le nombre qui doit remplacer la lettre V ?
A. 7 **B.** 2 **C.** 6 **D.** 8

Q18. Quel est le nombre qui doit remplacer la lettre W ?
A. 4 **B.** 8 **C.** 6 **D.** 5

Q19. Quel est le nombre qui doit remplacer la lettre X ?
A. 4 **B.** 3 **C.** 6 **D.** 7

Q20. Quel est le nombre qui doit remplacer la lettre Y ?
A. 4 **B.** 2 **C.** 6 **D.** 1

Test n° 4

Temps conseillé **10 min**

L'image suivante se compose d'une part de cinq dessins notés par les lettres de P à T, et d'autre part de trente dessins. Ces derniers se répartissent en trois catégories :
- les dessins identiques aux images notées de P à T ;
- les dessins obtenus par effet miroir des images notées de P à T ;
- les dessins légèrement différents des images notées de P à T.

De plus, tous les dessins ont légèrement tourné sur eux-mêmes par rapport aux images notées de P à T.

Q21. Quel est le nombre de dessins identiques à l'image notée P ?
A. 0 **B.** 1 **C.** 2 **D.** 3

Q22. Quel est le nombre de dessins obtenus par effet miroir de l'image notée P ?
A. 3 **B.** 0 **C.** 1 **D.** 2

Q23. Quel est le nombre de dessins identiques à l'image notée Q ?
A. 1 **B.** 2 **C.** 3 **D.** 4

Q24. Quel est le nombre de dessins obtenus par effet miroir de l'image notée Q ?
A. 1 **B.** 2 **C.** 3 **D.** 4

Q25. Quel est le nombre de dessins identiques à l'image notée R ?
A. 1 **B.** 2 **C.** 3 **D.** 4

Q26. Quel est le nombre de dessins obtenus par effet miroir de l'image notée R ?
A. 3 **B.** 2 **C.** 1 **D.** 0

Q27. Quel est le nombre de dessins identiques à l'image notée S ?
A. 2 **B.** 3 **C.** 4 **D.** 5

Q28. Quel est le nombre de dessins obtenus par effet miroir de l'image notée S ?
A. 1 **B.** 2 **C.** 3 **D.** 4

Q29. Quel est le nombre de dessins identiques à l'image notée T ?
A. 0 **B.** 1 **C.** 2 **D.** 3

Q30. Quel est le nombre de dessins obtenus par effet miroir de l'image notée T ?
A. 1 **B.** 2 **C.** 3 **D.** 4

Test n° 5

Temps conseillé 15 min

Q31. Lors d'une course à pied, vous doublez uniquement la personne qui était en troisième position par rapport à l'arrivée. Quelle position allez-vous occuper ?
A. La troisième position.
B. Il n'y a pas de solution à ce problème.
C. La deuxième position.
D. L'énoncé ne permet pas de répondre avec certitude.

Q32. Vous vous approchez d'un chantier, et vous regardez le travail effectué par les ouvriers municipaux. Devant vous, il y a un grand trou dans le sol. Ce trou a une forme cylindrique de un mètre de rayon et de un mètre de haut. Quel est le volume de terre à enlever dans ce trou ?
A. Le volume est environ égal à 3,14 m^3 de terre.
B. Le volume est supérieur à 1 m^3.
C. La solution n'est pas l'une des réponses proposées.
D. L'énoncé ne permet pas de répondre avec certitude.

Q33. Jacques rentre dans un salon de coiffure où travaillent le patron et son apprenti. Le patron coiffe de façon remarquable, mais son apprenti est un jeune débutant qui coiffe encore très mal. Tous les matins, le patron coiffe son apprenti et *vice versa*. Jacques met les pieds pour la première fois dans ce salon et ne connaît pas les talents des personnes qui coiffent, mais il sait que tous les matins une personne coiffe l'autre et *vice versa*. Jacques souhaite bien sûr être bien coiffé. À qui va-t-il demander de le coiffer ?
A. À l'apprenti coiffeur.
B. Il n'y a pas de solution à ce problème.
C. L'énoncé ne permet pas de répondre avec certitude.
D. Au patron.

Q34. Vous participez à une course à pied en ligne droite et vous doublez la personne placée en dernière position. À quelle position vous retrouvez-vous ?
A. L'énoncé ne permet pas de répondre avec certitude.
B. Vous serez en dernière position.
C. Il n'y a pas de solution à ce problème.
D. Vous serez à l'avant-dernière position.

Q35. Marcel habite un appartement situé dans un immeuble de vingt étages. Il croise le concierge et lui dit : « Cher Monsieur, comme vous le savez, j'ai trois enfants : Chantal, Fabienne et Nadia. Devinez quels sont les âges respectifs de mes filles, sachant que la somme des âges est inférieure au nombre d'étages de l'immeuble et que le produit des âges est égal au nombre d'étages de l'immeuble. » Le concierge regarde alors Marcel d'un air serein et lui dit qu'il lui est impossible de lui répondre avec certitude. Marcel ajoute qu'il a deux filles jumelles. Quel est la somme des âges des trois filles ?
A. Dix ans.
B. Neuf ans.
C. Treize ans.
D. Il n'y a pas de solution à ce problème.

Q36. Cécile et Isabelle veulent se rendre le plus rapidement possible au bal distant de cinq kilomètres de leur maison. Elles ne disposent que d'une seule bicyclette. Si l'une est à vélo, l'autre marche à pied. En vélo, elles roulent à 10 km/h en moyenne. À pied, elles marchent à 5 km/h en moyenne. Quelle est la solution la plus rapide ?
A. Cécile et Isabelle partent en même temps à pied.
B. Cécile et Isabelle partent en même temps. L'une prend le vélo puis s'arrête au milieu du trajet. Elle laisse le vélo et repart à pied. Sa sœur, partie à pied, prend le vélo à mi-distance et arrive au bal.
C. Cécile part à pied et Isabelle part en vélo.
D. Il y a une solution plus rapide qui n'est pas l'une des trois propositions précédentes.

Q37. Denise se rend au salon de coiffure où travaillent Julie, Magali et Pierrette. L'une coiffe très bien, une autre coiffe correctement et la troisième coiffe particulièrement mal. Tous les matins, les trois coiffeuses se coiffent mutuellement : l'une coiffant l'autre et ainsi de suite. Ce jour là, Julie est très bien coiffée, Magalie est correctement coiffée et Pierrette est très mal coiffée.
Bien sûr, Denise ne souhaite pas être mal coiffée. Elle demande donc à l'une des trois personnes de la coiffer. Elle sort du salon satisfaite du travail effectué. Quelques temps après, elle se rend à nouveau dans le même salon. À qui va-t-elle demander de la coiffer ?
A. À Magali ?
B. À Pierrette ?
C. À Julie ?
D. Il n'y a pas de solution à ce problème.

Q38. Dans une usine de fabrication de vêtements, Maryse met une heure pour effectuer seule le ménage. Sarah met deux heures pour effectuer seule ce même travail. Combien de temps mettront-elles ensemble pour effectuer ce travail ?
A. Ce problème n'a pas de solution.
B. Trente minutes.
C. Un temps différent de trente et quarante minutes.
D. Quarante minutes.

Q39. Quand Claude se rend au bal, il a une chance sur deux de danser avec une jolie fille. En effectuant deux danses successives, combien a-t-il de chances de danser avec une jolie fille ?
A. Une chance sur quatre.
B. Une chance sur trois.
C. Trois chances sur quatre.
D. Deux chances sur trois.

Q40. Nathalie veut découper un gâteau circulaire, du type tarte aux pommes pour le goûter des enfants. En deux coups de couteau, sans déplacer la tarte, combien va-t-elle couper de parts ?
A. Trois parts égales.
B. Plus de cinq parts.
C. Cinq parts.
D. Quatre parts.

Test n° 6

Temps conseillé **10 min**

Le but de ce test est de déterminer les chiffres qui doivent remplacer les lettres de P à T.

7	3	**Q**	6	5	4	6	9	8	4	7	2	
	6	1	8	9	4			**P**	7	**R**	0,	**S**
		2	5	9	0	6						
				4	9	0	9					
					6	**T**	3					

Q41. Quel est le chiffre qui doit remplacer la lettre P ?
A. 5 **B.** 6 **C.** 7 **D.** 8

Q42. Quel est le chiffre qui doit remplacer la lettre Q ?
A. 6 **B.** 7 **C.** 8 **D.** 9

Q43. Quel est le chiffre qui doit remplacer la lettre R ?
A. 1 **B.** 2 **C.** 3 **D.** 4

Q44. Quel est le chiffre qui doit remplacer la lettre S ?
A. 4 **B.** 5 **C.** 6 **D.** 7

Q45. Quel est le chiffre qui doit remplacer la lettre T ?
A. 5 **B.** 6 **C.** 7 **D.** 8

1	0	1	0	1	1	0	1	0	1	1	1	0	1	0	1
		1	**Q**	2	0	1	1			**P**	1	**R**	4		
			8	1	9	1	0	0							
				4	8	3	**S**	3	1						
					4	3	5	2	**T**						

Q46. Quel est le chiffre qui doit remplacer la lettre P ?
A. 6 **B.** 7 **C.** 8 **D.** 9

Q47. Quel est le chiffre qui doit remplacer la lettre Q ?
A. 6 **B.** 7 **C.** 8 **D.** 9

Q48. Quel est le chiffre qui doit remplacer la lettre R ?
A. 6 **B.** 7 **C.** 8 **D.** 9

Q49. Quel est le chiffre qui doit remplacer la lettre S ?
A. 6 **B.** 7 **C.** 8 **D.** 9

Q50. Quel est le chiffre qui doit remplacer la lettre T ?
A. 6 **B.** 7 **C.** 8 **D.** 9

Test n° 7

Temps conseillé

En superposant les deux images suivantes, on obtient une troisième image qui peut se découper en figures élémentaires comme des triangles et des trapèzes (quadrilatères possédant deux côtés parallèles).

Voici un exemple :

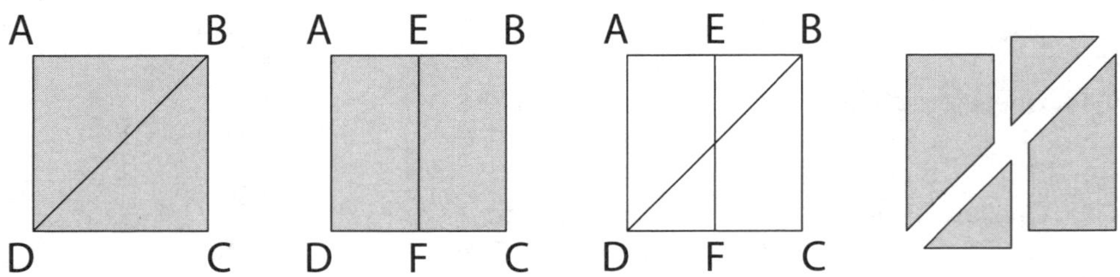

En superposant les deux premiers carrés, on obtient la troisième image au fond blanc. Elle possède différents traits qui font apparaître des triangles et des trapèzes. On retrouve ces figures élémentaires sur la dernière image qui n'est rien d'autre qu'une « vue éclatée » de cette image au fond blanc.

Conclusion : la superposition des deux premières images fait apparaître sur la troisième image, deux triangles et deux trapèzes.

Le but de ce test est de déterminer le nombre de triangles et de trapèzes que l'on obtient en superposant deux images.

Pour chaque exercice, vous disposez d'une image au fond blanc pour redessiner les images.

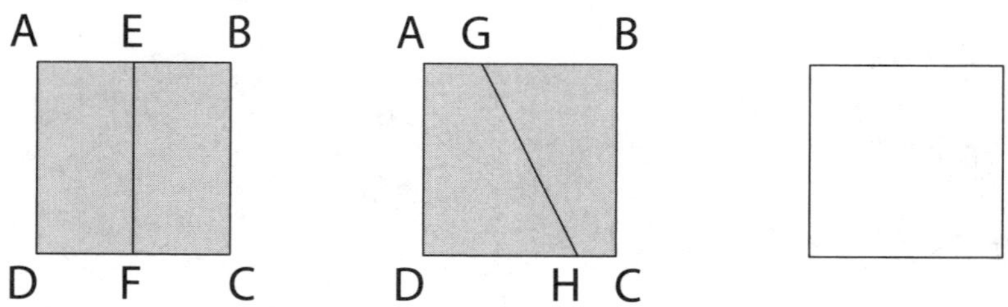

Q51. En superposant les deux premières images, combien obtient-on de triangles ?

A. 3 **B.** 1 **C.** 0 **D.** 2

Q52. En superposant les deux premières images, combien obtient-on de trapèzes ?

A. 2 **B.** 0 **C.** 3 **D.** 1

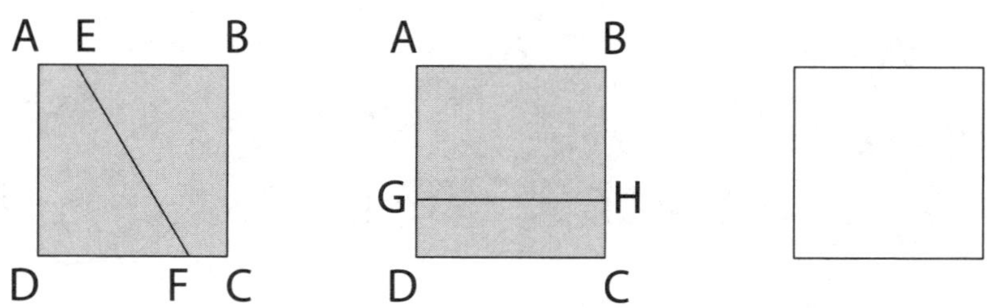

Q53. En superposant les deux premières images, combien obtient-on de triangles ?

A. 1 **B.** 0 **C.** 3 **D.** 2

Q54. En superposant les deux premières images, combien obtient-on de trapèzes ?

A. 4 **B.** 3 **C.** 2 **D.** 1

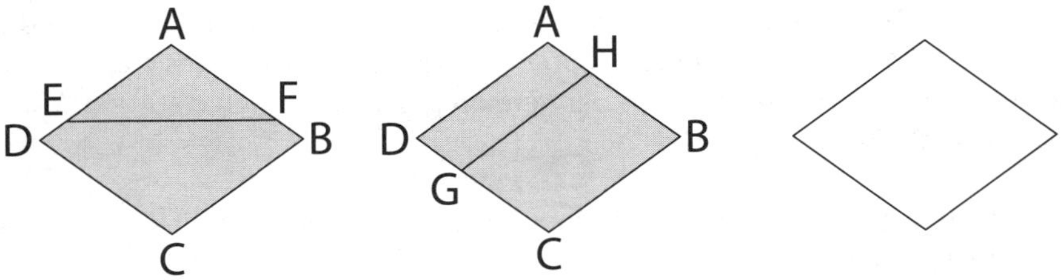

Q55. En superposant les deux premières images, combien obtient-on de triangles ?
A. 0 **B.** 1 **C.** 2 **D.** 3

Q56. En superposant les deux premières images, combien obtient-on de trapèzes ?
A. 0 **B.** 1 **C.** 2 **D.** 3

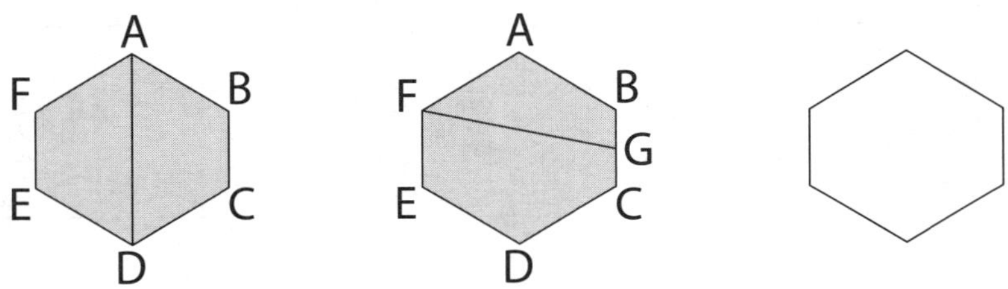

Q57. En superposant les deux premières images, combien obtient-on de triangles ?
A. 1 **B.** 2 **C.** 3 **D.** 4

Q58. En superposant les deux premières images, combien obtient-on de trapèzes ?
A. 4 **B.** 3 **C.** 2 **D.** 1

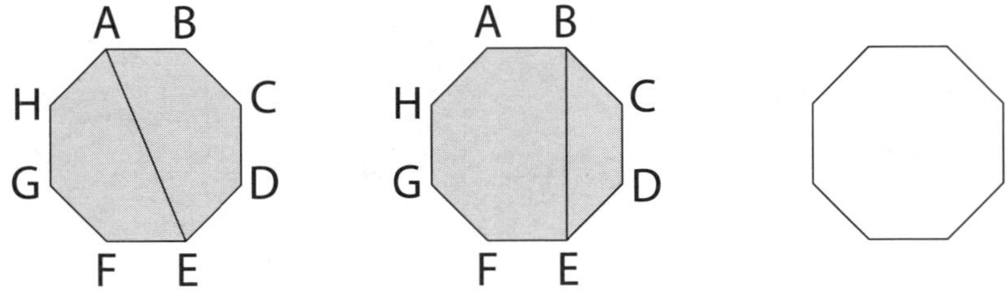

Q59. En superposant les deux premières images, combien obtient-on de triangles ?
A. 1 **B.** 2 **C.** 3 **D.** 4

Q60. En superposant les deux premières images, combien obtient-on de trapèzes ?
A. 3 **B.** 2 **C.** 1 **D.** 0

Test n° 8

Temps conseillé **10 min**

Le but de ce test est de déterminer la ou les images semblables à une image de référence. Le mot « semblable » signifie que les images peuvent être vues par effet miroir ou par simple rotation d'un quart de tour.
Pour chaque question, une ou plusieurs réponses sont possibles.

Q61. Quelles sont les images semblables à l'image de référence ?

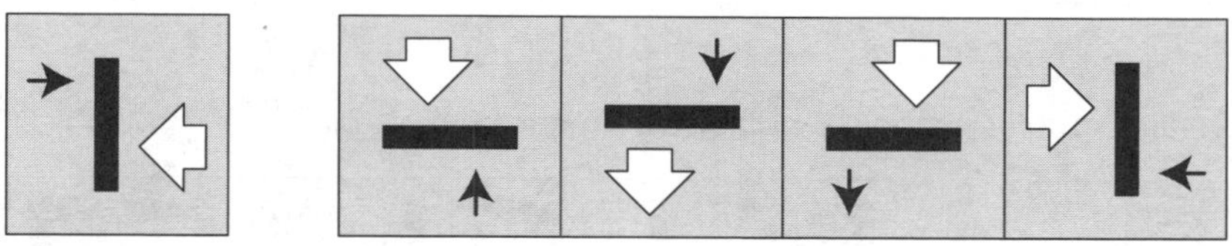

Référence **A** **B** **C** **D**

Q62. Quelles sont les images semblables à l'image de référence ?

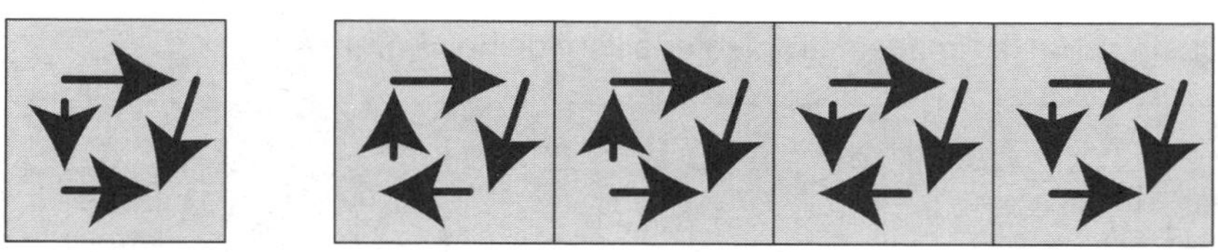

Référence **A** **B** **C** **D**

Q63. Quelles sont les images semblables à l'image de référence ?

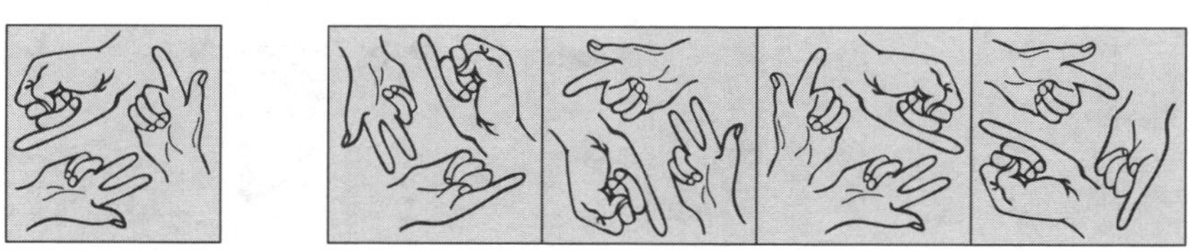

Référence **A** **B** **C** **D**

Q64. Quelles sont les images semblables à l'image de référence ?

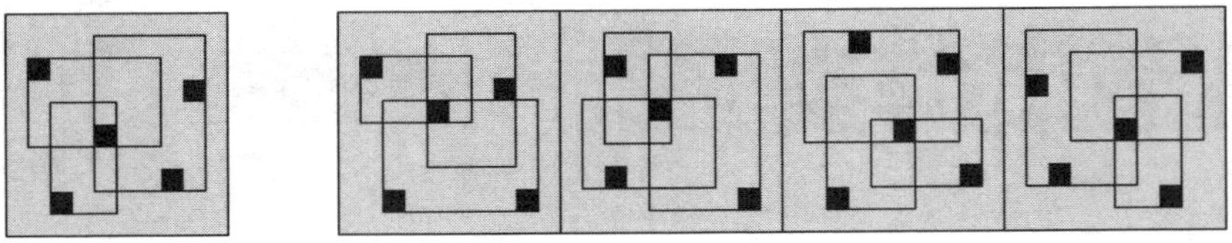

Référence **A** **B** **C** **D**

Q65. Quelles sont les images semblables à l'image de référence ?

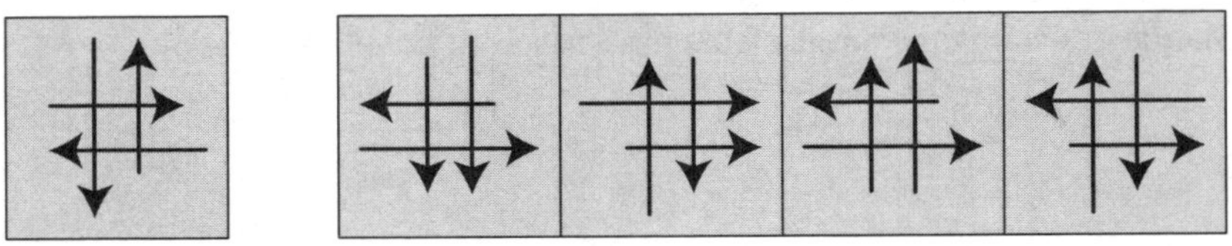

Référence **A** **B** **C** **D**

Q66. Quelles sont les images semblables à l'image de référence ?

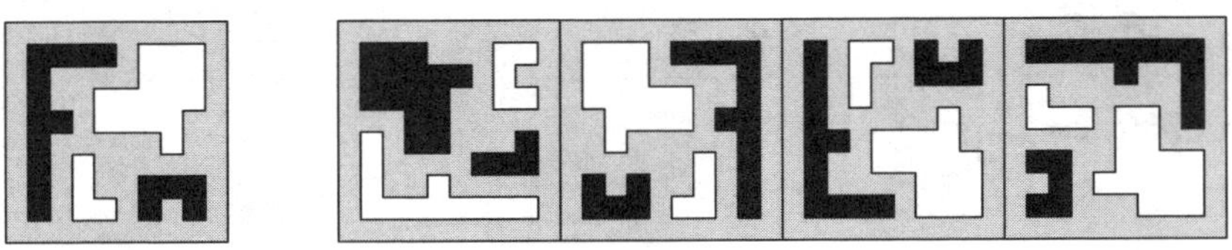

Référence **A** **B** **C** **D**

Q67. Quelles sont les images semblables à l'image de référence ?

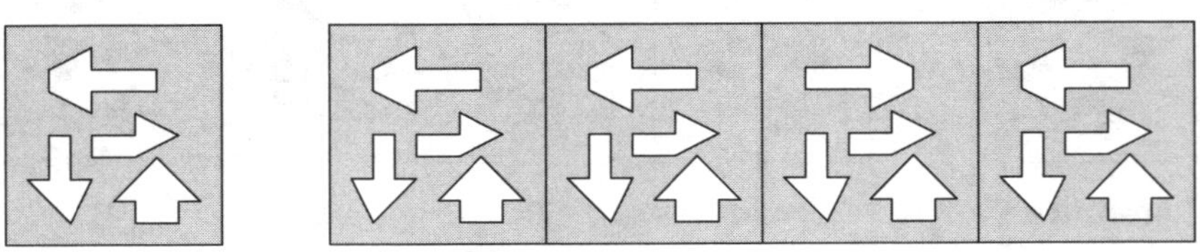

Référence **A** **B** **C** **D**

Q68. Quelles sont les images semblables à l'image de référence ?

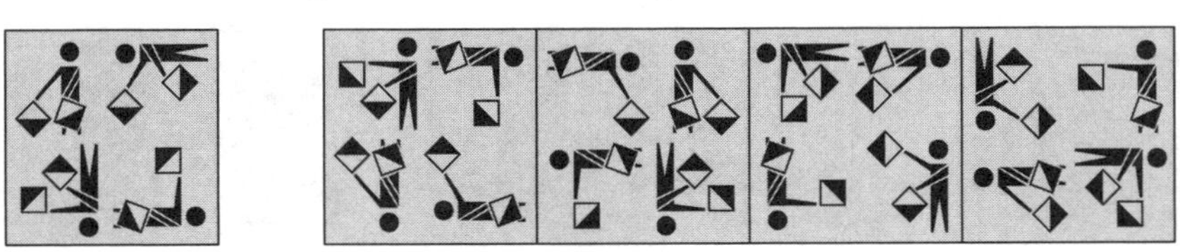

Référence **A** **B** **C** **D**

Q69. Quelles sont les images semblables à l'image de référence ?

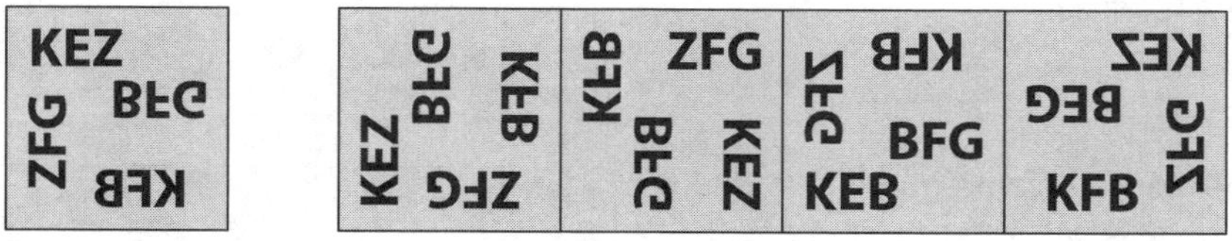

Référence **A** **B** **C** **D**

Q70. Quelles sont les images semblables à l'image de référence ?

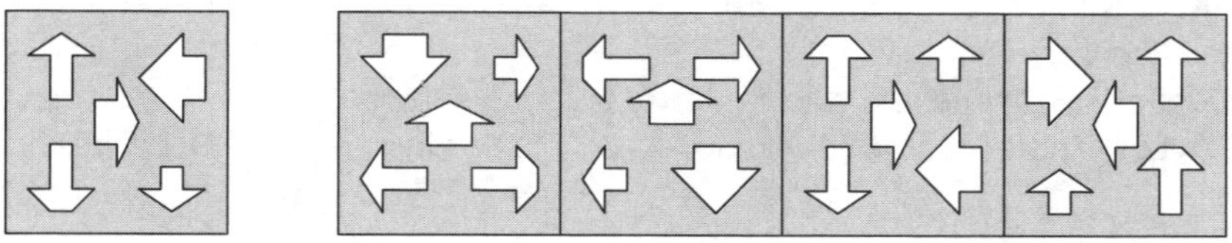

Référence **A** **B** **C** **D**

Test n° 9

Temps conseillé **15 min**

L'image suivante se compose de six figures élémentaires notées de P à U. Les figures ne sont pas obligatoirement dans l'ordre de P à U. Les figures et les lettres sont données dans un ordre quelconque.

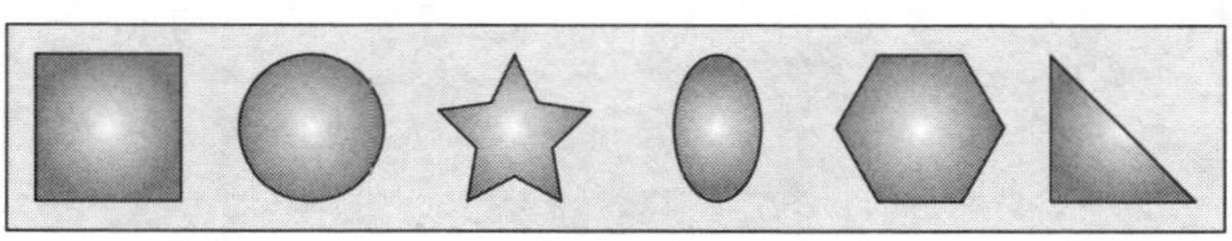

On sait que l'image suivante ne possède pas les figures notées R et S.

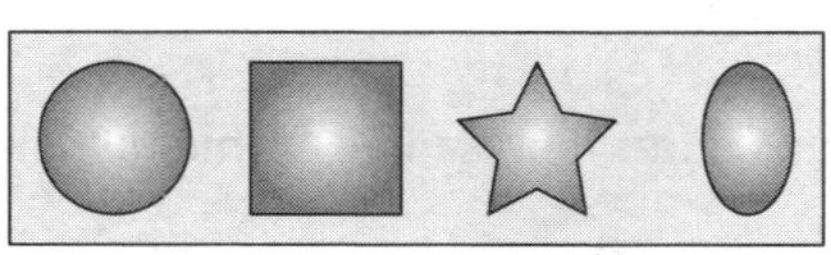

On sait que l'image suivante ne possède pas les figures notées R et T.

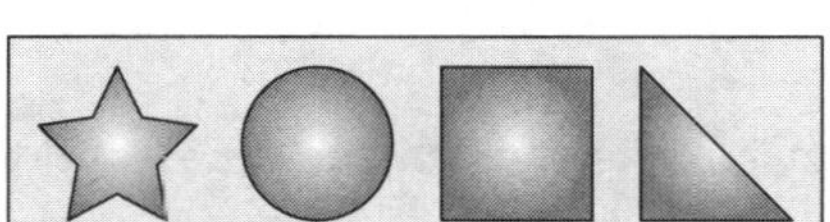

De plus, l'image suivante ne possède pas la figure notée Q.

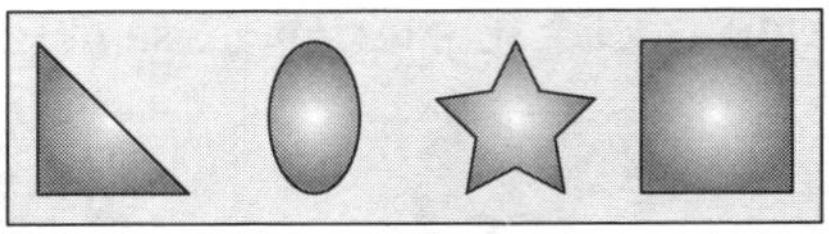

Enfin, l'image suivante possède la figure notée U, mais pas celle qui est notée P.

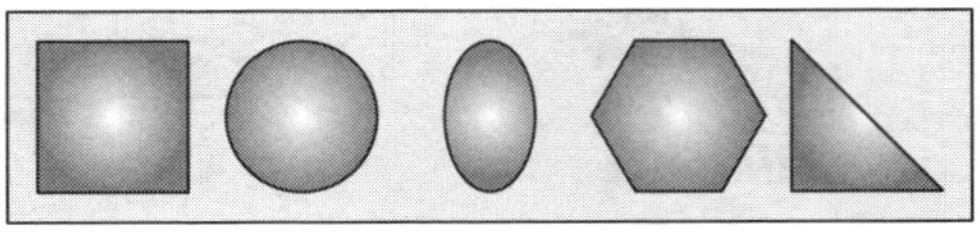

Q71. Quelle est la figure associée à la lettre P ?
A. Le triangle **B.** Le carré **C.** Le rond **D.** L'étoile

Q72. Quelle est la figure associée à la lettre Q ?
A. Le triangle **B.** L'hexagone **C.** Le rond **D.** L'ellipse

Q73. Quelle est la figure associée à la lettre R ?
A. Le rond **B.** Le carré **C.** L'hexagone **D.** L'étoile

Q74. Quelle est la figure associée à la lettre S ?
A. Le carré **B.** Le triangle **C.** L'étoile **D.** L'ellipse

Q75. Quelle est la figure associée à la lettre T ?
A. L'ellipse **B.** L'hexagone **C.** Le triangle **D.** L'étoile

Q76. Quelle est la figure associée à la lettre U ?
A. Le rond **B.** Le carré **C.** L'ellipse **D.** Le triangle

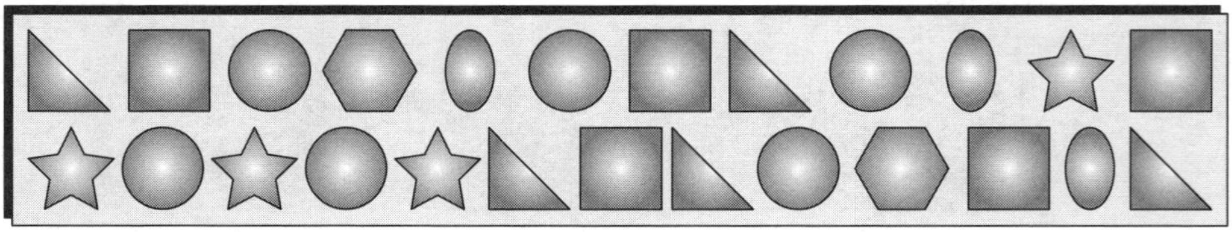

Q77. Combien de fois trouve-t-on la figure notée « P » dans l'image ci-dessus ?
A. 6 **B.** 5 **C.** 4 **D.** 3

Q78. Quelles sont les deux figures représentées le même nombre de fois dans l'image ci-dessus ?
A. P et U **B.** U et S **C.** R et P **D.** T et Q

Q79. Quelle est la figure la moins représentée dans l'image ci-dessus ?
A. Q **B.** R **C.** P **D.** S

Q80. Quelle est la figure majoritaire dans l'image ci-dessus ?
A. U **B.** S **C.** Q **D.** R

Test n° 10

Temps conseillé 5 min

4	6	Q	5					1	P	9			
	8	0						S	6,	2	T	0	3
		3	R										
			5	2									
				0	4								
					4	0							
						1	3						

Q81. Quel est le chiffre qui doit remplacer la lettre P ?
A. 1 **B.** 2 **C.** 3 **D.** 4

Q82. Quel est le chiffre qui doit remplacer la lettre Q ?
A. 2 **B.** 8 **C.** 4 **D.** 7

Q83. Quel est le chiffre qui doit remplacer la lettre R ?
A. 5 **B.** 1 **C.** 7 **D.** 3

Q84. Quel est le chiffre qui doit remplacer la lettre S ?
A. 9 **B.** 1 **C.** 3 **D.** 6

Q85. Quel est le chiffre qui doit remplacer la lettre T ?
A. 4 **B.** 9 **C.** 0 **D.** 8

Test n° 11

Temps conseillé 15 min

Dans une ferme, il y a des cochons et des poules. On compte 17 têtes et 50 pattes.

Q86. Quel est le nombre de cochons ?
A. 7 **B.** 8 **C.** 9 **D.** 10

Q87. Quel est le nombre de poules ?
A. 7 **B.** 8 **C.** 9 **D.** 10

Douze infirmières font 30 soins en 50 minutes.

Q88. Combien d'infirmières faut-il pour faire 40 soins en 80 minutes ?
A. 7 **B.** 8 **C.** 9 **D.** 10

Q89. Combien de soins sont pratiqués par 15 infirmières en une heure ?
A. 28 **B.** 29 **C.** 30 **D.** Plus de 30

Q90. Combien de temps mettront 20 infirmières pour pratiquer 45 soins ?
A. 40 min **B.** 45 min **C.** 50 min **D.** 55 min

Q91. Combien vaut 250 % de 20 % de 12 ?
A. 4 **B.** 6 **C.** 8 **D.** 12

Q92. La solution de l'équation $4x^2 + 5 = 0$ est :
A. Un nombre négatif
B. Un nombre positif
C. Il n'y a pas de solution réelle.
D. La solution est un nombre rationnel.

Q93. Un verre de champagne a la forme d'un cône. Si on le remplit jusqu'à la moitié de sa hauteur, quelle fraction du volume a-t-on rempli ?
A. La moitié du verre
B. Le tiers du verre
C. Les trois quarts du verre
D. *Autre solution*

Q94. Le nombre $(1 - \sqrt{2})^2$ est :
A. Un nombre entier positif
B. Un nombre décimal
C. Un nombre rationnel
D. *Autre solution*

Q95. L'équation : $x^3 - x^2 + x = 1$
A. N'a pas de solution réelle
B. N'a qu'une solution entière
C. A deux solutions entières
D. A deux solutions rationnelles

Q96. Dans un triangle, on a :
A. La longueur du plus long côté inférieure à la somme des longueurs des deux autres côtés.
B. La longueur du plus long côté supérieure à la somme des longueurs des deux autres côtés.
C. La longueur du plus petit côté égale à la différence des longueurs des deux autres côtés.
D. Le carré de la longueur du plus long côté égale à la somme des carrés des longueurs des deux autres côtés.

Q97. Un triangle équilatéral possède :

A. Trois angles obtus et de même mesure.
B. La même aire que son cercle circonscrit.
C. Un unique centre de symétrie.
D. Un seul axe de symétrie.

Q98. Un quadrilatère qui possède trois côtés de même longueur et un angle droit, est :

A. Un losange.
B. Un triangle rectangle et isocèle.
C. Un trapèze.
D. *Autre réponse.*

Q99. Quelle est la distance parcourue par un escargot qui se déplace à la vitesse moyenne de 0,5 cm/s pendant un quart d'heure ?

A. 90 cm
B. 225 cm
C. 4,5 m.
D. *Autre réponse.*

Q100. Le prix d'un smart-phone baisse de 20 % et vaut maintenant 120 €. Quel était son prix avant la réduction ?

A. 80 €
B. 100 €
C. 150 €
D. *Autre réponse.*

Grille réponse

Avec un crayon, cochez vos réponses à chaque question.

	A	B	C	D		A	B	C	D		A	B	C	D		A	B	C	D
Q1					Q26					Q51					Q76				
Q2					Q27					Q52					Q77				
Q3					Q28					Q53					Q78				
Q4					Q29					Q54					Q79				
Q5					Q30					Q55					Q80				
Q6					Q31					Q56					Q81				
Q7					Q32					Q57					Q82				
Q8					Q33					Q58					Q83				
Q9					Q34					Q59					Q84				
Q10					Q35					Q60					Q85				
Q11					Q36					Q61					Q86				
Q12					Q37					Q62					Q87				
Q13					Q38					Q63					Q88				
Q14					Q39					Q64					Q89				
Q15					Q40					Q65					Q90				
Q16					Q41					Q66					Q91				
Q17					Q42					Q67					Q92				
Q18					Q43					Q68					Q93				
Q19					Q44					Q69					Q94				
Q20					Q45					Q70					Q95				
Q21					Q46					Q71					Q96				
Q22					Q47					Q72					Q97				
Q23					Q48					Q73					Q98				
Q24					Q49					Q74					Q99				
Q25					Q50					Q75					Q100				

Vous pouvez vous attribuer une note « N » sur 20, en comptant le nombre de bonnes réponses « B » et en le divisant par 5.

$$N = \frac{B}{5} = \frac{\boxed{}}{5} = \boxed{}$$

CORRIGÉ DE L'ÉPREUVE N° 5

Test n° 1

Q1. Réponse **B**.
On calcule d'abord les trois nombres.

$P = -\left(\frac{-1}{\sqrt{2}}\right)^2$ *On élève au carré le numérateur et le dénominateur.*

$P = -\frac{(-1)^2}{(\sqrt{2})^2}$ $(-1)^2 = +1$; $(\sqrt{2})^2 = \sqrt{4} = 2$

$\boxed{P = -\frac{1}{2}}$ *P est un nombre négatif.*

$Q = \left(1 + \frac{1}{2}\right)^2$ *On calcule dans la parenthèse en réduisant tout au même dénominateur égal à 2.*

$Q = \left(\frac{2+1}{2}\right)^2$

$Q = \left(\frac{3}{2}\right)^2$ *On élève au carré le numérateur et le dénominateur.*

$Q = \frac{3^2}{2^2}$

$\boxed{Q = \frac{9}{4} = 2{,}25}$

$R = \sqrt{2 + \sqrt{3 + \sqrt{1}}}$ *On calcule toujours le plus petit niveau de racine carrée.*

$R = \sqrt{2 + \sqrt{3 + 1}}$

$R = \sqrt{2 + \sqrt{4}}$ $\sqrt{1} = 1$

$R = \sqrt{2 + 2}$ $\sqrt{4} = 2$

$R = \sqrt{4}$

$\boxed{R = 2}$

Comme P est le seul nombre négatif, c'est le plus petit des trois nombres.
Conclusion : $P < R < Q$.

Q2. Réponse **B**.
A) On convertit 20 cL en cm^3.

20 cL = 200 mL = 200 cm^3

B) On convertit 200 cm^3 en nombre de gouttes avec une règle de trois.

$n = 20 \times \frac{200}{1} = 4\,000$

C) On calcule la durée avec une règle de trois.

$t = 4\,000 \times \frac{1}{15}$ *On décompose la fraction avec une partie entière et une partie fractionnaire.*

$t = \frac{4\,000}{15}$

$t = \frac{3\,990 + 10}{15} = \frac{266 \times 15 + 10}{15}$

$t = 266 + \frac{10}{15}$ $266 = 240 + 26$; $266 = 4 \times 60 + 26$

$t = 266 \text{ min} + \frac{10}{15} \text{ min}$

$t = 240 \text{ min} + 26 \text{ min} + \frac{40}{60} \text{ min}$

$\boxed{t = 4 \text{ h } 26 \text{ min } 40 \text{ s}}$

Q3. Réponse **C**.
A) On note x la somme prise par la 3e personne.
Comme la 2e personne prend le double de la somme prise par la 3e personne, elle prend alors : $2x$.
Comme la 1re personne prend le double de la somme prise par la 2e personne, elle prend alors : $4x$.

B) On fait la somme des montants.

$x + 2x + 4x = 7x$

C) On résout l'équation suivante :

$7x = 252$; $x = \frac{252}{7} = 36$

D) Somme prise par la 1re personne :

$4x = 4 \times 36 = \boxed{144}$

Conclusion : la 1re personne prend 144 €.

Q4. Réponse **D.**

A) On note *a*, *b* et *c* les rendements de travail respectifs des trois personnes. Cela signifie que la 1re personne repasse *a* paires de chaussettes par minute, la 2e personne repasse *b* paires de chaussettes par minute, et *c* paires par minute pour la 3e personne.

B) Comme la 1re personne travaille aussi vite que les deux autres personnes, alors : $a = b + c$.

C) Quand les deux premières personnes travaillent ensemble, elles mettent la moitié de 25 min (12,5 min).
Rendement de travail :
$(b + c) + b = 2b + c$ paires repassées par minute. Tableau de proportionnalité :

Nombre de paires	$2b + c$	100
Durée en min	1	12,5

Règle de trois :

$$2b + c = \frac{1 \times 100}{12{,}5}$$

$$\boxed{2b + c = 8}$$

D) Quand les deux dernières personnes travaillent ensemble, elles mettent 20 min.
Rendement : $b + c$ paires repassées par minute.
Tableau de proportionnalité :

Nombre de paires	$b + c$	100
Durée en min	1	20

Règle de trois :

$$b + c = \frac{1 \times 100}{20}$$

$$\boxed{b + c = 5}$$

E) On résout le système formé par les deux précédentes équations encadrées.

$$\begin{cases} 2b + c = 8 \\ b + c = 5 \end{cases}$$

On substitution la 2e équation dans la 1er équation.

$$b + (b + c) = 8$$
$$b + 5 = 8$$
$$b = 8 - 5 = \boxed{3}$$

On remplace b par 3 dans la 2e équation.

$$b + c = 5$$
$$3 + c = 5$$
$$c = \boxed{2}$$

F) On calcule alors le rendement de la 1re personne : $a = b + c = 2 + 3 = \boxed{5}$.

G) Rendement des 3 personnes ensemble :

$$a + b + c = 5 + 3 + 2 = \boxed{10}$$

Les trois personnes repassent 10 paires de chaussettes par minute. Pour repasser 100 paires de chaussettes, elles mettent alors **10 min**.

Conclusion : elles mettent **10 min**.

Q5. Réponse **B.**

A) À 9 h 15, le train parti à 8 h 30 de Toulouse en direction de Bordeaux en roulant à la vitesse de 160 km/h a parcouru :

$$d_T = V \times t$$
$$d_T = 160\text{ km/h} \times \frac{45\text{ min}}{60\text{ min/h}}$$
$$d_T = \boxed{120\text{ km}}$$

Relation liant distance, vitesse et temps : $d = V \times t$

B) À 9 h 15, le train parti à 9 h de Bordeaux en direction de Toulouse en roulant à la vitesse de 120 km/h a parcouru :

$$d_B = 120\text{ km/h} \times \frac{15\text{ min}}{60\text{ min/h}}$$
$$d_B = \boxed{30\text{ km}}$$

C) On exprime cette distance par rapport à Toulouse :

$$d'_B = 220\text{ km} - 30\text{ km} = \boxed{190\text{ km}}$$

À 9 h 15, le train parti de Toulouse est à 120 km de Toulouse, et le train parti de Bordeaux est à 190 km de Toulouse. Alors, les deux trains **ne se sont pas encore croisés**.

Test n° 2

Questions de Q6 à Q10 : se reporter à la grille réponse.

Avec les données contenues dans ce test, on rédige la grille suivante.

Avec l'information : *Ryad n'est pas l'infirmier le plus âgé et travaille moins que son collègue qui a 27 ans*, on complète la grille en écrivant O pour oui et N pour N.

Dans chaque carré de 9 cases, on ne doit avoir qu'une seule fois O sur chaque ligne et chaque colonne. On complète alors la grille.

		Travail			Service			Âges		
		25 h	30 h	35 h	Chirurgie	Gériatrie	Pédiatrie	22 ans	27 ans	32 ans
Prénoms	Pédro							*N*		
	Quévin							*N*		
	Ryad			N				*O*	**N**	**N**
Âges	22 ans									
	27 ans	N								
	32 ans									
Service	Chirurgie									
	Gériatrie									
	Pédiatrie									

Avec l'information : *Pédro n'est pas le plus âgé et travaille plus que son collègue en pédiatrie*, on complète la grille.

		Travail			Service			Âges		
		25 h	30 h	35 h	Chirurgie	Gériatrie	Pédiatrie	22 ans	27 ans	32 ans
Prénoms	Pédro	**N**					**N**	N	*O*	**N**
	Quévin							N	*N*	*O*
	Ryad			N				O	N	N
Âges	22 ans									
	27 ans	N					*N*			
	32 ans									
Service	Chirurgie									
	Gériatrie									
	Pédiatrie			**N**						

Avec l'information : *l'infirmier qui exerce en chirurgie travaille un plus grand nombre d'heures que celui qui exerce en gériatrie ; de plus il n'est pas le plus âgé des trois infirmiers*, on complète la grille.

		Travail			Service			Âges		
		25 h	30 h	35 h	Chirurgie	Gériatrie	Pédiatrie	22 ans	27 ans	32 ans
Prénoms	Pédro	N					N	N	O	N
	Quévin							N	N	O
	Ryad			N				O	N	N
Âges	22 ans									
	27 ans	N					N			
	32 ans				**N**					
Service	Chirurgie	**N**	*N*	*O*						
	Gériatrie			**N**						
	Pédiatrie			N						

Avec l'information : *le plus jeune infirmier ne travaille pas en gériatrie et exerce moins d'heures par semaine que son collègue qui travaille en chirurgie,* on complète la grille.

		Travail			Service			Âges		
		25 h	30 h	35 h	Chirurgie	Gériatrie	Pédiatrie	22 ans	27 ans	32 ans
Prénoms	Pédro	N					N	N	O	N
	Quévin							N	N	O
	Ryad			N				O	N	N
Âges	22 ans			**N**	**N**	**N**	*O*			
	27 ans	N			*O*	*N*	N			
	32 ans				N	O	N			
Service	Chirurgie	N	N	O						
	Gériatrie			N						
	Pédiatrie			N						

Avec l'information : *Quévin qui n'exerce pas le plus petit nombre d'heures par semaine ne travaille pas en pédiatrie,* on complète la grille.

		Travail			Service			Âges		
		25 h	30 h	35 h	Chirurgie	Gériatrie	Pédiatrie	22 ans	27 ans	32 ans
Prénoms	Pédro	N					N	N	O	N
	Quévin	**N**					**N**	N	N	O
	Ryad	*O*	*N*	*N*	*N*	*N*	*O*	O	N	N
Âges	22 ans			N	N	N	O			
	27 ans	N			O	N	N			
	32 ans				N	O	N			
Service	Chirurgie	N	N	O						
	Gériatrie			N						
	Pédiatrie			N						

On complète logiquement la grille étape par étape.

		Travail			Service			Âges		
		25 h	30 h	35 h	Chirurgie	Gériatrie	Pédiatrie	22 ans	27 ans	32 ans
Prénoms	Pédro	N					N	N	O	N
	Quévin	N					N	N	N	O
	Ryad	O	N	N	N	N	O	O	N	N
Âges	22 ans	**O**		N	N	N	O			
	27 ans	N			O	N	N			
	32 ans				N	O	N			
Service	Chirurgie	N	N	O						
	Gériatrie			N						
	Pédiatrie	**O**		N						

On complète logiquement la grille étape par étape.

		Travail			Service			Âges		
		25 h	30 h	35 h	Chirurgie	Gériatrie	Pédiatrie	22 ans	27 ans	32 ans
Prénoms	Pédro	N			**O**	N	N	N	O	N
	Quévin	N			N	**O**	N	N	N	O
	Ryad	O	N	N	N	N	O	O	N	N
Âges	22 ans	O	*N*	N	N	N	O			
	27 ans	*N*			O	N	N			
	32 ans	*N*			N	O	N			
Service	Chirurgie	N	N	O						
	Gériatrie	*N*	*O*	N						
	Pédiatrie	O	*N*	N						

On complète logiquement la grille étape par étape.

		Travail			Service			Âges		
		25 h	30 h	35 h	Chirurgie	Gériatrie	Pédiatrie	22 ans	27 ans	32 ans
Prénoms	Pédro	N	*N*	**O**	O	N	N	N	O	N
	Quévin	N	*O*	*N*	N	O	N	N	N	O
	Ryad	O	N	N	N	N	O	O	N	N
Âges	22 ans	O	N	N	N	N	O			
	27 ans	N			O	N	N			
	32 ans	N			N	O	N			
Service	Chirurgie	N	N	O						
	Gériatrie	N	O	N						
	Pédiatrie	O	N	N						

On complète logiquement la grille étape par étape.

		Travail			Service			Âges		
		25 h	30 h	35 h	Chirurgie	Gériatrie	Pédiatrie	22 ans	27 ans	32 ans
Prénoms	Pédro	N	N	O	O	N	N	N	O	N
	Quévin	N	O	N	N	O	N	N	N	O
	Ryad	O	N	N	N	N	O	O	N	N
Âges	22 ans	O	N	N	N	N	O			
	27 ans	N	*N*	**O**	O	N	N			
	32 ans	N	*O*	*N*	N	O	N			
Service	Chirurgie	N	N	O						
	Gériatrie	N	O	N						
	Pédiatrie	O	N	N						

La grille est alors complétée.

Test n° 3

Questions de Q11 à Q20 : se reporter à la grille réponse.

Voici une méthode pour déterminer tous les nombres qui remplacent les lettres de P à Y. Les différentes étapes de résolution sont notées sur l'image de ***a*** à ***j***.

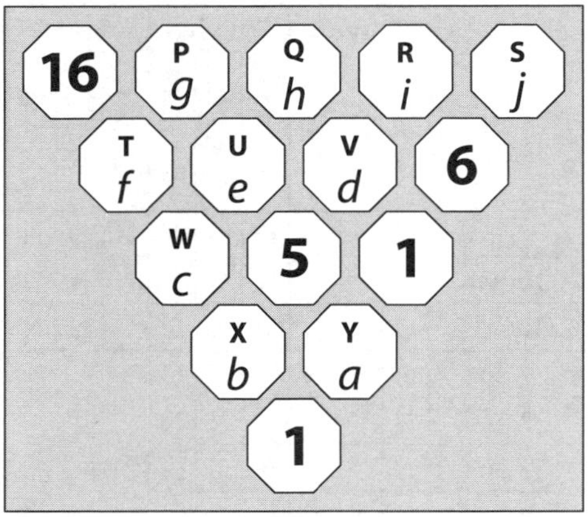

<u>Phase **a**</u>

On détermine la lettre Y en effectuant la soustraction des deux cases supérieures : $5 - 1 = 4$; $\boxed{Y = 4}$

<u>Phase **b**</u>

Dans les trois cases du bas de l'image, on peut écrire deux solutions :

$$\begin{cases} X - Y = 1 \\ Y - X = 1 \end{cases} \quad \begin{cases} X - 4 = 1 \\ 4 - X = 1 \end{cases} \quad \begin{cases} X = 5 \\ X = 3 \end{cases} \quad \boxed{X = 3}$$

On remplace Y par 4 dans les deux équations.

En lisant les réponses proposées pour la lettre X, seule la valeur **3** est proposée.

<u>Phase **c**</u>

On s'intéresse maintenant aux trois cases W, 5 et X. Avec ces trois cases, on peut écrire deux solutions :

$$\begin{cases} W - 5 = X \\ 5 - W = X \end{cases} \quad \begin{cases} W - 5 = 3 \\ 5 - W = 3 \end{cases} \quad \begin{cases} W = 8 \\ W = 2 \end{cases} \quad \boxed{W = 8}$$

On remplace X par 3 dans les deux équations.

En lisant les réponses proposées pour la lettre W, seule la valeur **8** est proposée.

<u>Phase **d**</u>

On s'intéresse maintenant aux trois cases V, 6 et 1. Avec ces trois cases, on peut écrire deux solutions :

$$\begin{cases} V - 6 = 1 \\ 6 - V = 1 \end{cases} \quad \begin{cases} V = 7 \\ V = 5 \end{cases} \quad \boxed{V = 7}$$

En lisant les réponses proposées pour la lettre V, seule la valeur **7** est proposée.

<u>Phase **e**</u>

On s'intéresse maintenant aux trois cases U, V et 5. Avec ces trois cases, on peut écrire deux solutions :

$$\begin{cases} U - V = 5 \\ V - U = 5 \end{cases} \quad \begin{cases} U - 7 = 5 \\ 7 - U = 5 \end{cases} \quad \begin{cases} U = 12 \\ U = 2 \end{cases} \quad \boxed{U = 2}$$

On remplace V par 7 dans les deux équations.

En lisant les réponses proposées pour la lettre U, seule la valeur **2** est proposée.

<u>Phase **f**</u>

On s'intéresse maintenant aux trois cases T, U et W. Avec ces trois cases, on peut écrire deux solutions :

$$\begin{cases} T - U = W \\ U - T = W \end{cases} \quad \begin{cases} T - 2 = 8 \\ 2 - T = 8 \end{cases} \quad \begin{cases} T = 10 \\ T = -6 < 0 \end{cases} \quad \boxed{T = 10}$$

On remplace U par 2 et W par 8 dans les deux équations.

On remarque que l'on trouve une valeur négative, ce qui est en contradiction avec l'énoncé. La seule réponse possible pour T est alors **10**.

Phase **g**
On s'intéresse maintenant aux trois cases 16, P et T. Avec ces trois cases, on peut écrire deux solutions :

$16 - P = T$	$P - 16 = T$
$16 - P = 10$	$P - 16 = 10$
$\boxed{P = 6}$	$\boxed{P = 26}$

On remplace T par 10 dans les deux équations.

En lisant les réponses proposées pour la lettre P, on remarque que ces deux valeurs sont proposées. Il faudra donc des solutions complémentaires pour déterminer la bonne réponse.

Phase **h**
On s'intéresse maintenant aux trois cases P, Q et U. Avec ces trois cases, on peut écrire deux solutions :

$P - Q = U$ *On remplace U par 2.*
$P - Q = 2$ *On remplace P par 6 ou par 26.*

$6 - Q = 2$	$26 - Q = 2$
$\boxed{P = 6 \quad Q = 4}$	$\boxed{P = 26 \quad Q = 24}$

$Q - P = U$ *On remplace U par 2.*
$Q - P = 2$ *On remplace P par 6 ou par 26.*

$Q - 6 = 2$	$Q - 26 = 2$
$\boxed{P = 6 \quad Q = 8}$	$\boxed{P = 26 \quad Q = 28}$

En lisant les réponses proposées pour la lettre Q, on remarque que ces quatre valeurs sont proposées. Encore une fois, il faudra donc des solutions complémentaires pour déterminer la bonne réponse.

Phase **i**
On s'intéresse maintenant aux trois cases Q, R et V. Avec ces trois cases, on peut écrire deux solutions :

Première équation $Q - R = V$
On remplace V par 7. $Q - R = 7$

On remplace Q par 4. $4 - R = 7$
Pas de solution pour R $\boxed{R = -3 < 0}$

On remplace Q par 24. On obtient des solutions pour R et P.

$24 - R = 7$
$\boxed{R = 17 \quad Q = 24 \quad P = 26}$

On remplace Q par 8. On obtient des solutions pour R et P.

$8 - R = 7$
$\boxed{R = 1 \quad Q = 8 \quad P = 6}$

On remplace Q par 28. On obtient des solutions pour R et P.

$28 - R = 7$
$\boxed{R = 21 \quad Q = 28 \quad P = 26}$

Seconde équation $R - Q = V$
On remplace V par 7. $R - Q = 7$

On remplace Q par 4. On obtient des solutions pour R et P.

$R - 4 = 7$
$\boxed{R = 11 \quad Q = 4 \quad P = 6}$

On remplace Q par 24. On obtient des solutions pour R et P.

$R - 24 = 7$
$\boxed{R = 31 \quad Q = 24 \quad P = 26}$

On remplace Q par 8. On obtient des solutions pour R et P.

$R - 8 = 7$
$\boxed{R = 15 \quad Q = 8 \quad P = 6}$

On remplace Q par 28. On obtient des solutions pour R et P.

$R - 28 = 7$
$\boxed{R = 35 \quad Q = 28 \quad P = 26}$

En lisant les différentes valeurs proposées, on remarque que seule la valeur : $\boxed{R = 15}$ est donnée.

Alors : $\boxed{P = 6\,;Q = 8\,;S = 9}$.

Test n° 4

Q21 et **Q22**. Les réponses sont sur l'image ci-dessous.
En noir : correction de la question n° 21.
En gris clair : correction de la question n° 22.
En gris foncé : dessin différent du dessin noté P.

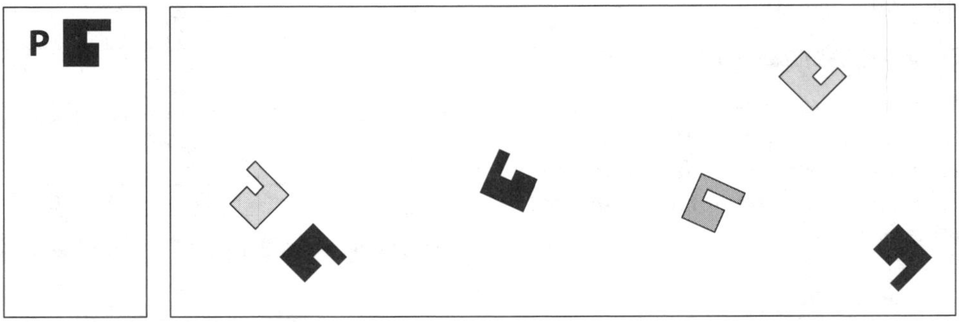

Q23 et **Q24**. Les réponses sont sur l'image ci-dessous.
En noir : correction de la question n° 23.
En gris clair : correction de la question n° 24.
En gris foncé : dessins différents du dessin noté Q.

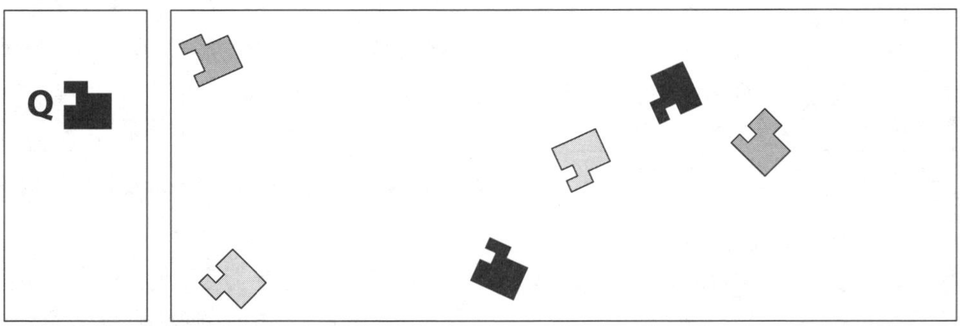

Q25 et **Q26**. Les réponses sont sur l'image ci-dessous.
En noir : correction de la question n° 25.
En gris clair : correction de la question n° 26.
En gris foncé : dessins différents du dessin noté R.

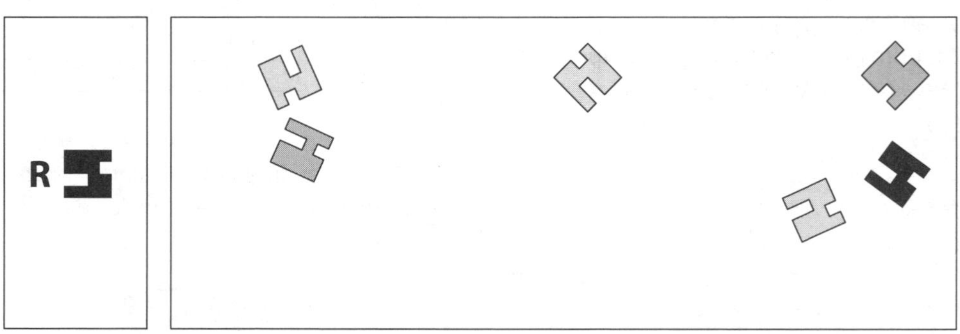

Q27 et **Q28**. Les réponses sont sur l'image ci-dessous.
En noir : correction de la question n° 27.
En gris clair : correction de la question n° 28.
En gris foncé : dessins différents du dessin noté S.

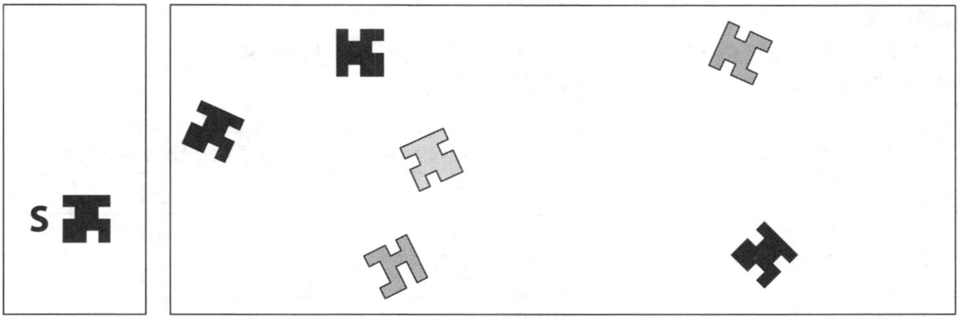

Q29 et **Q30**. Les réponses sont sur l'image ci-dessous.
En noir : correction de la question n° 29.
En gris clair : correction de la question n° 30.
En gris foncé : dessins différents du dessin noté T.

Questions de Q21 à Q30 : se reporter à la grille réponse.

Test n° 5

Q31. Réponse **A**.
Si vous doublez uniquement la personne qui était en troisième position, vous allez prendre sa place et vous retrouver en troisième position.

Q32. Réponse **C**.
Le trou étant déjà effectué, il n'y a pas de terre à enlever.

Q33. Réponse **D**.
Le patron coiffe son apprenti qui sera bien coiffé. À son tour, l'apprenti coiffe son patron qui sera mal coiffé. Jacques va choisir la personne mal coiffée (le patron), car il est sûr qu'elle le coiffera correctement.

Q34. Réponse **C**.
Il n'est pas possible de doubler une personne placée en dernière position. En effet, en dernière position, il n'y a plus personne derrière. Il n'y a donc pas de solution à ce problème.

Q35. Réponse **B**.
La somme des âges des trois filles est inférieure à vingt et le produit des âges est égal à vingt. Voici les différentes solutions possibles :

Âges des trois filles			Somme des âges	Produit des âges
1	2	10	13	20
1	4	5	10	20
2	2	5	9	20

Marcel ajoute qu'il a deux filles jumelles. C'est donc la dernière ligne du tableau qui répond au problème. La somme des âges est égale à 9 ans.

Q36. Réponse **B**.
La durée la plus petite est celle où les deux filles partent ensemble et arrivent ensemble. L'une des filles prend le vélo et s'arrête au milieu du trajet. Elle effectue donc 2,5 km à la vitesse de 10 km/h. Cela lui prendra un quart d'heure. Elle effectue le reste (2,5 km) à pied à la vitesse de 5 km/h. Il lui faudra donc une demi-heure. La durée du trajet total est donc égale à 45 min. La seconde fille commence à marcher sur 2,5 km, puis prend le vélo sur le trajet restant. Toutes les deux effectuent le trajet en 45 min. Elles arriveront au bal en même temps.

Q37. Réponse **B**.
Le premier jour où Denise se rend au salon de coiffure, elle voit Julie très bien coiffée, Magali correctement coiffée et Pierrette très mal coiffée. Elle demande donc à Pierrette de la coiffer car elle est sûre que la personne qui coiffe très mal est l'une des deux autres personnes. Elle sort du salon satisfaite du travail effectué. Cela signifie qu'elle est soit très bien coiffée soit correctement coiffée. La fois suivante, en demandant à Pierrette de la coiffer, elle sera sûre d'être encore très bien coiffée ou correctement coiffée.

Q38. Réponse **D**.
Comme Maryse travaille deux fois plus vite que Sarah, alors en deux heures les deux personnes effectuent ensemble l'équivalent de trois fois le ménage. Donc pour effectuer une seule fois le ménage, la durée du travail est égale au tiers de deux heures soit quarante minutes.

Q39. Réponse **C**.
Voici les différents cas possibles :

Première danse	Seconde danse
Claude ne danse pas avec une jolie fille.	Claude ne danse pas avec une jolie fille.
Claude ne danse pas avec une jolie fille.	Claude danse avec une jolie fille.
Claude danse avec une jolie fille.	Claude ne danse pas avec une jolie fille.
Claude danse avec une jolie fille.	Claude danse avec une jolie fille.

Sur les trois dernières lignes du tableau, Claude danse au moins une fois avec une jolie fille. Il a donc trois chances sur quatre de danser comme il le souhaite.

Q40. Réponse **D**.
En deux coups de couteau on peut former quatre parts. Mais on ne peut pas former trois parts égales ou plus de quatre parts.

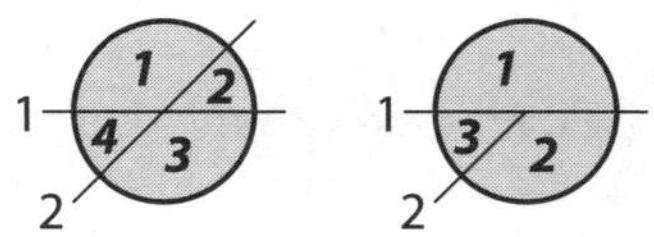

Test n° 6

Questions de Q41 à Q45. Voici la division cherchée :

7	3	9	6	5	4	6	9	8	4	7	2	
	6	1	8	9	4			8	7	3	0,	5
		2	5	9	0	6						
				4	9	0	9					
					6	7	3					

Questions de Q46 à Q50. Voici la division cherchée :

1	0	1	0	1	1	0	1	0	1	1	1	0	1	0	1
		1	9	2	0	1	1			9	1	7	4		
			8	1	9	1	0	0							
				4	8	3	9	3	1						
					4	3	5	2	7						

Questions de Q41 à Q50 : se reporter à la grille réponse.

Test n° 7

Questions de Q51 à Q60 : se reporter à la grille réponse.

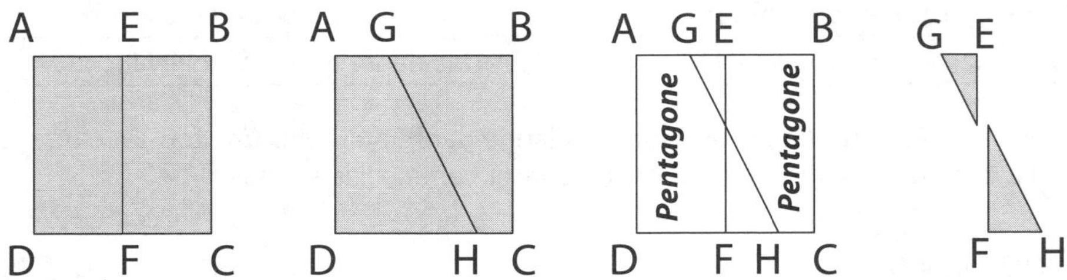

Q51. En superposant les deux premières images, **on obtient deux triangles**.
Q52. En superposant les deux premières images, **on n'obtient pas de trapèze.**

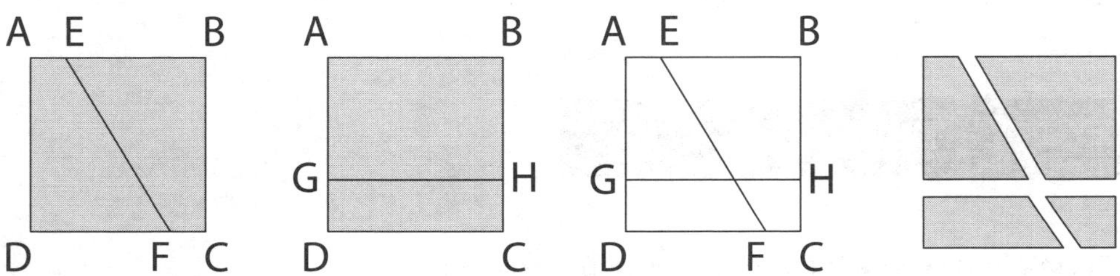

Q53. En superposant les deux premières images, **on n'obtient pas de triangle**.
Q54. En superposant les deux premières images, **on obtient quatre trapèzes.**

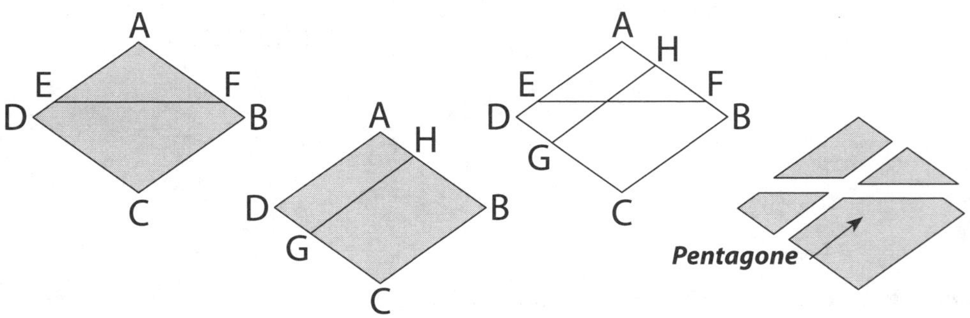

Q55. En superposant les deux premières images, **on obtient un triangle**.
Q56. En superposant les deux premières images, **on obtient deux trapèzes.**

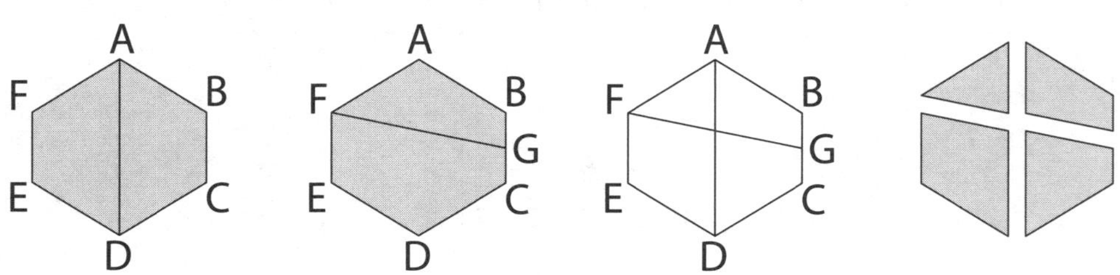

Q57. En superposant les deux premières images, **on obtient un triangle**.
Q58. En superposant les deux premières images, **on obtient trois trapèzes.**

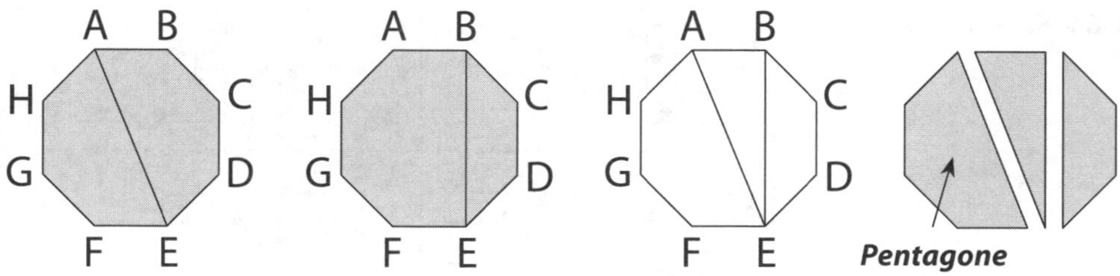

Q59. En superposant les deux premières images, **on obtient un triangle**.
Q60. En superposant les deux premières images, **on obtient un trapèze.**

Test n° 8

Pour chaque question, sur la première ligne d'images on indique en gris les différences avec la première image dite image de référence. Sur la seconde ligne d'images, l'image de référence est transformée par rotation ou par symétrie. Quand il manque une image sur la seconde ligne, cela signifie qu'elle est semblable à l'image de référence.

Q61. Réponse **D**.

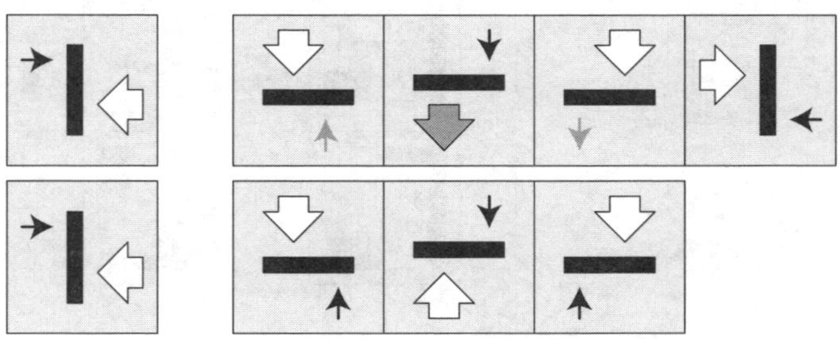

Q62. Réponse **D**.

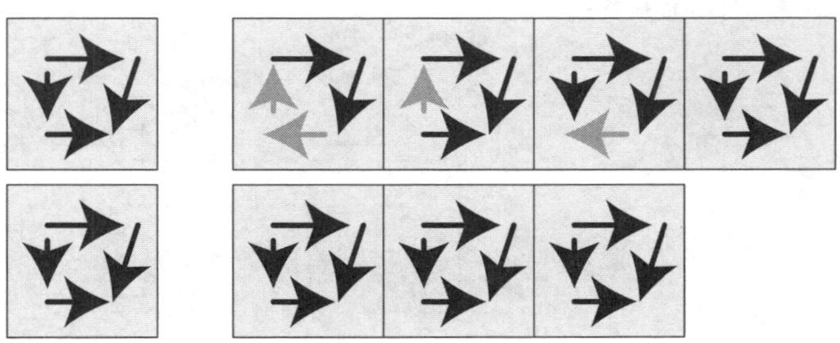

Q63. Réponse **B**.

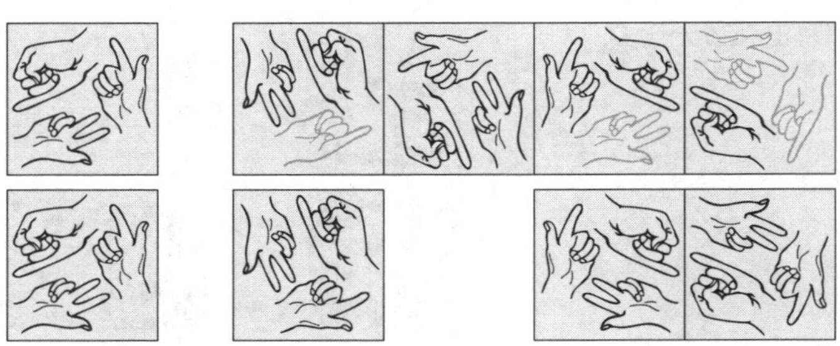

Q64. Réponses **C** et **D**.

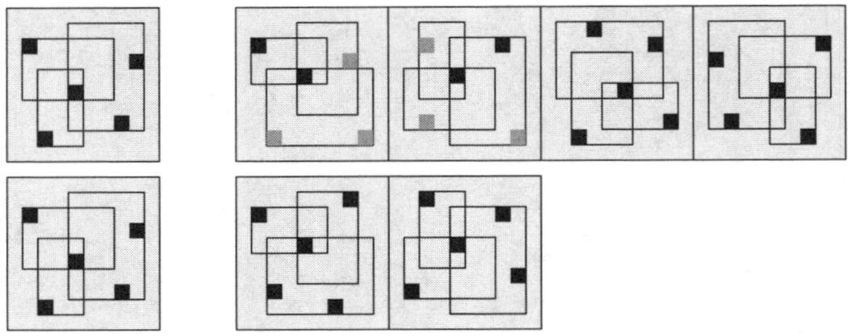

Q65. Réponse **D**.

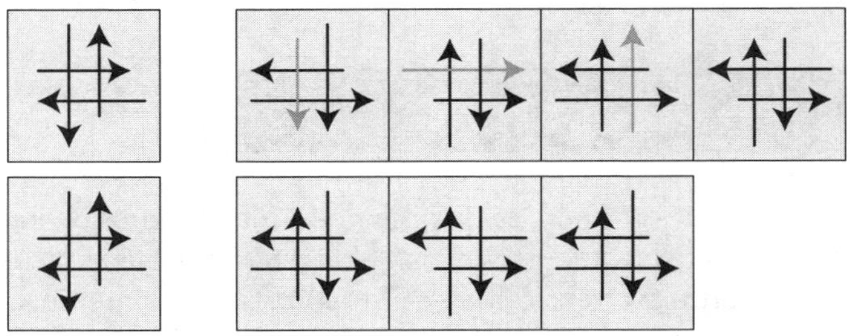

Q66. Réponse **C**.

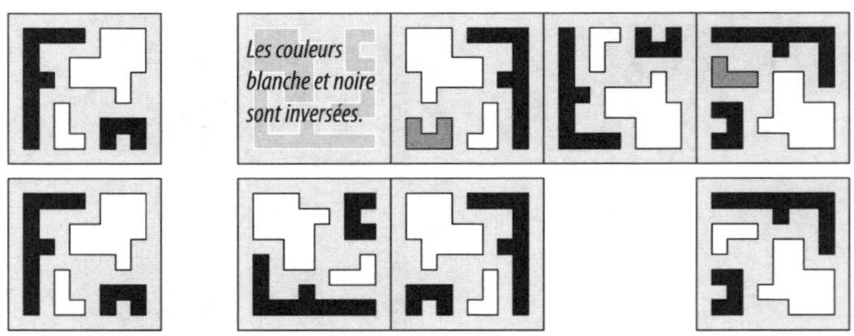

Q67. Réponses **B** et **D**.

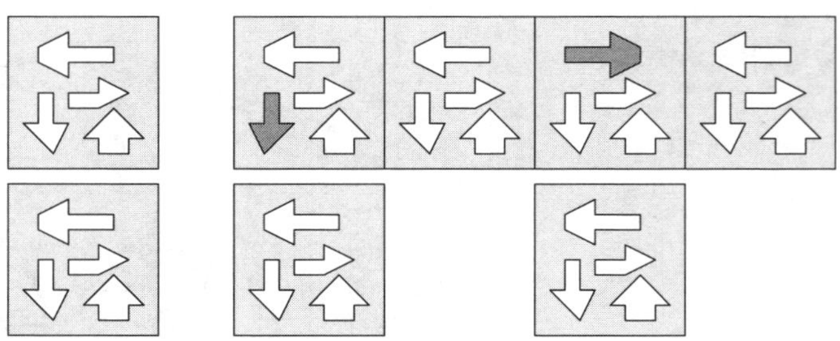

Q68. Réponse **D**.

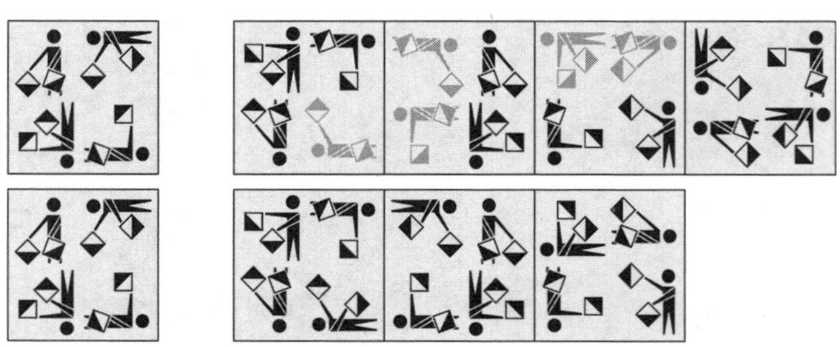

Q69. Réponse **A**.

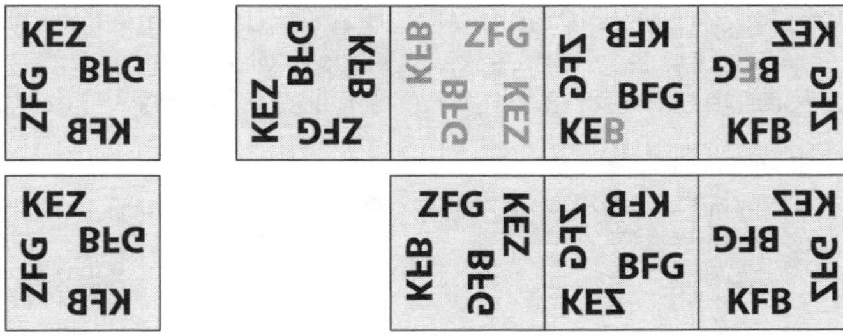

Q70. Réponses **A** et **C**.

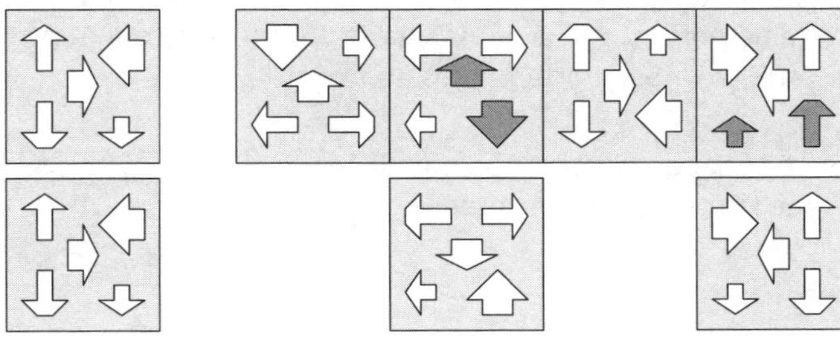

Test n° 9

Voici les réponses à ce test.

Détail du raisonnement.
On sait que l'image suivante ne possède pas les figures notées R et S.

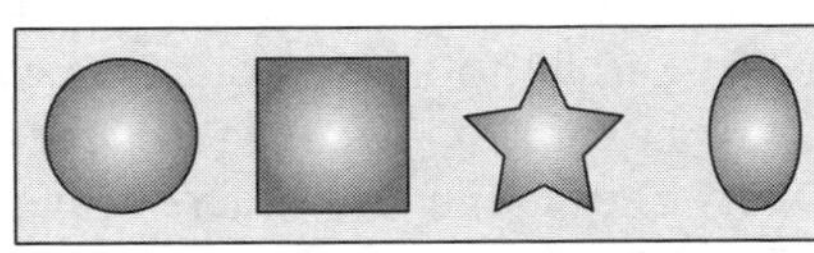

Cela signifie que le rond, le carré, l'étoile et l'ellipse portent dans un ordre quelconque les noms P, Q, T et U. Les figures absentes, c'est-à-dire le triangle et l'hexagone portent les noms R et S (proposition [a]).

On sait que l'image suivante ne possède pas les figures notées R et T.

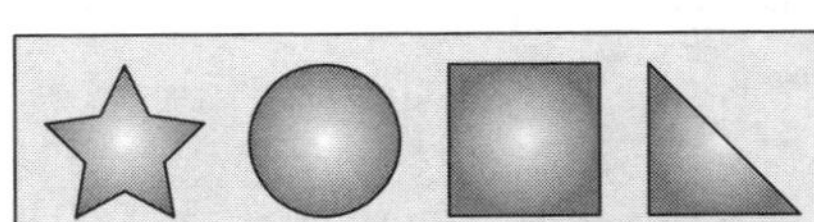

Cela signifie que l'étoile, le rond, le carré et le triangle portent dans un ordre quelconque les noms P, Q, S et U. Les figures absentes, c'est-à-dire l'ellipse et l'hexagone portent les noms R et T (proposition [b]).

Avec les deux propositions [a] et [b] on en déduit que l'hexagone porte la lettre R, que le triangle porte la lettre S, et que l'ellipse porte la lettre T.
Le rond, le carré et l'étoile porteront alors les noms P, Q et U dans le désordre.

De plus, l'image suivante ne possède pas la figure notée Q.

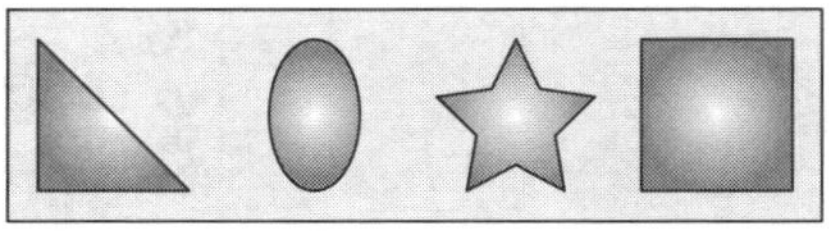

Sachant que le triangle porte le nom S, et que l'ellipse porte le nom T, alors l'étoile ou le carré ne portent pas le nom Q. C'est donc le rond qui porte le nom Q. Par conséquence, le carré et l'étoile porteront les noms P et U.

Enfin l'image suivante possède la figure notée U, mais pas celle notée P.

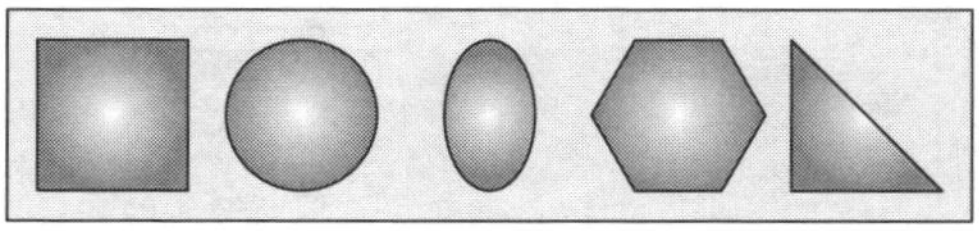

Certaines figures étant déjà nommées, il faut que le carré porte la lettre U. Par élimination, l'étoile porte alors la lettre P.

Conclusion

Q71. Figure associée à la lettre P : **l'étoile.** Réponse **D.**
Q72. Figure associée à la lettre Q : **le rond.** Réponse **C.**
Q73. Figure associée à la lettre R : **l'hexagone.** Réponse **C.**
Q74. Figure associée à la lettre S : **le triangle.** Réponse **B.**
Q75. Figure associée à la lettre T : **l'ellipse.** Réponse **A.**
Q76. Figure associée à la lettre U : **le carré.** Réponse **B.**
Q77. L'étoile notée P est présente **4 fois** dans l'image. Réponse **C.**
Q78. Le carré et le triangle sont représentés **5 fois** dans l'image. Réponse **B.**
Q79. L'hexagone est la figure la moins représentée dans l'image. Réponse **B.**
Q80. Le rond est la figure la plus représentée dans l'image. Réponse **C.**

Test n° 10

Questions de Q81 à Q85 : se reporter à la grille réponse.

4 6 **Q** 5	1 **P** 9
8 0	**S** 6, 2 **T** 0 3
3 **R**	
5 2	
0 4	
4 0	
1 3	

4 6 **7** 5	1 **2** 9
8 0	**3** 6, 2 **4** 0 3
3 **1**	
5 2	
0 4	
4 0	
1 3	

On utilise les réponses proposées pour déterminer rapidement les solutions.

Tout d'abord on prend les trois premiers chiffres du diviseur (46Q) et du dividende (1P9) dont le quotient est S. Parmi les réponses proposées pour S, seul 3 semble convenir. On effectue ensuite la multiplication de 3 par 1P9 ; le résultat est à retrancher à 46Q. Il faut que Q soit égal à 7 pour que le reste puisse avoir 0 comme chiffre des unités. Dans ce cas, P prend la valeur 2.
En abaissant le chiffre suivant (5) il faut effectuer la division de 805 par 129 ; le quotient étant égal à 6, on trouve alors le reste 31 si R prend la valeur 1.
On abaisse un 0 et on pose la virgule pour effectuer la division de 310 par 129. Le quotient est égal à 2 et le reste à 52. On abaisse un 0 pour effectuer la division de 520 par 129. Le quotient est égal à 4. C'est la valeur de T.

Test n° 11

Questions de Q86 à Q100 : se reporter à la grille réponse.

Q86 et Q87.
On note x le nombre de cochons et y le nombre de poules. Avec les données du problème, on peut écrire une relation sur le nombre de têtes, et une autre relation sur le nombre de pattes des animaux.

$$\begin{cases} x + y = 17 \\ 4x + 2y = 50 \end{cases}$$

On divise les nombres de la seconde équation par 2.

$$\begin{cases} x + y = 17 \\ 2x + y = 25 \end{cases}$$

On soustrait membre à membre les équations.

$$x - 2x \cancel{+y} \cancel{-y} = 17 - 25$$
$$-x = -8$$
$$\boxed{x = 8}$$

Les termes en y disparaissent. On détermine x.

$$x + y = 17$$
$$8 + y = 17$$
$$y = 17 - 8$$
$$\boxed{y = 9}$$

On remplace x par 8 dans la 1re équation. On détermine y.

<u>Conclusion :</u> il y a 8 cochons et 9 poules.

Q88 et Q90.
On dresse un tableau où les données sont soit proportionnelles, soit inversement proportionnelles.

Q88. Combien d'infirmières faut-il pour faire 40 soins en 80 minutes ?

Nombre d'infirmières	Nombre de soins	Durée des soins en min
$\times\frac{4}{3}$ **12**	$\times\frac{4}{3}$ **30**	**50**
16 $\times\frac{5}{8}$	40	$\times\frac{8}{5}$ 50
10	40	80

<u>Conclusion :</u> il faut 10 infirmières.

Q89. Combien de soins sont pratiqués par 15 infirmières en une heure (60 min) ?

Nombre d'infirmières	Nombre de soins	Durée des soins en min
12	**30**	**50**
$\times\frac{5}{4}$ → 15	$\times\frac{5}{4}$ → 37,5	50
15	$\times\frac{6}{5}$ → 45	$\times\frac{6}{5}$ → 60

Conclusion : le nombre de soins est supérieur à 31.

Q90. Combien de temps mettront 20 infirmières pour pratiquer 45 soins ?

Nombre d'infirmières	Nombre de soins	Durée des soins en min
12	**30**	**50**
$\times 1{,}5$ → 18	$\times 1{,}5$ → 45	50
$\times\frac{10}{9}$ → 20	45	$\times\frac{9}{10}$ → 45

Conclusion : la durée des soins est égale à 45 min.

Q91.

Prendre 250 % de 20 % de 12, c'est multiplier 12 par 250/100 et par 20/100.

$$A = 250\,\% \times 20\,\% \times 12$$

$$A = \frac{250}{100} \times \frac{20}{100} \times 12$$

$$A = \frac{\cancel{5}}{2} \times \frac{1}{\cancel{5}} \times 12$$

$$A = \boxed{6}$$

$$\frac{250}{100} = \frac{\cancel{50} \times 5}{\cancel{50} \times 2}$$

$$\frac{20}{100} = \frac{\cancel{10} \times 1}{\cancel{20} \times 5}$$

Q92.

Comme les deux membres de l'équation sont toujours de signes contraires, alors il n'y a pas de solution réelle à cette équation.

$$4x^2 + 5 = 0$$

$$4x^2 = -5$$

$$4x^2 > 0$$

$$-5 < 0$$

Q93.

Formule du volume d'un cône de rayon r et de hauteur h.

$$V = \frac{1}{3}\pi r^2 h$$

Le rayon r et la hauteur h sont divisées par 2.

$$V' = \frac{1}{3}\pi\left(\frac{r}{2}\right)^2 \frac{h}{2}$$

$$V' = \frac{1}{3}\pi \frac{r^2}{4} \times \frac{h}{2}$$

$$V' = \frac{1}{8} \times \frac{1}{3}\pi\, r^2 h$$

$$\boxed{V' = \frac{1}{8}V}$$

$$\left(\frac{r}{2}\right)^2 = \frac{r^2}{2^2} = \frac{r^2}{4}$$

$$\frac{r^2}{4} \times \frac{h}{2} = \frac{r^2 h}{4 \times 2} = \frac{1}{8} r^2 h$$

Conclusion : le volume occupé est alors égal à un huitième du volume du verre.

Q94.

$B = (1 - \sqrt{2})^2$

On développe avec une identité remarquable :

$(a - b)^2 = a^2 - 2 \times a \times b + b^2$
$a = 1 \; ; \; b = \sqrt{2}$

$B = 1^2 - 2 \times 1 \times \sqrt{2} + (\sqrt{2})^2$
$B = 1 - 2\sqrt{2} + 2$
$\boxed{B = 3 - 2\sqrt{2}}$

Conclusion : c'est un nombre irrationnel, car le résultat possède une racine carrée non simplifiable.

Q95.

$x^3 - x^2 + x = 1$
$x^3 - x^2 + x - 1 = 0$

On factorise cette expression :

$(x^3 - x^2) + (x - 1) = 0$
$x^2(x - 1) + (x - 1) = 0$
$(x - 1)(x^2 + 1) = 0$

Un produit de facteurs est nul, si au moins l'un de ses facteurs est nul.

$x - 1 = 0$
$\boxed{x = 1}$

$x^2 + 1 = 0$
$x^2 = -1$

Cette seconde équation n'a pas de solution réelle, car le premier membre est toujours un nombre positif, alors que le second membre est négatif.

Conclusion : cette équation n'admet qu'une seule solution entière (1).

Q96.
Dans un triangle, la longueur du plus long côté est toujours inférieure à la somme des longueurs des deux autres côtés.

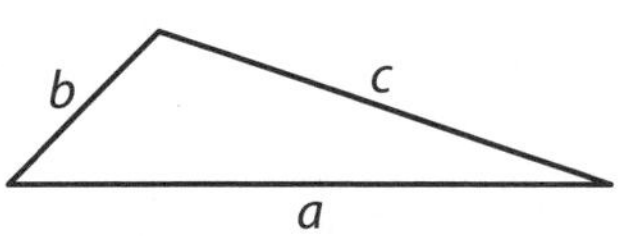

$\boxed{a < b + c}$

Q97.
Un triangle équilatéral possède : trois angles de 60° (aigus), un centre de symétrie et trois axes de symétrie.

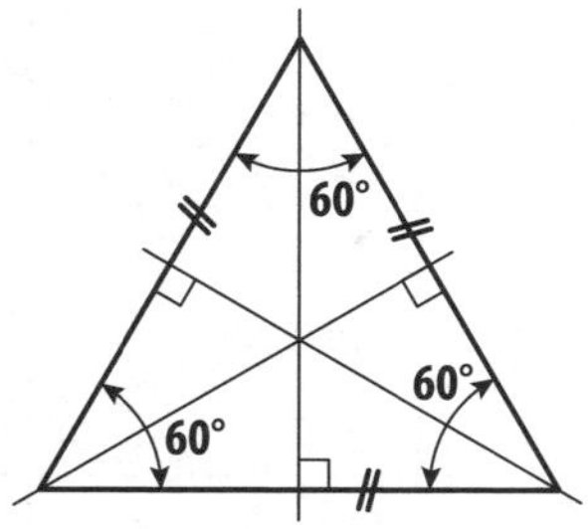

Q98.
On obtient un quadrilatère qui n'est ni un losange ni un trapèze.

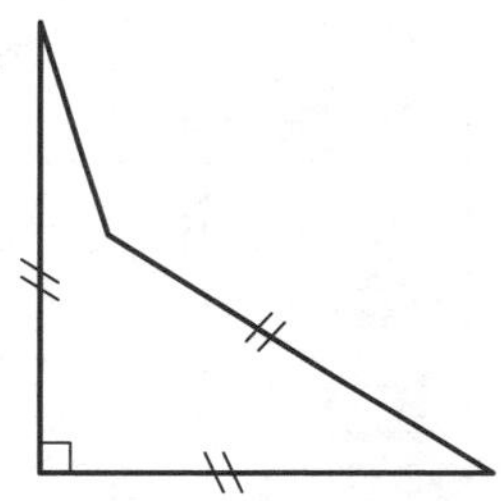

Q99.

Formule liant distance, vitesse et durée : $d = v \times t$

$d = 0{,}5\ \text{cm/s} \times 15\ \text{min}$ — *On convertit 15 min en s.*
$d = 0{,}5\ \text{cm/s} \times 15 \times 60\ \text{s}$
$d = 450\ \text{cm}$ — *On convertit 450 cm en m.*
$\boxed{d = 4{,}5\ \text{m}}$

Conclusion : l'escargot parcourt 4,5 m.

Q100.

Avec une réduction de 20 %, 120 € représente 80 % du prix initial.

$P = \dfrac{120}{80\ \%}$ — *On obtient le prix initial en divisant 120 par 80 %.*
$P = \dfrac{120}{0{,}8}$ — *On multiplie par 10 les deux nombres.*
$P = \dfrac{1200}{8}$ — *On divise par 4 les deux nombres.*
$P = \dfrac{300}{2}$ — *On calcule.*
$\boxed{P = 150}$

Conclusion : le prix initial est de 150 €.

Grille réponse

	A	B	C	D		A	B	C	D		A	B	C	D		A	B	C	D
Q1		×			**Q26**	×				**Q51**				×	**Q76**		×		
Q2		×			**Q27**		×			**Q52**		×			**Q77**			×	
Q3			×		**Q28**	×				**Q53**		×			**Q78**		×		
Q4				×	**Q29**			×		**Q54**	×				**Q79**		×		
Q5		×			**Q30**		×			**Q55**		×			**Q80**			×	
Q6			×		**Q31**	×				**Q56**			×		**Q81**		×		
Q7		×			**Q32**			×		**Q57**	×				**Q82**				×
Q8		×			**Q33**				×	**Q58**		×			**Q83**		×		
Q9			×		**Q34**			×		**Q59**	×				**Q84**			×	
Q10		×			**Q35**		×			**Q60**			×		**Q85**	×			
Q11			×		**Q36**		×			**Q61**				×	**Q86**		×		
Q12	×				**Q37**		×			**Q62**				×	**Q87**			×	
Q13		×			**Q38**				×	**Q63**		×			**Q88**				×
Q14				×	**Q39**			×		**Q64**			×	×	**Q89**				×
Q15				×	**Q40**				×	**Q65**				×	**Q90**		×		
Q16				×	**Q41**				×	**Q66**			×		**Q91**		×		
Q17	×				**Q42**				×	**Q67**		×		×	**Q92**			×	
Q18		×			**Q43**			×		**Q68**				×	**Q93**				×
Q19		×			**Q44**		×			**Q69**	×				**Q94**				×
Q20	×				**Q45**			×		**Q70**	×		×		**Q95**		×		
Q21				×	**Q46**				×	**Q71**				×	**Q96**	×			
Q22				×	**Q47**				×	**Q72**			×		**Q97**			×	
Q23		×			**Q48**		×			**Q73**			×		**Q98**				×
Q24		×			**Q49**				×	**Q74**		×			**Q99**			×	
Q25	×				**Q50**		×			**Q75**	×				**Q100**			×	

ÉPREUVE DE TESTS N° 6

- Durée : 2 heures.
- Nombre de questions : 100.
- Vous devez reporter vos réponses sur la « grille réponse ».
- Tout instrument de calcul est interdit.
- Chaque question, notée sur un point est suivie de propositions de réponse dont une seule est exacte (sauf indication contraire).
- Vous pouvez utiliser des feuilles de brouillon.
- *Il est recommandé de respecter le temps de travail conseillé.*

Test n° 1

Temps conseillé 5 min

Voici une suite de sept symboles qui se répètent indéfiniment. C'est-à-dire qu'après le dernier symbole, on retrouve le premier symbole et ainsi de suite.

Vous devez déterminer les symboles qui doivent remplacer les images notées avec des points d'interrogation.

Q1. Quel est le symbole qui doit remplacer le dessin  ?

A.  B.  C.  D. 

Q2. Quel est le symbole qui doit remplacer le dessin  ?

A.  B.  C.  D. 

Q3. Quel est le symbole qui doit remplacer le dessin 

?

A.  **B.**  **C.**  **D.** 

Q4. Quel est le symbole qui doit remplacer le dessin 

?

A.  **B.**  **C.** 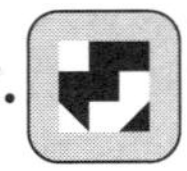 **D.** 

Q5. Quel est le symbole qui doit remplacer le dessin 

?

A.  **B.**  **C.**  **D.** 

Test n° 2

Temps conseillé 5 min

Test de MasterMind™. Le but est de trouver la bonne réponse à partir des chiffres utilisés de 1 à 6 inclus.

Q6	2 3 6 5	Un chiffre commun bien placé et un chiffre commun mal placé
	4 3 6 2	Deux chiffres communs mal placés
	2 6 3 4	Deux chiffres communs bien placés
	1 3 5 2	Trois chiffres communs mal placés
	2 5 3 1	Deux chiffres communs bien placés et un chiffre commun mal placé

A. 5 1 4 2 **B.** 1 5 4 2 **C.** 2 5 4 1 **D.** 2 5 1 4

Q7	5 3 6 1	Deux chiffres communs bien placés
	3 4 1 5	Deux chiffres communs mal placés
	2 1 6 4	Trois chiffres communs bien placés
	3 6 4 5	Trois chiffres communs mal placés
	6 1 5 4	Un chiffre commun bien placé et un chiffre commun mal placé

A. 4 6 3 2 **B.** 6 3 4 2 **C.** 3 2 6 4 **D.** 2 3 6 4

Q8	1 5 4 6	Un chiffre commun bien placé et un chiffre commun mal placé
	1 6 3 4	Deux chiffres communs mal placés
	4 6 1 3	Deux chiffres communs bien placés
	5 1 3 4	Trois chiffres communs mal placés
	3 4 5 1	Trois chiffres communs mal placés

A. 5 2 1 3 **B.** 5 1 3 2 **C.** 2 5 1 3 **D.** 2 5 3 1

Q9	2 1 4 5	Trois chiffres communs mal placés
	3 2 1 5	Deux chiffres communs bien placés
	5 4 6 3	Deux chiffres communs mal placés
	4 1 3 5	Un chiffre commun bien placé et un chiffre commun mal placé
	3 2 1 6	Trois chiffres communs bien placés

A. 4 2 6 1 **B.** 6 1 4 2 **C.** 4 2 1 6 **D.** 6 1 2 4

Q10	5 6 4 2	Deux chiffres communs bien placés
	1 3 2 4	Deux chiffres communs mal placés
	2 6 1 4	Un chiffre commun bien placé et un chiffre commun mal placé
	4 2 3 1	Deux chiffres communs bien placés
	5 4 3 1	Trois chiffres communs bien placés

A. 5 6 3 1 **B.** 6 5 3 1 **C.** 5 6 3 4 **D.** 3 1 5 6

Test n° 3

Temps conseillé 5 min

Voici une suite de sept symboles qui se répètent indéfiniment. C'est-à-dire qu'après le dernier symbole, on retrouve le premier symbole et ainsi de suite.

Vous devez déterminer les symboles qui doivent remplacer les dessins notés avec des points d'interrogation.

Q11. Quel est le symbole qui doit remplacer le dessin ?1 ?

Q12. Quel est le symbole qui doit remplacer le dessin ?2 ?

Q13. Quel est le symbole qui doit remplacer le dessin ?3 ?

Q14. Quel est le symbole qui doit remplacer le dessin ?4 ?

Q15. Quel est le symbole qui doit remplacer le dessin ?5 ?

Test n° 4

Temps conseillé 5 min

Le but de ce test est de déterminer les chiffres qui doivent remplacer les lettres de **P** à **T** par analogie avec les chiffres du premier tableau.

8	2
9	7

P	2
4	3

5	**Q**
R	3

S	8
T	1

Q16. Quel est le chiffre qui doit remplacer la lettre **P** ?

A. 1 **B.** 4 **C.** 6 **D.** 8

Q17. Quel est le chiffre qui doit remplacer la lettre **Q** ?
A. 2 **B.** 5 **C.** 7 **D.** 9

Q18. Quel est le chiffre qui doit remplacer la lettre **R** ?
A. 4 **B.** 5 **C.** 7 **D.** 9

Q19. Quel est le chiffre qui doit remplacer la lettre **S** ?
A. 1 **B.** 3 **C.** 4 **D.** 6

Q20. Quel est le chiffre qui doit remplacer la lettre **T** ?
A. 6 **B.** 8 **C.** 2 **D.** 5

Test n° 5

Temps conseillé 5 min

Voici une suite de sept symboles qui se répètent indéfiniment. C'est-à-dire qu'après le dernier symbole, on retrouve le premier symbole et ainsi de suite.

Quels sont les symboles qui doivent remplacer les dessins notés avec des points d'interrogation ?

Q21. Quel est le symbole qui doit remplacer le dessin 

?

A.  **B.**  **C.**  **D.** 

Q22. Quel est le symbole qui doit remplacer le dessin 

?

A.  **B.**  **C.**  **D.** 

Q23. Quel est le symbole qui doit remplacer le dessin 

?

A.  **B.**  **C.**  **D.** 

Q24. Quel est le symbole qui doit remplacer le dessin  ?

A.  B.  C.  D. 

Q25. Quel est le symbole qui doit remplacer le dessin  ?

A.  B.  C.  D. 

Test n° 6

Temps conseillé

À partir des trois tableaux ci-dessous, répondre aux questions posées.

Ū	Ŭ	Ũ	Ÿ	Ố	Ȳ	Ž	Ŭ	Ů	Ŭ	Ố	Ỏ	Ộ	Ž	Ŭ
Ŭ	Ố	Ž	Ÿ	Ũ	Ŭ	Ž	Ố	Ȳ	Ů	Ŭ	Ū	Ũ	Ũ	Ố
Ố	Ž	Ȳ	Ŭ	Ÿ	Ū	Ũ	Ŭ	Ž	Ố	Ộ	Ȳ	Ž	Ŭ	Ů
Ů	Ŭ	Ž	Ố	Ộ	Ỏ	Ố	Ÿ	Ū	Ũ	Ŭ	Ž	Ÿ	Ŭ	Ố
Ỏ	Ů	Ŭ	Ž	Ố	Ū	Ž	Ố	Ộ	Ȳ	Ž	Ÿ	Ỏ	Ž	Ũ
Ỏ	Ố	Ộ	Ž	Ÿ	Ū	Ŭ	Ž	Ố	Ộ	Ȳ	Ž	Ŭ	Ũ	Ū

Ŭ	Ž	Ố	Ỏ	Ồ	Ŭ	Ž	Ý	Ŭ	Ố	Ổ	Ộ	Ý	Ũ	Ố
Ổ	Ŭ	Ž	Ồ	Ộ	Ž	Ý	Ỏ	Ž	Ũ	Ỏ	Ố	Ố	Ȳ	Ž
Ố	Ộ	Ž	Ồ	Ố	Ȳ	Ž	Ŭ	Ũ	Ồ	Ỏ	Ý	Ž	Ộ	Ŭ
Ŭ	Ũ	Ý	Ȳ	Ổ	Ố	Ỏ	Ộ	Ž	Ŭ	Ồ	Ố	Ŭ	Ŭ	Ž
Ố	Ž	Ý	Ŭ	Ȳ	Ŭ	Ồ	Ũ	Ũ	Ố	Ŭ	Ũ	Ố	Ổ	Ž
Ž	Ȳ	Ŭ	Ồ	Ž	Ộ	Ȳ	Ž	Ŭ	Ổ	Ố	Ý	Ŭ	Ố	Ũ

Û	Ȳ	Ỳ	Ů	Ỳ	Ố	Ź	Ộ	Ż	Ỳ	Ỳ	Ū	Ÿ	Ż	Ố
Ż	Ź	Ÿ	Ū	Û	Ỳ	Ż	Ÿ	Ỳ	Ố	Ỳ	Ů	Ố	Ố	Ộ
Ỳ	Ū	Ố	Ộ	Ȳ	Ż	Ÿ	Ź	Ż	Û	Ů	Ź	Ż	Ż	Ố
Ż	Ỳ	Ố	Ȳ	Ů	Ỳ	Ū	Û	Û	Ố	Ố	Ỳ	Ÿ	Ż	Û
Ȳ	Ū	Ỳ	Ż	Ố	Ộ	Ȳ	Ż	Ỳ	Ů	Ż	Ố	Ỳ	Û	Ÿ
Ộ	Ū	Ż	Ố	Ộ	Ȳ	Ż	Ỳ	Û	Ū	Ố	Ź	Ż	Ỳ	Ÿ

Q26. Dans le premier tableau, combien de fois trouve-t-on la lettre Ũ ?
A. 8 **B.** 9 **C.** 10 **D.** 11

Q27. Dans le deuxième tableau, combien de fois trouve-t-on la lettre Ổ ?
A. 9 **B.** 2 **C.** 5 **D.** 1

Q28. Dans le troisième tableau, combien de fois trouve-t-on la lettre Û ?
A. 8 **B.** 9 **C.** 10 **D.** 11

Q29. Dans le premier tableau, combien y-a-t-il de lettres différentes ?
A. 8 **B.** 9 **C.** 10 **D.** 11

Q30. Dans le deuxième tableau, combien y-a-t-il de lettres différentes ?
A. 8 **B.** 9 **C.** 10 **D.** 11

Q31. Combien de lettres sont dans le 2e tableau, mais pas dans le 1er ?
A. 19 **B.** 20 **C.** 21 **D.** 22

Q32. Combien de lettres sont dans le 3e tableau, mais pas dans le 1er ?
A. 42 **B.** 43 **C.** 44 **D.** 45

Q33. Quel est le nombre de lettres communes dans les deux derniers tableaux ?
A. 23 **B.** 24 **C.** 25 **D.** 26

Q34. Dans les 1er et 3e tableaux, combien de fois trouve-t-on la lettre Ȳ ?
A. 4 **B.** 5 **C.** 6 **D.** 7

Q35. Dans les 1er et 2e tableaux, combien de fois trouve-t-on la lettre Ỏ ?
A. 8 **B.** 9 **C.** 10 **D.** 11

Q36. Dans les 2e et 3e tableaux, combien de fois trouve-t-on la lettre Ố ?
A. 27 **B.** 28 **C.** 29 **D.** 30

Q37. Dans les trois tableaux, combien de fois trouve-t-on la lettre Ũ ?
A. 16 **B.** 17 **C.** 18 **D.** 19

Q38. Dans le premier tableau, quelle est la lettre la plus fréquente ?
A. Ũ **B.** Ū **C.** Ŭ **D.** Ố

Q39. Dans le deuxième tableau, quelle est la lettre la moins fréquente ?
A. Ũ **B.** Ồ **C.** Ŭ **D.** Ổ

Q40. Dans les trois tableaux, quelle est la lettre la plus fréquente ?
A. Ȳ **B.** Ỏ **C.** Ố **D.** Ž

Test n° 7

Temps conseillé 10 min

Voici une série d'images notées de la lettre E à la lettre S.

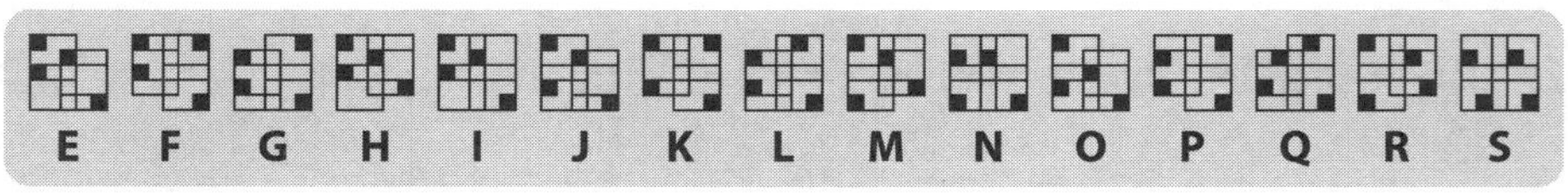

Le but de ce test est de compter le nombre d'images identiques à un modèle donné dans le dessin ci-dessous.

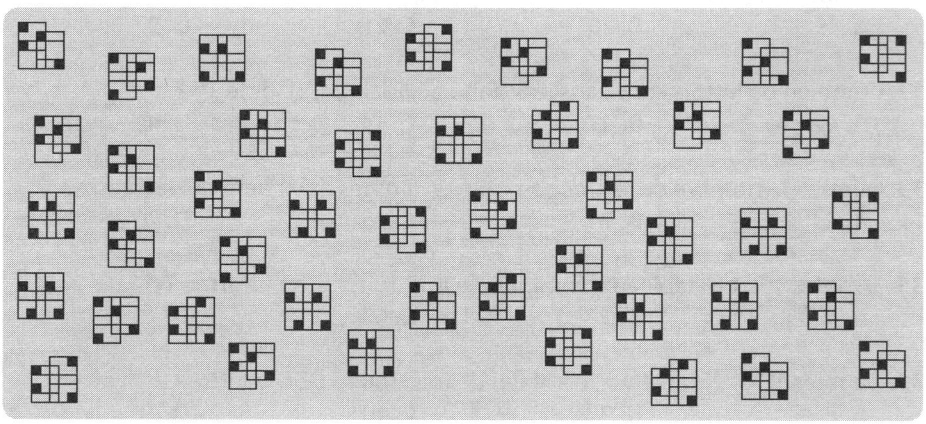

Q41. Quel est le nombre d'images identiques au modèle E ?
A. 2 **B.** 3 **C.** 4 **D.** 5

Q42. Quel est le nombre d'images identiques au modèle F ?
A. 1 **B.** 2 **C.** 3 **D.** 4

Q43. Quel est le nombre d'images identiques au modèle G ?
A. 2 **B.** 3 **C.** 4 **D.** 5

Q44. Quel est le nombre d'images identiques au modèle H ?
A. 1 **B.** 2 **C.** 3 **D.** 4

Q45. Quel est le nombre d'images identiques au modèle I ?
A. 2 **B.** 3 **C.** 4 **D.** 5

Q46. Quel est le nombre d'images identiques au modèle J ?
A. 2 **B.** 3 **C.** 4 **D.** 5

Q47. Quel est le nombre d'images identiques au modèle K ?
A. 1 **B.** 2 **C.** 3 **D.** 4

Q48. Quel est le nombre d'images identiques au modèle L ?
A. 1 **B.** 2 **C.** 3 **D.** 4

Q49. Quel est le nombre d'images identiques au modèle M ?
A. 2 **B.** 3 **C.** 4 **D.** 5

Q50. Quel est le nombre d'images identiques au modèle N ?
A. 2 **B.** 3 **C.** 4 **D.** 5

Test n° 8

Temps conseillé 5 min

Le but de ce test est de déterminer les chiffres qui doivent remplacer les lettres de **P** à **T** par analogie avec les chiffres du premier tableau.

7	3	6	2	5

P	7	5	**Q**	3

Q51. Quel est le chiffre qui doit remplacer la lettre **P** ?
A. 1 **B.** 4 **C.** 6 **D.** 8

Q52. Quel est le chiffre qui doit remplacer la lettre **Q** ?
A. 1 **B.** 4 **C.** 6 **D.** 8

R	6	**S**	5	**T**

Q53. Quel est le chiffre qui doit remplacer la lettre **R** ?
A. 7 **B.** 2 **C.** 6 **D.** 0

Q54. Quel est le chiffre qui doit remplacer la lettre **S** ?
A. 9 **B.** 3 **C.** 8 **D.** 1

Q55. Quel est le chiffre qui doit remplacer la lettre **T** ?
A. 5 **B.** 1 **C.** 7 **D.** 9

Test n° 9

Temps conseillé **10 min**

Le but de ce test est de déterminer un nombre remplacé par un point d'interrogation dans une série de cinq nombres.
Exemple : déterminer le nombre qui doit remplacer le point d'interrogation.

Q	Série de nombres					Réponses proposées			
						A	B	C	D
Ex.	1	3	5	?	9	7	16	17	18

À partir du deuxième nombre, on remarque qu'on obtient un nombre en ajoutant 2 au nombre précédent.
Le nombre qui doit remplacer le point d'interrogation est donc égal à 7.
C'est la réponse **A**.

Q	Séries de nombres					Réponses proposées			
						A	B	C	D
Q56	1	2	6	?	120	9	12	18	24
Q57	?	12	4	2	2	24	18	48	15
Q58	5	12	?	15	11	8	9	10	14
Q59	12	?	6	−3	−6	1	3	9	15
Q60	?	12	36	9	4	8	10	14	18
Q61	8	3	12	4	?	2	4	6	8
Q62	37	?	10	3	1	12	15	28	30
Q63	86	?	16	64	67	80	70	59	50
Q64	?	8	1	8	48	12	14	17	19
Q65	−1	7	1	6	?	1	2	4	5

Test n° 10

Temps conseillé 5 min

Le but de ce test est de déterminer est le 5e élément de chaque suite.

Q	Séries				Réponses proposées			
					A	B	C	D
Q66	LU	TION	CI	HAL	UE	BE	VO	NA
Q67	RAT	EDF	LIT	SEL	EAU	AIR	RIZ	VAE
Q68	RE	RT	RI	PS	NA	AE	AN	FI
Q69	H 9 P	M 5	16 O	P 15	R 33	21 T	T 1	15 U
Q70	L9T	5AU	R1T	C1P	3IR	M5R	9OU	XO5

Test n° 11

Temps conseillé 20 min

Pierre a trois ans de moins que Paul qui a huit ans de plus que Pascal. Patrice a neuf ans de plus que Paul. L'âge moyen des quatre personnes est égal à 34,5 ans.

Q71. Quel âge à Pierre ?
A. 28 ans **B.** 29 ans **C.** 30 ans **D.** 32 ans

Q72. Quel est l'âge de Paul ?
A. 31 ans **B.** 32 ans **C.** 33 ans **D.** 35 ans

Q73. Quel est l'âge de Pascal ?
A. 23 ans **B.** 24 ans **C.** 25 ans **D.** 27 ans

Q74. Quel est l'âge de Patrice ?
A. 41 ans **B.** 42 ans **C.** 43 ans **D.** 44 ans

Je pense à un nombre. Je le multiplie par 2 puis je lui retranche 7. Je divise le résultat obtenu par 3. Enfin j'élève le nouveau résultat au carré et j'obtiens 169.

Q75. Quel est le nombre auquel je pensais ?
A. 21 **B.** 22 **C.** 23 **D.** 24

Q76. Un père âgé de 36 ans a une fille de 8 ans. Pendant combien d'années, l'âge du père sera encore supérieur ou égal au triple de l'âge de sa fille ?

A. 9 ans **B.** 8 ans **C.** 7 ans **D.** 6 ans

Q77. Sur un photocopieur, on augmente chaque côté d'une image de 40 % puis on réduit l'image obtenue de 40 %. Si l'image de départ est un carré de 16 cm de côté, quel sera la longueur d'un côté de la dernière photocopie ?

A. 13,44 cm **B.** 14,28 cm **C.** 16 cm **D.** 8,96 cm

Q78. Dans un service hospitalier comprenant 5 personnes, chaque personne salue une seule fois les autres membres du service. Combien de fois entendra-t-on « Bonjour » ?

A. 5 fois **B.** 10 fois **C.** 15 fois **D.** 20 fois

Q79. Combien faut-il de personnes pour faire en 9 jours le double du travail que font 36 personnes pendant 20 jours ?

A. 40 **B.** 80 **C.** 120 **D.** 160

Q80. Pour lutter contre l'anxiété d'un patient, un médecin prescrit un sirop dont le principe actif est l'HYDROXYZINE. Chaque flacon contient 200 mL de sirop où chaque mL est équivalent à 2 mg de principe actif. Le médecin prescrit 60 mg de principe actif chaque jour pour une durée de traitement égale à 5 jours. Quel est le nombre de flacons à prescrire au patient ?

A. 1 **B.** 2 **C.** 3 **D.** 4

Test n° 12

Temps conseillé 20 min

Attention, il y a parfois plusieurs réponses possibles à chaque question.

Q81. Simplifier l'expression : $A = \sqrt{4^5 \times 4^2}$

A. 4^7 **B.** 2^5 **C.** 2^7 **D.** 4^5

Q82. Simplifier l'expression : $B = \frac{\sqrt{108}}{6} \times \sqrt{27}$

A. 3^7 **B.** 2^3 **C.** 9 **D.** 3^5

Q83. Donner un résultat approché de l'expression : $C = \sqrt{\sqrt{81{,}81}}$

A. 3,3 **B.** 3,03 **C.** 3,0075 **D.** 1,0075

Q84. Calculer l'expression : $D = 3{,}5 + \frac{7}{3} - \frac{1}{4}$

A. $\frac{37}{6}$ **B.** $\frac{67}{12}$ **C.** $\frac{13}{5}$ **D.** $\frac{-17}{12}$

Q85. Quelles sont les valeurs de x solution de l'équation : $4x^2 = 16$

A. 1 **B.** 2 **C.** 3 **D.** – 2

Q86. Le volume d'une solution passe de 180 mL à 216 mL. De quel pourcentage le volume varie-t-il ?

A. 14 % **B.** 16 % **C.** 20 % **D.** 22 %

Q87. Le nombre d'infirmiers dans un service passe de 10 personnes à 8 personnes. De quel pourcentage, le nombre d'infirmiers varie-t-il ?

A. 20 % **B.** – 20 % **C.** 25 % **D.** – 25 %

Q88. Une jolie perle de culture est soldée avec une réduction de 30 %. Elle est alors vendue 126 €. Quel était son prix avant la réduction ?

A. 163,8 € **B.** 165,2 € **C.** 167,5 € **D.** 180 €

Q89. Pour réserver un gîte à la montagne, il faut verser un acompte égal à 150 €. La location est proposée à 375 €. Quel taux représente l'acompte par rapport au prix de la location ?

A. 40 % **B.** 35 % **C.** 30 % **D.** 45 %

Q90. Un cabinet de trois infirmières réalise un bénéfice net de 180 000 € à partager proportionnellement aux parts du cabinet. Marie, Manon et Mathilde ont apporté respectivement 22 000 €, 15 000 € et 3 000 €. Quel était le montant du bénéfice à distribuer à Marie ?

A. 13 500 € **B.** 67 500 € **C.** 99 000 € **D.** 117 500 €

Test n° 13

Temps conseillé 15 min

Le but de ce test est de déterminer les deux dominos qui doivent remplacer l'image avec un point d'interrogation.

Q91.

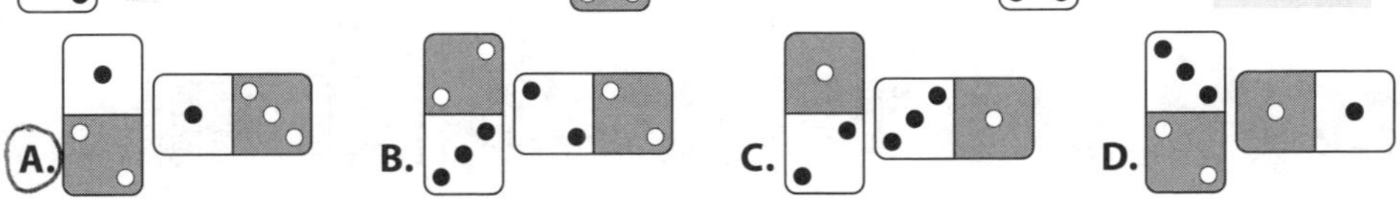

Q92.

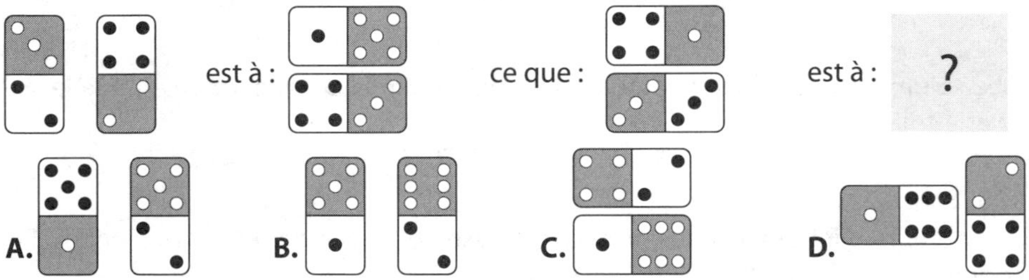

Q93.

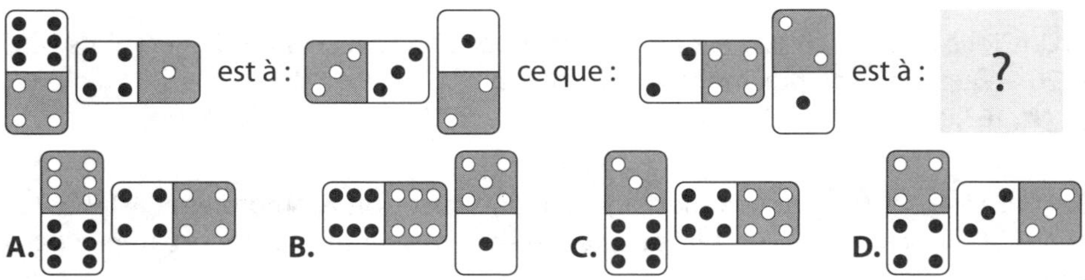

Q94.

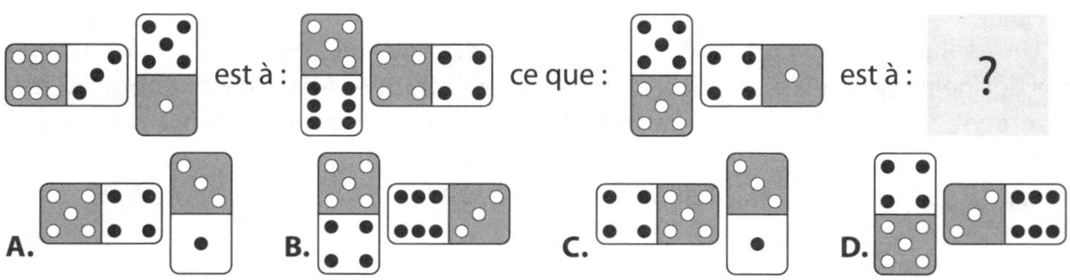

Q95.

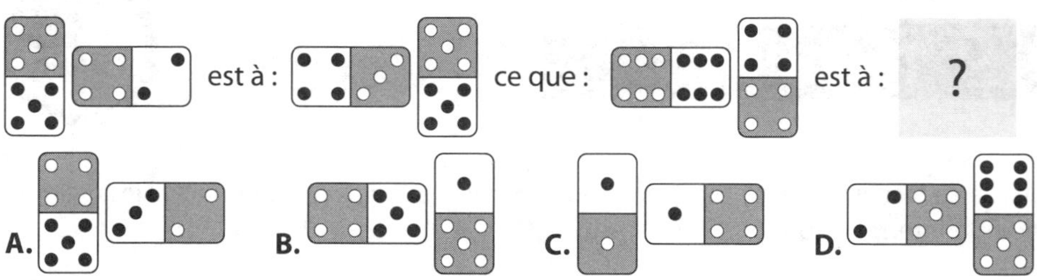

Q96.

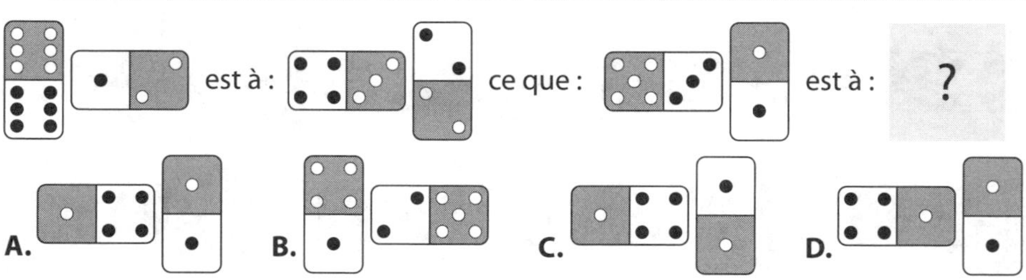

Q97.

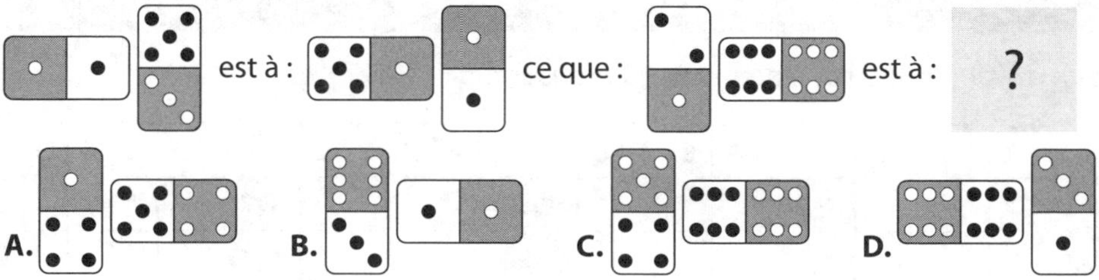

Q98.

Q99.

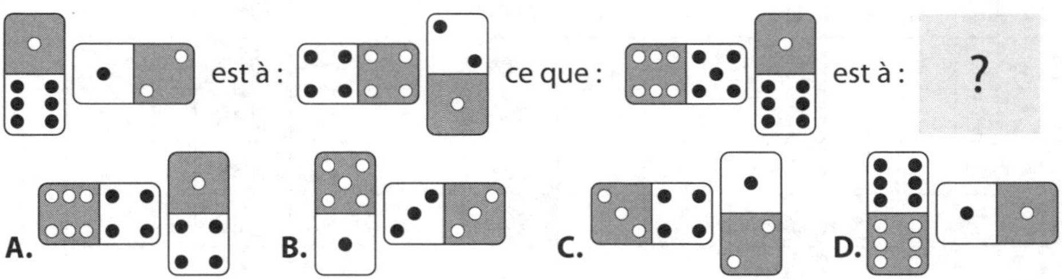

Q100.

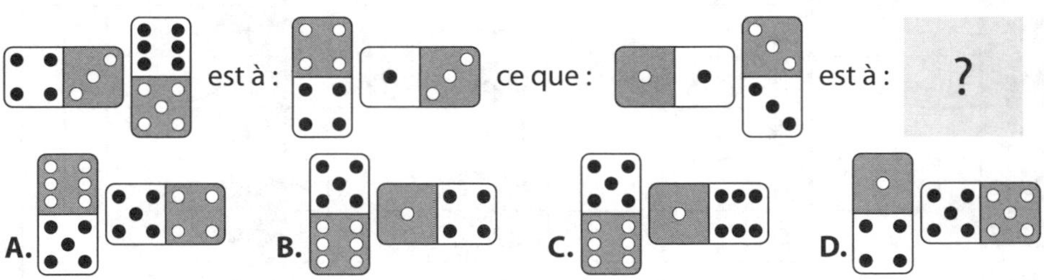

Grille réponse

Avec un crayon, cochez vos réponses à chaque question.

	A	B	C	D		A	B	C	D		A	B	C	D		A	B	C	D
Q1					Q26					Q51					Q76				
Q2					Q27					Q52					Q77				
Q3					Q28					Q53					Q78				
Q4					Q29					Q54					Q79				
Q5					Q30					Q55					Q80				
Q6					Q31					Q56					Q81				
Q7					Q32					Q57					Q82				
Q8					Q33					Q58					Q83				
Q9					Q34					Q59					Q84				
Q10					Q35					Q60					Q85				
Q11					Q36					Q61					Q86				
Q12					Q37					Q62					Q87				
Q13					Q38					Q63					Q88				
Q14					Q39					Q64					Q89				
Q15					Q40					Q65					Q90				
Q16					Q41					Q66					Q91				
Q17					Q42					Q67					Q92				
Q18					Q43					Q68					Q93				
Q19					Q44					Q69					Q94				
Q20					Q45					Q70					Q95				
Q21					Q46					Q71					Q96				
Q22					Q47					Q72					Q97				
Q23					Q48					Q73					Q98				
Q24					Q49					Q74					Q99				
Q25					Q50					Q75					Q100				

Vous pouvez vous attribuer une note « N » sur 20, en comptant le nombre de bonnes réponses « B » et en le divisant par 5.

$$N = \frac{B}{5} = \frac{\square}{5} = \square$$

CORRIGÉ DE L'ÉPREUVE N° 6

Test n° 1

Q1. Réponse **D.**
Q2. Réponse **D.**
Q3. Réponse **B.**
Q4. Réponse **C.**
Q5. Réponse **A.**
On décrit la suite des différents symboles en suivant la flèche.

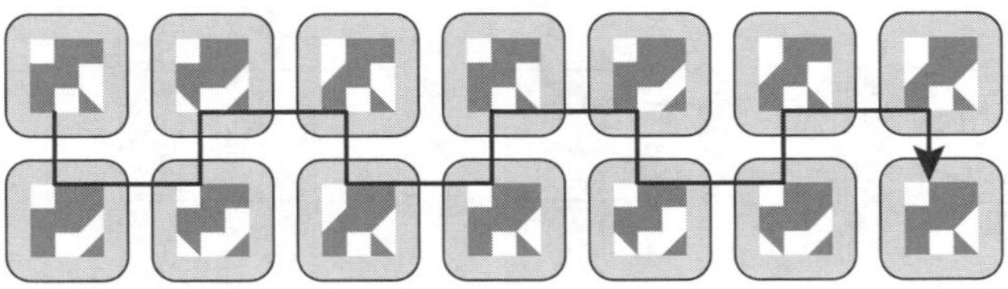

Test n° 2

Questions de Q6 à Q10 : se reporter à la grille réponse.

Détail de la correction de la question **Q6**.
Méthode : on prend chaque proposition de réponse, et on s'assure que toutes les lignes de l'énoncé la vérifient.
On note en **gras** un chiffre commun bien placé, et en ***gras et italique*** un chiffre commun mal placé.
Seule la proposition de réponse **D** vérifie toutes les lignes de l'énoncé.

Q6	**2** 3 6 ***5***	Un chiffre commun bien placé et un chiffre commun mal placé
	4 3 6 ***2***	Deux chiffres communs mal placés
	2 6 3 **4**	Deux chiffres communs bien placés
	1 3 ***5*** ***2***	Trois chiffres communs mal placés
	2 **5** 3 ***1***	Deux chiffres communs bien placés et un chiffre commun mal placé

D. 2 5 1 4

Test n° 3

Q11. Réponse **B.**
Q12. Réponse **A.**
Q13. Réponse **D.**
Q14. Réponse **D.**
Q15. Réponse **C.**
On décrit la suite des différents symboles en suivant la flèche.

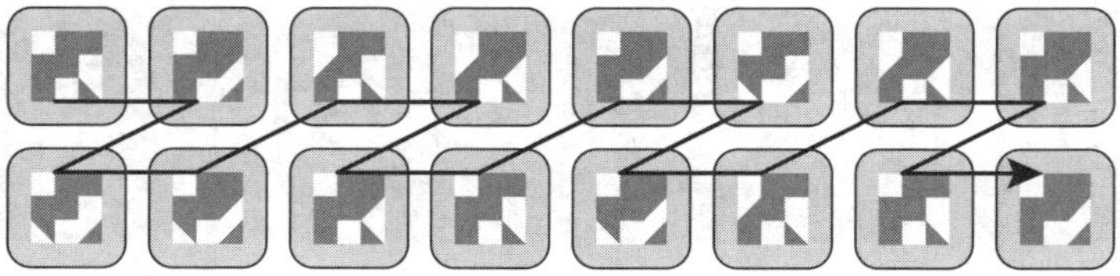

Test n° 4

Questions de Q16 à Q20 : se reporter à la grille réponse.

8	2
9	7

On utilise les chiffres du tableau ci-dessus pour écrire l'opération suivante :

$9 \times 8 = 72$

P	2
4	3

8	2
4	3

$4 \times 8 = 32$

P = 8

5	**Q**
R	3

5	**5**
7	3

$7 \times 5 = 35$

R = 7 Q = 5

S	8
T	1

3	8
6	1

$6 \times 3 = 18$

T = 6 S = 3

<u>Remarque :</u> on utilise les propositions de réponse pour déterminer les solutions.

Test n° 5

Q21. Réponse **D.**

Q22. Réponse **A.**

Q23. Réponse **B.**

Q24. Réponse **D.**

Q25. Réponse **C.**

On décrit la suite des différents symboles en sens inverse et en suivant la flèche.

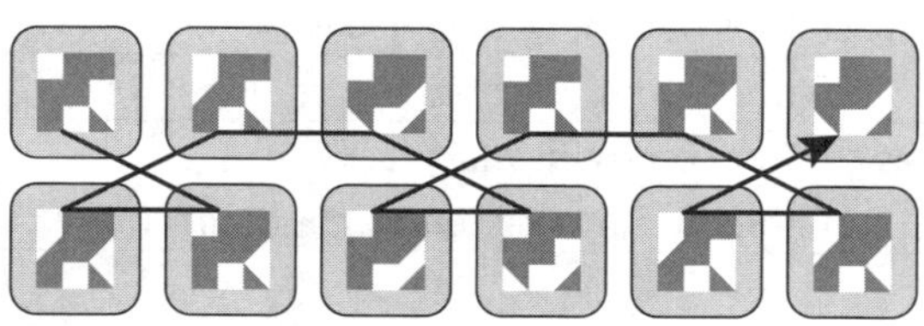

Test n° 6

Q26. Dans le premier tableau, on voit 8 fois la lettre Ũ. Réponse **A**.

Q27. Dans le deuxième tableau, on voit 5 fois la lettre Ổ. Réponse **C**.

Q28. Dans le troisième tableau, on voit 8 fois la lettre Û. Réponse **A**.

Q29. Dans le premier tableau, combien y-a-t-il de lettres différentes ? Réponse **C.** 10

Q30. Dans le deuxième tableau, combien y-a-t-il de lettres différentes ? Réponse **C.** 10

Q31. Combien de lettres sont dans le 2e tableau, mais pas dans le 1er ? Réponse **A.** 19

Q32. Combien de lettres sont dans le 3e tableau, mais pas dans le 1er ? Réponse **D.** 45

Q33. Quel est le nombre de lettres communes aux deux derniers tableaux ? Réponse **D.** 26

Q34. Dans les 1er et 3e tableaux, on voit 6 fois la lettre Ȳ. Réponse **C.**

Q35. Dans les 1er et 2e tableaux, on voit 10 fois la lettre Ỏ. Réponse **C.**

Q36. Dans les 2e et 3e tableaux, on voit 28 fois la lettre Ố. Réponse **B.**

Q37. Dans les trois tableaux, on voit 16 fois la lettre Ũ. Réponse **A.**

Q38. Dans le premier tableau, quelle est la lettre la plus fréquente ? Réponse **C.** Ŭ

Q39. Dans le deuxième tableau, quelle est la lettre la moins fréquente ? Réponse **D.** Ổ

Q40. Dans les trois tableaux, quelle est la lettre la plus fréquente ? Réponse **C.** Ố

<u>Composition du premier tableau :</u>

Lettre	Nombre
Ũ	8
Ū	7
Ŭ	16
Ů	5
Ÿ	7

Lettre	Nombre
Ž	16
Ȳ	6
Ỏ	5
Ố	14
Ộ	6

<u>Composition du deuxième tableau :</u>

Lettre	Nombre
Ũ	8
Ồ	7
Ŭ	16
Ổ	5
Ý	7

Lettre	Nombre
Ž	16
Ȳ	6
Ỏ	5
Ố	14
Ộ	6

Composition du troisième tableau :

Lettre	Nombre
Û	8
Ū	7
Ỳ	16
ž	5
Ÿ	7

Lettre	Nombre
Ż	16
Ȳ	6
Ź	5
Ő	14
Ộ	6

Test n° 7

Q41. Réponse **B**.

Q42. Réponse **A**.

Q43. Réponse **A**.

Q44. Réponse **D**.

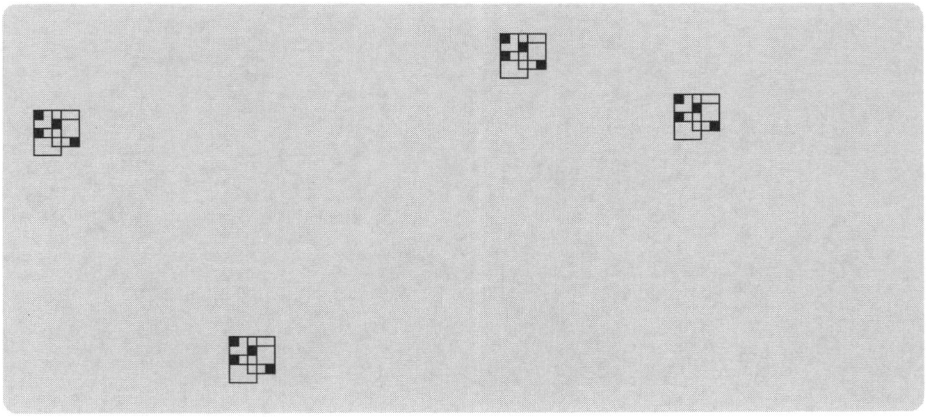

Q45. Réponse **D**.

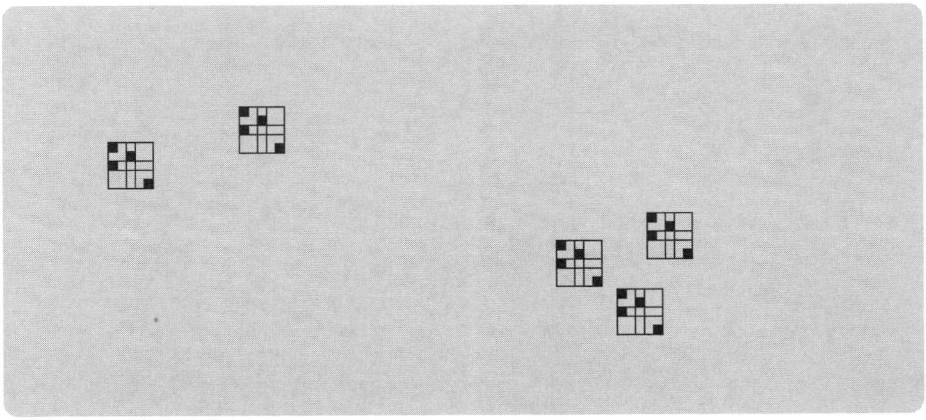

Q46. Réponse **D**.

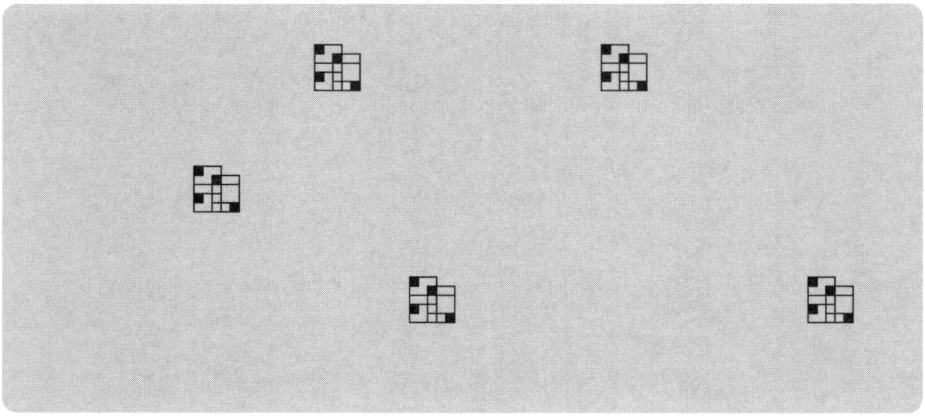

Q47. Réponse **A**.

Q48. Réponse **A**.

Q49. Réponse **C**.

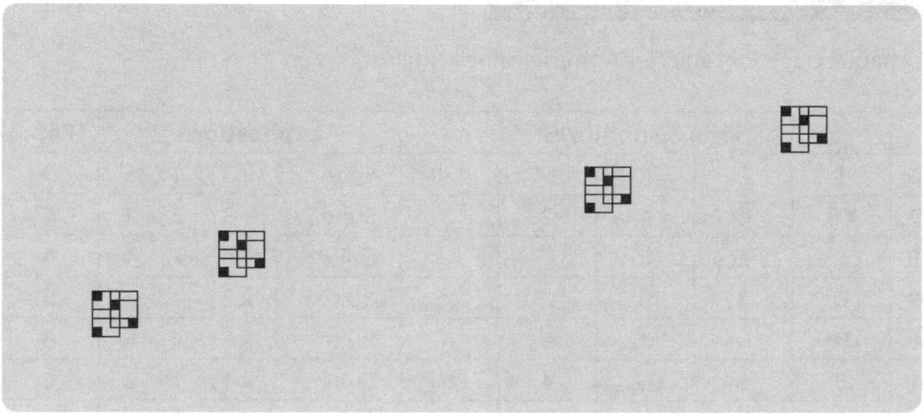

Q50. Réponse **C**.

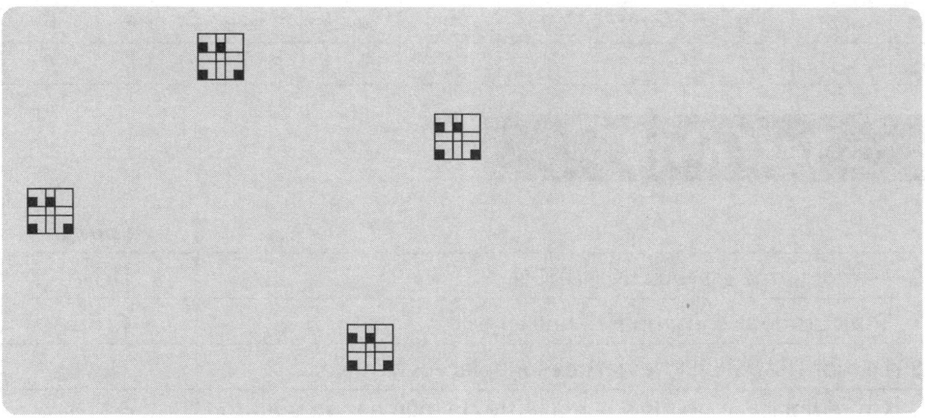

Test n° 8

Questions de Q51 à Q55 : se reporter à la grille réponse.

7	3	6	2	5

Les trois premiers chiffres combinés dans une opération ont pour résultat le nombre formé par les deux derniers chiffres.

On utilise les chiffres du tableau : 7, 3, 6, 2 et 5.

$7 + 3 \times 6 = 25$

$7 + (3 \times 6) = 25$

$7 + 18 = 25$

La × est prioritaire par rapport à : +.

On utilise les réponses proposées pour répondre plus rapidement.

P	7	5	**Q**	3

8	7	5	4	3

$8 + 7 \times 5 = 43$

$8 + 35 = 43$

R	6	**S**	5	**T**

7	6	8	5	5

$7 + 6 \times 8 = 55$

$7 + 48 = 55$

Test n° 9

Pour chaque question, voici les réponses et les explications.

Q	Série de nombres					Explications	Rép.
Q56	1	2	6	**24**	120	Suite : ×2 ; ×3 ; ×4 ; ×5	**D**
Q57	**48**	12	4	2	2	Suite : ÷4 ; ÷3 ; ÷2 ; ÷1	**C**
Q58	5	12	**8**	15	11	Suite : +7 ; –4 ; +7 ; –4	**A**
Q59	12	**3**	6	–3	–6	Suite : –9 ; ×2 ; –9 ; ×2	**B**
Q60	**10**	12	36	9	4	Suite : +2 ; ×3 ; ÷4 ; –5	**B**
Q61	8	3	12	4	**6**	Suite : –5 ; ×4 ; ÷3 ; +2	**C**
Q62	37	**30**	10	3	1	Suite : –7 ; ÷3 ; –7 ; ÷3	**D**
Q63	86	**80**	16	64	67	Suite : –6 ; ÷5 ; ×4 ; +3	**A**
Q64	**17**	8	1	8	48	Suite : –9 ; ÷8 ; +7 ; ×6	**C**
Q65	–1	7	1	6	**1**	Suite : +8 ; ÷7 ; ×6 ; –5	**A**

Test n° 10

		Réponse
Q66	Le mot formé est HALLUCINATION.	**D.** NA
Q67	Toujours deux consonnes et une voyelle.	**C.** RIZ
Q68	Le mot TRANSPIRER, les lettres sont placées à l'envers.	**A.** NA
Q69	On remplace le nombre par la lettre de même rang pour former le mot HIPPOPOTAME.	**C.** T 1 (T A)
Q70	On remplace chaque chiffre par la lettre de même rang pour former un mot usuel de 3 lettres.	**B.** M5R (MER)

Chaque lettre est remplacée par son rang dans l'alphabet.

A	B	C	D	E	F	G	H	I	J	K	L	M
1	2	3	4	5	6	7	8	9	10	11	12	13
N	**O**	**P**	**Q**	**R**	**S**	**T**	**U**	**V**	**W**	**X**	**Y**	**Z**
14	15	16	17	18	19	20	21	22	23	24	25	26

Test n° 11

De Q71 à Q74. Si l'âge moyen des quatre personnes est égal à 34,5 ans, cela signifie que la somme des âges est égale à : $4 \times 34{,}5 = 138$ ans. On note de a à d les âges respectifs de Pierre, Paul, Pascal et Patrice. Avec les données de l'énoncé, on peut alors écrire un système d'équation que l'on résout.

$$\begin{cases} a = b - 3 \\ b = c + 8 \\ d = b + 9 \\ a + b + c + d = 138 \end{cases}$$

A) Pour résoudre ce système, on exprime b, c et d en fonction de a dans les trois premières équations.

La 1re équation devient :

$a = b - 3 \longrightarrow \boxed{b = a + 3}$

La 2e équation devient :

$b = c + 8 \longrightarrow c = b - 8$

$c = (a + 3) - 8$

$\boxed{c = a - 5}$

La 3e équation devient :

$d = b + 9$

$d = (a + 3) + 9$

$\boxed{d = a + 12}$

B) Dans la 4e équation, on remplace b, c et d par les expressions précédentes.

$a + b + c + d = 138$

$a + (a + 3) + (a - 5) + (a + 12) = 138$

On résout cette équation :

$a + a + a + a = 138 - 3 + 5 - 12$

$4a = 128$

$a = \dfrac{128}{4}$

$\boxed{a = 32}$

Q71. Pierre a 32 ans. Réponse **D.**

C) On détermine b, c et d en remplaçant a par 32 dans les expressions précédentes.

$b = a + 3$

$b = 32 + 3$

$\boxed{b = 35}$

Q72. Paul a 35 ans. Réponse **D.**

$c = a - 5$

$c = 32 - 5$

$\boxed{c = 27}$

Q73. Pascal a 27 ans. Réponse **D.**

$d = a + 12$

$d = 32 + 12$

$\boxed{d = 44}$

Q74. Patrice a 44 ans. Réponse **D.**

Q75. Je pense à un nombre : x. Je le multiplie par 2. J'obtiens : $2x$. Je lui retranche 7. J'obtiens : $2x - 7$. Je divise le résultat obtenu par 3. J'obtiens : $\dfrac{2x-7}{3}$. Enfin j'élève le nouveau résultat au carré : $\left(\dfrac{2x-7}{3}\right)^2$ et j'obtiens 169. On écrit alors une équation que l'on résout.

$\left(\dfrac{2x-7}{3}\right)^2 = 169$

$\left(\dfrac{2x-7}{3}\right)^2 = 13^2$

$169 = 13^2$

$\left(\dfrac{2x-7}{3}\right)^2 - 13^2 = 0$

On utilise une identité remarquable :

$a^2 - b^2 = (a - b)\times(a + b)$

On identifie a et b :

$a = \dfrac{2x-7}{3}$; $b = 13$

On factorise avec l'identité remarquable :

$(a - b)\times(a + b) =$

$\left(\dfrac{2x-7}{3} - 13\right)\left(\dfrac{2x-7}{3} + 13\right)$

On résout l'équation produit :

$\left(\dfrac{2x-7}{3} - 13\right)\left(\dfrac{2x-7}{3} + 13\right) = 0$

Un produit de facteurs est nul, si au moins l'un de ses facteurs est nul. On résout alors deux équations.

$\dfrac{2x-7}{3} - 13 = 0$	$\dfrac{2x-7}{3} + 13 = 0$
$\dfrac{2x-7}{3} = 13$	$\dfrac{2x-7}{3} = -13$
$2x - 7 = 3\times 13$	$2x - 7 = -3\times 13$
$2x - 7 = 39$	$2x - 7 = -39$
$2x = 39 + 7$	$2x = -39 + 7$
$2x = 46$	$2x = -32$
$x = 46 \div 2$	$x = -32 \div 2$
$\boxed{x = 23}$	$\boxed{x = -16}$

Il y a donc deux réponses possibles : 23 et – 16. Seule la réponse 23 est proposée. Réponse **C.**

Q76. On note x le nombre d'années pendant lequel l'âge du père sera encore supérieur ou égal au triple de l'âge de sa fille. Quand on ajoute un certain nombre d'années au père, il faut bien sûr ajouter le même nombre d'années à sa fille. On peut alors écrire : $36 + x > 3 \times (8 + x)$.

On développe le 2nd membre :

$36 + x > 24 + 3x$

On résout l'inéquation :

$$36 - 24 > 3x - x$$
$$12 > 2x$$
$$x < \frac{12}{2}$$
$$\boxed{x < 6}$$

Pendant encore 6 ans, l'âge du père sera supérieur au triple de l'âge de sa fille. Le père aura alors : $36 + 6 = 42$ ans et sa fille aura : $8 + 6 = 14$. L'année suivante, l'âge du père sera inférieur à 3 fois l'âge de sa fille. Réponse **D**.

Q77. On utilise les coefficients multiplicateurs. Quand on augmente la taille de 40 %, cela revient à multiplier chaque côté par : $1 + 40\,\% = 1 + 0{,}4 = 1{,}40$.
Si on réduit la taille de 40 %, cela revient à multiplier chaque côté par :
$1 - 40\,\% = 1 - 0{,}4 = 0{,}6$.

Si l'image de départ est un carré de 16 cm de côté, alors la longueur d'un côté de la dernière photocopie sera égale à :

$$L = 16 \times 1{,}40 \times 0{,}6$$
$$L = 16 \times 0{,}84$$
$$\boxed{L = 13{,}44}$$

Sur la dernière image, le carré mesurera 13,44 cm de côté. Réponse **A**.

Q78. Chaque personne dit une seule fois « Bonjour » aux quatre autres personnes. Comme il y a 5 personnes, on entendra : $5 \times 4 = 20$ fois « Bonjour ». Réponse **D**.

Q79. Si chaque jour, une personne fait une quantité de travail T, on peut alors compléter le tableau suivant :

Nombre de personnes	Quantité de travail	Nombre de jours
1	T	1
36	$36 \times T$	1
36	$(36 \times T) \times 20 = 720 \times T$	20
$36 \times 2 = 72$ ↘ $\times \frac{20}{9}$	$720 \times T \times 2$	20 ↘ $\times \frac{9}{20}$
$72 \times \frac{20}{9} = \frac{72}{9} \times 20 = \boxed{160}$ ↙	$720 \times T \times 2$	9 ↙
↑ Augmentation du nombre de personnes	↑ Quantité de travail identique	↑ Diminution du nombre de jours

Quand on diminue le nombre de jours de travail, il faut un plus grand nombre de personnes pour effectuer une même tâche. Réponse **D**.

Q80. Le médecin prescrit 60 mg de principe actif par jour pour une durée de traitement de 5 jours. Cela représente : $60 \times 5 = 300$ mg de principe actif.
Dans 1 mL de sirop, il y a 2 mg de principe actif. Pour obtenir 300 mg de principe actif, il faut un volume de sirop égal à :

Masse de principe actif en mg	Volume du sirop en mL
2	1
300	$\frac{300 \times 1}{2} = 150$ *(Règle de trois)*

Pour la durée du traitement, il faut utiliser 150 mL de sirop proposé en flacon de 200 mL. Alors, un seul flacon est nécessaire. Réponse **A**.

Test n° 12

Q81. Réponse **C**. Détail du calcul :

$A = \sqrt{4^5 \times 4^2}$ *Formules :*
$A = \sqrt{4^{5+2}}$ $4^n \times 4^m = 4^{n+m}$
$A = \sqrt{4^7}$ $4 = 2^2$
$A = \sqrt{(2^2)^7}$ $(2^n)^m = 2^{n \times m}$
$A = \sqrt{2^{14}}$
$A = 2^{\frac{14}{2}}$ $\sqrt{2^{2n}} = 2^n$
$\boxed{A = 2^7}$

Q82. Réponse **C**. Détail du calcul :

$B = \frac{\sqrt{108}}{6} \times \sqrt{27}$ *6 passe sous la racine. Il est alors élevé au carré.*
$B = \frac{\sqrt{108}}{\sqrt{6^2}} \times \sqrt{27}$ *Formules :* $(a > 0 ; b > 0)$
$B = \frac{\sqrt{108 \times 27}}{\sqrt{36}}$ $\sqrt{a} \times \sqrt{b} = \sqrt{a \times b}$
$B = \sqrt{\frac{108 \times 27}{36}}$ $\frac{\sqrt{a}}{\sqrt{b}} = \sqrt{\frac{a}{b}}$
$B = \sqrt{3 \times 27}$
$B = \sqrt{3^1 \times 3^3}$ $27 = 3^3$
$B = \sqrt{3^4}$ $3^n \times 3^m = 3^{n+m}$
$B = 3^{\frac{4}{2}}$ $\sqrt{3^{2n}} = 3^n$
$B = 3^2$
$\boxed{B = 9}$

Q83. Réponse **C**. On rappelle une approximation d'une racine carrée, puis on détaille le calcul :

si $a \ll 1$ *alors :* $\sqrt{1 + a} \approx 1 + \frac{a}{2}$

$P = \sqrt{81{,}81}$ *On décompose 81,81.*
$P = \sqrt{(81 + 0{,}81)}$ *On factorise par 81.*
$P = \sqrt{81 \times (1 + 0{,}01)}$ *Formule :* $\sqrt{a \times b} = \sqrt{a} \times \sqrt{b}$
$P = \sqrt{81} \times \sqrt{1 + 0{,}01}$
$P \approx 9 \times (1 + 0{,}01 \div 2)$ *Approximation*
$P \approx 9 \times (1 + 0{,}005)$
$C \approx \sqrt{P}$ *L'énoncé possède deux racines carrées.*
$C \approx \sqrt{9 \times (1 + 0{,}005)}$ *Approximation*
$C \approx 3 \times (1 + 0{,}005 \div 2)$
$C \approx 3 \times (1 + 0{,}0025)$ *Calcul*
$C \approx 3 \times 1{,}0025$
$\boxed{C \approx 3{,}0075}$

Q84. Réponse **B**. Détail du calcul :

$D = 3{,}5 + \frac{7}{3} - \frac{1}{4}$ *Tout en fraction*
$D = \frac{7}{2} + \frac{7}{3} - \frac{1}{4}$ $3{,}5 = \frac{7}{2}$
$D = \frac{42 + 28 - 3}{12}$ *Réduction au même dénominateur : 12*
$\boxed{D = \frac{67}{12}}$

Q85. Réponses **B** et **D**. Détail du calcul :

$4x^2 = 16$ *On divise les nombres par 4.*

$x^2 = 4$ *On déplace 4 au premier membre.*

$x^2 - 4 = 0$ *On remplace 4 par 2^2.*

$x^2 - 2^2 = 0$

On utilise une identité remarquable :

$a^2 - b^2 = (a - b) \times (a + b)$

On identifie a et b :

$a = x \;\; ; \;\; b = 2$

On factorise avec l'identité remarquable :

$(a - b) \times (a + b) = (x - 2)(x + 2)$

On résout l'équation produit :

$(x - 2)(x + 2) = 0$

Un produit de facteurs est nul, si au moins l'un de ses facteurs est nul. On résout alors deux équations.

$x - 2 = 0$ $\qquad$ $x + 2 = 0$

$x = 2$ $\qquad$ $x = -2$

Q86. Réponse **C**.
Le volume augmente de :
216 mL − 180 mL = 36 mL
On compare cette variation au volume initial : $\frac{36}{180} = \frac{1}{5} = \frac{2}{10} = \boxed{20\ \%}$.
Le volume augmente de 20 %.

Q87. Réponse **B**.
On compte 2 infirmiers de moins. Par rapport aux 10 infirmiers qui travaillaient initialement, cela représente une variation de : $\frac{2}{10} = \boxed{20\ \%}$.
Le nombre d'infirmiers diminue de 20 %.

Q88. Réponse **D**. Le prix annoncé (126 €) prend en compte la réduction de 30 %. Cela revient à dire que 126 € représente 70 % du prix initial.
Le prix initial est alors égal à :

$P = \frac{126}{70\ \%}$ *$70\ \% = \frac{70}{100} = 0{,}7$*

$P = \frac{126}{0{,}7}$ *On multiplie les nombres par 10.*

$P = \frac{1260}{7}$

$\boxed{P = 180}$

Le prix avant la réduction était égal à 180 €.

Q89. Réponse **A**. On connaît le montant de l'acompte (150 €) et le prix de la location (350 €). On calcule alors le taux que représente l'acompte par rapport au prix de la location :

$t = \frac{150}{375}$ *On simplifie ce quotient.*

$t = \frac{30 \times \cancel{5}}{75 \times \cancel{5}}$ *On divise les deux nombres par 5.*

$t = \frac{6 \times \cancel{5}}{15 \times \cancel{5}}$ *On divise les deux nombres par 5.*

$t = \frac{2 \times \cancel{3}}{5 \times \cancel{3}}$ *On divise les deux nombres par 3.*

$t = \frac{2}{5}$ *On transforme en pourcentage.*

$t = \frac{4}{10} = 0{,}40$

$\boxed{t = 40\ \%}$

L'acompte représente 40 % du prix de la location.

Q90. Réponse **C**.
On calcule d'abord la somme des parts.

$22\,000 + 15\,000 + 3\,000 = 40\,000$

On calcule ensuite le pourcentage des parts que Marie détient.

$T_M = \frac{22\,000}{40\,000}$ *On simplifie ce quotient.*

$T_M = \frac{22}{40}$ *On transforme en pourcentage.*

$T_M = \frac{5{,}5}{10} = 0{,}55$

$\boxed{T_M = 55\ \%}$

Marie possédant 55 % des parts du cabinet, elle percevra 55 % du bénéfice net (180 000 €) soit :

$$B_M = 55\,\% \times 180\,000$$
$$B_M = \frac{55}{100} \times 180\,000$$
$$B_M = \frac{55}{1\cancel{00}} \times 180\,0\cancel{00}$$
$$B_M = 55 \times 1800$$
$$\boxed{B_M = 99\,000}$$

$55\,\% = \frac{55}{100}$

Marie percevra 99 000 € du bénéfice net.

Test n° 13

Pour chaque réponse, on fait la somme des points du premier domino et la somme des points de second domino. On note la variation de ces deux sommes. Cette même variation est appliquée sur le groupe des deux dominos suivants. Par analogie on fait de même sur les deux groupes de paires de dominos suivants.

Q91. Réponse **C**.

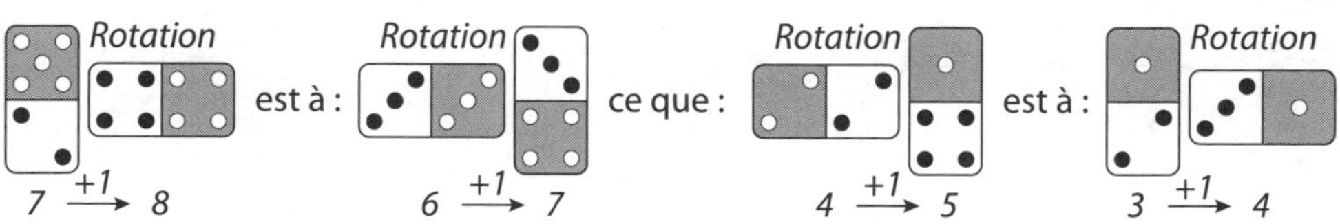

Q92. Réponse **A**.

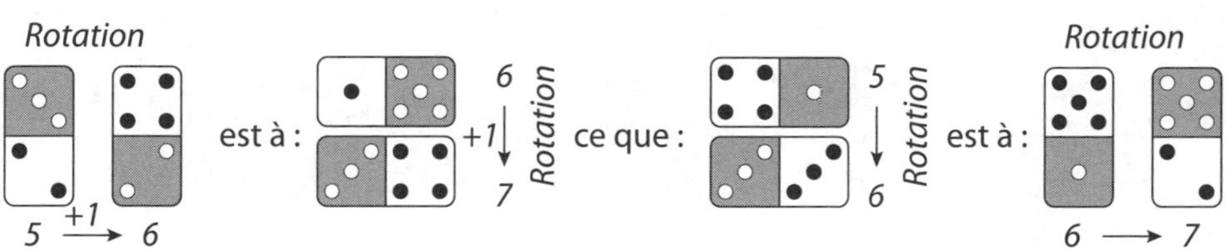

Q93. Réponse **B**.

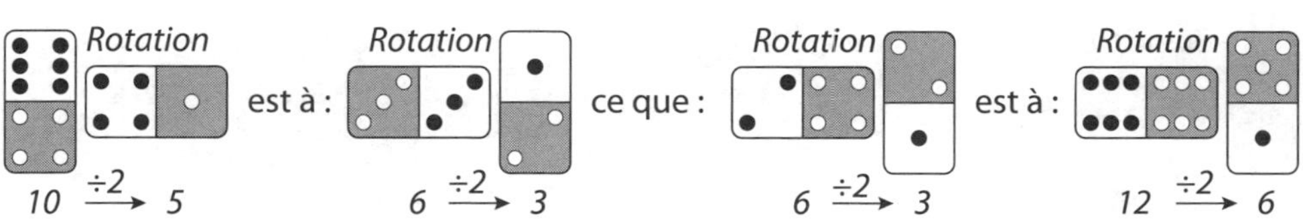

Q94. Réponse **A**.

Q95. Réponse **C**.

Q96. Réponse **A**.

Q97. Réponse **D**.

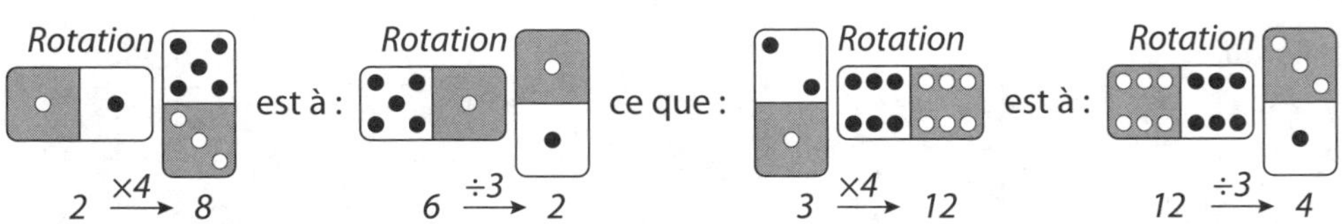

Q98. Réponse **B**.

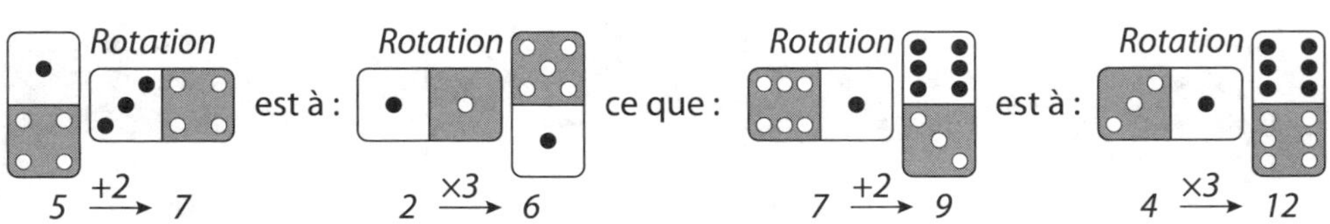

Q99. Réponse **A**.

Q100. Réponse **C**.

Grille réponse

	A	B	C	D		A	B	C	D		A	B	C	D		A	B	C	D
Q1				×	Q26	×				Q51				×	Q76				×
Q2				×	Q27			×		Q52		×			Q77	×			
Q3		×			Q28	×				Q53	×				Q78				×
Q4			×		Q29			×		Q54			×		Q79				×
Q5	×				Q30			×		Q55	×				Q80	×			
Q6				×	Q31	×				Q56				×	Q81			×	
Q7				×	Q32				×	Q57			×		Q82			×	
Q8			×		Q33				×	Q58	×				Q83			×	
Q9			×		Q34			×		Q59		×			Q84		×		
Q10	×				Q35			×		Q60		×			Q85		×		×
Q11		×			Q36		×			Q61			×		Q86			×	
Q12	×				Q37	×				Q62				×	Q87		×		
Q13				×	Q38			×		Q63	×				Q88				×
Q14				×	Q39				×	Q64			×		Q89	×			
Q15			×		Q40			×		Q65	×				Q90			×	
Q16				×	Q41		×			Q66				×	Q91			×	
Q17		×			Q42	×				Q67			×		Q92	×			
Q18			×		Q43	×				Q68	×				Q93		×		
Q19		×			Q44				×	Q69			×		Q94	×			
Q20	×				Q45				×	Q70		×			Q95			×	
Q21				×	Q46				×	Q71				×	Q96	×			
Q22	×				Q47	×				Q72				×	Q97				×
Q23		×			Q48	×				Q73				×	Q98		×		
Q24				×	Q49			×		Q74				×	Q99	×			
Q25			×		Q50			×		Q75			×		Q100			×	

ÉPREUVE DE TESTS N° 7

- Durée : 2 heures.
- Nombre de questions : 100.
- Vous devez reporter vos réponses sur la « grille réponse ».
- Tout instrument de calcul est interdit.
- Chaque question, notée sur un point est suivie de propositions de réponse dont une seule est exacte (sauf indication contraire).
- Vous pouvez utiliser des feuilles de brouillon.
- *Il est recommandé de respecter le temps de travail conseillé.*

Test n° 1

Temps conseillé 5 min

Un cube, une pyramide et un cylindre sont disposés sur les plateaux d'une balance. La position d'un objet sur un plateau n'a pas d'influence sur l'équilibre de la balance.

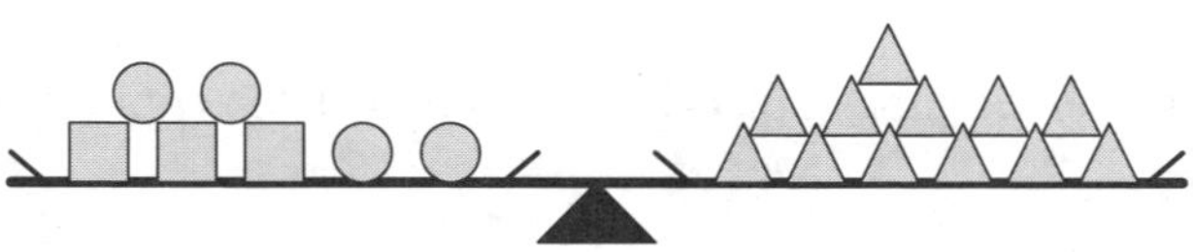

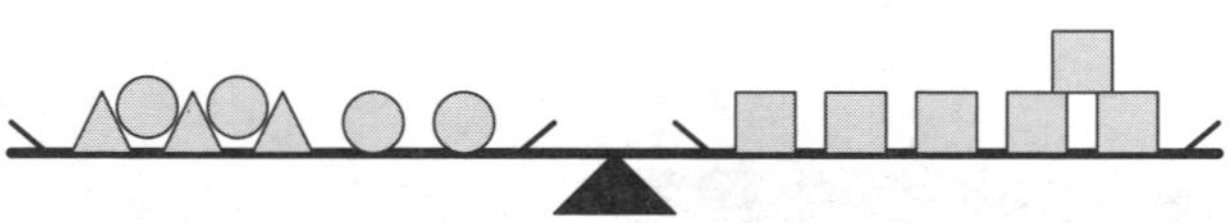

À partir des deux images précédentes, répondre aux questions posées.

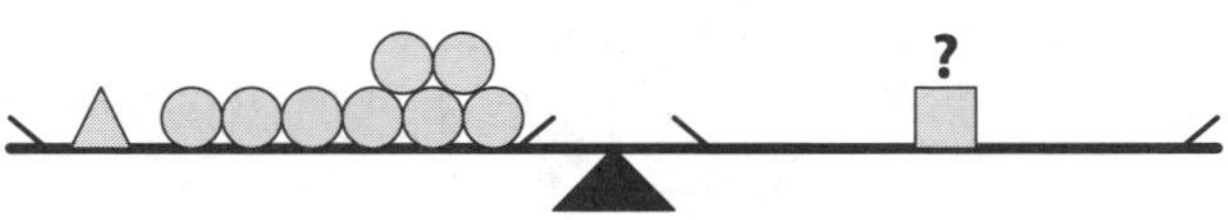

Q1. Quel est le nombre de cubes à placer sur le second plateau pour d'obtenir l'équilibre de la balance ?

A. 6 **B.** 7 **C.** 8 **D.** 9

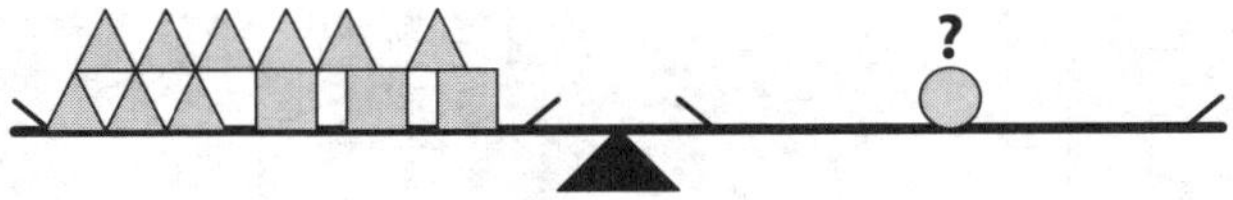

Q2. Quel est le nombre de cylindres à placer sur le second plateau pour d'obtenir l'équilibre de la balance ?

A. 5 **B.** 6 **C.** 7 **D.** 8

Q3. Quel est le nombre de cylindres à placer sur le second plateau pour d'obtenir l'équilibre de la balance ?

A. 2 **B.** 3 **C.** 4 **D.** 5

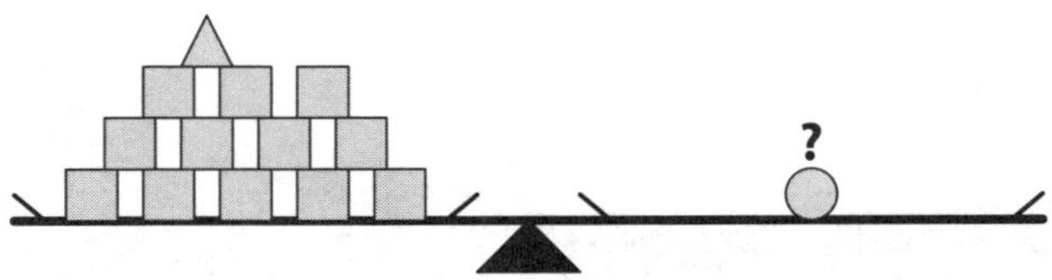

Q4. Quel est le nombre de cylindres à placer sur le second plateau pour d'obtenir l'équilibre de la balance ?

A. 12 **B.** 13 **C.** 14 **D.** 15

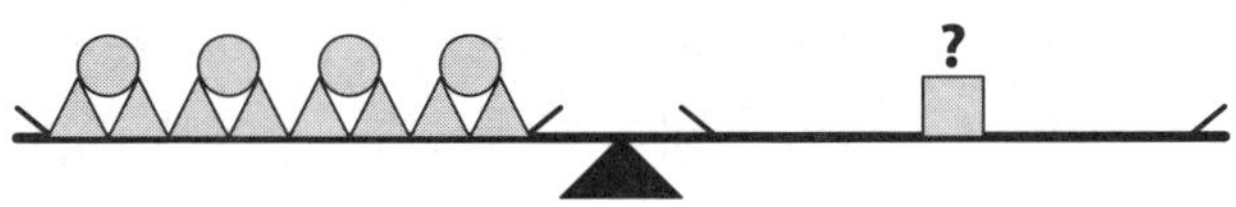

Q5. Quel est le nombre de cubes à placer sur le second plateau pour d'obtenir l'équilibre de la balance ?

A. 6 **B.** 7 **C.** 8 **D.** 9

Test n° 2

Temps conseillé

Q6. Chaque fois que le facteur passe devant la maison, le chien aboie. Or, ce matin le chien n'aboie pas. Est-ce que le facteur est passé devant la maison ?

A. OUI **B.** NON **C.** On ne peut pas répondre avec certitude.

Q7. Si le chien part à la chasse, le chat prend sa place. Effectivement, ce matin, le chien est parti à la chasse. Est-ce que le chat a pris sa place ?

A. OUI **B.** NON **C.** On ne peut pas répondre avec certitude.

Q8. Chaque fois que la secrétaire est bien maquillée, son patron lui fait des compliments. Ce matin, la secrétaire était en retard et n'a pas eu le temps de se maquiller. Est-ce que son patron lui fera des compliments ?

A. OUI **B.** NON **C.** On ne peut pas répondre avec certitude.

Q9. Si un beau jeune-homme infirmier est de service, les infirmières ne verront pas le temps passer. Ce jour là, Pierre, un « beau garçon » infirmier est de service. Est-ce que les infirmières verront le temps passer ?

A. OUI **B.** NON **C.** On ne peut pas répondre avec certitude.

Q10. Si un beau jeune homme entre dans le service de gérontologie, les infirmières sont joyeuses. Ce jour là, Claude entre dans le service. Est-ce que les infirmières seront joyeuses ?

A. OUI **B.** NON **C.** On ne peut pas répondre avec certitude.

Q11. Si je pense à Jordane, mon cœur s'enflamme. Aujourd'hui, je pense à Lulu. Est-ce que mon cœur ne s'enflamme plus ?

A. OUI **B.** NON **C.** On ne peut pas répondre avec certitude.

Q12. Si un bébé naît avec les yeux bleus, il a de fortes chances de les garder de la même couleur tout au long de sa vie. Hier, Éloïse est née avec les yeux verts. À l'adolescence aura-t-elle encore les yeux verts ?

A. OUI **B.** NON **C.** On ne peut pas répondre avec certitude.

Q13. Chaque fois que Papi regarde la télévision, il s'endort. Or, ce soir Papi et Mamie discutent de politique. Est-ce que Papi regarde la télévision ?

A. OUI **B.** NON **C.** On ne peut pas répondre avec certitude.

Q14. Chaque fois qu'il y a beaucoup de pollen dans la nature, Cécile fait des crises d'asthme. Cette saison, il y a beaucoup de pollen dans la nature. Est-ce que Cécile aura des crises d'asthme ?

A. OUI **B.** NON **C.** On ne peut pas répondre avec certitude.

Q15. À chaque 14 juillet, on lance des feux d'artifice à Paris. Aujourd'hui, il y aura un magnifique feu d'artifice dans la capitale. Sommes-nous le 14 juillet ?

A. OUI **B.** NON **C.** On ne peut pas répondre avec certitude.

Test n° 3

Temps conseillé 5 min

4190716523164090714161522825231460904165526316490761
4615231416097152314649071455288825161686146152523861
615286149079046153261540909583256146409097094905852
3415160561616165679182364907904905861614469904904908
4165233232148832532583253261483256145509015328325146

Répondre aux questions, à partir du tableau ci-dessus.		A	B	C	D
Q16	Combien de fois peut-on lire le chiffre 2 immédiatement précédé du chiffre 3 ?	8	9	10	11
Q17	Combien de fois peut-on lire le chiffre 0 immédiatement suivi d'un chiffre pair ?	6	7	8	9
Q18	Combien de fois peut-on lire le chiffre 7 immédiatement précédé d'un chiffre différent de 7 ?	9	10	11	12
Q19	Combien de fois peut-on lire le chiffre 4 immédiatement suivi d'un chiffre inférieur ou égal à 5 ?	10	11	12	13
Q20	Quel est le nombre de chiffres impairs inférieur à 4 immédiatement suivi d'un chiffre pair supérieur à 5 ?	17	18	19	20

Test n° 4

Temps conseillé 10 min

On donne les salaires de premiers emplois d'infirmiers. Pour les dix femmes : 1 200 € ; 1 235 € ; 1 245 € ; 1 310 € ; 1 370 € ; 1 400 € ; 1 440 € ; 1 500 € ; 1 700 € et 2 100 €. Pour les 20 hommes le salaire moyen est de 1 789 €, l'étendue est de 2 400 €, et la médiane est de 2 000 €. De plus tous les salaires des hommes sont différents. Le plus petit salaire sur l'ensemble du personnel est de 1 150 €. La médiane est le salaire qui partage le groupe des hommes infirmiers en deux groupes de même effectif.

Q21. Quel est le salaire moyen des infirmières ?
A. 1 350 € **B.** 1 400 € **C.** 1 450 € **D.** 1 500 €

Q22. Quel est le salaire moyen sur l'ensemble de ces jeunes diplômés ?
A. 1 482 € **B.** 1 527 € **C.** 1 583 € **D.** 1 676 €

Q23. Quel est le salaire le plus élevé de ces jeunes diplômés ?
A. 2 486 € **B.** 2 565 € **C.** 3 550 € **D.** 3 650 €

Q24. Combien de personnes gagnent plus de 2 000 € ?
A. 10 **B.** 11 **C.** 12 **D.** 13

Q25. En choisissant une personne au hasard, quelle est la probabilité que ce soit une infirmière ?
A. 1/3 **B.** 10 % **C.** 2/3 **D.** 25 %

Test n° 5

Temps conseillé 5 min

Le but de ce test est de déterminer les nombres qui doivent remplacer les lettres de **P** à **T**.

3	**P**	2	1	3	**Q**	5	4	**R**	6	7	2	**S**	8	**T**	7

Q26. Quel nombre doit remplacer la lettre **P** ?
A. 3 **B.** 4 **C.** 5 **D.** 6

Q27. Quel nombre doit remplacer la lettre **Q** ?
A. 5 **B.** 6 **C.** 7 **D.** 8

Q28. Quel nombre doit remplacer la lettre **R** ?
A. 1 **B.** 2 **C.** 3 **D.** 4

Q29. Quel nombre doit remplacer la lettre **S** ?
A. 3 **B.** 4 **C.** 5 **D.** 6

Q30. Quel nombre doit remplacer la lettre **T** ?
A. 3 **B.** 4 **C.** 5 **D.** 6

Test n° 6

Temps conseillé 5 min

Pour chaque question, vous devez déterminer la proposition de réponse qui satisfait toutes les lignes de l'énoncé.

Voici la suite des lettres utilisées :	E	F	G	H	I	J

E	J	H	F	Cette ligne possède trois lettres communes mal placées.
J	E	F	G	Cette ligne possède deux lettres communes bien placées.
I	E	G	H	Cette ligne possède trois lettres communes bien placées.
J	G	E	F	Cette ligne possède deux lettres communes mal placées.
J	G	F	E	Cette ligne possède une lettre commune bien placée, et une lettre commune mal placée.

Q31. **A.** J F E H **B.** E F J H **C.** I E F H **D.** J F H E

F	H	I	E	G	Cette ligne possède deux lettres communes bien placées, et deux lettres communes mal placées.
F	G	I	E	J	Cette ligne possède trois lettres communes bien placées, et une lettre commune mal placée.
J	I	F	E	H	Cette ligne possède deux lettres communes bien placées, et deux lettres communes mal placées.
G	F	J	E	I	Cette ligne possède deux lettres communes bien placées, et deux lettres communes mal placées.
F	G	I	J	H	Cette ligne possède trois lettres communes bien placées, et une lettre commune mal placée.

Q32. **A.** F E H G J **B.** F H I E G **C.** H G I E F **D.** F G J E H

F	G	H	I	Cette ligne possède deux lettres communes mal placées.
E	I	F	G	Cette ligne possède deux lettres communes bien placées, et une lettre commune mal placée.
I	E	H	F	Cette ligne possède une lettre commune bien placée, et une lettre commune mal placée.
I	H	G	F	Cette ligne possède deux lettres communes mal placées.
E	G	I	F	Cette ligne possède trois lettres communes mal placées.

Q33. **A.** J E F G **B.** E F J G **C.** E J I G **D.** E F I G

I	E	F	H	J	Cette ligne possède trois lettres communes mal placées, et une lettre commune bien placée.
G	E	I	J	F	Cette ligne possède deux lettres communes bien placées, et deux lettres communes mal placées.
F	H	E	G	I	Cette ligne possède trois lettres communes mal placées, et une lettre commune bien placée.
G	J	F	I	E	Cette ligne possède deux lettres communes bien placées, et deux lettres communes mal placées.
E	G	I	H	F	Cette ligne possède deux lettres communes bien placées, et deux lettres communes mal placées.

Q34. **A.** G F H J I **B.** G J E H F **C.** H F I J G **D.** G H J E F

Rappel de la suite des lettres utilisées :	E	F	G	H	I	J

F	H	E	I	G	Cette ligne possède deux lettres communes bien placées, et deux lettres communes mal placées.
J	I	E	F	G	Cette ligne possède trois lettres communes mal placées, et une lettre commune bien placée.
J	I	H	E	G	Cette ligne possède deux lettres communes bien placées, et deux lettres communes mal placées.
E	H	J	F	G	Cette ligne possède quatre lettres communes mal placées, et une lettre commune bien placée.
F	G	J	I	H	Cette ligne possède trois lettres communes mal placées, et une lettre commune bien placée.

Q35. **A.** F E H J G **B.** G J H F E **C.** H E F G I **D.** I G H F E

Test n° 7

Temps conseillé **5 min**

Voici une suite de sept symboles qui se répètent indéfiniment. C'est-à-dire qu'après le dernier symbole, on retrouve le premier symbole et ainsi de suite.

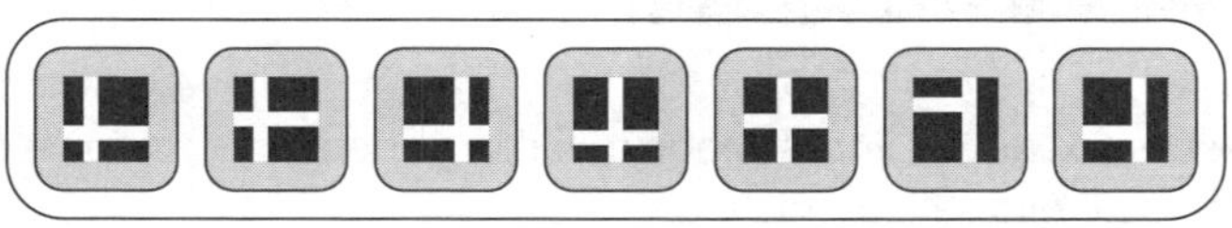

Vous devez déterminer les symboles qui doivent remplacer les dessins notés avec des points d'interrogation.

Q36. Quel est le symbole qui doit remplacer le dessin  ?

A.  **B.**  **C.**  **D.** 

Q37. Quel est le symbole qui doit remplacer le dessin  ?

A.  **B.**  **C.**  **D.** 

Q38. Quel est le symbole qui doit remplacer le dessin  ?

A.  **B.**  **C.**  **D.** 

Q39. Quel est le symbole qui doit remplacer le dessin  ?

A.  **B.**  **C.**  **D.** 

Q40. Quel est le symbole qui doit remplacer le dessin  ?

A.  **B.**  **C.**  **D.** 

Test n° 8

Temps conseillé

Le but de ce test est de déterminer l'image que l'on obtient en superposant trois images que l'on transforme éventuellement.

Voici les transformations utilisées :

- la rotation d'un quart de tour dans le sens horaire, elle est notée : R+90 ;
- la rotation d'un quart de tour dans le sens antihoraire, elle est notée : R–90 ;
- la rotation d'un demi-tour, elle est notée : R180 ;
- la symétrie suivant un axe horizontal, elle est notée : S.H. ;
- la symétrie suivant un axe vertical, elle est notée : S.V.

Sur la figure suivante, à partir de la première image on applique ces transformations.

R+90 R–90 R180 S.H. S.V.

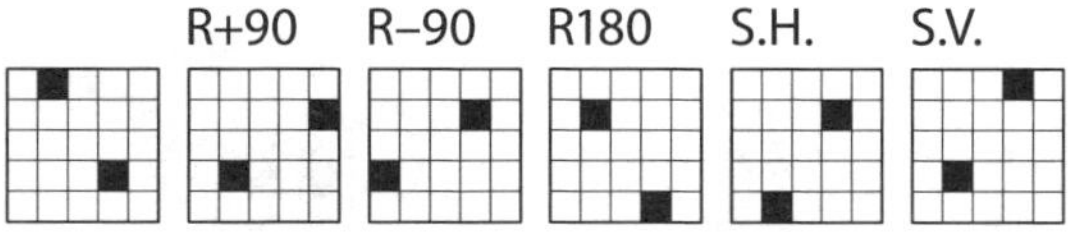

Q41. Quel est le numéro de l'image obtenue en superposant les trois figures suivantes ?

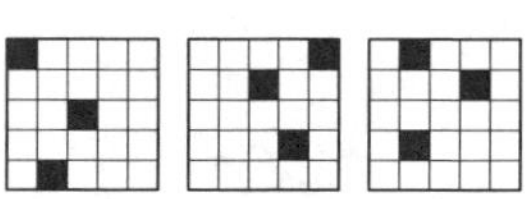

A. 1 **B.** 2 **C.** 3 **D.** 4

Q42. Quel est le numéro de l'image obtenue en superposant les trois figures suivantes ?

R+90 R180

A. 6 **B.** 7 **C.** 8 **D.** 9

Q43. Quel est le numéro de l'image obtenue en superposant les trois figures suivantes ?

R–90 S.H.

A. 3 **B.** 4 **C.** 9 **D.** 10

Q44. Quel est le numéro de l'image obtenue en superposant les trois figures suivantes ?

R180 S.H. S.V.

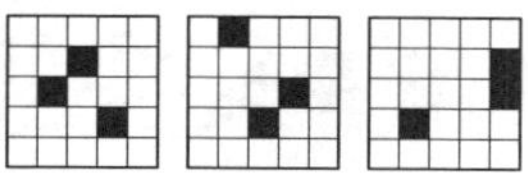

A. 10 **B.** 8 **C.** 4 **D.** 3

Q45. Quel est le numéro de l'image obtenue en superposant les trois figures suivantes ?

R180 S.H. R–90

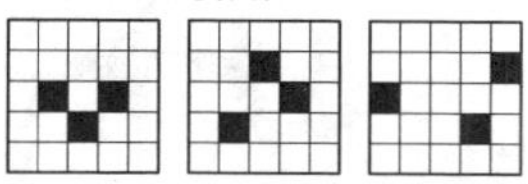

A. 7 **B.** 10 **C.** 5 **D.** 4

Voici les réponses proposées, il y a 10 images mais seulement 5 sont les solutions.

1 2 3 4 5 6 7 8 9 10

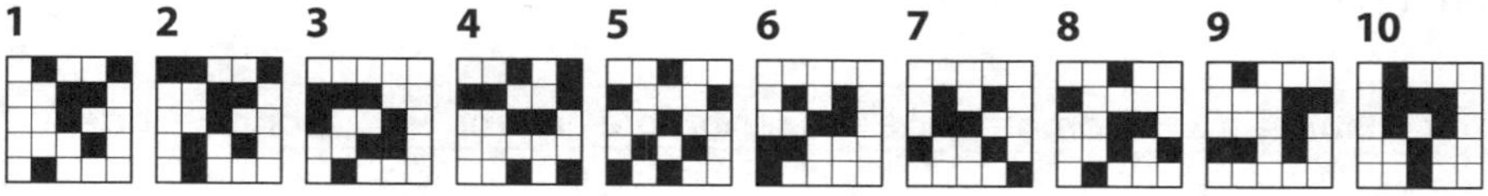

Test n° 9

Temps conseillé 10 min

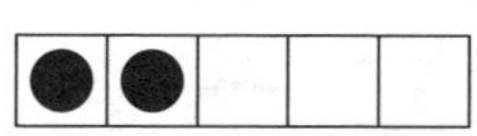

Q46. De combien de façons possibles peut-on placer 2 ronds dans la grille ci-dessus ? On ne peut placer qu'un seul rond par case.

A. 5 **B.** 10 **C.** 15 **D.** 20

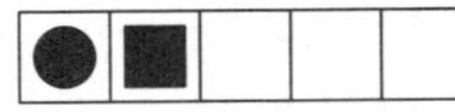

Q47. De combien de façons possibles peut-on placer un rond et un carré dans la grille suivante ? On ne peut placer qu'une seule figure par case.

A. 5 **B.** 10 **C.** 15 **D.** 20

Q48. De combien de façons possibles peut-on placer un rond, un carré et un triangle dans la grille suivante ? On ne peut placer qu'une seule figure par case.

A. 20 **B.** 40 **C.** 60 **D.** 80

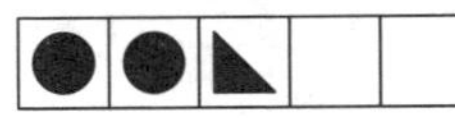

Q49. De combien de façons possibles peut-on placer deux ronds et un triangle dans la grille suivante ? On ne peut placer qu'une seule figure par case.

A. 30 **B.** 40 **C.** 50 **D.** 60

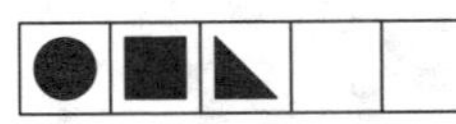

Q50. De combien de façons possibles peut-on placer un rond, un carré et un triangle dans la grille suivante ? On peut placer plusieurs figures dans chaque case. Dans ce cas, l'ordre dans lequel on superpose les figures n'a pas d'importance.

A. 25 **B.** 50 **C.** 75 **D.** 125

Test n° 10

Temps conseillé

Le but de ce test est de déterminer le code associé à un nombre.
Voici deux exemples d'un même codage :

Nombre naturel	Nombre codé	Nombre naturel	Nombre codé
374	5	695	21

Quel est le codage des nombres naturels suivants ?

	Nombre naturel	Propositions de réponse du nombre codé			
		A	B	C	D
Q51	243	0	1	2	3
Q52	421	2	3	4	5
Q53	633	12	13	14	15
Q54	538	26	37	48	59
Q55	278	12	11	10	9

Test n° 11

Temps conseillé **10 min**

On donne deux images qui s'enchaînent logiquement. Le but de ce test est de déterminer l'image qui suit la même logique mais appliquée sur une nouvelle image.

<u>Exemple :</u>

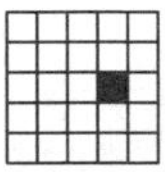 est à : 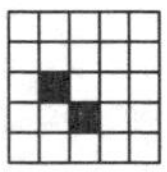 ce que : 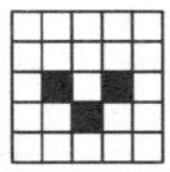 est à :

A.  **B.**  **C.**  **D.** 

On remarque que de la première image à la deuxième, d'une part le nombre de carrés augmente d'une unité, et d'autre part l'image est tournée d'un demi-tour.
Voici le détail de cette transformation :

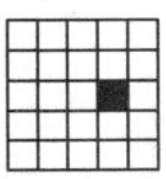
1re image

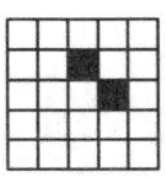
On ajoute un carré.

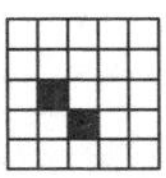
Rotation d'un demi-tour

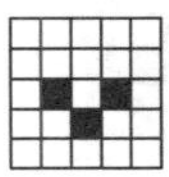
Nouvelle image

On ajoute un carré.

Rotation d'un demi-tour

On applique cela à la nouvelle image. D'une part le nombre de carrés passe de 3 à 4, et d'autre part l'image est tournée d'un demi-tour. C'est la proposition de réponse **A.**

Q56. Quelle est la proposition de réponse qui est la suite logique de la 3e image ?

 est à :  ce que : 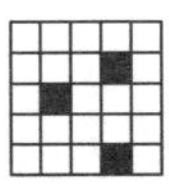 est à :

A. 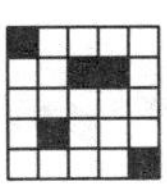 **B.** 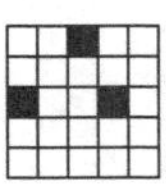 **C.** 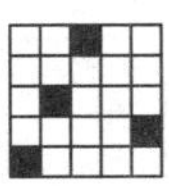 **D.** 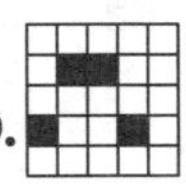

Q57. Quelle est la proposition de réponse qui est la suite logique de la 3e image ?

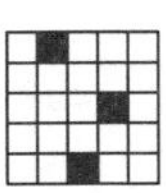 est à : 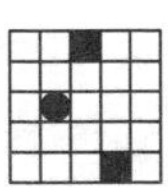 ce que : 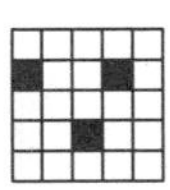 est à :

A. 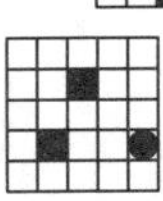 **B.** 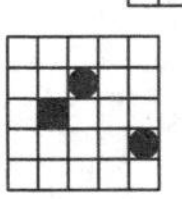 **C.** 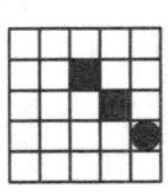 **D.** 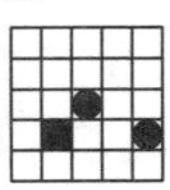

Q58. Quelle est la proposition de réponse qui est la suite logique de la 3ᵉ image ?

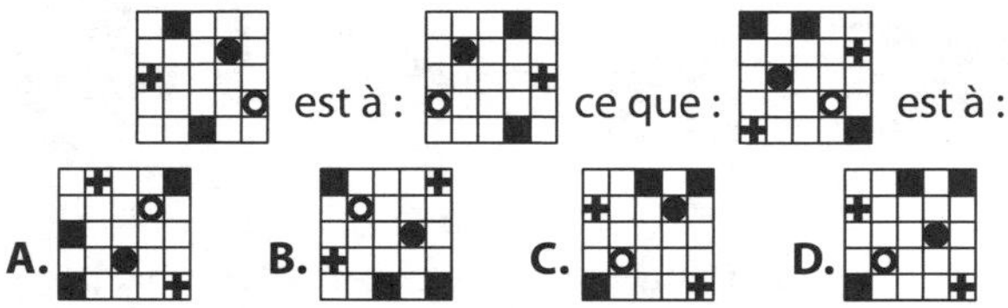

Q59. Quelle est la proposition de réponse qui est la suite logique de la 3ᵉ image ?

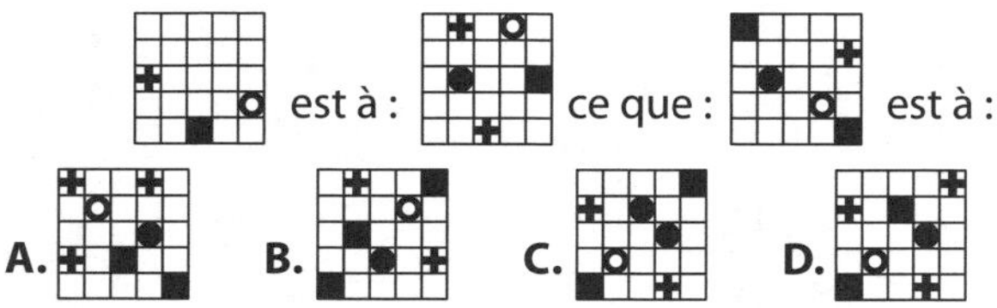

Q60. Quelle est la proposition de réponse qui est la suite logique de la 3ᵉ image ?

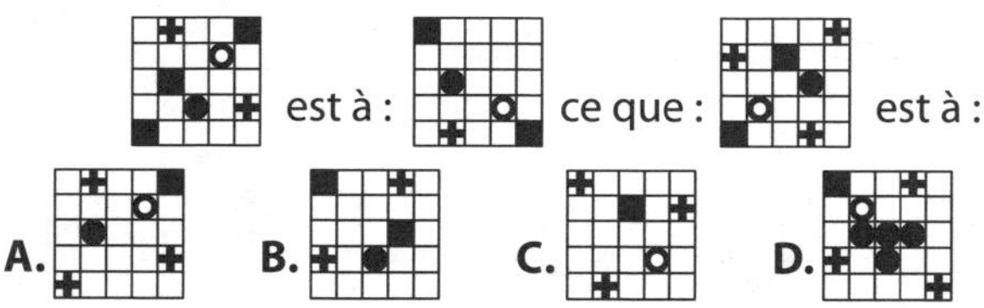

Q61. Quelle est la proposition de réponse qui est la suite logique de la 3ᵉ image ?

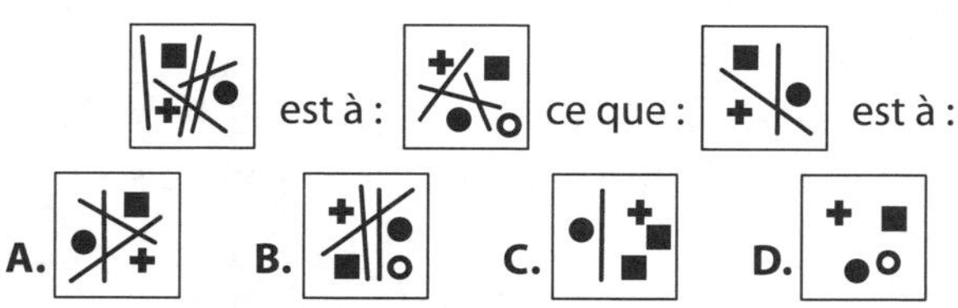

Q62. Quelle est la proposition de réponse qui est la suite logique de la 3ᵉ image ?

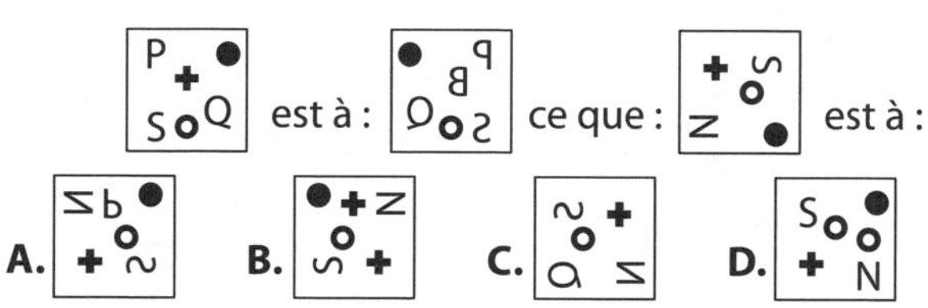

Q63. Quelle est la proposition de réponse qui est la suite logique de la 3ᵉ image ?

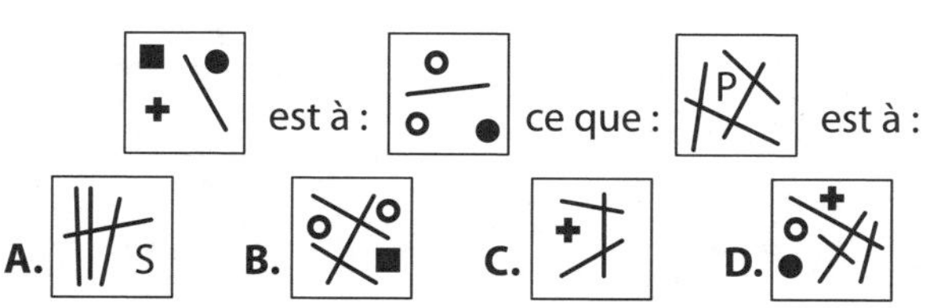

Q64. Quelle est la proposition de réponse qui est la suite logique de la 3e image ?

 est à :  ce que :  est à :

A.  **B.**  **C.**  **D.** 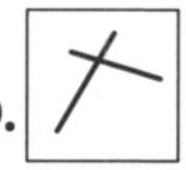

Q65. Quelle est la proposition de réponse qui est la suite logique de la 3e image ?

 est à :  ce que :  est à :

A.  **B.**  **C.**  **D.** 

Test n° 12

Temps conseillé 5 min

Voici une suite de sept symboles qui se répètent indéfiniment. C'est-à-dire qu'après le dernier symbole, on retrouve le premier symbole et ainsi de suite.

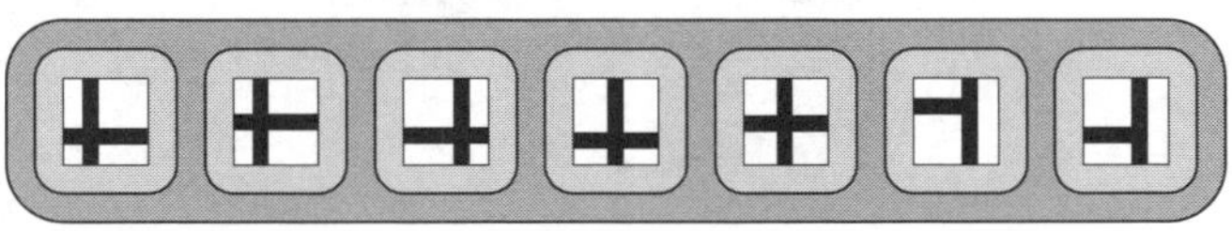

Vous devez déterminer les symboles qui doivent remplacer les dessins notés avec des points d'interrogation.

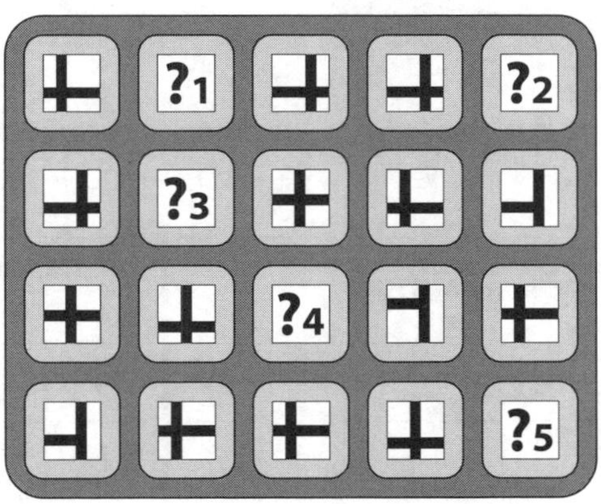

Q66. Quel est le symbole qui doit remplacer le dessin  ?

A.  **B.**  **C.**  **D.** 

Q67. Quel est le symbole qui doit remplacer le dessin  ?

A.  B.  C.  D. 

Q68. Quel est le symbole qui doit remplacer le dessin  ?

A.  B.  C. 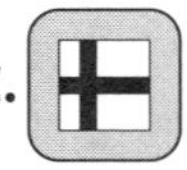 D. 

Q69. Quel est le symbole qui doit remplacer le dessin  ?

A.  B.  C. 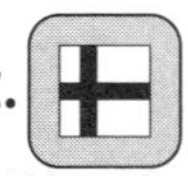 D. 

Q70. Quel est le symbole qui doit remplacer le dessin  ?

A.  B.  C. 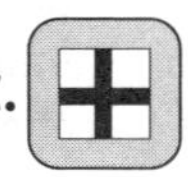 D. 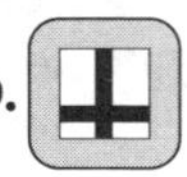

Test n° 13

Temps conseillé

Pour chaque question, le but de ce test est de déterminer la lettre qui doit remplacer le point d'interrogation.

Q.	Série de lettres					Réponses proposées			
						A	B	C	D
Q71	I	?	E	U	G	Q	K	F	H
Q72	R	P	N	?	J	T	K	L	V
Q73	BE	TU	RU	?	WY	AB	UT	PU	CD
Q74	Y	U	?	E	O	B	A	C	D
Q75	O	E	M	?	U	Z	L	Y	W

Test n° 14

Temps conseillé 5 min

Quand on déplace une image, elle conserve toutes ses mesures, elle n'est pas déformée, ni réduite ni agrandie, elle est parfois déplacée, elle a parfois subi une rotation. En revanche, elle n'est pas transformée par symétrie.
On donne une image de référence suivie de quatre images. Le but de ce test est de déterminer les images qui sont des déplacements de l'image de référence.

Q76. Quelles sont les images obtenues par déplacement de l'image de référence ?

Référence **A.** **B.** **C.** **D.**

Q77. Quelles sont les images obtenues par déplacement de l'image de référence ?

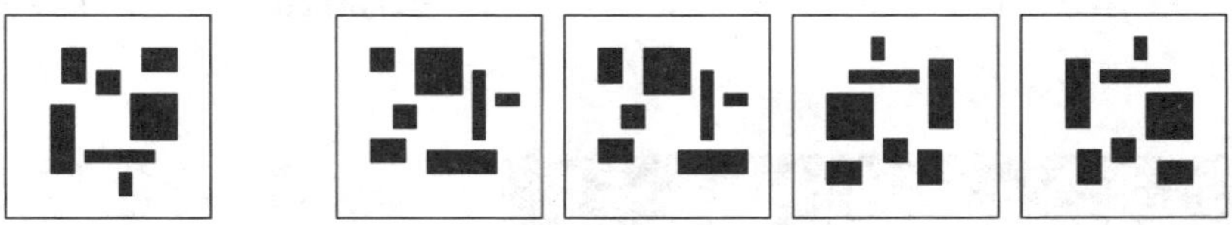

Référence **A.** **B.** **C.** **D.**

Q78. Quelles sont les images obtenues par déplacement de l'image de référence ?

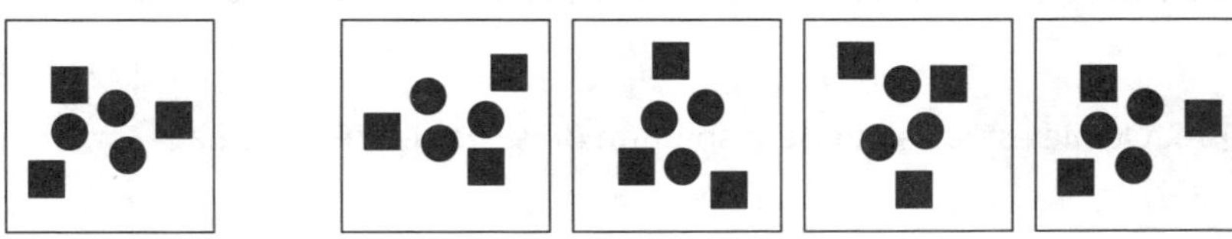

Référence **A.** **B.** **C.** **D.**

Q79. Quelles sont les images obtenues par déplacement de l'image de référence ?

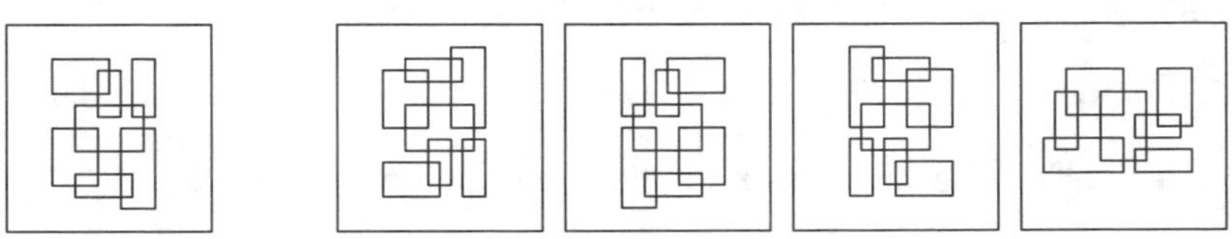

Référence **A.** **B.** **C.** **D.**

Q80. Quelles sont les images obtenues par déplacement de l'image de référence ?

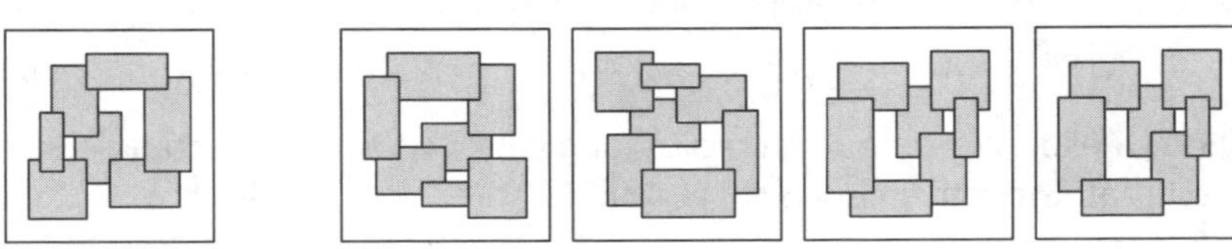

Référence **A.** **B.** **C.** **D.**

Test n° 15

Temps conseillé 10 min

Pierre a huit ans de moins que Paul. Pascal a six ans de plus que Pierre et Patrice a deux ans de moins que Paul. Pablo a l'âge moyen des personnages soit 27 ans.

Q81. Quel âge à Pierre ?
A. 22 ans **B.** 23 ans **C.** 24 ans **D.** 25 ans

Q82. Quel est l'âge de Paul ?
A. 27 ans **B.** 28 ans **C.** 29 ans **D.** 30 ans

Q83. Quel est l'âge de Pascal ?
A. 24 ans **B.** 25 ans **C.** 26 ans **D.** 28 ans

Q84. Quel est l'âge de Patrice ?
A. 26 ans **B.** 27 ans **C.** 28 ans **D.** 29 ans

Q85. Qui a le même âge que Pascal ?
A. Pierre **B.** Paul **C.** Patrice **D.** Pablo

Test n° 16

Temps conseillé 10 min

Attention, parfois plusieurs solutions sont possibles à chaque question.

Q86. Quelle est la valeur de z solution du système suivant : $\begin{cases} 4x + 2y + 3z = 4 \\ 2x + y + 6z = 5 \\ -2x + y + 9z = 6 \end{cases}$?

A. 0,25 **B.** 0,5 **C.** 1 ÷ 3 **D.** Autre réponse

Q87. Quelle est la valeur de x solution de l'équation : $(3x - 2)^2 - 9x^2 = 4^2$?

A. 1 **B.** 0,5 **C.** – 1 **D.** 2

Q88. Quelle est la valeur de x solution de l'équation : $(1 - x)^2 = 1$?

A. 0 **B.** 1 **C.** – 1 **D.** 2

Q89. Quelle est la valeur approchée de l'expression : $3{,}003^4$?

A. $81 \times 1{,}4$ **B.** $81 \times 1{,}04$ **C.** $81 \times 1{,}004$ **D.** $81 \times 1{,}0004$

Q90. Quelle est la longueur du plus long côté d'un triangle rectangle, si les autres côtés mesurent respectivement 6 cm et 8 cm ?

A. 10 cm **B.** 11 cm **C.** 12 cm **D.** 13 cm

Test n° 17

Temps conseillé 10 min

À la phrase : « *Allons enfants de la Patrie, le jour de gloire est arrivé* » on associe le nombre **11**.
Par analogie, quel est le nombre associé aux phrases suivantes ?

Q91. « *Contre nous de la tyrannie, l'étendard sanglant est levé.* »
A. 10 **B.** 11 **C.** 12 **D.** 13

Q92. « *Entendez-vous dans nos campagnes, mugir ces féroces soldats ?* »
A. 7 **B.** 8 **C.** 9 **D.** 10

À la phrase : « *Que veut cette horde d'esclaves, de traîtres, de rois conjurés ?* » on associe le nombre **8**.
Par analogie, quel est le nombre associé aux phrases suivantes ?

Q93. « *Pour qui ces ignobles entraves, ces fers dès longtemps préparés ?* »
A. 6 **B.** 7 **C.** 8 **D.** 9

Q94. « *C'est nous qu'on ose méditer, de rendre à l'antique esclavage !* »
A. 7 **B.** 8 **C.** 9 **D.** 10

À la phrase : « *Quoi ces cohortes étrangères feraient la loi dans nos foyers !* » on associe le nombre **4**.
Par analogie, quel est le nombre associé aux phrases suivantes ?

Q95. « *Quoi ! Ces phalanges mercenaires terrasseraient nos fils guerriers !* »
A. 6 **B.** 7 **C.** 8 **D.** 9

Q96. « *De vils despotes deviendraient les maîtres des destinées.* »
A. 4 **B.** 5 **C.** 6 **D.** 7

À la phrase : « *Français, en guerriers magnanimes portez ou retenez vos coups !* » on associe le nombre **4**.
Par analogie, quel est le nombre associé aux phrases suivantes ?

Q97. « *Tout est soldat pour vous combattre.* »
A. 3 **B.** 4 **C.** 5 **D.** 6

Q98. « *S'ils tombent, nos jeunes héros, la France en produit de nouveaux* »
A. 10 **B.** 11 **C.** 12 **D.** 13

À la phrase : « *Nous entrerons dans la carrière, quand nos aînés n'y seront plus* » on associe le nombre **21**.
Par analogie, quel est le nombre associé aux phrases suivantes ?

Q99. « *Nous y trouverons leur poussière, et la trace de leurs vertus.* »
A. 23 **B.** 24 **C.** 25 **D.** 26

Q100. « *Liberté, liberté chérie, combats avec tes défenseurs !* »
A. 15 **B.** 16 **C.** 17 **D.** 18

Grille réponse

Avec un crayon, cochez vos réponses à chaque question.

	A	B	C	D		A	B	C	D		A	B	C	D		A	B	C	D
Q1					**Q26**					**Q51**					**Q76**				
Q2					**Q27**					**Q52**					**Q77**				
Q3					**Q28**					**Q53**					**Q78**				
Q4					**Q29**					**Q54**					**Q79**				
Q5					**Q30**					**Q55**					**Q80**				
Q6					**Q31**					**Q56**					**Q81**				
Q7					**Q32**					**Q57**					**Q82**				
Q8					**Q33**					**Q58**					**Q83**				
Q9					**Q34**					**Q59**					**Q84**				
Q10					**Q35**					**Q60**					**Q85**				
Q11					**Q36**					**Q61**					**Q86**				
Q12					**Q37**					**Q62**					**Q87**				
Q13					**Q38**					**Q63**					**Q88**				
Q14					**Q39**					**Q64**					**Q89**				
Q15					**Q40**					**Q65**					**Q90**				
Q16					**Q41**					**Q66**					**Q91**				
Q17					**Q42**					**Q67**					**Q92**				
Q18					**Q43**					**Q68**					**Q93**				
Q19					**Q44**					**Q69**					**Q94**				
Q20					**Q45**					**Q70**					**Q95**				
Q21					**Q46**					**Q71**					**Q96**				
Q22					**Q47**					**Q72**					**Q97**				
Q23					**Q48**					**Q73**					**Q98**				
Q24					**Q49**					**Q74**					**Q99**				
Q25					**Q50**					**Q75**					**Q100**				

Vous pouvez vous attribuer une note « N » sur 20, en comptant le nombre de bonnes réponses « B » et en le divisant par 5.

$$N = \frac{B}{5} = \frac{\square}{5} = \square$$

CORRIGÉ DE L'ÉPREUVE N° 7

Test n° 1

On note A le poids du cube, B celui de la pyramide et C celui du cylindre. À partir des deux images de l'énoncé, on peut écrire un système de deux équations à trois inconnues. Après avoir transformé ces relations, on obtient deux nouvelles relations assez simples. Elles sont utilisées pour répondre aux questions posées.

On nomme a et b les deux équations obtenues en écrivant l'égalité des deux plateaux des balances.

$$\begin{cases} 3A + 4C = 12B \\ 3B + 4C = 6A \end{cases} = \begin{cases} a \\ b \end{cases}$$

On fait la différence membre à membre des équations.

$$\begin{array}{llcl} 3A & +4C & = & 12B \\ 3B & +4C & = & 6A \\ \hline 3A - 3B & & = & 12B - 6A \end{array}$$

On place les A d'un côté de l'égalité, et les B de l'autre côté.

$$3A + 6A = 12B + 3B$$

$$9A = 15B$$

$$\boxed{3A = 5B}$$ *On obtient une relation liant A et B.*

Dans l'équation a, on remplace 3 A par 5 B.

$$3A + 4C = 12B$$

$$5B + 4C = 12B$$

$$4C = 12B - 5B$$

$$\boxed{4C = 7B}$$ *On obtient une relation liant B et C.*

Q1. Réponse **D**. 1 pyramide et 8 cylindres ont le même poids que 9 cubes.

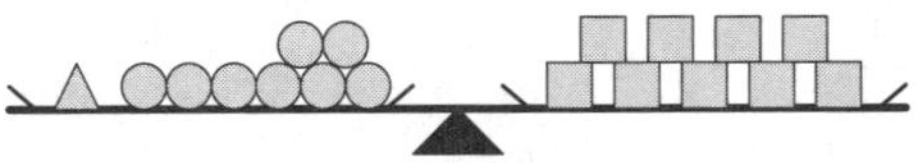

Il faut exprimer le poids du plateau côté gauche en fonction du poids d'un certain nombre de cubes placés côté droit de la balance ; c'est-à-dire : $B + 8C = ... A$.

***Méthode :** on manipule des deux relations encadrées.*

$$\begin{cases} 3A = 5B \\ 7B = 4C \end{cases}$$

On multiplie par 3 la première relation, par 2 la seconde relation, puis on fait la somme terme à terme.

$$\begin{cases} \times 3 \\ \times 2 \end{cases} \begin{cases} 3A = 5B \\ 7B = 4C \end{cases}$$

$$\begin{cases} 9A = 15B \\ 14B = 8C \end{cases}$$ *On obtient ces deux relations.*

$$\begin{array}{lcl} 9A & = & 15B \\ 14B & = & 8C \\ \hline 9A + 14B & = & 15B + 8C \end{array}$$

On place les A d'un côté de l'égalité, B et C de l'autre côté.

$$9A = 15B - 14B + 8C$$

$$9A = B + 8C$$

$$\boxed{B + 8C = 9A}$$

Q2. Réponse **D**. 3 cubes et 9 pyramides ont le même poids que 8 cylindres.

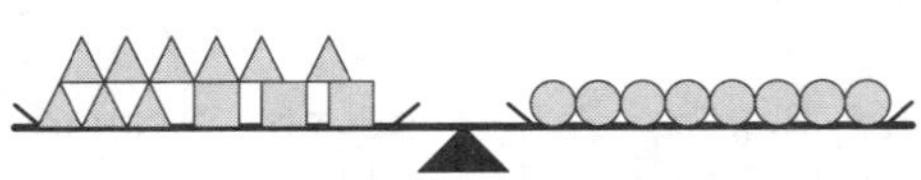

Il faut exprimer le poids du plateau côté gauche en fonction du poids d'un certain nombre de cylindres placés côté droit de la balance ; c'est-à-dire : $3A + 9B = ... C$.

***Méthode :** on manipule des deux premières relations.*

$$\begin{cases} 3A = 5B \\ 7B = 4C \end{cases}$$

On multiplie par 2 la seconde relation, puis on fait la somme terme à terme avec la première relation.

$$\begin{cases} \times 1 \\ \times 2 \end{cases} \begin{cases} 3A = 5B \\ 7B = 4C \end{cases}$$

$$\begin{cases} 3A = 5B \\ 14B = 8C \end{cases}$$ *On obtient ces deux relations.*

$$\begin{array}{ll} 3A & = 5B \\ 14B & = 8C \\ \hline 3A + 14B & = 5B + 8C \end{array}$$

On place A et B d'un côté de l'égalité, C de l'autre côté.

$$3A + 14B - 5B = 8C$$

$$\boxed{3A + 9B = 8C}$$

Q3. Réponse **C**. 3 cubes et 2 pyramides ont le même poids que 4 cylindres.

Il faut exprimer le poids du plateau côté gauche en fonction du poids d'un certain nombre de cylindres placés côté droit de la balance ; c'est-à-dire : $3A + 2B = ...C$.

***Méthode :** on manipule des deux premières relations.*

$$\begin{cases} 3A = 5B \\ 7B = 4C \end{cases}$$

On fait la somme terme à terme des deux équations.

$$\begin{array}{ll} 3A & = 5B \\ 7B & = 4C \\ \hline 3A + 7B & = 5B + 4C \end{array}$$

On place A et B d'un côté de l'égalité, C de l'autre côté.

$$3A + 7B - 5B = 4C$$

$$\boxed{3A + 2B = 4C}$$

Q4. Réponse **A**. 12 cubes et 1 pyramide ont le même poids que 12 cylindres.

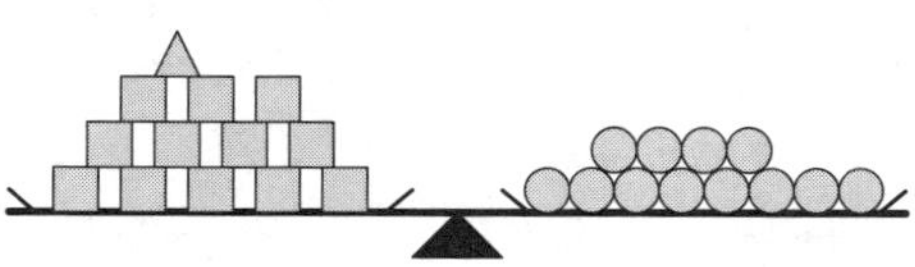

Il faut exprimer le poids du plateau côté gauche en fonction du poids d'un certain nombre de cylindres placés côté droit de la balance ; c'est-à-dire : $12A + B = ...C$.

***Méthode :** on manipule des deux premières relations.*

$$\begin{cases} 3A = 5B \\ 7B = 4C \end{cases}$$

On multiplie par 4 la première relation, par 3 la seconde relation, puis on fait la somme terme à terme.

$$\begin{cases} \times 4 \\ \times 3 \end{cases} \begin{cases} 3A = 5B \\ 7B = 4C \end{cases}$$

$$\begin{cases} 12A = 20B \\ 21B = 12C \end{cases}$$ *On obtient ces deux relations.*

$$\begin{array}{ll} 12A & = 20B \\ 21B & = 12C \\ \hline 12A + 21B & = 20B + 12C \end{array}$$

On place A et B d'un côté de l'égalité, C de l'autre côté.

$$12A + 21B - 20B = 12C$$

$$\boxed{12A + B = 12C}$$

Q5. Réponse **D**. 8 pyramides et 4 cylindres ont le même poids que 9 cubes.

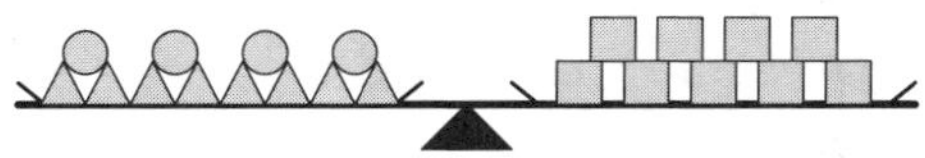

Il faut exprimer le poids du plateau côté gauche en fonction du poids d'un certain nombre de cubes placés côté droit de la balance ; c'est-à-dire : $8B + 4C = ...A$.

***Méthode :** on manipule des deux premières relations.*

$$\begin{cases} 3A = 5B \\ 7B = 4C \end{cases}$$

On multiplie par 3 la première relation, puis on fait la somme terme à terme avec la seconde relation.

$$\begin{cases} \times 3 \\ \times 1 \end{cases} \begin{cases} 3A = 5B \\ 7B = 4C \end{cases}$$

$$\begin{cases} 9A = 15B \\ 7B = 4C \end{cases}$$ *On obtient ces deux relations.*

$$\begin{array}{ll} 9A & = 15B \\ 7B & = 4C \\ \hline 9A + 7B & = 15B + 4C \end{array}$$

On place B et C d'un côté de l'égalité, A de l'autre côté.

$$9A = 15B - 7B + 4C$$

$$9A = 8B + 4C$$

$$\boxed{8B + 4C = 9A}$$

Test n° 2

Quand on dit la vérité en affirmant qu'une proposition *A* entraîne une proposition *B*, on ne peut écrire que trois propositions logiques qui sont toujours vraies.

• Si on affirme la proposition *A*, alors la proposition *B* doit être vraie.

• Si on affirme la proposition *B*, alors on ne sait pas si la proposition *A* est vraie ou fausse.

• Si on nie la proposition *B*, alors la proposition *A* doit être niée.

• Si on nie la proposition *A*, alors la proposition *B* peut être vraie au fausse.

En revanche, si on affirme la proposition *A*, alors on n'écrit pas la vérité en niant la proposition *B*.

Q6. Réponse **B**.
Proposition ***A*** : « Si le facteur passe devant la maison... »
Proposition ***B*** : « Alors le chien aboie. »
• *Si on nie la proposition* **B** (Or, ce matin le chien n'aboie pas) *alors la proposition* **A** *doit être niée.*
Est-ce que le facteur est passé devant la maison ? **NON**.

Q7. Réponse **A**.
Proposition ***A*** : « Si le chien part à la chasse... »
Proposition ***B*** : « Alors le chat prend sa place. »
• *Si on affirme la proposition* **A** (Effectivement, ce matin, le chien est parti à la chasse) *alors la proposition* **B** *doit être vraie.*
Est-ce que le chat a pris sa place ? **OUI**.

Q8. Réponse **C**.
Proposition ***A*** : « Chaque fois que la secrétaire est bien maquillée... »
Proposition ***B*** : « Alors son patron lui fait des compliments. »
• *Si on nie la proposition* **A** (Ce matin, la secrétaire était en retard et n'a pas eu le temps de se maquiller), *alors la proposition* **B** *peut être vraie au fausse.*
Est-ce que son patron lui fera des compliments ? **On ne peut pas répondre avec certitude**.

Q9. Réponse **B**.
Proposition ***A*** : « Si un beau jeune homme infirmier est de service... »
Proposition ***B*** : « Les infirmières ne verront pas le temps passer. »
• *Si on affirme la proposition* **A** (Ce jour là, Pierre, un « beau garçon » infirmier est de service) *alors la proposition* **B** *doit être vraie.*
Est-ce que les infirmières verront le temps passer ? **NON**.

Q10. Réponse **C**.
Proposition ***A*** : « Si un beau jeune-homme entre dans le service de gérontologie... »
Proposition ***B*** : « Alors les infirmières sont joyeuses. »
De plus, Claude est un prénom androgyne, il est porté par les hommes et les femmes. Donc on ne peut pas dire si la proposition ***A*** est vrai ou fausse. Il en sera de même pour la proposition ***B***.
Est-ce que les infirmières seront joyeuses ? **On ne peut pas répondre avec certitude**.

Q11. Réponse **C**.
Proposition ***A*** : « Si je pense à Jordane... »
Proposition ***B*** : « Alors mon cœur s'enflamme. »
• *Si on nie la proposition* ***A*** (Aujourd'hui, je pense à Lulu), *alors la proposition* ***B*** *peut être vraie au fausse*.
Est-ce que mon cœur ne s'enflamme plus ? **On ne peut pas répondre avec certitude**.

Q12. Réponse **C**.
Proposition ***A*** : « Si un bébé naît avec les yeux bleus... »
Proposition ***B*** : « Alors il a de fortes chances de les garder de la même couleur tout au long de sa vie. »
« Il a de fortes chances » n'est pas une certitude. Donc on ne peut pas dire si la proposition ***A*** est vrai ou fausse. Il en sera de même pour la proposition ***B***.
À l'adolescence aura-t-elle encore les yeux verts ? **On ne peut pas répondre avec certitude**.

Q13. Réponse **B**.
Proposition ***A*** : « Si Papi regarde la télévision... »
Proposition ***B*** : « Alors il s'endort. »
• *Si on nie la proposition* ***B*** (Or, ce soir Papi et Mamie discutent de politique) *alors la proposition* ***A*** *doit être niée*.
Est-ce que Papi regarde la télévision ? **NON**.

Q14. Réponse **A**.
Proposition ***A*** : « Chaque fois qu'il y a beaucoup de pollen dans la nature... »
Proposition ***B*** : « Alors Cécile fait des crises d'asthme. »
• *Si on affirme la proposition* ***A*** (Cette saison, il y a beaucoup de pollen dans la nature) *alors la proposition* ***B*** *doit être vraie*.
Est-ce que Cécile déclenchera des crises d'asthme ? **OUI**.

Q15. Réponse **C**.
Proposition ***A*** : « À chaque 14 juillet... »
Proposition ***B*** : « On lance des feux d'artifice à Paris. »
• *Si on affirme la proposition* ***B*** (Aujourd'hui, il y aura un magnifique feu d'artifice dans la capitale) *alors on ne sait pas si la proposition* ***A*** *est vraie ou fausse*.
Sommes-nous le 14 juillet ? **On ne peut pas répondre avec certitude**.

Test n° 3

Q16. Réponse **D**. On cherche les nombres 32.

4190716523164090714161522825231460904165526316490761
46152314160971523146490714552888825161686146152523861
61528614907904615**32**6154090958**32**56146409097094905852
3415160561616165679182364907904905861614469904904908
416523**3232**1488**32**5**32**58**32**5**32**6148**32**56145509015**32**8**32**5146

Q17. Réponse **A**. On cherche les nombres 02, 04, 06 et 08.

41907165231640907141615228252314609**04**165526316490761
46152314160971523146490714552888825161686146152523861
615286149079**04**6153261540909583256146409097094905852
34151605616161656791823649079**04**9058616144699**04**9**04**9**08**
4165233232148832532583253261483256145509015328325146

Q18. Réponse **A**. On cherche les nombres 07, 17, 27, 37, 47, 57, 67, 87 et 97.

419**07**1652316409**07**14161522825231460904165526316490**07**61
46152314160**97**1523146490**07**14552888825161686146152523861
615286149**07**90461532615409095832561464090**97**094905852
3415160561616165**67**91823649**07**904905861614469904904908
4165233232148832532583253261483256145509015328325146

Q19. Réponse **C**. On cherche les nombres de 40 à 45.

419071652316**40**9071**41**6152282523146090**41**6552631649 0761
461523**41**6097152314649071**45**528888251616861461525238 61
6152861490790461532615**40**909583256146**40**9097094905852
3**41**51605616161656791823649079049058616 1**44**69904904908
41652332321488325325832532614832561**45**509015328325146

Q20. Réponse **B**. On cherche les nombres 16, 18, 36 et 38.

41907**16**523**16**4090714**16**1522825231460904**16**55263**16**490761
46152314**16**09715231464907145528888825**1616**86146152523**8**6**1**
615286149079046153261540909583256146409097094905852
3415**16**056**161616**5679**18**2**36**490790490586**16**14469904904908
4**16**5233232148832532583253261483256145509015328325146

Test n° 4

Q21. Réponse **C**. Le salaire moyen en € des femmes est obtenu en calculant le quotient de la somme des salaires des infirmières par leur effectif (10 infirmières).

$$S = \frac{1200 + 1235 + 1245 + 1310 + 1370 + 1400 + 1440 + 1500 + 1700 + 2\,100}{10}$$

$$S = \frac{14\,500}{10} = \boxed{1450}$$

Q22. Réponse **D**. La masse salariale des femmes est de 14 500 €, et celle des hommes est de : 20 × 1789 €. Le salaire moyen en € est alors égal à :

$$S = \frac{14\,500 + 20 \times 1789}{10 + 20}$$

$$S = \frac{14\,500 + 35\,780}{30}$$

$$S = \frac{50\,280}{30}$$

$$\boxed{S = 1676}$$

Q23. Réponse **C**. Le plus petit salaire sur l'ensemble du personnel est de 1 150 €. Comme le salaire minimum des femmes est de 1 200 €, le plus petit salaire est alors celui d'un homme. L'étendue des salaires des hommes est de 2 400 €. L'étendue est la différence entre le plus grand et le plus petit salaire. Le salaire maximum en € est donc égal à : $1150 + 2\,400 = \boxed{3\,550}$. *<u>Remarque :</u> ce salaire est supérieur au salaire maximum des femmes.*

Q24. Réponse **B**. Une seule infirmière perçoit un salaire supérieur à 2 000 €. Pour les hommes, la médiane des salaires est de 2 000 €. Cela signifie que la moitié des infirmiers (10 personnes) perçoivent plus de 2 000 €. Au total, il y a donc : 10 + 1 = **11** personnes qui ont un salaire supérieur à 2 000 €.

Q25. Réponse **A**. Parmi les jeunes diplômés, on compte **10** infirmières et 20 infirmiers soit **30** IDE. En choisissant une personne au hasard, la probabilité que ce soit une femme est de : $\frac{10}{30} = \boxed{\frac{1}{3}}$.

Test n° 5

Questions de Q26 à Q30 : se reporter à la grille réponse.

3	**P**	2	1	3	**Q**	5	4	**R**	6	7	2	**S**	8	**T**	7

3	5	2	1	3	8	5	4	2	6	7	2	5	8	3	7

3	5	2	1

Les 4 premiers nombres vérifient une relation simple. Le 4e nombre et le trois suivants vérifient une relation similaire. Ainsi de suite pour les autres nombres.

$3 \times 2 - 5 = 1$

1	3	8	5

$1 \times 8 - 3 = 5$

5	4	2	6

$5 \times 2 - 4 = 6$

6	7	2	5

$6 \times 2 - 7 = 5$

5	8	3	7

$5 \times 3 - 8 = 7$

Test n° 6

Questions de Q31 à Q35 : se reporter à la grille réponse.

Remarque : une lettre commune est bien placée quand elle occupe la même position dans l'énoncé et dans la proposition de réponse. Dans le cas contraire, on dit que la lettre est commune et mal placée.

Q31. Suite des lettres utilisées :	E	F	G	H	I	J

On compare la proposition **C** avec les lignes de l'énoncé.					
I***EFH***	***E***	J	***H***	***F***	Cette ligne possède trois lettres communes mal placées.
I**EF**H	J	**E**	**F**	G	Cette ligne possède deux lettres communes bien placées.
IEF**H**	**I**	**E**	G	**H**	Cette ligne possède trois lettres communes bien placées.
I***EF***H	J	G	***E***	***F***	Cette ligne possède deux lettres communes mal placées.
I***E*****F**H	J	G	**F**	***E***	Cette ligne possède une lettre commune bien placée, et une lettre commune mal placée.

Conclusion : la proposition de réponse **C** vérifie toutes les lignes de l'énoncé. C'est donc la réponse à retenir et à cocher dans la grille réponse.

On peut vérifier que les autres propositions de réponse ne vérifient pas toutes les lignes de l'énoncé.

Test n° 7

Questions de Q36 à Q40 : se reporter à la grille réponse.

À partir du 1er symbole, on décrit la suite de la façon suivante : on avance de deux symboles pour obtenir le 2e suivant, puis on recule d'un symbole pour obtenir le 3e symbole ; ainsi de suite.

Test n° 8

Pour chaque question, on montre les images après transformation (rotation ou symétrie) suivies de leur superposition.

Q41. Réponse **B**.

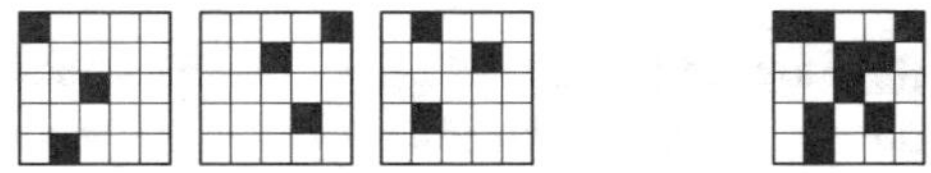

Q42. Réponse **A**.

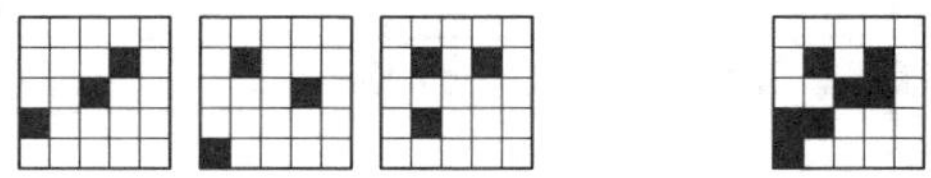

Q43. Réponse **C**.

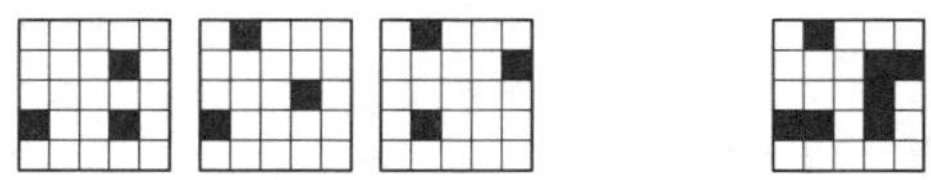

Q44. Réponse **D**.

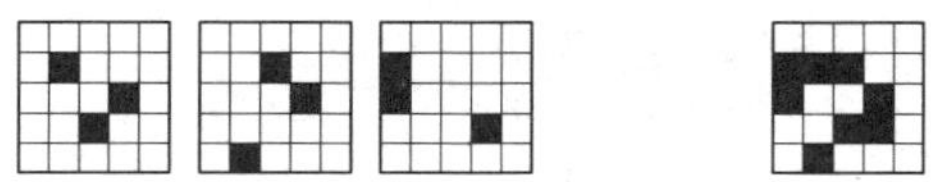

Q45. Réponse **B**.

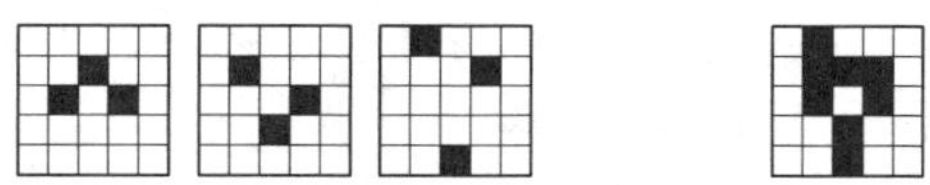

Test n° 9

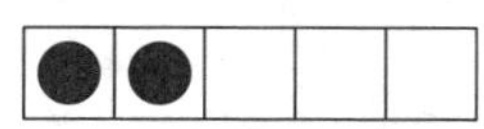

Q46. Réponse **B**.
Pour placer le premier rond on a 5 choix, et pour placer le second rond on a 4 choix. En permutant les deux ronds noirs, la grille est identique. Alors le nombre de possibilités est égal à : $\frac{5 \times 4}{2} = \boxed{10}$.

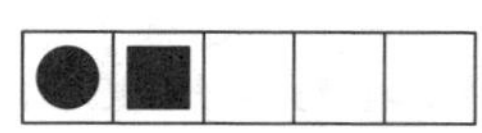

Q47. Réponse **D**.
Pour placer le rond on a 5 choix, et pour placer le carré on a 4 choix. Alors le nombre de possibilités est égal à : $5 \times 4 = \boxed{20}$.

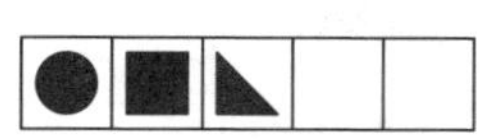

Q48. Réponse **C**.
Pour placer le rond on a 5 choix, pour placer le carré on a 4 choix, et pour placer le triangle on n'a plus que 3 choix. Alors le nombre de possibilités est égal à : $5 \times 4 \times 3 = \boxed{60}$.

Q49. Réponse **A**.
Pour placer le premier rond on a 5 choix, pour placer le second rond on a 4 choix, et pour placer le triangle on n'a plus que 3 choix. En permutant les deux ronds noirs, la grille est identique. Alors le nombre de possibilités est égal à : $\frac{5 \times 4 \times 3}{2} = \boxed{30}$.

Q50. Réponse **D**.
Pour placer le rond on a 5 choix, pour placer le carré on a 5 choix, et pour placer le triangle on a aussi 5 choix. Alors le nombre de possibilités est égal à : $5^3 = \boxed{125}$.

Test n° 10

À partir du nombre naturel, on obtient le nombre codé par la relation suivante :

Nombre naturel	Nombre codé	Nombre naturel	Nombre codé
374	5	695	21

$3 \times 4 - 7 = 12 - 7 = 5$ $\quad$ $6 \times 5 - 9 = 30 - 9 = 21$

	Nombre naturel	Réponse	Détail du calcul
Q51	243	**C.** 2	$2 \times 3 - 4 = 6 - 4 = 2$
Q52	421	**A.** 2	$4 \times 1 - 2 = 4 - 2 = 2$
Q53	633	**D.** 15	$6 \times 3 - 3 = 18 - 3 = 15$
Q54	538	**B.** 37	$5 \times 8 - 3 = 40 - 3 = 37$
Q55	278	**D.** 9	$2 \times 8 - 7 = 16 - 7 = 9$

Test n° 11

Sur les figures, la grosse flèche noire indique que l'image côté gauche est transformée côté droit par rotation ou symétrie.

Q56. Réponse **D**.
D'une image à l'autre le nombre de carrés augmente d'une unité, et l'image est tournée d'un quart de tour dans le sens des aiguilles d'une montre.

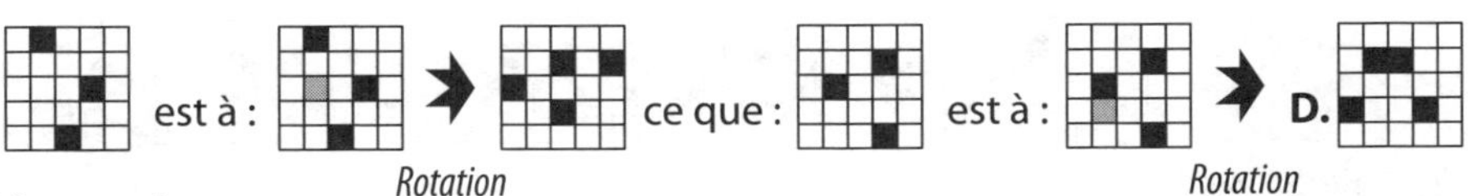

Q57. Réponse **A**.
D'une image à l'autre un carré devient un rond, et l'image est tournée d'un demi-tour.

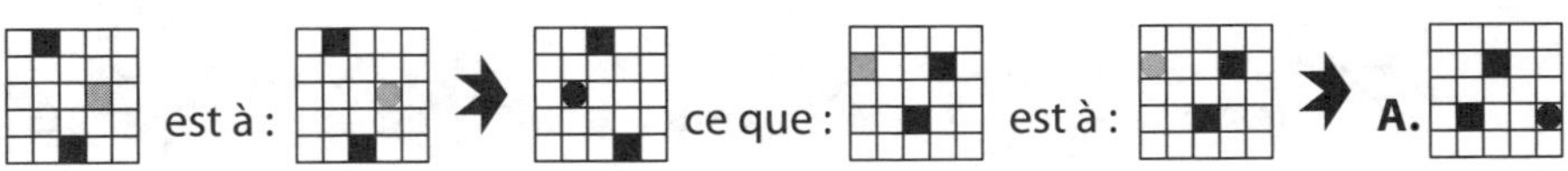

Q58. Réponse **C**.
D'une image à l'autre une figure est déplacée, et l'image est transformée par symétrie suivant un axe vertical.

Q59. Réponse **B**.
D'une image à l'autre le nombre de figures augmente de deux unités, et l'image est tournée d'un quart de tour dans le sens inverse des aiguilles d'une montre.

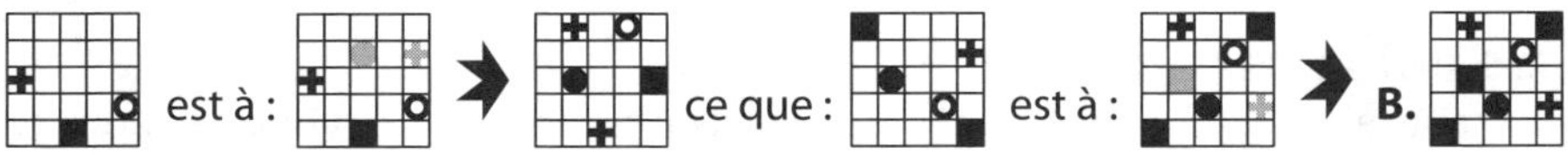

Q60. Réponse **B**.
D'une image à l'autre le nombre de figures diminue de deux unités, et l'image est tournée d'un quart de tour dans le sens des aiguilles d'une montre.

Q61. Réponse **D**.
D'une image à l'autre le nombre de figures augmente d'une unité, deux traits disparaissent, et l'image est tournée d'un quart de tour dans le sens des aiguilles d'une montre.

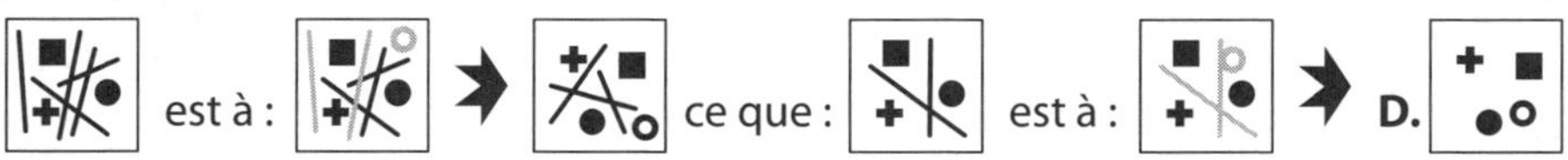

Q62. Réponse **C**.
D'une image à l'autre le nombre de figures diminue d'une unité, le nombre de lettres augmente d'une unité, et l'image est transformée par symétrie suivant un axe vertical.

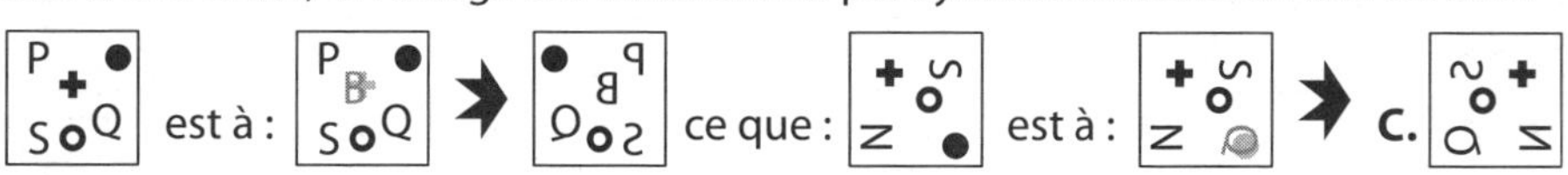

Q63. Réponse **A**.
D'une image à l'autre le nombre de figures, de lettres et de traits sont constants.

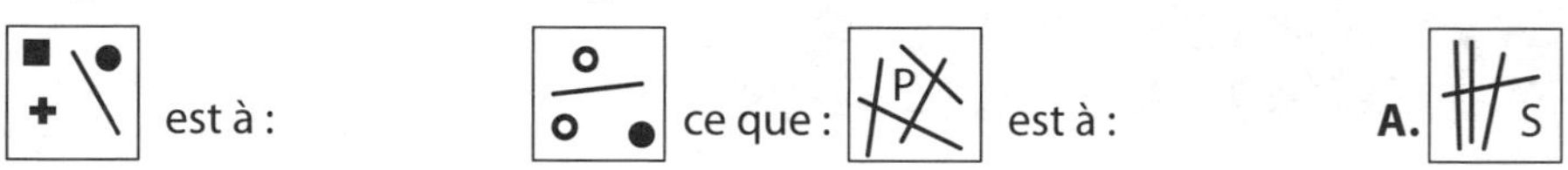

Q64. Réponse **A**.
D'une image à l'autre le nombre de figures augmente d'une unité, le nombre de traits diminue d'une unité, et l'image est tournée d'un demi-tour.

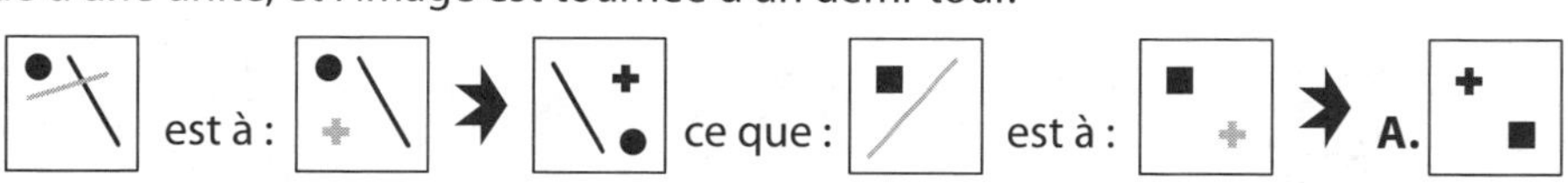

Q65. Réponse **C**.
D'une image à l'autre le nombre de figures augmente d'une unité, le nombre de traits augmente d'une unité, et l'image est transformée par symétrie suivant un axe horizontal.

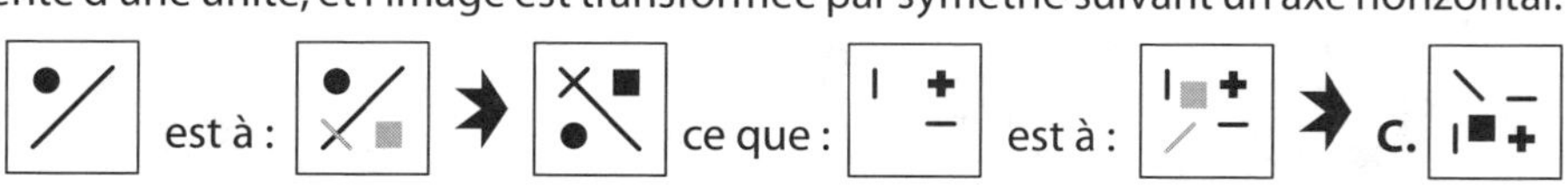

Test n° 12

Questions de Q66 à Q70 : se reporter à la grille réponse.

À partir du 1e symbole, on décrit la suite en suivant la flèche. On avance chaque fois de 2 symboles pour obtenir le prochain symbole.

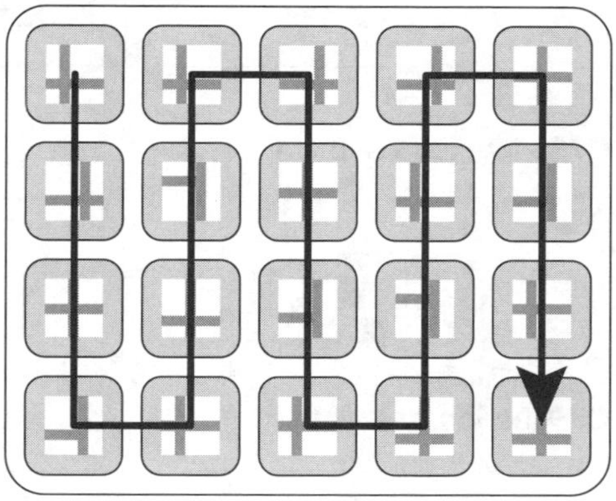

Test n° 13

Q.	Série de lettres					Rép.	Explications
Q71	I	**F**	E	U	G	**C**	Mot **FIGUE**
Q72	R	P	N	**L**	J	**C**	On recule de deux lettres dans l'ordre alphabétique.
Q73	BE	TU	RU	**PU**	WY	**C**	Consonne et la voyelle suivante dans l'ordre alphabétique
Q74	Y	U	**A**	E	O	**B**	Que des voyelles
Q75	O	E	M	**L**	U	**B**	Mot **MOULE**

Test n° 14

S V désigne une symétrie suivant un axe vertical.
S H désigne une symétrie suivant un axe horizontal.

Q76. Réponses **A**, **C** et **D**.

S V

Q77. Réponse **C**.

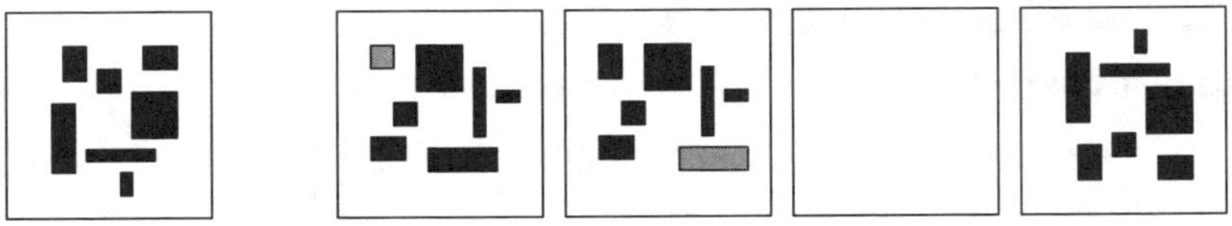

S H

Q78. Réponses **A**, **B** et **C**.

Q79. Réponses **C** et **D**.

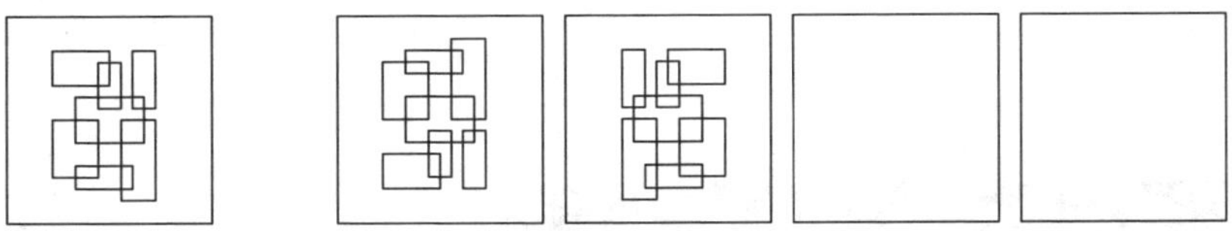

S H S V

Q80. Réponse **D**.

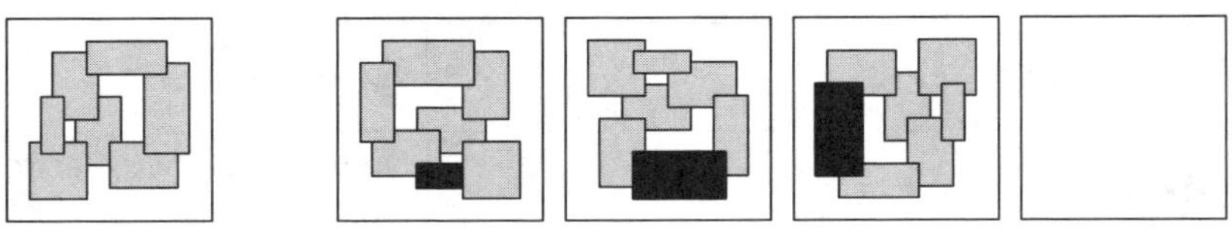

Test n° 15

Questions de Q81 à Q85 : se reporter à la grille réponse.

Pour simplifier l'écriture, on confondra les prénoms et les âges des personnages. C'est ainsi que l'on écrira par exemple : *Pablo* = 27.

1) On note x l'âge de *Paul*. Avec les données de l'exercice, on peut écrire ci-dessous :

$$\begin{cases} Pierre = x \\ Paul = Pierre + 8 \\ Pascal = Pierre + 6 \\ Patrice = Paul - 2 \\ Pablo = 27 \end{cases}$$

2) À partir de la 2e ligne, on remplace *Pierre* par x. On obtient alors :

$$\begin{cases} Pierre = x \\ Paul = x + 8 \\ Pascal = x + 6 \\ Patrice = Paul - 2 \\ Pablo = 27 \end{cases}$$

3) À la 4[e] ligne, on remplace *Paul* par : $x + 8$. On obtient alors :

$$\begin{cases} Pierre = x \\ Paul = x + 8 \\ Pascal = x + 6 \\ Patrice = (x + 8) - 2 \\ Pablo = 27 \end{cases}$$

4) On simplifie la 4[e] ligne. On obtient alors : $\begin{cases} Pierre = x \\ Paul = x + 8 \\ Pascal = x + 6 \\ Patrice = x + 6 \\ Pablo = 27 \end{cases}$

5) La moyenne est obtenue en faisant le quotient de la somme des âges par le nombre de personnes. On obtient alors :

$$\text{Moyenne} = \frac{Pierre + Paul + Pascal + Patrice + Paolo}{5} = 27$$

6) On remplace les prénoms par leurs expressions en fonction de x. On obtient alors :

$$\frac{x + (x + 8) + (x + 6) + (x + 6) + 27}{5} = 27$$

7) On calcule la somme au numérateur. On obtient alors : $\frac{4x + 47}{5} = 27$

8) On multiplie les deux membres par 27. On obtient alors : $4x + 47 = 27 \times 5$

9) On résout cette équation. On obtient alors : $4x + 47 = 135$

$4x = 135 - 47$

$4x = 88$

$x = \frac{88}{4}$

$\boxed{x = 22}$

10) On remplace x par 22 dans le système du paragraphe n° 4. On obtient alors :

$\begin{cases} Pierre = x \\ Paul = x + 8 \\ Pascal = x + 6 \\ Patrice = x + 6 \\ Pablo = 27 \end{cases}$ $\begin{cases} Pierre = 22 \\ Paul = 22 + 8 \\ Pascal = 22 + 6 \\ Patrice = 22 + 6 \\ Pablo = 27 \end{cases}$

11) On obtient alors les âges des personnes : $\begin{cases} \boxed{Pierre = 22} \\ \boxed{Paul = 30} \\ \boxed{Pascal = 28} \\ \boxed{Patrice = 28} \\ \boxed{Pablo = 27} \end{cases}$

Test n° 16

Q86. Réponse **D**. Dans le système, on isole y dans la 2e équation. On reporte cette valeur dans la 1re équation. On obtient alors la valeur cherchée de z.

$\begin{cases} 4x + 2y + 3z = 4 \\ 2x + y + 6z = 5 \\ -2x + y + 9z = 6 \end{cases}$

On isole y dans la 2e équation :

$y = 5 - 2x - 6z$

On reporte cette valeur dans la 1re équation.

$4x + 2y + 3z = 4$

$4x + 2(5 - 2x - 6z) + 3z = 4$

On développe l'équation obtenue.

$4x + 10 - 4x - 12z + 3z = 4$

On résout cette équation.

$\cancel{4x} + 10 - \cancel{4x} - 12z + 3z = 4$

$-9z = 4 - 10$

$-9z = -6$ *On divise par – 9. On ne change pas alors les signes.*

$z = \frac{-6}{-9}$ *On simplifie le quotient.*

$\boxed{z = \frac{2}{3}}$

Q87. Réponse **C**. On développe, puis on résout l'équation.

On utilise une identité remarquable.

$(a - b)^2 = a^2 - 2ab + b^2$

$a = 3x \; ; \; b = 2$

$(3x - 2)^2 = (3x)^2 - 2 \times 3x \times 2 + 2^2$

$(3x - 2)^2 = 9x^2 - 12x + 4$

On développe.

$(3x - 2)^2 - 9x^2 = 4^2$

$(9x^2 - 12x + 4) - 9x^2 = 16$

On réduit l'expression.

$\cancel{9x^2} - 12x + 4 - \cancel{9x^2} = 16$

$-12x + 4 = 16$

On résout l'équation.

$-12x = 16 - 4$ *+ 4 change de membre et de signe. Il devient – 4.*

$-12x = 12$

$x = \frac{12}{-12}$ *On divise par – 12 les deux membres.*

$\boxed{x = -1}$

Q88. Réponses **A** et **D**. On développe, puis on résout l'équation.

On utilise une identité remarquable.

$(a - b)^2 = a^2 - 2ab + b^2$

$a = 1 \; ; \; b = x$

$(1 - x)^2 = 1^2 - 2 \times 1 \times x + x^2$

$(1 - x)^2 = 1 - 2x + x^2$

On développe.

$(1 - x)^2 = 1$

$1 - 2x + x^2 = 1$

$-2x + x^2 = 1 - 1$

$-2x + x^2 = 0$

On factorise cette expression par x.

$-2x + x^2 = 0$

$x(-2 + x) = 0$

On obtient une équation produit que l'on résout.

Un produit de facteurs est nul, si au moins l'un de ses facteurs est nul.

$x(-2 + x) = 0$

$\boxed{x = 0}$ | $-2 + x = 0$; $\boxed{x = 2}$

***Remarque :** sans avoir à résoudre l'équation, on peut remplacer x par les solutions proposées et vérifier celles qui conviennent.*

$\begin{cases} (1 - x)^2 = 1 \\ x = 0 \end{cases}$ *On vérifie si la proposition de réponse **A** convient.*

$(1 - 0)^2 = 1^2 = \boxed{1}$

*La proposition de réponse **A** convient, car on obtient le même nombre dans les deux membres de l'équation.*

$\begin{cases} (1 - x)^2 = 1 \\ x = 1 \end{cases}$ *On vérifie si la proposition de réponse **B** convient.*

$(1 - 1)^2 = 0^2 = 0 \neq 1$

*La proposition de réponse **B** ne convient pas, car le premier membre de l'équation est différent de 1.*

$\begin{cases} (1 - x)^2 = 1 \\ x = -1 \end{cases}$ *On vérifie si la proposition de réponse **C** convient.*

$[1 - (-1)]^2 = (1 + 1)^2 = 2^2 = 4 \neq 1$

*La proposition de réponse **C** ne convient pas, car le premier membre de l'équation est différent de 1.*

$$\begin{cases}(1-x)^2 = 1 \\ x = 2\end{cases}$$

*On vérifie si la proposition de réponse **D** convient.*

$(1-2)^2 = (-1)^2 = \boxed{1}$

*La proposition de réponse **D** convient, car on obtient 1 dans les deux membres de l'équation.*

Q89. Réponse **C**. On développe avec une forme approchée.

Formule d'approximation :

$a \ll 1$

$(1+a)^4 \approx 1 + 4a$

Le nombre a est très petit devant 1.

On factorise par 3 l'expression de l'énoncé.

$3{,}003^4 = [3\times(1+0{,}001)]^4$

$3{,}003^4 = 3^4\times(1+0{,}001)^4$

$3{,}003^4 = 81\times(1+0{,}001)^4$

On donne une approximation de second facteur.

$(1+0{,}001)^4 \approx 1 + 4\times 0{,}001$

$(1+0{,}001)^4 \approx 1 + 0{,}004$

$(1+0{,}001)^4 \approx 1{,}004$

On obtient alors :

$3{,}003^4 \approx \boxed{81\times 1{,}004}$

Q90. Réponse **A**. La longueur de l'hypoténuse dans un triangle rectangle est obtenue par la relation de Pythagore.

$L^2 = 6^2 + 8^2$

$L^2 = 36 + 64$

$L^2 = 100$

$\boxed{L = 10}$

Test n° 17

Dans une phrase, « l' » « d' » « qu'» « s' » et « c' » sont considérés comme des mots.

Q.	R.	Analogie
Q91	A	L'indication correspond au nombre de mots de la phrase.
Q92	C	
Q93	D	L'indication correspond au nombre de lettres du mot le plus long.
Q94	C	
Q95	A	L'indication correspond au nombre de voyelles du mot le plus long. On ignore les accents.
Q96	C	
Q97	D	L'indication correspond au rang du mot le plus long dans l'ordre croissant. **Q97.** Le mot le plus long : *combattre* est le 6e mot de la phrase. **Q98.** Le mot le plus long : *nouveaux* est le 12e mot de la phrase.
Q98	C	
Q99	A	L'indication correspond au nombre de voyelles dans la phrase. On ignore les accents. *Les détails sont donnés ci-dessous.*
Q100	D	

À la phrase : « *Nous entrerons dans la carrière, quand nos aînés n'y seront plus* » on associe le nombre **21**.

Q99. « *Nous y trouverons leur poussière, et la trace de leurs vertus.* »

A. 23

Q100. « *Liberté, liberté chérie, combats avec tes défenseurs !* »

D. 18

Grille réponse

	A	B	C	D		A	B	C	D		A	B	C	D		A	B	C	D
Q1				X	Q26			X		Q51			X		Q76	X		X	X
Q2				X	Q27				X	Q52	X				Q77			X	
Q3			X		Q28		X			Q53				X	Q78	X	X	X	
Q4	X				Q29			X		Q54		X			Q79			X	X
Q5				X	Q30	X				Q55				X	Q80				X
Q6		X			Q31			X		Q56				X	Q81	X			
Q7	X				Q32				X	Q57	X				Q82				X
Q8			X		Q33	X				Q58			X		Q83				X
Q9		X			Q34		X			Q59		X			Q84			X	
Q10			X		Q35	X				Q60		X			Q85			X	
Q11			X		Q36	X				Q61				X	Q86				X
Q12			X		Q37				X	Q62			X		Q87			X	
Q13		X			Q38				X	Q63	X				Q88	X			X
Q14	X				Q39		X			Q64	X				Q89			X	
Q15			X		Q40			X		Q65			X		Q90	X			
Q16				X	Q41		X			Q66		X			Q91	X			
Q17	X				Q42	X				Q67			X		Q92			X	
Q18	X				Q43			X		Q68	X				Q93				X
Q19			X		Q44				X	Q69				X	Q94			X	
Q20		X			Q45		X			Q70				X	Q95	X			
Q21			X		Q46		X			Q71			X		Q96			X	
Q22				X	Q47				X	Q72			X		Q97				X
Q23			X		Q48			X		Q73			X		Q98			X	
Q24		X			Q49	X				Q74		X			Q99	X			
Q25	X				Q50				X	Q75		X			Q100				X

ÉPREUVE DE TESTS N° 8

- Durée : 2 heures.
- Nombre de questions : 100.
- Vous devez reporter vos réponses sur la « grille réponse ».
- Tout instrument de calcul est interdit.
- Chaque question, notée sur un point est suivie de propositions de réponse dont une seule est exacte (sauf indication contraire).
- Vous pouvez utiliser des feuilles de brouillon.
- *Il est recommandé de respecter le temps de travail conseillé.*

Test n° 1

Temps conseillé 10 min

Le but de ce test est de déterminer la suite logique des deux premières images.

Q1. Quelle est la suite logique des deux premières images ?

A

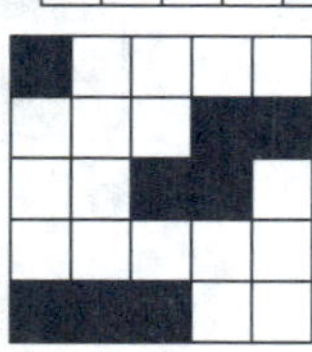

B

C

D

Q2. Quelle est la suite logique des deux premières images ?

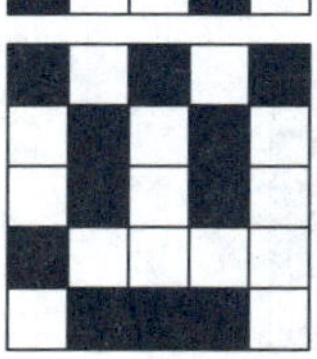

A

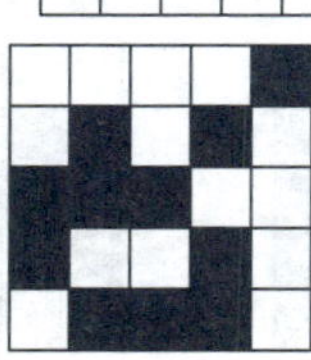

B

C

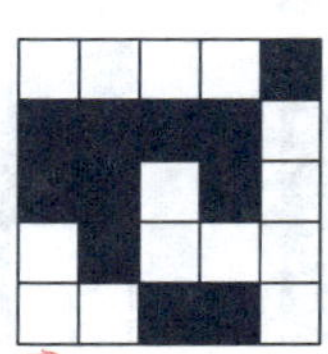

D

Q3. Quelle est la suite logique des deux premières images ?

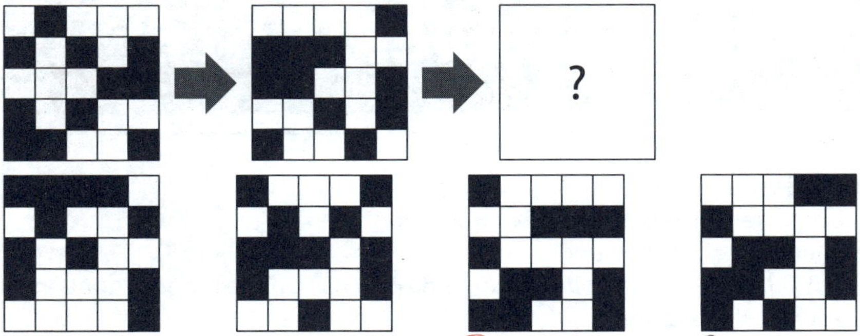

A **B** **C** **D**

Q4. Quelle est la suite logique des deux premières images ?

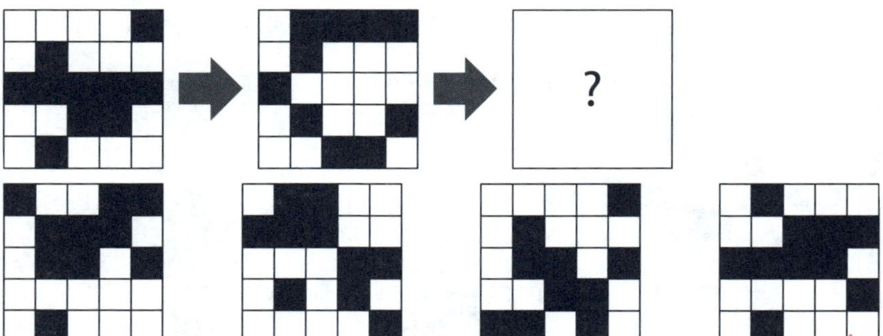

A **B** **C** **D**

Q5. Quelle est la suite logique des deux premières images ?

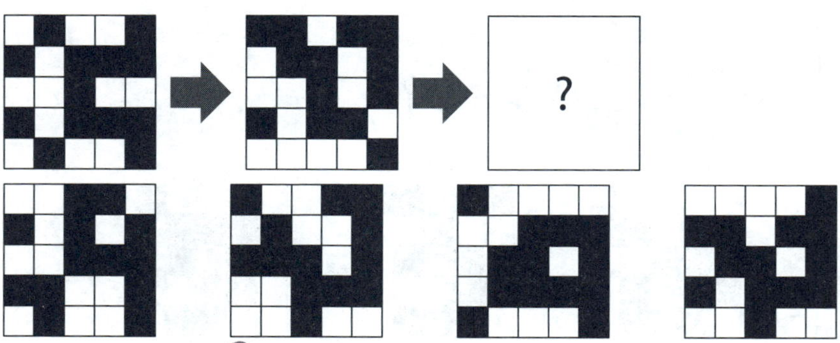

A **B** **C** **D**

Q6. Quelle est la suite logique des deux premières images ?

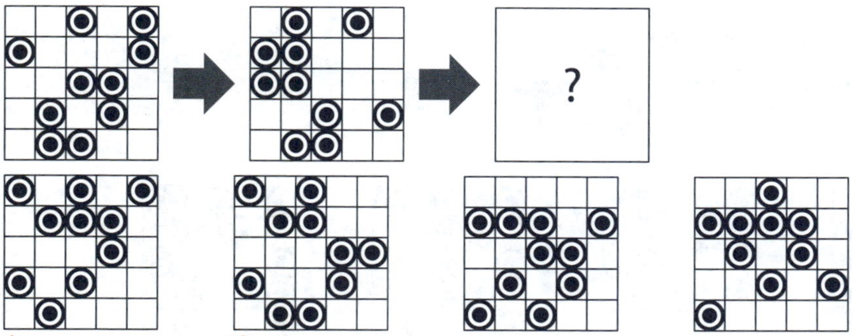

A B C D

Q7. Quelle est la suite logique des deux premières images ?

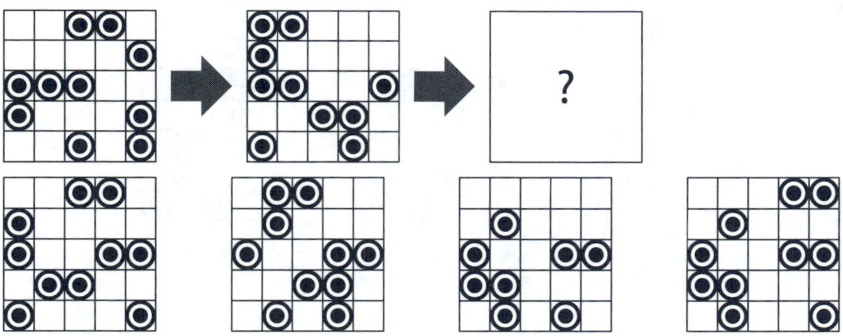

A B C D

Q8. Quelle est la suite logique des deux premières images ?

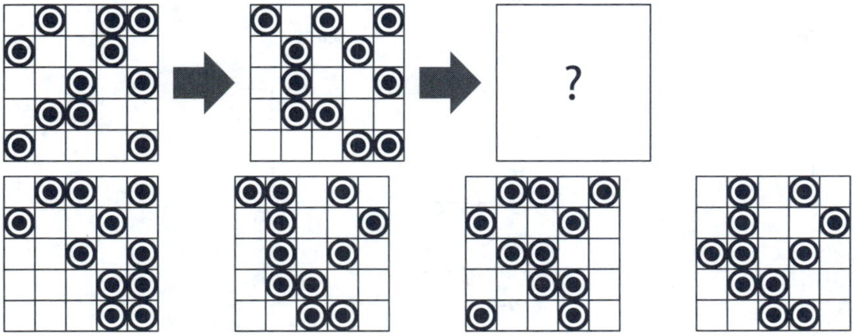

A B C D

Q9. Quelle est la suite logique des deux premières images ?

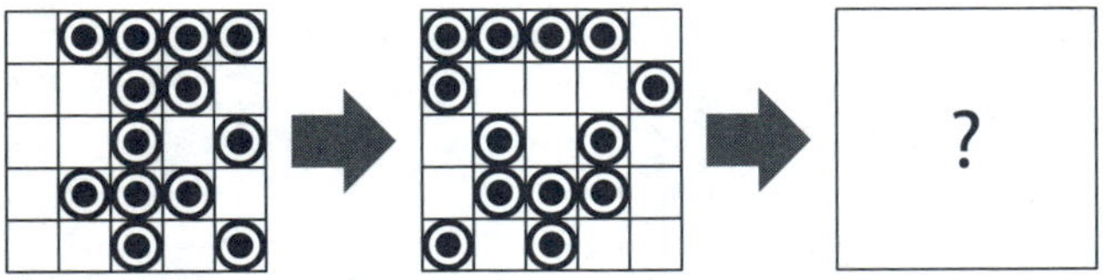

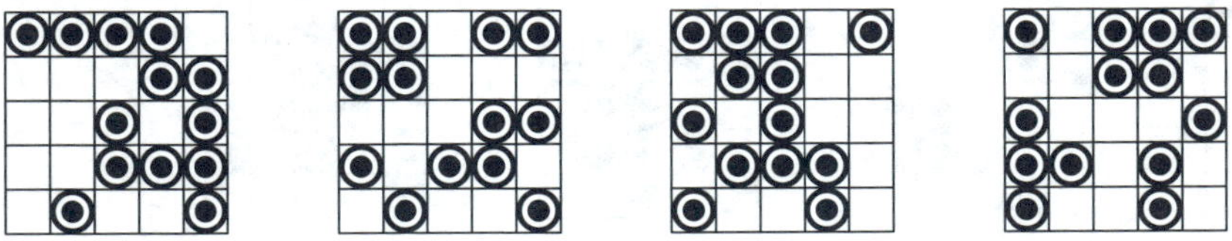

A **B** **C** **D**

Q10. Quelle est la suite logique des deux premières images ?

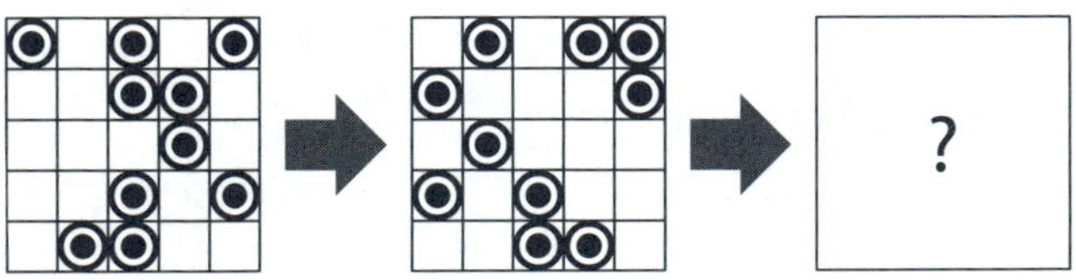

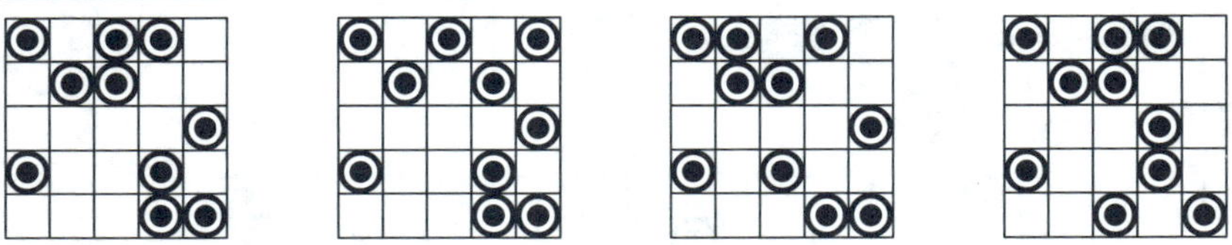

A **B** **C** **D**

Test n° 2

Temps conseillé 10 min

Les lettres de ***P*** à ***Y*** doivent être remplacées par des chiffres de 1 à 9. Le chiffre 0 n'est pas utilisé. Ce test est composé de six additions. Sur chaque ligne et sur chaque colonne, les nombres ne se répètent pas.

		P	+	*Q*	= 10
		+		+	
R	+	*S*	+	*T*	= 15
+		+		+	
U	+	*V*	+	*W*	= 10
+		+		= 6	
X	+	*Y*	= 8		
= 7		= 30			

Pour faciliter votre travail, vous disposez ci-contre d'une grille vierge.

		☐	+	☐	= 10
		+		+	
☐	+	☐	+	☐	= 15
+		+		+	
☐	+	☐	+	☐	= 10
+		+		= 6	
☐	+	☐	= 8		
= 7		= 30			

Q11. Par quel chiffre doit-on remplacer la lettre ***P*** ?
A. 6 **B.** 7 **C.** 8 **D.** 9

Q12. Par quel chiffre doit-on remplacer la lettre ***Q*** ?
A. 1 **B.** 2 **C.** 3 **D.** 4

Q13. Par quel chiffre doit-on remplacer la lettre ***R*** ?
A. 1 **B.** 2 **C.** 3 **D.** 4

Q14. Par quel chiffre doit-on remplacer la lettre ***S*** ?
A. 5 **B.** 6 **C.** 7 **D.** 8

Q15. Par quel chiffre doit-on remplacer la lettre ***T*** ?
A. 1 **B.** 2 **C.** 3 **D.** 4

Q16. Par quel chiffre doit-on remplacer la lettre ***U*** ?
A. 1 **B.** 2 **C.** 3 **D.** 4

Q17. Par quel chiffre doit-on remplacer la lettre ***V*** ?
A. 5 **B.** 6 **C.** 7 **D.** 8

Q18. Par quel chiffre doit-on remplacer la lettre ***W*** ?
A. 1 **B.** 2 **C.** 3 **D.** 4

Q19. Par quel chiffre doit-on remplacer la lettre ***X*** ?
A. 1 **B.** 2 **C.** 3 **D.** 4

Q20. Par quel chiffre doit-on remplacer la lettre ***Y*** ?
A. 5 **B.** 6 **C.** 7 **D.** 8

Test n° 3

Temps conseillé 10 min

Q21. Quelle est l'image qui n'est pas une vue dans l'espace des trois autres images ?

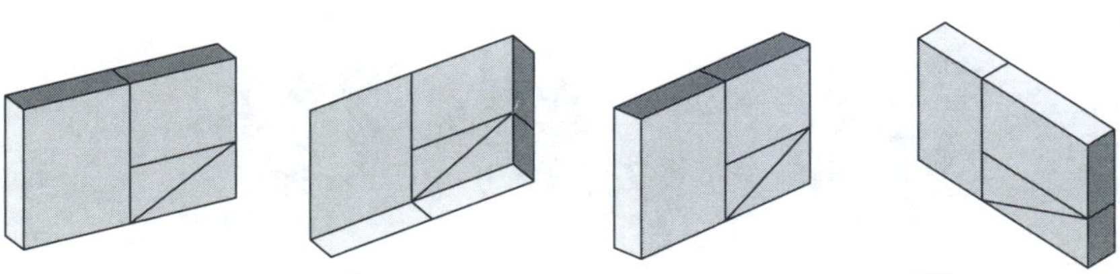

A **B** **C** **D**

Q22. Quelle est l'image qui n'est pas une vue dans l'espace des trois autres images ?

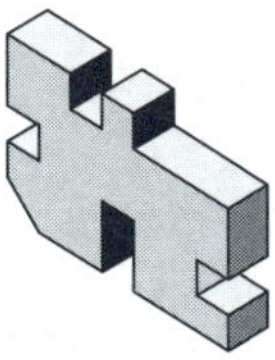
A

B

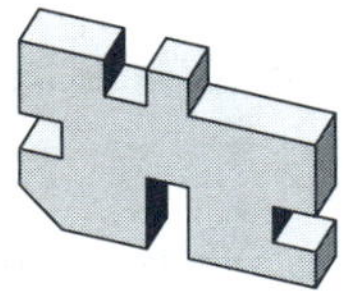
C

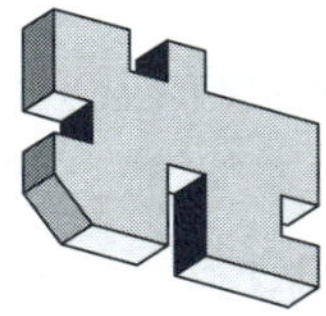
D

Q23. Quelle est l'image qui n'est pas une vue dans l'espace des trois autres images ?

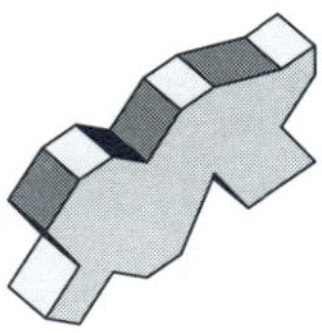
A

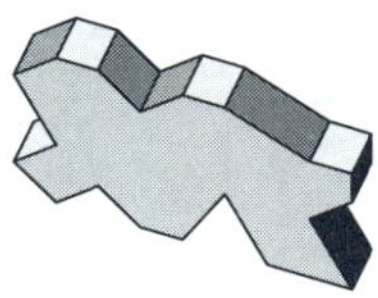
B

C

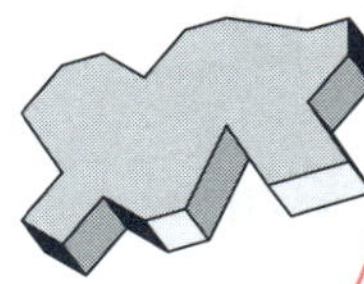
D

Q24. Quelle est l'image qui n'est pas une vue dans l'espace des trois autres images ?

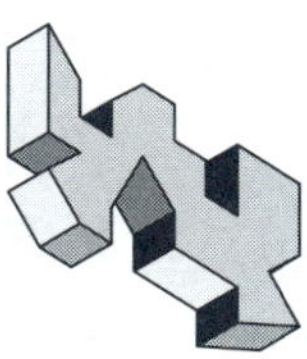
A

B

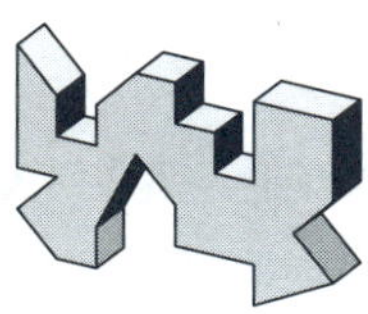
C

D

Q25. Quelle est l'image qui n'est pas une vue dans l'espace des trois autres images ?

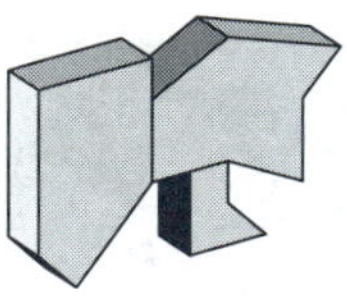
A

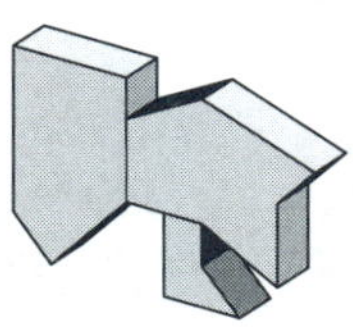
B

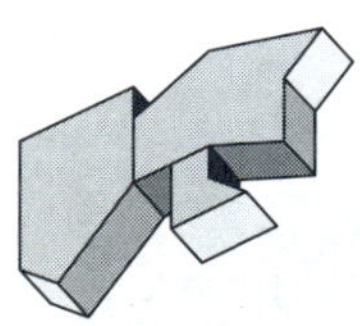
C

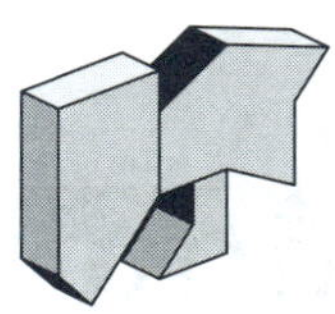
D

Q26. Quelle est l'image qui n'est pas une vue dans l'espace des trois autres images ?

A

B

C

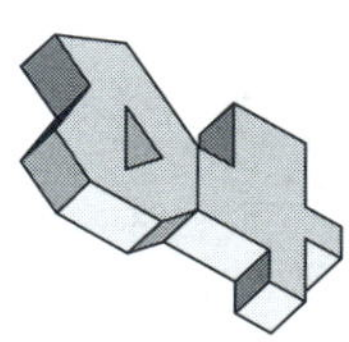
D

Q27. Quelle est l'image qui n'est pas une vue dans l'espace des trois autres images ?

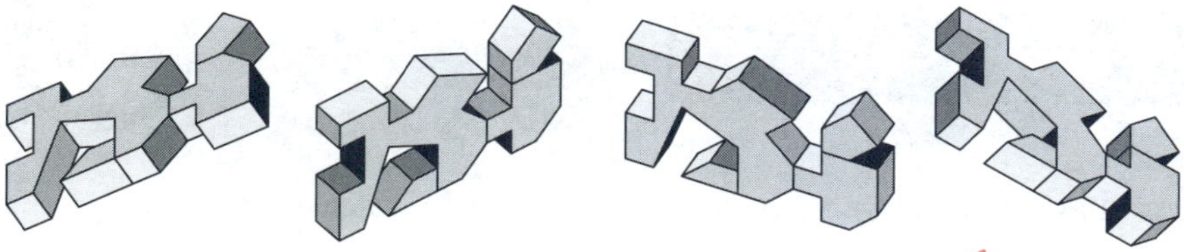

A **B** **C** **D**

Q28. Quelle est l'image qui n'est pas une vue dans l'espace des trois autres images ?

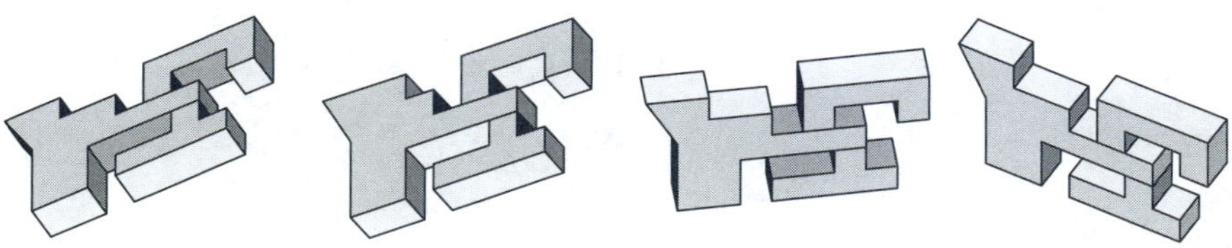

A **B** **C** **D**

Q29. Quelle est l'image qui n'est pas une vue dans l'espace des trois autres images ?

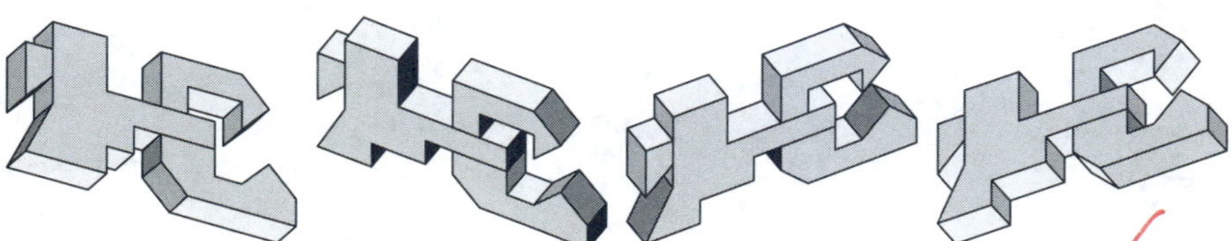

A **B** **C** **D**

Q30. Quelle est l'image qui n'est pas une vue dans l'espace des trois autres images ?

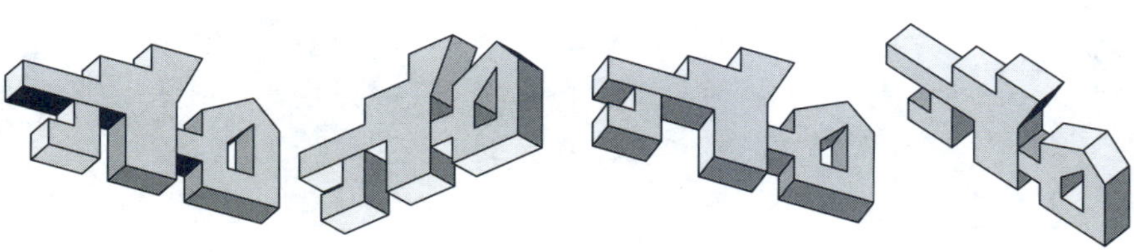

A **B** **C** **D**

Test n° 4

Temps conseillé : 20 min

Pour chaque question, indiquer la ligne à partir de laquelle le calcul est erroné.

Q31.

$$P = \left(2 - \frac{1}{2}\right)^2$$

A. $P = 2^2 - \left(\frac{1}{2}\right)^2$

B. $P = 4 - \frac{1}{4}$

C. $P = \frac{16 - 1}{4}$

D. $P = \frac{15}{4}$

Q32.

$$P = \frac{18}{51} \times \frac{85}{25} + 1$$

A. $P = \frac{6}{17} \times \frac{17}{5} + 1$

B. $P = \frac{6}{17} \times \frac{17 + 5}{5}$

C. $P = \frac{6}{17} \times \frac{22}{5}$

D. $P = \frac{132}{85}$

Q33.

$$P = \frac{72}{147} \times \frac{245}{48}$$

A. $P = \frac{72 \times 245}{147 \times 48}$

B. $P = \frac{18 \times 35}{21 \times 6}$

C. $P = \frac{3}{7} \times \frac{5}{1}$

D. $P = \frac{15}{7}$

Q34.

$$P = 12 - 8 \times 3 \div 2 - 1$$

A. $P = 12 - 4 \times 3 - 1$

B. $P = 12 - 12 - 1$

C. $P = 12 - 11$

D. $P = 1$

Q35.

$$P = \frac{25}{8} \div \frac{15}{36}$$

A. $P = \frac{25}{15} \times \frac{36}{8}$

B. $P = \frac{5}{3} \times \frac{36}{8}$

C. $P = \frac{5}{3} \times \frac{9}{2}$

D. $P = \frac{14}{6}$

Q36.

$$P = (3x - 1)^2$$

A. $P = (3x - 1) \times (3x - 1)$

B. $P = (3x)^2 - 2 \times 3x \times 1 + 1^2$

C. $P = 3^2x^2 - 2 \times 3 \times 1x + 2$

D. $P = 9x^2 - 6x + 2$

Q37.

$P = 3\sqrt{2} - 5\sqrt{32} + 2\sqrt{18}$

A. $P = 3\sqrt{2} - 5\sqrt{16 \times 2} + 2\sqrt{9 \times 2}$
B. $P = 3\sqrt{2} - 5 \times 4^2\sqrt{2} + 6\sqrt{2}$
C. $P = 3\sqrt{2} - 80\sqrt{2} + 6\sqrt{2}$
D. $P = -71\sqrt{2}$

Q38.

$5^2 = 3^2 + P^2$

A. $P^2 = 5^2 - 3^2$
B. $P^2 = (5-3)(5+3)$
C. $P^2 = 4 \times 4$
D. $P = 8$

Q39.

$P = (-3a + 2)(-5 - 4a)$

A. $P = -(+3a) \times (-5) - 2 \times 5 + (-3a) \times (-4a) - 2 \times 4a$
B. $P = 15a - 10 - 8a + 12a^2$
C. $P = -10 + 12a^2 + 7a$
D. $P = -10 + 19a^2$

Q40.

$P = 24b - 18b^3 - 27b^4$

A. $P = 3b(8b - 6b^2 - 9b^3)$
B. $P = 3b[2b(4 - 3b) - 9b^3]$
C. $P = 3b\{b[2(4 - 3b) - 9b^2]\}$
D. $P = 3b^2[2(4 - 3b) - 9b^2]$

Test n° 5

Temps conseillé : 5 min

Pour chaque question, vous devez indiquer les images qui ne sont pas obtenues par rotation ou par déplacement de l'image de référence. La première image est l'image de référence. *Plusieurs réponses sont possibles à chaque question.*

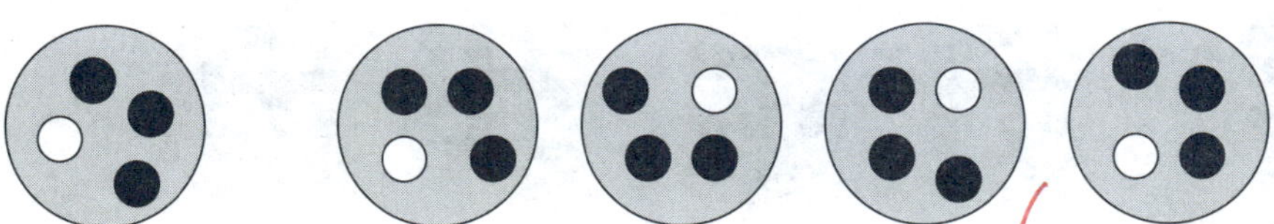

Q41. A B C D

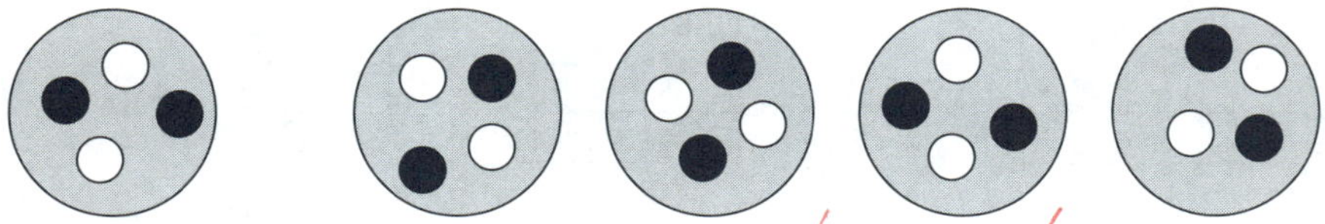

Q42. A B C D

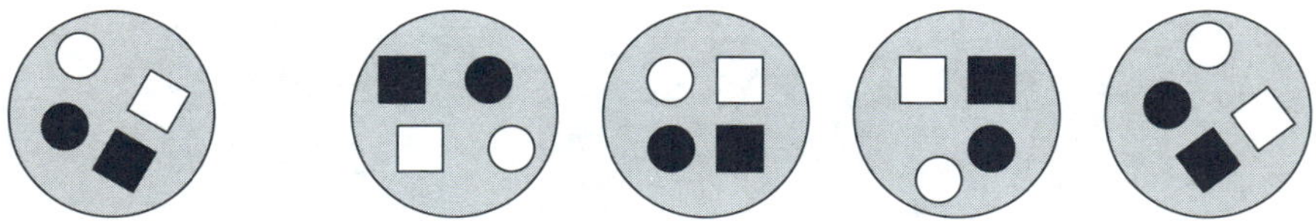

Q43. A B C D

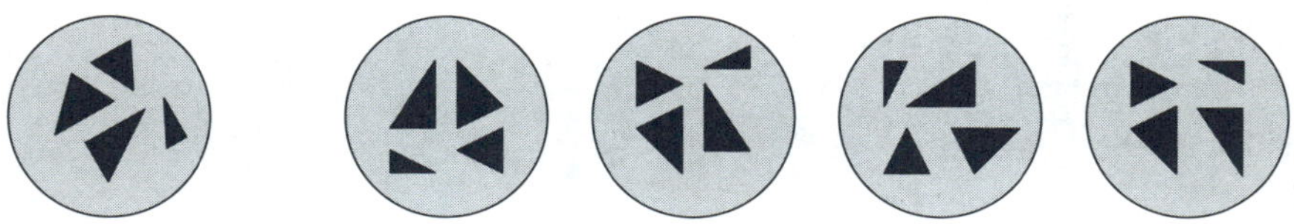

Q44. A B C D

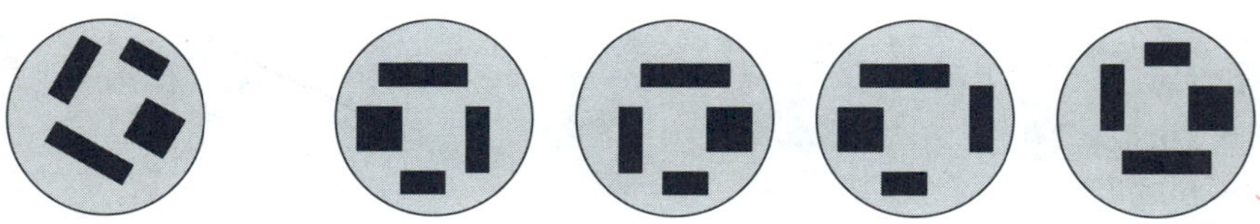

Q45. A B C D

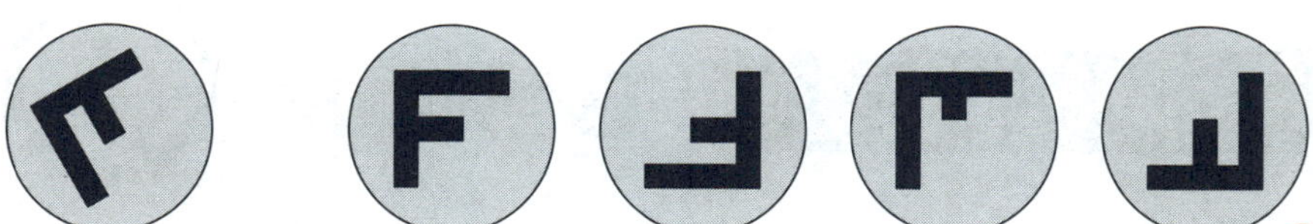

Q46. A B C D

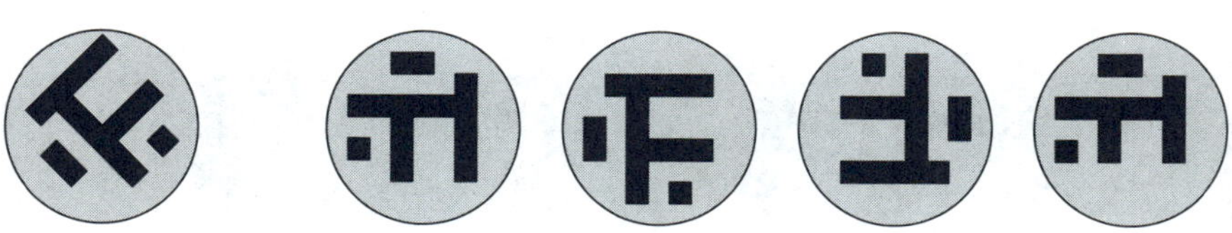

Q47. A B C D

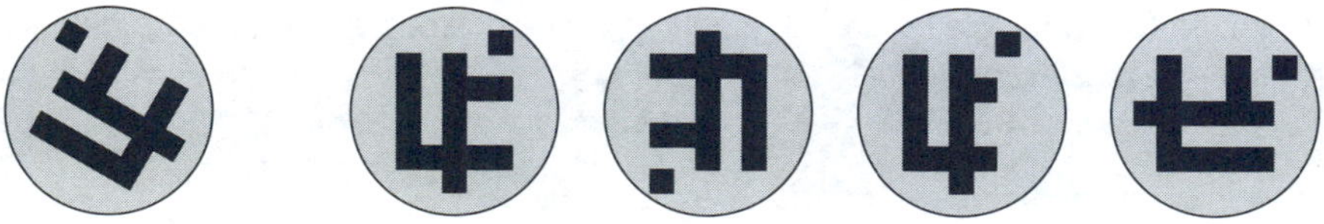

Q48. A B C D

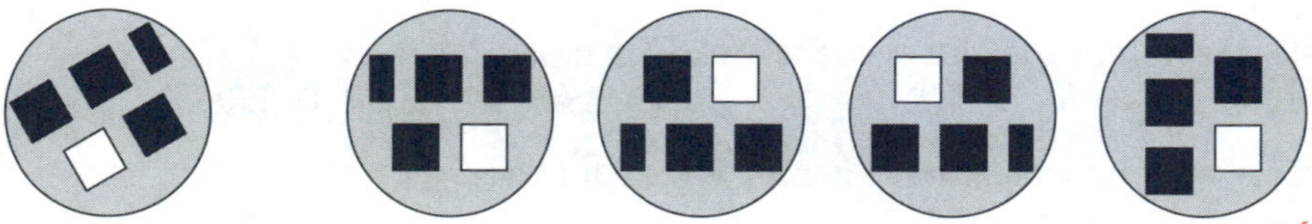

Q49. A B C D

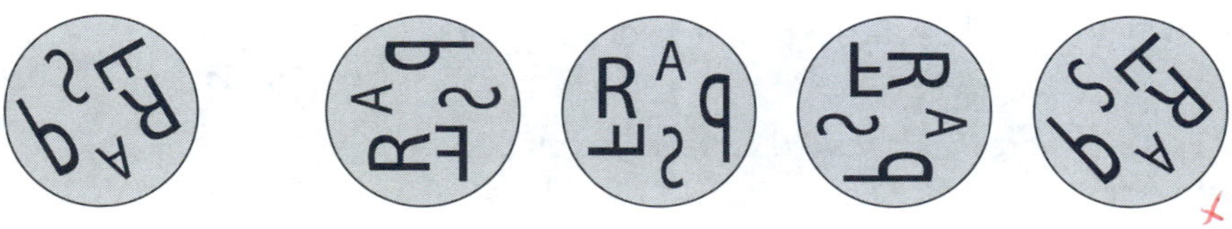

Q50. A B C D

Test n° 6

Temps conseillé 5 min

Voici le texte utilisé pour les questions données à la page suivante.

J'entends le loup le renard et la belette, j'entends le loup et le renard chanter. J'entends le loup le renard et la belette, j'entends le loup et le renard chanter. J'entends le loup le renard et la belette, j'entends le loup et le renard chanter. J'entends le loup le renard et la belette, j'entends le loup et le renard chanter. J'entends le loup le renard et la belette, j'entends le loup et le renard chanter. J'entends le loup le renard et la belette, j'entends le loup et le renard chanter. J'entends le loup le renard et la belette, j'entends le loup et le renard chanter. J'entends le loup le renard et la belette, j'entends le loup et le renard chanter. J'entends le loup le renard et la belette, j'entends le loup et le renard chanter. J'entends le loup le renard et la belette, j'entends le loup et le renard chanter. J'entends le loup le renard et la belette, j'entends le loup et le renard chanter. J'entends le loup le renard et la belette, j'entends le loup et le renard chanter. J'entends le loup le renard et la belette, j'entends le loup et le renard chanter. J'entends le loup le renard et la belette, j'entends le loup et le renard chanter.

Q51. Combien de fois peut-on lire la phrase : « *J'entends le loup le renard et la belette, j'entends le loup et le renard chanter* » ?
A. 12 **B.** 13 **C.** 14 **D.** 15

Q52. Quel est le nombre de lettres **a** dans le texte complet ?
A. 60 **B.** 75 **C.** 90 **D.** 105

Q53. Quel est le nombre de lettres **e** dans le texte complet ?
A. 210 **B.** 225 **C.** 240 **D.** 255

Q54. Quel est le nombre de lettres **l** dans le texte complet ?
A. 105 **B.** 120 **C.** 135 **D.** 150

Q55. Quel est le nombre de lettres **t** dans le texte complet ?
A. 60 **B.** 75 **C.** 90 **D.** 105

Q56. Quel est le nombre de lettres **r** dans le texte complet ?
A. 30 **B.** 45 **C.** 60 **D.** 75

Q57. Quel est le nombre de lettres **n** dans le texte complet ?
A. 60 **B.** 75 **C.** 90 **D.** 105

Q58. Quel est le nombre de lettres **d** dans le texte complet ?
A. 60 **B.** 75 **C.** 90 **D.** 105

Q59. Quel est le nombre de lettres **s** dans le texte complet ?
A. 30 **B.** 45 **C.** 60 **D.** 75

Q60. Quel est le nombre de lettres **u** dans le texte complet ?
A. 30 **B.** 45 **C.** 60 **D.** 75

Test n° 7

Temps conseillé 10 min

Vous devez déterminer les nombres qui complètent chaque série.

					A	B	C	D
Q61	17	21	26	32	39	37	41	38
Q62	– 2	7	18	31	33	37	43	46
Q63	– 4	4	14	26	28	40	36	44
Q64	2	5	20	23	32	41	92	97
Q65	3	91	49	13	14	18	144	29
Q66	74	29	47	83	27	75	37	65
Q67	33	16	44	90	74	82	92	27
Q68	93	74	55	36	17	9	10	16
Q69	23	21	67	45	66	37	89	90
Q70	13	96	93	39	66	57	95	76

Test n° 8

Temps conseillé 5 min

On donne ci-dessous une suite d'images qui se répètent indéfiniment. Le but de ce test est de déterminer les images qui doivent remplacer les lettres de P à T.

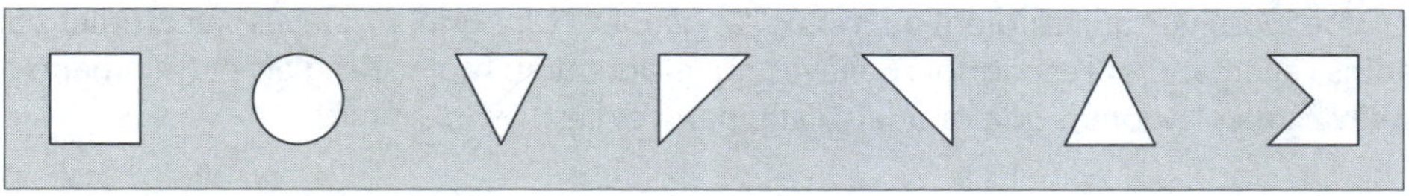

On utilise l'image suivante pour les questions **Q71** et **Q72**.

Q71. Par quelle image doit-on remplacer l'image portant la lettre **P** ?

Q72. Par quelle image doit-on remplacer l'image portant la lettre **Q** ?

On utilise l'image suivante pour les questions de **Q73** à **Q75**.

Q73. Par quelle image doit-on remplacer l'image portant la lettre **R** ?

Q74. Par quelle image doit-on remplacer l'image portant la lettre **S** ?

Q75. Par quelle image doit-on remplacer l'image portant la lettre **T** ?

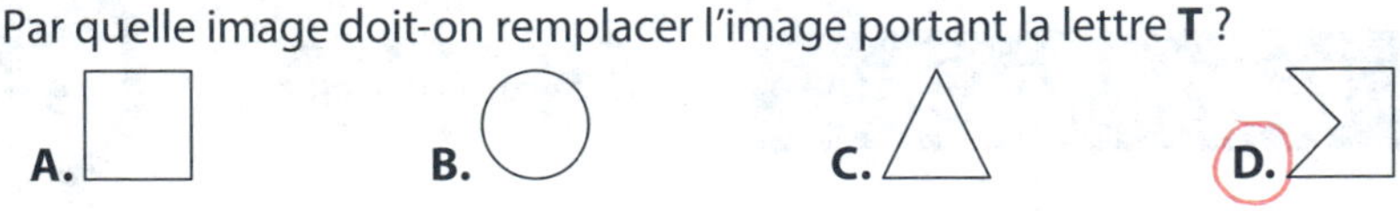

Test n° 9

Temps conseillé 15 min

Dans la section dite internationale d'un lycée, on dénombre 20 élèves qui étudient au moins le russe ; 44 élèves qui étudient au moins l'anglais ; 11 élèves qui étudient au moins l'espagnol ; 29 élèves qui étudient au moins l'allemand ; 7 élèves qui étudient l'anglais et le russe ; 3 élèves qui étudient au moins l'anglais et l'espagnol ; 7 élèves qui étudient au moins l'allemand et l'espagnol ; 6 élèves qui étudient au moins l'anglais et l'allemand et 2 élèves qui n'étudient que l'anglais, l'allemand et l'espagnol.

Q76. Quel est le nombre d'élèves dans cette section ?
A. 80 **B.** 81 **C.** 82 **D.** 83

Q77. Quel est le nombre d'élèves qui étudient l'anglais uniquement ?
A. 28 **B.** 29 **C.** 30 **D.** 31

Q78. Quel est le nombre d'élèves qui étudient le russe uniquement ?
A. 12 **B.** 13 **C.** 14 **D.** 15

Q79. Quel est le nombre d'élèves qui étudient l'espagnol uniquement ?
A. 2 **B.** 3 **C.** 4 **D.** 5

Q80. Quel est le nombre d'élèves qui étudient l'allemand uniquement ?
A. 15 **B.** 16 **C.** 17 **D.** 18

Q81. Quel est le nombre d'élèves qui étudient seulement deux langues ?
A. 17 **B.** 18 **C.** 19 **D.** 20

Q82. Quel est le nombre d'élèves qui étudient au moins deux langues ?
A. 19 **B.** 20 **C.** 21 **D.** 22

Q83. Quel est le nombre d'élèves qui n'étudient pas le russe ?
A. 61 **B.** 62 **C.** 63 **D.** 64

Q84. Quel est le nombre d'élèves qui n'étudient qu'une seule langue ?
A. 61 **B.** 62 **C.** 63 **D.** 64

Q85. Quel est le nombre d'élèves qui n'étudient ni l'anglais et ni l'allemand ?
A. 13 **B.** 14 **C.** 15 **D.** 16

Test n° 10

Temps conseillé 15 min

Q86. Quelles sont les propositions de réponse qui sont solution du polynôme suivant ?

$$P(x) = 6x^3 - 11x^2 + 6x - 1$$

A. 1 **B.** 0,5 **C.** 1/3 **D.** – 2

Q87. Quels sont les polynômes qui admettent au moins les solutions 2, – 1 et 3 ?

A. $x^3 - 6x^2 + 11x - 6 = 0$ **B.** $x^3 + 4x^2 + x - 6 = 0$

C. $x^3 + 2x^2 - 5x - 6 = 0$ **D.** $x^3 - 4x^2 + x + 6 = 0$

Q88. Quelle est la valeur du polynôme $P(x)$ quand x prend la valeur indiquée ?

$$P(x) = 2x^2 - 6x + 3 \quad ; \quad x = \frac{1 + 2\sqrt{2}}{2}$$

A. $\frac{5}{2} - 4\sqrt{2}$ **B.** $\frac{9}{2} - 4\sqrt{2}$

C. $\frac{1}{2} + \sqrt{2}$ **D.** $\frac{1}{4} + 2\sqrt{2}$

Q89. Quelle est la valeur du polynôme $P(x)$ quand x prend la valeur indiquée ?

$$P(x) = -2x^4 + 3x^2 - 1 \quad ; \quad x = \frac{2}{5}$$

A. 152/625 **B.** – 92/25 **C.** 152/625 **D.** – 357/625

Q90. Quelle est la proposition de réponse égale au polynôme $P(x)$ suivant ?

$$P(x) = x^{12} + 6x^{10} + 9x^8 - 4x^6 - 9x^4 + 6x^2 - 1$$

A. $P(x) = (x^4 - 2x^2 + 1)^3$ **B.** $P(x) = (-x^4 + 2x^2 + 1)^3$

C. $P(x) = (x^4 + 2x^2 - 1)^3$ **D.** $P(x) = (x^4 + x^2 + 2)^3$

Test n° 11

Temps conseillé 15 min

Pour chaque question, vous devez indiquer les réponses exactes.

Q91. Je pars en voiture à 13 h 30 de mon domicile pour me rendre à mon travail.

A. Les données sont suffisantes pour calculer l'heure d'arrivée.
B. Il manque seulement la vitesse moyenne pour calculer l'heure d'arrivée.
C. Il ne manque que la distance parcourue.
D. Tel que, le problème n'a pas de solution unique.

Q92. On sait que 4 infirmières soignent 30 patients dans un service de gérontologie. Le chef de service veut réduire le personnel de 25 % et augmenter le nombre de patients de 25 %.

A. Puisque la réduction du nombre d'infirmières est compensée dans les mêmes proportions par l'augmentation du nombre de patients, alors la durée du travail des infirmières est inchangée pour effectuer exactement les mêmes soins.
B. La durée de travail des infirmières sera augmentée de 50 % pour effectuer les mêmes soins.
C. Il faudra augmenter la durée du travail de chaque infirmière d'un pourcentage égal au nombre d'infirmières en moins, majoré du nombre de patients en plus.
D. Pour effectuer le même travail, les infirmières travailleront plus longtemps.

Q93. Le prix d'une baguette de pain augmente chaque mois de 5 %.

A. Au bout de deux mois, l'augmentation est de 10 %.
B. Au bout de trois mois, l'augmentation est légèrement supérieure à 15 %.
C. L'augmentation se calcule en effectuant le produit du nombre de mois par 5 %.
D. Si après un mois de hausse du prix de la baguette de pain, il y a une baisse de 5 % le mois suivant, alors le prix aura retrouvé sa valeur initiale.

Q94. Je descends une côte quatre fois plus vite que la vitesse à laquelle je l'ai montée.

A. Je mets la même durée à la montée qu'à la descente.
B. On peut déterminer la durée totale du trajet aller et retour.
C. La vitesse moyenne dépend de la longueur du trajet.
D. La vitesse moyenne n'est pas égale à la moyenne arithmétique des vitesses à l'aller et au retour.

Q95. Le prix d'une robe est réduit de 25 %.

A. Les données du problème permettent de calculer le prix initial de la robe.
B. Le prix initial de la robe se calcule en ajoutant 25 % au prix affiché.
C. Si le prix affiché est égal à 15 €, alors le prix initial était égal à 20 €.
D. Si le prix affiché est égal à 20 €, alors le prix initial était inférieur à 25 €.

Q96. Au jeu de « pile ou face » j'ai une chance sur deux de gagner. Je joue deux fois de suite.

A. J'ai 25 % de chances de perdre.
B. J'ai 50 % de chances de gagner.
C. J'ai autant de chances de gagner que de perdre.
D. On ne peut pas calculer la probabilité de gagner.

Q97. Une serrure est composée de 3 molettes avec 10 graduations chacune (de 0 à 9).

A. Cette serrure à 30 combinaisons possibles.
B. Cette serrure a 3^{10} combinaisons possibles.
C. Cette serrure a 10^3 combinaisons possibles.
D. Cette serrure a : $10 \times 9 \times 8 = 720$ combinaisons possibles.

Q98. Une urne contient trois boules rouges, deux boules bleues et cinq boules blanches. On tire une seule boule dans l'urne.

A. On a deux fois plus de chances de prendre une boule rouge que de prendre une boule bleue.
B. On a cinq fois plus de chances de prendre une boule rouge que de prendre une boule blanche.
C. On a autant de chances de tirer une boule rouge ou une boule bleue que de tirer une boule blanche.
D. On a une chances sur trois de tirer une boule rouge.

Q99. Une urne contient trois boules rouges, deux boules bleues et cinq boules blanches. On tire une boule dans l'urne, on note sa couleur, on la redépose dans l'une, puis on tire une nouvelle fois une boule dans l'urne.

A. On n'a que 4 chances sur 100 de tirer deux boules bleues.
B. Si la première boule tirée est rouge, alors on a une chance sur dix de tirer une seconde fois une boule rouge.
C. On a autant de chances de tirer une boule rouge, qu'une boule bleue, ou une boule blanche.
D. Que l'on tire une boule dans l'urne comme à l'exercice précédent, ou que l'on tire deux boules successivement et avec remise comme dans le présent exercice, la chance de ne tirer que des boules rouges est la même dans les deux cas.

Q100. Marguerite est une fleuriste qui vient de recevoir un carton contenant 192 roses rouges, 144 roses jaunes et 176 roses blanches. Elle veut confectionner le plus grand nombre de bouquets possible ayant tous exactement la même composition, et en utilisant toutes les roses. Chaque rose rouge est vendue 0,5 €, chaque rose jaune est vendue 1 €, et enfin le prix d'une rose blanche est 1,5 €.

A. Marguerite peut confectionner 8 bouquets au maximum.
B. Chaque bouquet sera composé du même nombre de roses de chaque couleur.
C. Le prix d'un bouquet sera supérieur à 30 €.
D. Marguerite ne peut pas confectionner des bouquets de même composition, si elle utilise toutes les roses.

Grille réponse

Avec un crayon, cochez vos réponses à chaque question.

	A	B	C	D		A	B	C	D		A	B	C	D		A	B	C	D
Q1			X		**Q26**			X		**Q51**					**Q76**				
Q2		X			**Q27**				X	**Q52**					**Q77**				
Q3				X	**Q28**	X				**Q53**					**Q78**				
Q4				X	**Q29**					**Q54**					**Q79**				
Q5			X		**Q30**					**Q55**					**Q80**				
Q6					**Q31**	X				**Q56**					**Q81**				
Q7					**Q32**	X				**Q57**					**Q82**				
Q8					**Q33**		X			**Q58**					**Q83**				
Q9					**Q34**		X			**Q59**					**Q84**				
Q10					**Q35**					**Q60**					**Q85**				
Q11				X	**Q36**			X		**Q61**	X				**Q86**				
Q12	X				**Q37**					**Q62**			X		**Q87**				
Q13			X		**Q38**	X				**Q63**			X		**Q88**				
Q14				X	**Q39**	X				**Q64**	X				**Q89**				
Q15				X	**Q40**					**Q65**				X	**Q90**				
Q16		X			**Q41**	X		X		**Q66**					**Q91**				
Q17			X		**Q42**		X	X		**Q67**					**Q92**				
Q18	X				**Q43**		X		X	**Q68**	X				**Q93**				
Q19		X			**Q44**					**Q69**					**Q94**				
Q20		X			**Q45**		X			**Q70**					**Q95**				
Q21		X			**Q46**		X			**Q71**					**Q96**				
Q22				X	**Q47**		X			**Q72**					**Q97**				
Q23			X		**Q48**				X	**Q73**					**Q98**				
Q24	X				**Q49**	X	X			**Q74**					**Q99**				
Q25			X		**Q50**		X			**Q75**					**Q100**				

Vous pouvez vous attribuer une note « N » sur 20, en comptant le nombre de bonnes réponses « B » et en le divisant par 5.

$$N = \frac{B}{5} = \frac{\square}{5} = \square$$

CORRIGÉ DE L'ÉPREUVE N° 8

Test n° 1

Pour les questions de **Q1** à **Q5**, les déplacements des petits carrés noirs se font sur des lignes verticales d'une ou deux cases vers le haut ou vers le bas. Parfois les petits carrés demeurent immobiles. Après la dernière case, on retrouve la 1re case. Avant la 1re case, on retrouve la dernière case.
Pour observer plus facilement les déplacements des petits carrés, certains ne sont plus noirs mais sont gris clair ou gris foncé.

Q1. Réponse **A**.

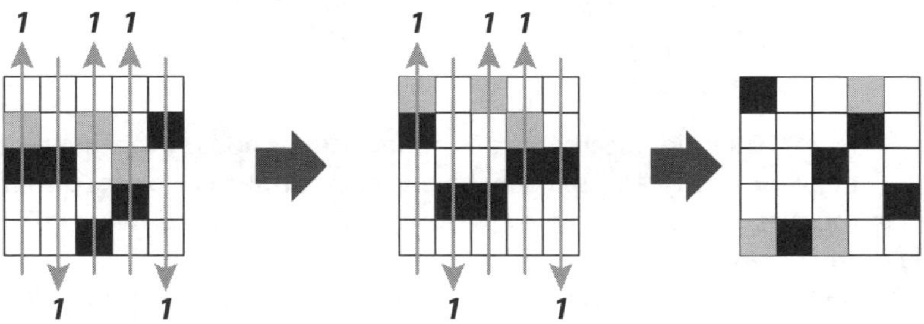

Q2. Réponse **D**.

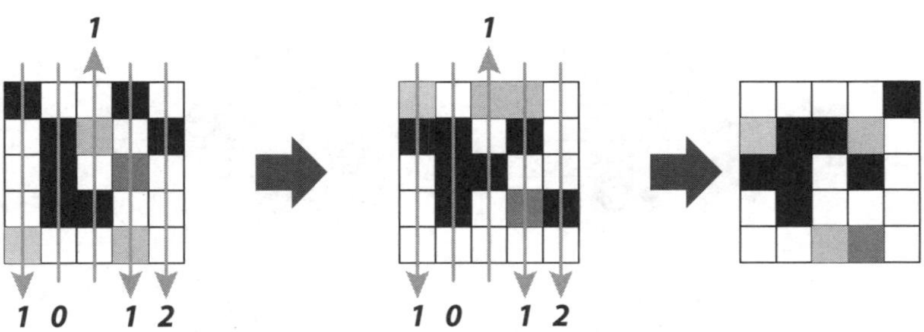

Q3. Réponse **C**.

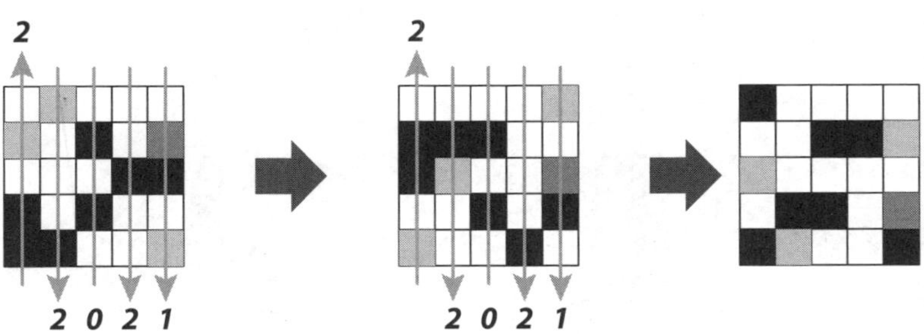

Q4. Réponse **D**.

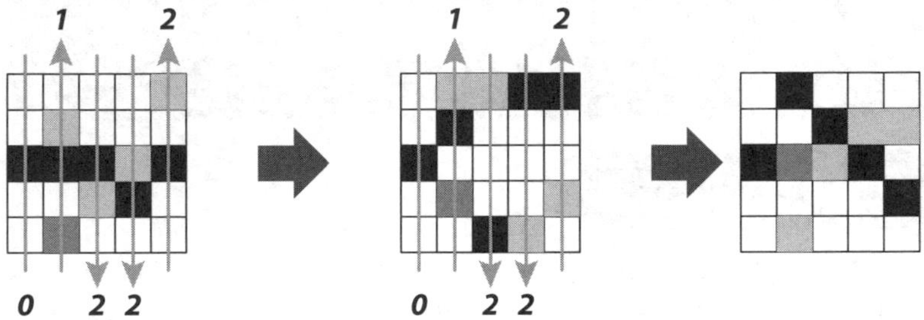

Q5. Réponse **B**.

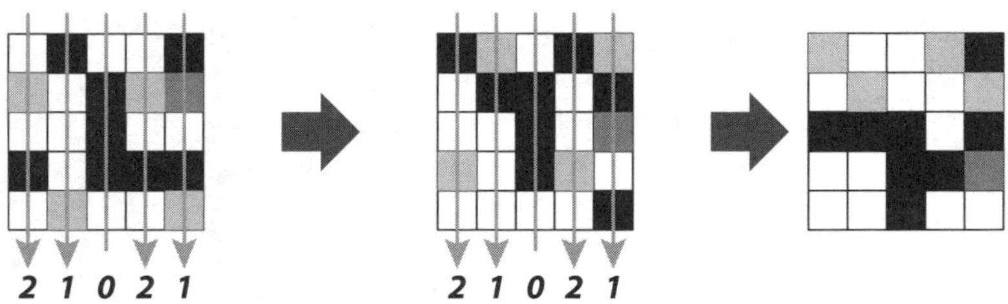

Pour les questions de **Q6** à **Q10**, les déplacements des petits disques noirs se font sur des lignes horizontales d'une ou deux cases vers la gauche ou vers la droite. Parfois les petits disques demeurent immobiles. Après la dernière case, on retrouve la 1re case. Avant la 1re case, on retrouve la dernière case.

Pour observer plus facilement les déplacements des petits disques, certains ne sont plus noirs mais sont gris clair ou gris foncé.

Q6. Réponse **B**.

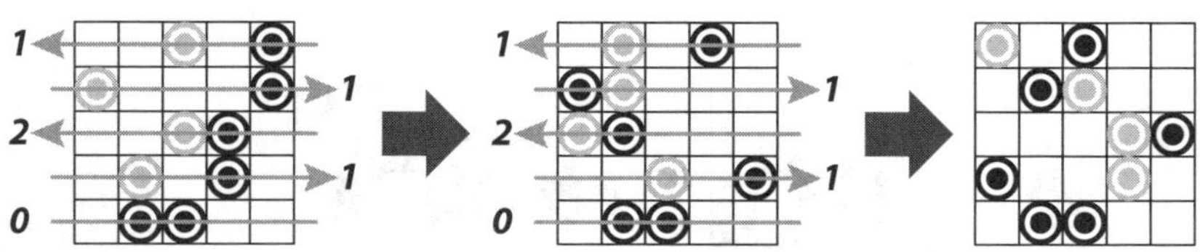

Q7. Réponse **D**.

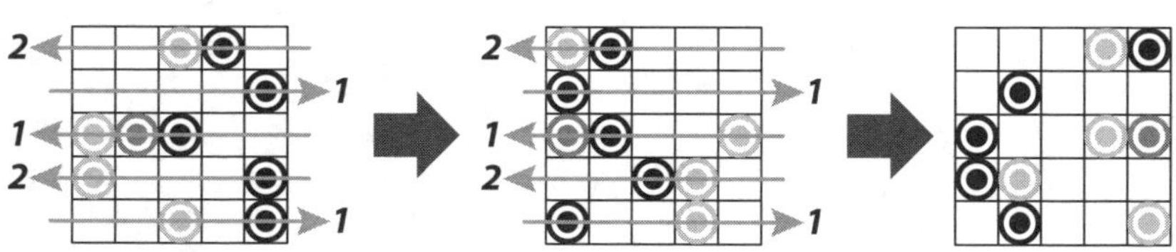

Q8. Réponse **B**.

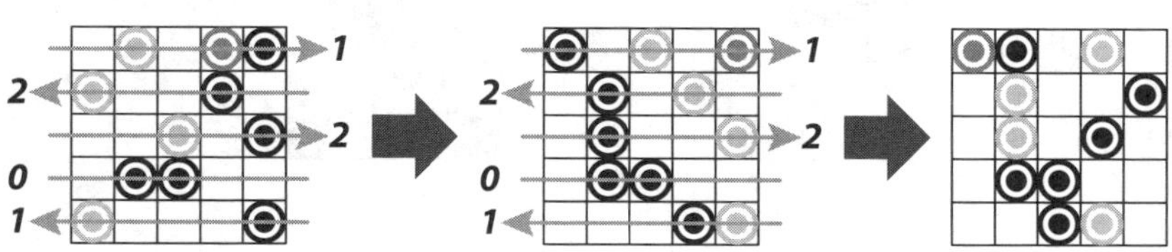

Q9. Réponse **C**.

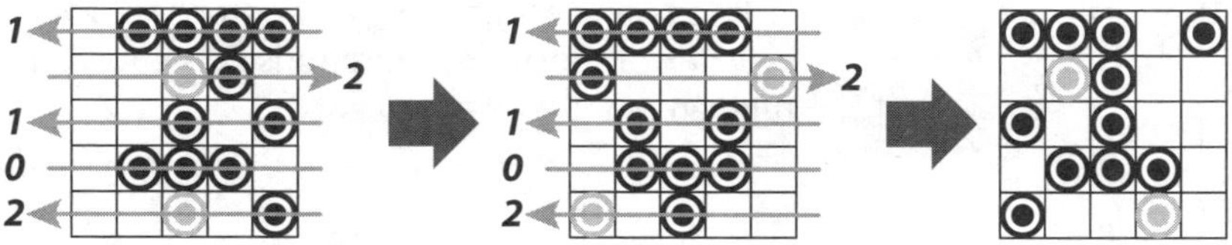

Q10. Réponse **A**.

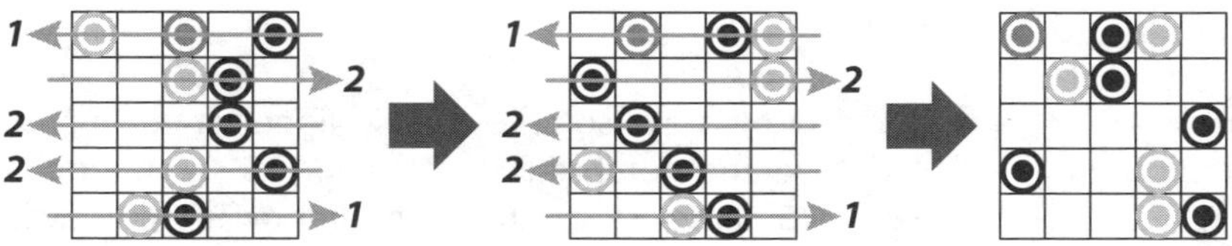

Test n° 2

Questions de Q11 à Q20 : se reporter à la grille réponse.

Voici les solutions

		P	+	Q	= 10
		+		+	
R	+	S	+	T	= 15
+		+		+	
U	+	V	+	W	= 10
+		+		= 6	
X	+	Y	= 8		
= 7		= 30			

Comme la somme de la 2ᵉ colonne est égale à un grand nombre (30), et comme la somme de la 3ᵉ colonne est un plus petit nombre (6), alors avec les propositions de réponse on choisit intuitivement $P = 9$ et $Q = 1$.

		9	+	1	= 10
		+		+	
R	+	S	+	T	= 15
+		+		+	
U	+	V	+	W	= 10
+		+		= 6	
X	+	Y	= 8		
= 7		= 30			

Comme la somme de la 2ᵉ ligne est égale à un grand nombre (15), et comme la somme de la 3ᵉ ligne est un plus petit nombre (10), alors avec les propositions de réponse on choisit intuitivement $T = 3$ et $W = 2$. On ne peut pas choisir la valeur 1 qui est déjà utilisée sur la même colonne.

		9	+	1	= 10
		+		+	
R	+	*S*	+	3	= 15
+		+		+	
U	+	*V*	+	2	= 10
+		+		= 6	
X	+	*Y*	= 8		
= 7		= 30			

Comme la somme de la 2e colonne est égale à un grand nombre (30), et comme la somme de la 1re colonne est un plus petit nombre (7), alors avec les propositions de réponse on choisit intuitivement $X = 2$ et $Y = 6$.

		9	+	1	= 10
		+		+	
R	+	*S*	+	3	= 15
+		+		+	
U	+	*V*	+	2	= 10
+		+		= 6	
2	+	6	= 8		
= 7		= 30			

Comme la somme de la 2e ligne est égale à un grand nombre (15), et comme la somme de la 3e ligne est un plus petit nombre (10), alors avec les propositions de réponse et les nombres déjà écrits on choisit intuitivement $R = 4$ et $U = 1$.

		9	+	1	= 10
		+		+	
4	+	*S*	+	3	= 15
+		+		+	
1	+	*V*	+	2	= 10
+		+		= 6	
2	+	6	= 8		
= 7		= 30			

Avec la 2e ligne, on obtient $S = 8$.
Avec la 3e ligne, on obtient $V = 7$.

		9	+	1	= 10
		+		+	
4	+	8	+	3	= 15
+		+		+	
1	+	7	+	2	= 10
+		+		= 6	
2	+	6	= 8		
= 7		= 30			

La grille est alors complétée.

Remarque : la recherche des réponses est faite un peu par intuition, et en se guidant des réponses proposées. On procède aussi par essais successifs. En revanche, il n'est pas recommandé d'écrire un système d'équations à résoudre. En effet cette solution prend beaucoup trop de temps pour déterminer les réponses.

Test n° 3

Sur les images ci-dessous, on montre le détail causant la différence avec les autres images toutes vues dans l'espace. On donne aussi les réponses attendues.

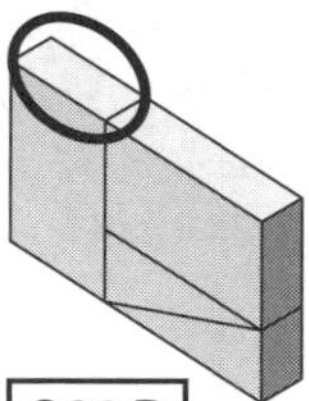

Q21 D

Q22 B

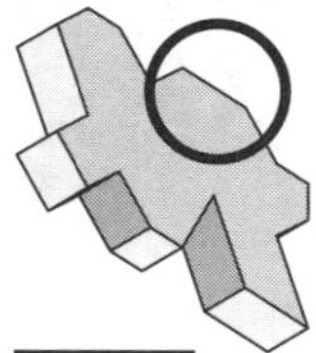

Q23 C

Q24 D

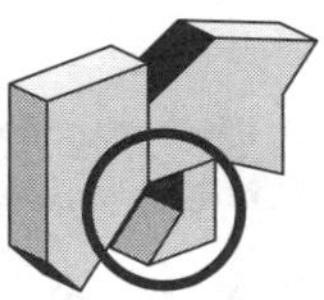

Q25 D

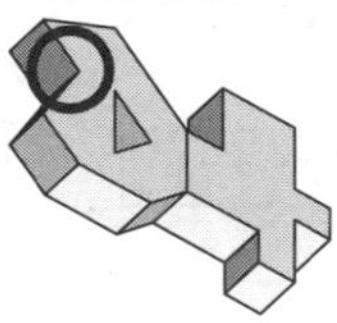

Q26 D

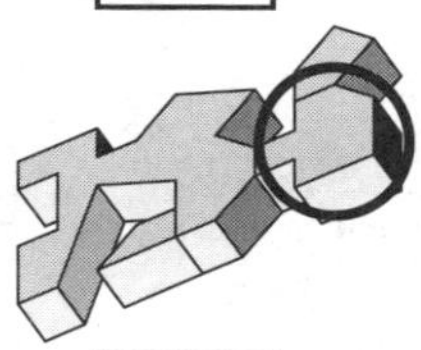

Q27 A

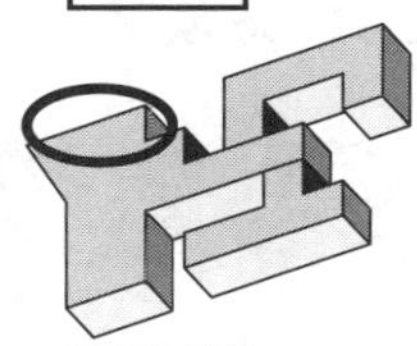

Q28 B

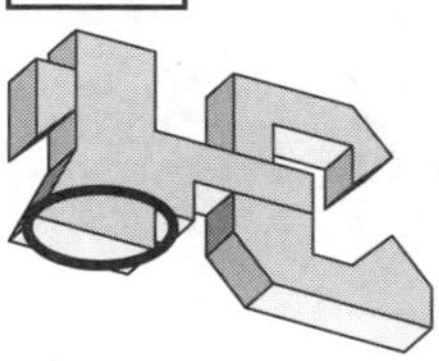

Q29 A

Q30 C

Test n° 4

Pour chaque question, on corrige à partir de la ligne erronée.

Q31. Réponse **A**.

$$\boxed{P = \left(2 - \frac{1}{2}\right)^2}$$

A. $P = \left(\frac{4-1}{2}\right)^2$

$P = \left(\frac{3}{2}\right)^2$

$\boxed{P = \frac{9}{4}}$

Pour élever une fraction au carré, on élève le numérateur et le dénominateur au carré.

Q32. Réponse **B**.

$$\boxed{P = \frac{18}{51} \times \frac{85}{25} + 1}$$

La multiplication est prioritaire par rapport à l'addition.

A. $P = \frac{6}{17} \times \frac{17}{5} + 1$

B. $P = \frac{6}{\cancel{17}} \times \frac{\cancel{17}}{5} + 1$

$P = \frac{6}{5} + 1$ $\qquad 1 = \frac{5}{5}$

$P = \frac{6+5}{5}$

$\boxed{P = \frac{11}{5}}$

$\frac{18}{51} = \frac{\cancel{3} \times 6}{\cancel{3} \times 17}$

$\frac{85}{25} = \frac{\cancel{5} \times 17}{\cancel{5} \times 5}$

$\frac{18}{51} \times \frac{85}{25} = \frac{6}{\cancel{17}} \times \frac{\cancel{17}}{5}$

$= \boxed{\frac{6}{5}}$

Q33. Réponse **B.**

$\boxed{P = \frac{72}{147} \times \frac{245}{48}}$

On simplifie au lieu d'effectuer les produits.

A. $P = \frac{72 \times 245}{147 \times 48}$

B. $P = \frac{9 \times 35}{21 \times 6}$

$P = \frac{3 \times 5}{7 \times 2}$

$\boxed{P = \frac{15}{14}}$

$72 = \mathbf{8} \times 9$
$48 = \mathbf{8} \times 6$
$147 = \mathbf{7} \times 21$
$245 = \mathbf{7} \times 35$

Q34. Réponse **C.**

$\boxed{P = 12 - 8 \times 3 \div 2 - 1}$

$8 \times 3 \div 2 = 8 \div 2 \times 3 = 4 \times 3$

A. $P = 12 - 4 \times 3 - 1$

B. $P = 12 - 12 - 1$

C. $P = 12 - 13$

$\boxed{P = -1}$

La multiplication et la division sont prioritaires par rapport à l'addition et la soustraction.

Q35. Réponse **D.**

$\boxed{P = \frac{25}{8} \div \frac{15}{36}}$

Pour diviser deux fractions, on multiplie la première par l'inverse de la seconde.

A. $P = \frac{25}{15} \times \frac{36}{8}$

Avant de multiplier les fractions, on simplifie le produit.

B. $P = \frac{5}{3} \times \frac{36}{8}$

C. $P = \frac{5}{3} \times \frac{9}{2}$

D. $\boxed{P = \frac{45}{6}}$

$\frac{36}{8} = \frac{9 \times \cancel{4}}{2 \times \cancel{4}}$

Q36. Réponse **C.**

$\boxed{P = (3x - 1)^2}$

On développe avec une identité remarquable.

$(a - b)^2 = a^2 - 2ab + b^2$

A. $P = (3x - 1) \times (3x - 1)$

B. $P = (3x)^2 - 2 \times 3x \times 1 + 1^2$

C. $P = 3^2x^2 - 2 \times 3 \times 1x + 1$

$\boxed{P = 9x^2 - 6x + 1}$

Q37. Réponse **B.**

$\boxed{P = 3\sqrt{2} - 5\sqrt{32} + 2\sqrt{18}}$

On simplifie chaque racine carrée.

A. $P = 3\sqrt{2} - 5\sqrt{16 \times 2} + 2\sqrt{9 \times 2}$

B. $P = 3\sqrt{2} - 5 \times 4\sqrt{2} + 6\sqrt{2}$

$P = 3\sqrt{2} - 20\sqrt{2} + 6\sqrt{2}$

$\boxed{P = -11\sqrt{2}}$

Q38. Réponse **D.**

$\boxed{5^2 = 3^2 + P^2}$

On développe avec une identité remarquable.

A. $P^2 = 5^2 - 3^2$ $\quad a^2 - b^2 = (a - b)(a + b)$

B. $P^2 = (5 - 3)(5 + 3)$

C. $P^2 = 2 \times 8$

D. $P^2 = 16$; $\boxed{P = 4}$

Q39. Réponse **D.**

$\boxed{P = (-3a + 2)(-5 - 4a)}$

$P = (-3a + 2)(-5 - 4a)$

On développe en écrivant tous les produits possibles montrés par quatre flèches.

A. $P = -(+3a) \times (-5) - 2 \times 5 + (-3a) \times (-4a) - 2 \times 4a$

B. $P = 15a - 10 - 8a + 12a^2$

C. $P = -10 + 12a^2 + 7a$

D. $\boxed{P = -10 + 12a^2 + 7a}$

Q40. Réponse **A**.

$\boxed{P = 24b - 18b^3 - 27b^4}$

On factorise l'expression par 3b.

Dans le test, on lit :

A. $\boxed{P = 3b(8 - 6b^2 - 9b^3)}$ $P = 3b(8\boxed{b} - 6b^2 - 9b^3)$

$24\text{b} = \mathbf{3\,b} \times 8$

$18\text{b}^3 = \mathbf{3\,b} \times 6\text{b}^2$

$27\text{b}^4 = \mathbf{3\,b} \times 9\text{b}^3$

Test n° 5

Les images sont différentes quand :

• elles sont vues par effet miroir (suivant un axe horizontal ou vertical), dans ce cas rien n'est indiqué dans les corrections suivantes ;
• la couleur ou la forme d'au moins un élément est modifiée, cela est indiqué en gris ;
• la disposition des éléments entre eux est modifiée, cela est aussi indiqué en gris.

Q41. Réponses **C** et **D**.

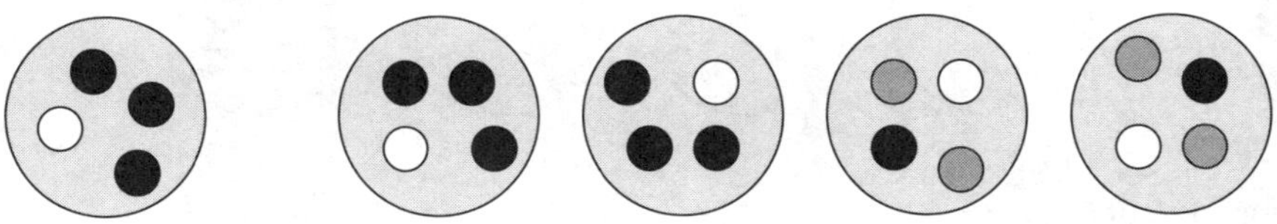

Q42. Réponses **B**, **C** et **D**.

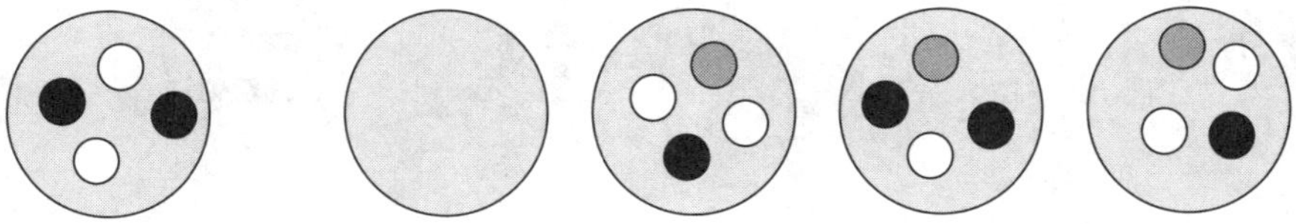

Q43. Réponses **A**, **B** et **C**.

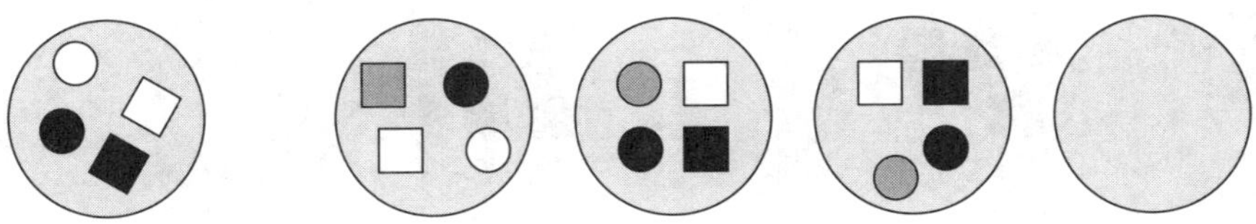

Q44. Réponses **A**, **B**, **C** et **D**.

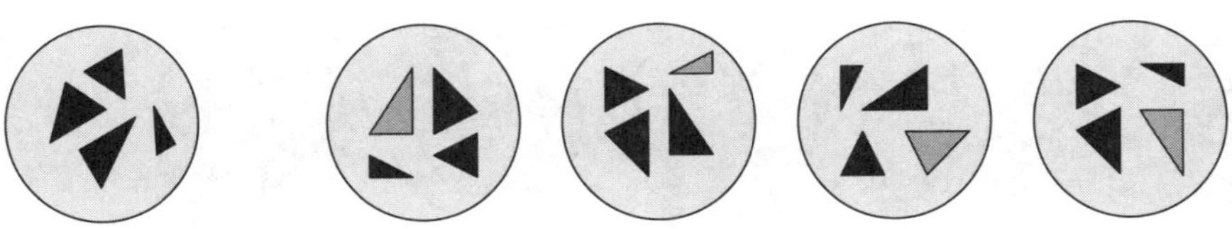

Q45. Réponses **B** et **C**.

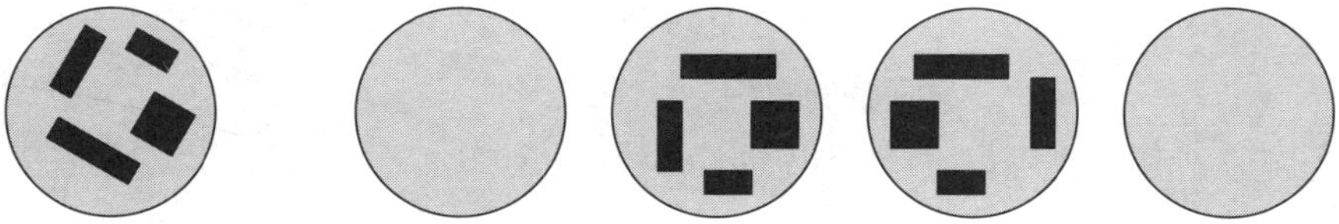

Q46. Réponses **A**, **B** et **C**.

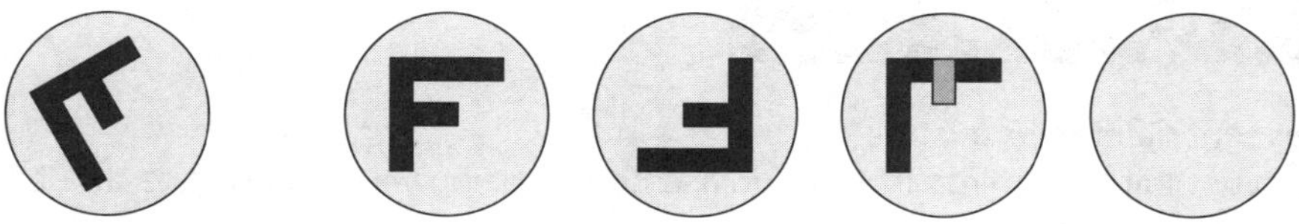

Q47. Réponse **D**.

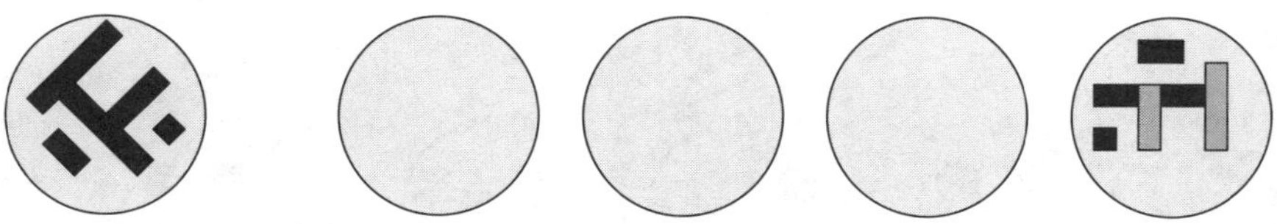

Q48. Réponses **C** et **D**.

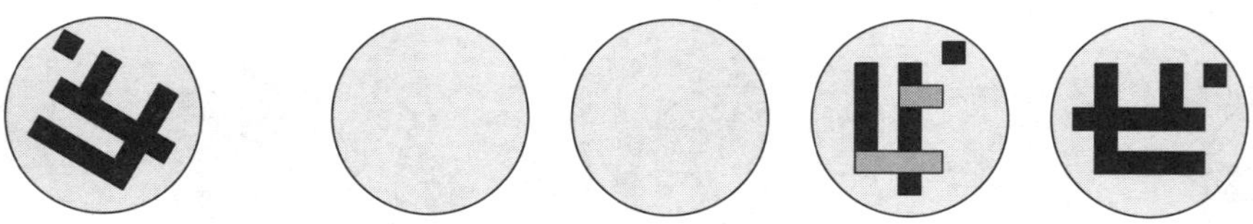

Q49. Réponses **A** et **C**.

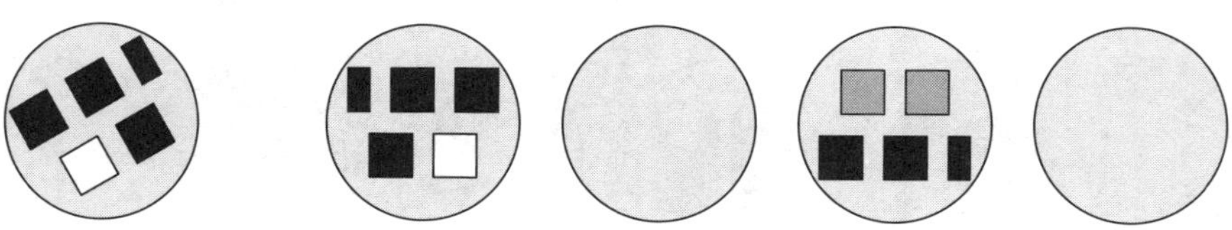

Q50. Réponse **D**.

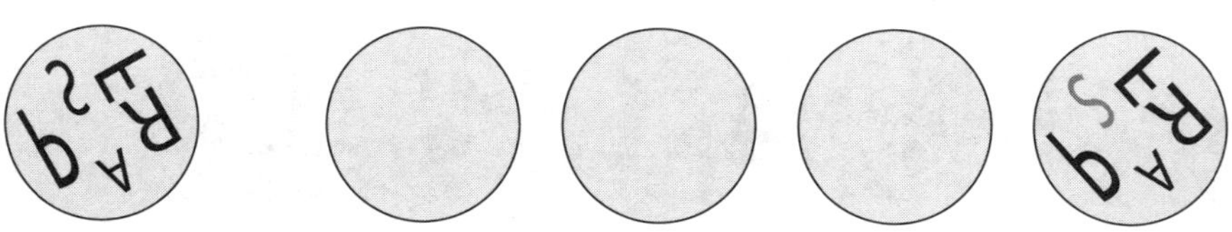

Test n° 6

Q51. Réponse **D**. La phrase est répétée **15** fois.

Pour les neuf questions suivantes, on compte le nombre de répétitions de lettre cherchée, puis on multiplie ce résultat par le nombre de phrases (15).

Réponses		Mise en évidence des lettres cherchées
Q52	A	J'entends le loup le ren**a**rd et l**a** belette, j'entends le loup et le ren**a**rd ch**a**nter.
Q53	C	J'**e**nt**e**nds l**e** loup l**e** r**e**nard **e**t la b**e**l**e**tt**e**, j'**e**nt**e**nds l**e** loup **e**t l**e** r**e**nard chant**e**r.
Q54	B	J'entends **l**e **l**oup **l**e renard et **l**a be**l**ette, j'entends **l**e **l**oup et **l**e renard chanter.
Q55	D	J'en**t**ends le loup le renard e**t** la bele**tt**e, j'en**t**ends le loup e**t** le renard chan**t**er.
Q56	D	J'entends le loup le **r**ena**r**d et la belette, j'entends le loup et le **r**ena**r**d chante**r**.
Q57	D	J'e**n**te**n**ds le loup le re**n**ard et la belette, j'e**n**te**n**ds le loup et le re**n**ard cha**n**ter.
Q58	A	J'enten**d**s le loup le renar**d** et la belette, j'enten**d**s le loup et le renar**d** chanter.
Q59	A	J'entend**s** le loup le renard et la belette, j'entend**s** le loup et le renard chanter.
Q60	A	J'entends le lo**u**p le renard et la belette, j'entends le lo**u**p et le renard chanter.

Test n° 7

Q61. Réponse **A**. Au premier nombre, on ajoute 4 pour obtenir le deuxième nombre. Au résultat, on ajoute 5 pour obtenir le nombre suivant. Puis on ajoute 6 et enfin 7 pour obtenir le nombre cherché : 39.

Q62. Réponse **D**. Même raisonnement avec la suite des nombres : 9 ; 11 ; 13 et 15.

Q63. Réponse **B**. Même raisonnement avec la suite des nombres : 8 ; 10 ; 12 et 14.

Q64. Réponse **C**. On fait la succession de $+3$ et de $\times 4$.

Q65. Réponse **D**. Série de nombres impairs.

Q66. Réponse **D**. La somme des chiffres de chaque nombre est égale à 11.

Q67. Réponse **B**. La somme des chiffres de chaque nombre augmente de 1.

Q68. Réponse **A**. Pour chaque nombre, le chiffre des unités augmente de 1, et celui des dizaines diminue de 2. Ou bien : la somme des chiffres de chaque nombre diminue de 1.

Q69. Réponse **C**. Pour chaque nombre, le chiffre des unités est impair, et celui des dizaines est pair.

Q70. Réponse **D**. Pour chaque nombre, le chiffre des unités est un multiple de 3, et celui des dizaines est impair.

Test n° 8

Voici la suite d'images qui se répètent indéfiniment. On peut les numéroter.

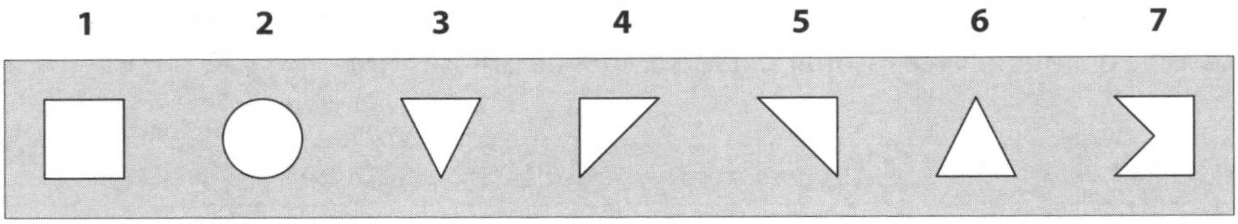

Q71. Réponse **C.**
Q72. Réponse **C.**

+2 signifie que l'on avance de deux images.
– 1 signifie que l'on recule d'une image.

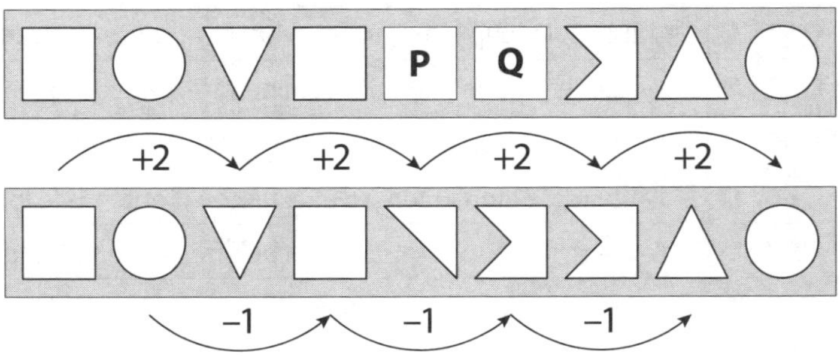

Q73. Réponse **A.**
Q74. Réponse **B.**
Q75. Réponse **D.**

– 2 signifie que l'on recule de deux images.
– 3 signifie que l'on recule de trois images.
+ 1 signifie que l'on avance d'une image.

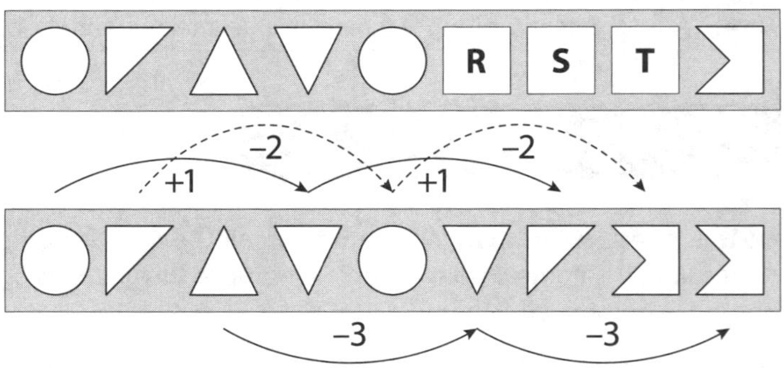

Test n° 9

Avec les données de l'énoncé, on dessine 4 cercles avec des intersections. Chaque cercle représente l'ensemble des élèves pratiquant une langue. Les intersections représentent les ensembles d'élèves pratiquant plusieurs langues. On peut alors compléter les effectifs dans chaque groupe :

- 7 élèves étudient l'anglais et le russe (Espace ***A***) ;
- 2 élèves étudient l'anglais, l'allemand et l'espagnol (Espace ***B***).
- 3 élèves étudient l'anglais et l'espagnol (Espace ***C*** : 3 – 2 = 1) ;
- 7 élèves étudient l'allemand et l'espagnol (Espace ***D*** : 7 – 2 = 5) ;
- 6 élèves étudient l'anglais et l'allemand (Espace ***E*** : 6 – 2 = 4) ;
- 20 élèves étudient uniquement le russe (Espace ***F*** : 20 – 7 = 13) ;

• 44 élèves étudient uniquement l'anglais (Espace ***G*** : 44 – 7 – 1 – 2 – 4 = 30) ;
• 11 élèves étudient uniquement l'espagnol (Espace ***H*** : 11 – 1 – 2 – 5 = 3) ;
• 29 élèves étudient uniquement l'allemand (Espace ***I*** : 29 – 5 – 2 – 4 = 18).

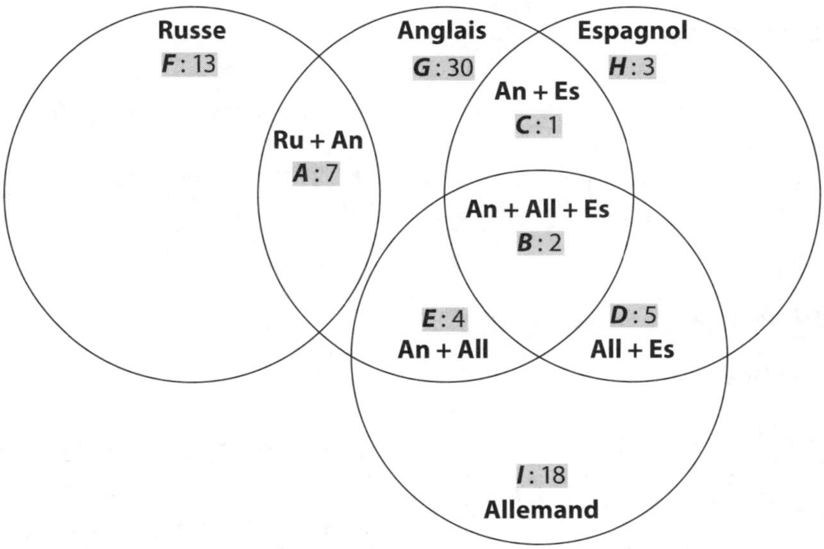

Q76. Réponse **D**. On fait la somme des « éléments » de ***A*** à ***I*** : 83.

Q77. Réponse **C**. Dans l'espace ***G***, il y a **30** élèves.

Q78. Réponse **B**. Dans l'espace ***F***, il y a **13** élèves.

Q79. Réponse **B**. Dans l'espace ***H***, il y a **3** élèves.

Q80. Réponse **D**. Dans l'espace ***I***, il y a **18** élèves.

Q81. Réponse **A**. Dans les espaces ***A***, ***C***, ***D***, et ***E*** il y a **17** élèves au total.

Q82. Réponse **A**. Dans les espaces ***A***, ***B***, ***C***, ***D***, et ***E*** il y a **19** élèves au total.

Q83. Réponse **C**. Dans tous les espaces sauf ***A*** et ***F***, il y a **63** élèves au total.

Q84. Réponse **D**. Dans les espaces ***F***, ***G***, ***H***, et ***I*** il y a **64** élèves au total.

Q85. Réponse **D**. Dans les espaces ***F*** et ***H*** il y a **16** élèves au total.

Test n° 10

Q86. Réponses **A**, **B** et **C**.
Dans le polynôme, on remplace x par les différentes propositions de réponse. Quand un résultat est égal à 0, la valeur de x choisie est solution du polynôme.
On détaille les calculs.

1) On remplace x par 1.

$$\boxed{P(x) = 6x^3 - 11x^2 + 6x - 1}$$
$$P(1) = 6 \times 1^3 - 11 \times 1^2 + 6 \times 1 - 1$$
$$P(1) = 6 \times 1 - 11 \times 1 + 6 \times 1 - 1$$
$$P(1) = 6 - 11 + 6 - 1$$
$$P(1) = \boxed{0}$$

1 élevé à une puissance entière est toujours égal à 1.

La multiplication est prioritaire par rapport à l'addition et la soustraction.

Comme le résultat est égal à 0, alors 1 est solution.

2) On remplace x par 1/2.

$$\boxed{P(x) = 6x^3 - 11x^2 + 6x - 1}$$
$$P\left(\frac{1}{2}\right) = 6 \times \left(\frac{1}{2}\right)^3 - 11 \times \left(\frac{1}{2}\right)^2 + 6 \times \frac{1}{2} - 1$$
$$P\left(\frac{1}{2}\right) = 6 \times \frac{1}{8} - 11 \times \frac{1}{4} + \frac{6}{2} - 1$$
$$P\left(\frac{1}{2}\right) = \frac{3}{4} - \frac{11}{4} + \frac{12}{4} - \frac{4}{4}$$
$$P\left(\frac{1}{2}\right) = \frac{3 - 11 + 12 - 4}{4}$$
$$P\left(\frac{1}{2}\right) = \frac{0}{4} = \boxed{0}$$

La fonction puissance est prioritaire par rapport aux autres opérations.

Pour élever une fraction à une puissance, on élève le numérateur et le dénominateur à cette puissance.

1 élevé à une puissance entière est toujours égal à 1.

On réduit toutes les fractions au même dénominateur 4.

Comme le résultat est égal à 0, alors 1/2 est solution.

3) On remplace x par 1/3.

$$\boxed{P(x) = 6x^3 - 11x^2 + 6x - 1}$$
$$P\left(\frac{1}{3}\right) = 6 \times \left(\frac{1}{3}\right)^3 - 11 \times \left(\frac{1}{3}\right)^2 + 6 \times \frac{1}{3} - 1$$
$$P\left(\frac{1}{3}\right) = 6 \times \frac{1}{27} - 11 \times \frac{1}{9} + \frac{6}{3} - 1$$
$$P\left(\frac{1}{3}\right) = \frac{2}{9} - \frac{11}{9} + \frac{18}{9} - \frac{9}{9}$$
$$P\left(\frac{1}{3}\right) = \frac{2 - 11 + 18 - 9}{9}$$
$$P\left(\frac{1}{3}\right) = \frac{0}{9} = \boxed{0}$$

La fonction puissance est prioritaire par rapport aux autres opérations.

Pour élever une fraction à une puissance, on élève le numérateur et le dénominateur à cette puissance.

1 élevé à une puissance entière est toujours égal à 1.

On réduit toutes les fractions au même dénominateur 9.

Comme le résultat est égal à 0, alors 1/3 est solution.

4) On remplace x par – 2.

– 2 élevé à une puissance paire (2) devient positif.
– 2 élevé à une puissance impaire (3) reste négatif.

$$\boxed{P(x) = 6x^3 - 11x^2 + 6x - 1}$$
$$P(-2) = 6\times(-2)^3 - 11\times(-2)^2 + 6\times(-2) - 1$$
$$P(-2) = -6\times 8 - 11\times 4 - 6\times 2 - 1$$
$$P(-2) = -48 - 44 - 12 - 1$$
$$P(-2) = \boxed{-105 \neq 0}$$

La fonction puissance est prioritaire par rapport aux autres opérations.

Comme le résultat est différent de 0, alors – 2 n'est pas solution.

Q87. Réponse **D**.

Dans chaque proposition de réponse, on remplace x par les trois nombres proposés. Les polynômes qui admettent les trois nombres comme solutions répondent favorablement à la question posée. Quand un polynôme n'admet pas un des trois nombres proposés comme solution, alors il ne répond pas à la question.

1) On remplace x par – 1.

$$\boxed{A(x) = x^3 - 6x^2 + 11x - 6}$$
$$A(-1) = (-1)^3 - 6\times(-1)^2 + 11\times(-1) - 6$$
$$A(-1) = 1 - 6 - 11 - 6$$
$$A(-1) = \boxed{-22 \neq 0}$$

Comme le résultat est différent de 0, alors – 1 n'est pas solution. Alors la proposition de réponse **A** ne convient pas.

$$\boxed{B(x) = x^3 + 4x^2 + x - 6}$$
$$B(2) = 2^3 + 4\times 2^2 + 2 - 6$$
$$B(2) = 8 + 16 + 2 - 6$$
$$B(2) = \boxed{20 \neq 0}$$

Comme le résultat est différent de 0, alors 2 n'est pas solution. Alors la proposition de réponse **B** ne convient pas.

$$\boxed{C(x) = x^3 + 2x^2 - 5x - 6}$$
$$C(3) = 3^3 + 2\times 3^2 - 5\times 3 - 6$$
$$C(3) = 27 + 18 - 15 - 6$$
$$C(3) = \boxed{24 \neq 0}$$

Comme le résultat est différent de 0, alors 3 n'est pas solution. Alors la proposition de réponse **C** ne convient pas.

$$\boxed{D(x) = x^3 - 4x^2 + x + 6}$$
$$D(2) = 2^3 - 4\times 2^2 + 2 + 6$$
$$D(2) = 8 - 16 + 2 + 6 = \boxed{0}$$

$$\boxed{D(x) = x^3 - 4x^2 + x + 6}$$
$$D(3) = 3^3 - 4\times 3^2 + 3 + 6$$
$$D(3) = 27 - 36 + 3 + 6 = \boxed{0}$$

$$\boxed{D(x) = x^3 - 4x^2 + x + 6}$$
$$D(-1) = (-1)^3 - 4\times(-1)^2 + (-1) + 6$$
$$D(-1) = -1 - 4 - 1 + 6 = \boxed{0}$$

Comme tous les résultats sont égaux à 0, alors la proposition de réponse **D** convient.

Q88. Réponse **B**.
Dans le polynôme, on remplace x par la valeur proposée.

$$P(x) = 2x^2 - 6x + 3 \quad ; \quad x = \frac{1 + 2\sqrt{2}}{2}$$

On développe avec une identité remarquable.

$$P\left(\frac{1 + 2\sqrt{2}}{2}\right) = 2 \times \left(\frac{1 + 2\sqrt{2}}{2}\right)^2 - 6 \times \frac{1 + 2\sqrt{2}}{2} + 3$$

$(a + b)^2 = a^2 + 2ab + b^2$

$$P\left(\frac{1 + 2\sqrt{2}}{2}\right) = 2 \times \frac{(1 + 2\sqrt{2})^2}{2^2} - \frac{6}{2} \times (1 + 2\sqrt{2}) + 3$$

$(1 + 2\sqrt{2})^2 = 1 + 4\sqrt{2} + 8$

$(2\sqrt{2})^2 = 2^2 \times (\sqrt{2})^2$
$= 4 \times 2 = 8$

$$P\left(\frac{1 + 2\sqrt{2}}{2}\right) = \frac{2}{4} \times (1 + 4\sqrt{2} + 8) - \frac{6}{2} \times (1 + 2\sqrt{2}) + 3$$

On réduit au même dénominateur 2.

$$P\left(\frac{1 + 2\sqrt{2}}{2}\right) = \frac{1}{2} \times (9 + 4\sqrt{2}) - \frac{6}{2} \times (1 + 2\sqrt{2}) + \frac{6}{2}$$

$$P\left(\frac{1 + 2\sqrt{2}}{2}\right) = \frac{9 + 4\sqrt{2} - 6 - 12\sqrt{2} + 6}{2}$$

$$P\left(\frac{1 + 2\sqrt{2}}{2}\right) = \frac{9 - 8\sqrt{2}}{2}$$

$$P\left(\frac{1 + 2\sqrt{2}}{2}\right) = \boxed{\frac{9}{2} - 4\sqrt{2}}$$

Le résultat obtenu est la proposition de réponse **B**.

Q89. Réponse **D**.
Dans le polynôme, on remplace x par la valeur proposée.

$$P(x) = -2x^4 + 3x^2 - 1 \quad ; \quad x = \frac{2}{5}$$

La fonction puissance est prioritaire par rapport aux autres opérations.

$$P\left(\frac{2}{5}\right) = -2 \times \left(\frac{2}{5}\right)^4 + 3 \times \left(\frac{2}{5}\right)^2 - 1$$

Pour élever une fraction à une puissance, on élève le numérateur et le dénominateur à cette puissance.

$$P\left(\frac{2}{5}\right) = -2 \times \frac{2^4}{5^4} + 3 \times \frac{2^2}{5^2} - 1$$

$$P\left(\frac{2}{5}\right) = -2 \times \frac{16}{625} + 3 \times \frac{4}{25} - 1$$

$$P\left(\frac{2}{5}\right) = \frac{-32}{625} + \frac{12 \times 25}{625} - \frac{625}{625}$$

On réduit toutes les fractions au même dénominateur 625.

$$P\left(\frac{2}{5}\right) = \frac{-32 + 300 - 625}{625}$$

$$P\left(\frac{2}{5}\right) = \boxed{\frac{-357}{625}}$$

Le résultat obtenu est la proposition de réponse **D**.

Q90. Réponse **C**.
On développe chaque proposition de réponse, puis on compare le résultat obtenu avec le polynôme proposé.

On développe sans identité remarquable. Pour élever la parenthèse au cube, on effectue d'abord le produit de cette parenthèse par elle-même, puis on multiplie le résultat par cette parenthèse.

$$\boxed{A(x) = (x^4 - 2x^2 + 1)^3}$$

$$A(x) = \left[(x^4 - 2x^2 + 1) \times (x^4 - 2x^2 + 1)\right] \times (x^4 - 2x^2 + 1)$$

$$A(x) = (x^8 - 4x^6 - 6x^4 - 4x^2 + 1) \times (x^4 - 2x^2 + 1)$$

$x^n \times x^m = x^{n+m}$

$$\boxed{A(x) = x^{12} - 6x^{10} + 15x^8 - 20x^6 + 15x^4 - 6x^2 + 1}$$

$$A(x) \neq P(x)$$

La proposition **A** ne convient pas.

Pour développer un produit de polynômes, on effectue tous les produits possibles.
Pour chaque produit, on applique la règle des signes, le produit des nombres et enfin le produit des lettres.
Exemple : $(-3x^2)\times(-5x^4) = +3\times 5x^{2+4} = 15x^6$

Pour développer une expression au cube, on applique la relation : $a^3 = a^2 \times a$.

$\boxed{B(x) = (-x^4+2x^2+1)^3}$

$B(x) = [(-x^4+2x^2+1)\times(-x^4+2x^2+1)]\times(-x^4+2x^2+1)$

$B(x) = (x^8-4x^6+2x^4+4x^2+1)\times(-x^4+2x^2+1)$

$B(x) = -x^{12}+6x^{10}-9x^8-4x^6+9x^4+6x^2+1$

$B(x) \neq P(x)$ La proposition **B** ne convient pas.

$\boxed{C(x) = (x^4+2x^2-1)^3}$

$C(x) = [(x^4+2x^2-1)\times(x^4+2x^2-1)]\times(x^4+2x^2-1)$

$C(x) = (x^8+4x^6+2x^4-4x^2+1)\times(x^4+2x^2-1)$

$\boxed{C(x) = x^{12}+6x^{10}+9x^8-4x^6-9x^4+6x^2-1}$

$C(x) = P(x)$ Quand on développe la proposition de réponse **C**, on obtient P(x). La proposition **C** convient.

$\boxed{D(x) = (x^4+x^2+2)^3}$

$D(x) = [(x^4+x^2+2)\times(x^4+x^2+2)]\times(x^4+x^2+2)$

$D(x) = (x^8+2x^6+5x^4+4x^2+4)\times(x^4+x^2+2)$

$\boxed{D(x) = x^{12}+3x^{10}+9x^8+13x^6+18x^4+12x^2+8}$

$D(x) \neq P(x)$ La proposition **D** ne convient pas.

Test n° 11

Q91. Réponse **D**.
Pour utiliser la relation : $D = V\times T$, il faut connaître la durée T du trajet. Comme on ne dispose que de l'heure du départ mais pas de l'heure d'arrivée, alors ce problème n'a pas une seule solution.

Q92. Réponse **D**.

Nb. d'IDE	Nb. de patients	Durée du travail
4 ↘ $\times\frac{3}{4}$	30	T ↘ $\times\frac{4}{3}$ *Le nombre d'IDE et la durée du travail sont inversement proportionnels.*
3	30	$T\times\frac{4}{3}$
3	37,5	$T\times\frac{4}{3}\times(1+25\,\%) = T\times\frac{4}{3}\times 1{,}25 \approx \boxed{T\times 1{,}67}$

Pour une même offre de soins, si on diminue le nombre d'IDE et si on augmente le nombre de patients, alors la durée des soins est augmentée.

Q93. Réponse **B**.

On calcule l'augmentation au bout de 3 mois.

$P' = P \times (1 + 5\,\%) \times (1 + 5\,\%) \times (1 + 5\,\%)$

Augmenter une quantité de 5 % revient à multiplier cette quantité par :
$1 + 5\,\% = 1 + 5/100 = 1 + 0{,}05 = 1{,}05.$

$P' = P \times 1{,}05^3$

$P' \approx P \times 1{,}158$ — $1{,}05^3 \approx 1{,}158$

$P \times 1{,}15 < P' < P \times 1{,}16$

$\boxed{P \times (1 + 15\,\%) < P' < P \times (1 + 16\,\%)}$

L'augmentation est comprise entre 15 % et 16 %.

Q94. Réponse **D**.

La vitesse au retour (descente) est quatre fois plus grande que la vitesse à l'aller (montée).

Si la distance à l'aller (et au retour) est égale à *d*, on peut alors calculer la vitesse moyenne.

$V_r = 4 \times V_a$

$V_{moy} = \dfrac{2d}{t_a + t_r}$ — *La vitesse moyenne est le quotient de la distance totale par la somme des durées.*

$V_{moy} = \dfrac{2d}{\dfrac{d}{V_a} + \dfrac{d}{V_r}}$ — *On simplifie le quotient par d.*

$V_{moy} = \dfrac{2}{\dfrac{1}{V_a} + \dfrac{1}{V_r}}$ — *On obtient alors la formule de la vitesse moyenne de deux vitesses.*

$V_{moy} = \dfrac{2}{\dfrac{V_r + V_a}{V_a \times V_r}}$ — *On réduit au même dénominateur.*

$V_{moy} = \dfrac{2\,V_a \times V_r}{V_r + V_a}$

$\boxed{V_{moy} \neq \dfrac{V_r + V_a}{2}}$ — *On obtient une expression différente de la moyenne arithmétique.*

Conclusion : la vitesse moyenne n'est pas égale à la moyenne arithmétique des vitesses.

Q95. Réponse **C**.

Comme la réduction est de 25 %, le prix affiché représente 75 % du prix initial. Avec un prix affiché de 15 €, on calcule alors le prix initial.

$Pi = \dfrac{15}{75\,\%}$

$Pi = \dfrac{15}{0{,}75}$ — $75\,\% = \dfrac{75}{100} = 0{,}75$

$Pi = \boxed{20}$

Le prix avant la réduction est égal à 20 €.

Q96. Réponse **A**.

En jouant deux fois de suite, on a les 4 cas suivants :

- perdre les deux fois ;
- gagner la première fois, puis perdre la seconde fois ;
- perdre la première fois, puis gagner la seconde fois ;
- gagner les deux fois.

Il n'y a donc qu'un seul cas (le premier) où l'on perd toujours ; c'est-à-dire un cas sur quatre. Comme tous les cas sont équiprobables, il y a donc **25 %** de chances de perdre.

Q97. Réponse **C**.

Il y a 10 choix pour la première molette, 10 choix pour la deuxième molette et aussi autant pour la troisième molette.

Le nombre de combinaisons est alors égal à : $10 \times 10 \times 10 = \boxed{10^3}$.

Q98. Réponse **C**.

Il y a 10 boules dans l'urne, dont 5 sont rouges ou bleues, et 5 sont blanches. Il y a donc autant de chances de tirer une boule rouge ou une boule bleue que de tirer une boule blanche.

Q99. Réponse **A**.
Étant donné la composition de l'urne, il y a deux chances sur dix de tirer une boule bleue.
La probabilité de tirer deux fois une boule bleue est donc égale à : $p = \frac{2}{10} \times \frac{2}{10}$

$$p = \frac{4}{100}$$

$$p = \boxed{4\ \%}$$

Q100. Réponse **C**.
Comme toutes les fleurs sont utilisées, et comme tous les bouquets sont identiques, alors le nombre de bouquets est un diviseur de 112 ; 144 et 176.
Comme Marguerite veut confectionner le plus grand nombre de bouquets possible, alors ce nombre est le **P**lus **G**rand **D**iviseur **C**ommun aux nombres entiers 112 ; 144 et 176.
On calcule alors le nombre de bouquets :

$$\left.\begin{array}{l} 192 = 12 \times \mathbf{16} \\ 144 = 9 \times \mathbf{16} \\ 176 = 11 \times \mathbf{16} \end{array}\right\} \ PGCD = \mathbf{16}$$

Le plus grand diviseur commun aux trois nombres est **16**. Alors, Marguerite peut confectionner **16** bouquets identiques.
On calcule la composition d'un bouquet.

Le nombre de roses rouges est égal à : $\frac{192}{16} = \boxed{12}$.

Le nombre de roses jaunes est égal à : $\frac{144}{16} = \boxed{9}$.

Le nombre de roses blanches est égal à : $\frac{176}{16} = \boxed{11}$.

Dans chaque bouquet, il y a donc 12 roses rouges, 9 roses jaunes et 11 roses blanches.
Le prix en € d'un bouquet est alors égal à : $12 \times 0{,}5 + 9 \times 1 + 11 \times 1{,}5 = 31{,}5$.
Le prix d'un bouquet étant de 31,5 €, **il est supérieur à 30 €**.

Grille réponse

	A	B	C	D		A	B	C	D		A	B	C	D		A	B	C	D
Q1	X				Q26				X	Q51				X	Q76				X
Q2				X	Q27	X				Q52	X				Q77			X	
Q3			X		Q28		X			Q53			X		Q78		X		
Q4				X	Q29	X				Q54		X			Q79		X		
Q5		X			Q30			X		Q55				X	Q80				X
Q6		X			Q31	X				Q56				X	Q81	X			
Q7				X	Q32		X			Q57				X	Q82	X			
Q8		X			Q33		X			Q58	X				Q83			X	
Q9			X		Q34			X		Q59	X				Q84				X
Q10	X				Q35				X	Q60	X				Q85				X
Q11				X	Q36			X		Q61	X				Q86	X	X	X	
Q12	X				Q37		X			Q62				X	Q87				X
Q13				X	Q38				X	Q63		X			Q88		X		
Q14				X	Q39				X	Q64			X		Q89				X
Q15			X		Q40	X				Q65				X	Q90			X	
Q16	X				Q41			X	X	Q66				X	Q91				X
Q17			X		Q42		X	X	X	Q67		X			Q92				X
Q18		X			Q43	X	X	X		Q68	X				Q93		X		
Q19		X			Q44	X	X	X	X	Q69			X		Q94				X
Q20		X			Q45		X	X		Q70				X	Q95			X	
Q21				X	Q46	X	X	X		Q71			X		Q96	X			
Q22		X			Q47				X	Q72			X		Q97			X	
Q23			X		Q48			X	X	Q73	X				Q98			X	
Q24				X	Q49	X		X		Q74		X			Q99	X			
Q25				X	Q50				X	Q75				X	Q100			X	

ÉPREUVE DE TESTS N° 9

- Durée : 2 heures.
- Nombre de questions : 100.
- Vous devez reporter vos réponses sur la « grille réponse ».
- Tout instrument de calcul est interdit.
- Chaque question, notée sur un point est suivie de propositions de réponse dont une seule est exacte (sauf indication contraire).
- Vous pouvez utiliser des feuilles de brouillon.
- *Il est recommandé de respecter le temps de travail conseillé.*

Test n° 1

Temps conseillé 10 min

On donne une suite de trois images ayant un point commun. Le but de ce test est de déterminer la suite logique de la quatrième image, tout en conservant le même point commun.

Exemple :

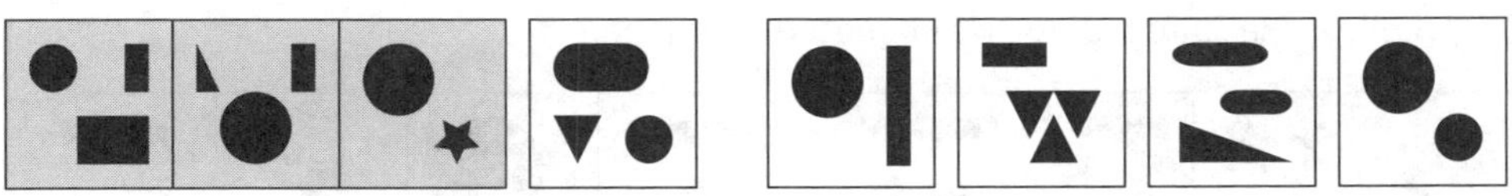

A B C D

On remarque que les trois premières images possèdent toutes un seul rond noir. Comme la quatrième image possède aussi un seul rond noir, alors on choisit la proposition de réponse qui possède un seul rond noir. C'est la réponse **A**.

Q1. Quelle est la suite logique de la quatrième image ?

A B C D

Q2. Quelle est la suite logique de la quatrième image ?

A B C D

Q3. Quelle est la suite logique de la quatrième image ?

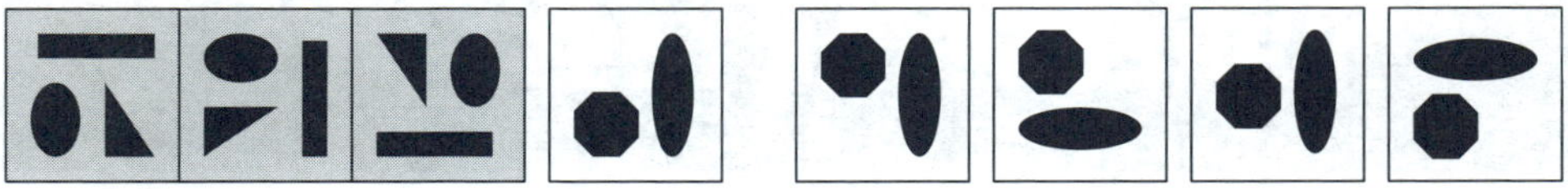

A B C D

Q4. Quelle est la suite logique de la quatrième image ?

A B C D

Q5. Quelle est la suite logique de la quatrième image ?

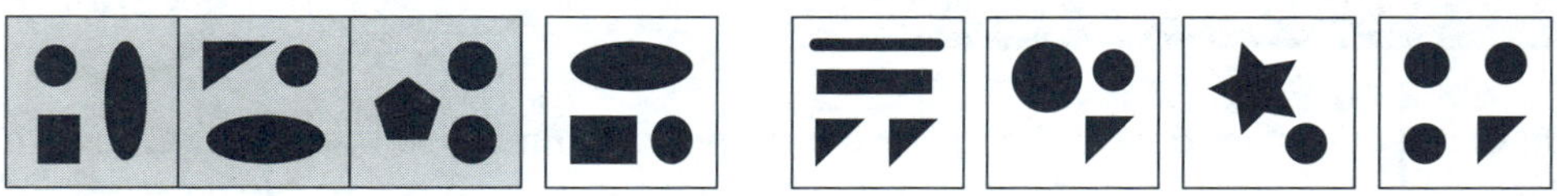

A B C D

Q6. Quelle est la suite logique de la quatrième image ?

A B C D

Q7. Quelle est la suite logique de la quatrième image ?

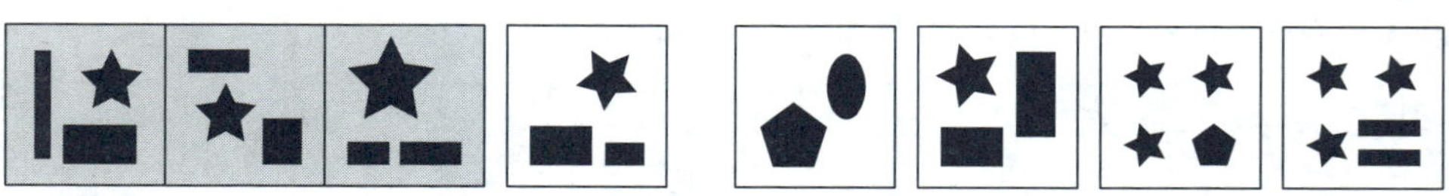

A B C D

Q8. Quelle est la suite logique de la quatrième image ?

A B C D

Q9. Quelle est la suite logique de la quatrième image ?

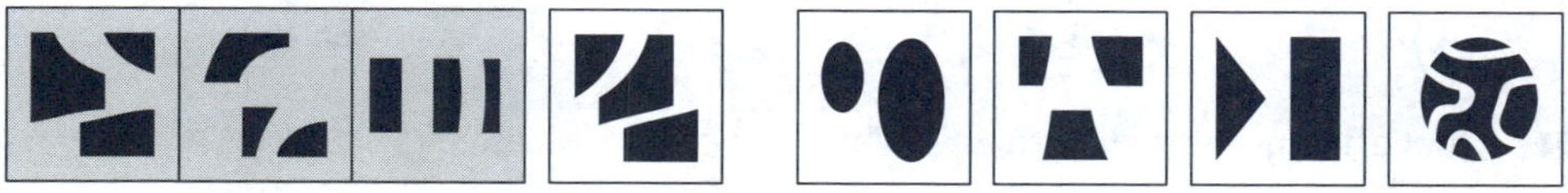

A B C D

Q10. Quelle est la suite logique de la quatrième image ?

A B C D

Test n° 2

Temps conseillé 10 min

Ỏ	Ố	Ồ	Ổ	Ỗ
Ớ	Ờ	Ỏ	Ờ	Ổ
Ồ	Ỗ	Ổ	Ỗ	Ố
Ỗ	Ờ	Ỏ	Ờ	Ổ
Ỏ	Ổ	Ờ	Ớ	Ố
Ồ	Ỗ	Ớ	Ỏ	Ỗ
Ỗ	Ổ	Ồ	Ổ	Ố
Ổ	Ỏ	Ồ	Ỗ	Ồ
Ỗ	Ổ	Ớ	Ổ	Ố
Ố	Ớ	Ồ	Ỏ	Ồ

Ở	Ổ	Ợ	Ồ	Ổ
Ổ	Ỡ	Ỏ	Ở	Ợ
Ồ	Ở	Ớ	Ổ	Ỡ
Ổ	Ợ	Ỏ	Ổ	Ớ
Ỡ	Ổ	Ớ	Ở	Ợ
Ở	Ớ	Ổ	Ồ	Ỏ
Ợ	Ỏ	Ỡ	Ổ	Ỡ
Ổ	Ỡ	Ở	Ợ	Ớ
Ở	Ợ	Ỡ	Ổ	Ỏ
Ổ	Ồ	Ở	Ợ	Ở

Q11. Quel est le nombre de lettres Ỏ dans le premier tableau ?
A. 7 **B.** 8 **C.** 9 **D.** 10

Q12. Quel est le nombre de lettres Ở dans le second tableau ?
A. 7 **B.** 8 **C.** 9 **D.** 10

Q13. Quel est le nombre de lettres Ố et Ồ dans le premier tableau ?
A. 14 **B.** 15 **C.** 16 **D.** 17

Q14. Quel est le nombre de lettres Ổ dans les deux tableaux ?
A. 21 **B.** 22 **C.** 23 **D.** 23

Q15. Quel est le nombre de lettres Ỏ et Ở dans les deux tableaux ?
A. 20 **B.** 21 **C.** 22 **D.** 23

Q16. Quel est le nombre de lettres différentes dans le premier tableau ?
A. 7 **B.** 8 **C.** 9 **D.** 10

Q17. Combien de fois trouve-t-on la lettre la moins représentée dans le second tableau ?
A. 1 **B.** 2 **C.** 3 **D.** 4

Q18. Combien de lettres sont dans le premier tableau, mais pas dans le second tableau ?
A. 17 **B.** 18 **C.** 19 **D.** 20

Q19. Quel est le nombre de lettres communes dans les deux tableaux ?
A. 53 **B.** 54 **C.** 55 **D.** 56

Q20. Combien de fois trouve-t-on la lettre la plus représentée dans le premier tableau ?
A. 7 **B.** 8 **C.** 9 **D.** 10

Test n° 3

Temps conseillé 10 min

Q21. Quelles sont les nombres qui sont solutions de l'équation suivante ?

$$(x-2)^2 = (3x+4)^2$$

A. 7 **B.** 8 **C.** 9 **D.** – 3

Q22. Quelle est la proposition de réponse qui est solution de l'équation suivante ?

$$\sqrt{x+2} > 0$$

A. Tous les nombres
B. Les nombres supérieurs à – 2
C. Tous les nombres inférieurs à – 4
D. Les nombres compris entre – 4 et – 3

Q23. Quelle est la proposition de réponse qui est solution de l'équation suivante ?

$$\sqrt{2-x} < 0$$

A. Tous les nombres
B. Les nombres supérieurs à 2
C. Pas de solution
D. Tous les nombres négatifs

Q24. Quelle est la proposition de réponse qui est solution de l'équation suivante ?

$$\sqrt{-x+1} > 2$$

A. Les nombres inférieurs à – 3
B. Les nombres supérieurs à 1
C. Les nombres inférieurs à 1
D. Pas de solution

Q25. Quelle est la proposition de réponse qui est solution de l'équation suivante ?

$$\frac{1}{x-1} > 1$$

A. Tous les nombres positifs
B. Les nombres compris entre 0 et 1
C. Les nombres inférieurs à 1
D. Les nombres supérieurs à 2

Q26. Si trois maçons bâtissent 3 murs en 3 jours, combien de maçons faut-il pour bâtir 5 murs en 5 jours ?

A. 3 **B.** 5 **C.** 15 **D.** *Autre nombre*

Q27. Si quatre boulangers préparent 100 pains par heure, combien de temps mettront deux boulangers pour préparer 200 pains ?

A. 1 h **B.** 2 h **C.** 4 h **D.** *Autre nombre*

Q28. Le taux de TVA passe de 19,6 % à 20 %, de quel pourcentage augmente-il ?

A. 0,4 % **B.** 0,5 % **C.** 0,8 % **D.** *Autre nombre*

Q29. 28 billets de 5 € et de 10 € composent une somme de 215 €. Quel est le nombre de billets de 5 € ?

A. 12 **B.** 13 **C.** 14 **D.** *Autre nombre*

Q30. Un robinet perd une goutte toutes les 10 s. Combien de temps faut-il pour que le robinet perde 1 L ? On sait que 20 gouttes occupent un volume de 1 mL.

A. Moins de 1 j **B.** Entre 1 et 2 j **C.** Entre 2 et 3 j **D.** *Autre nombre*

Test n° 4

Temps conseillé 10 min

À partir d'un nombre, on obtient le nombre suivant par une opération simple. Deux opérations simples sont successivement utilisées sur chaque suite numérique.
Le but de ce test est de déterminer les nombres qui doivent être placés dans les cases de **Q31** à **Q40**. Les opérateurs proviennent des quatre opérations de base appliquées sur des nombres entiers inférieurs à 20.

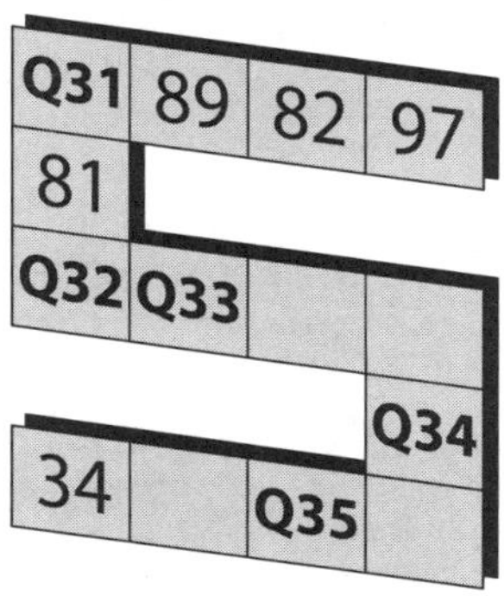

Q31. Quel est le nombre à placer dans la case Q31 ?
A. 74 **B.** 75 **C.** 76 **D.** 96

Q32. Quel est le nombre à placer dans la case Q32 ?
A. 62 **B.** 63 **C.** 64 **D.** 66

Q33. Quel est le nombre à placer dans la case Q33 ?
A. 65 **B.** 69 **C.** 73 **D.** 74

Q34. Quel est le nombre à placer dans la case Q34 ?
A. 73 **B.** 59 **C.** 53 **D.** 50

Q35. Quel est le nombre à placer dans la case Q35 ?
A. 35 **B.** 42 **C.** 47 **D.** 53

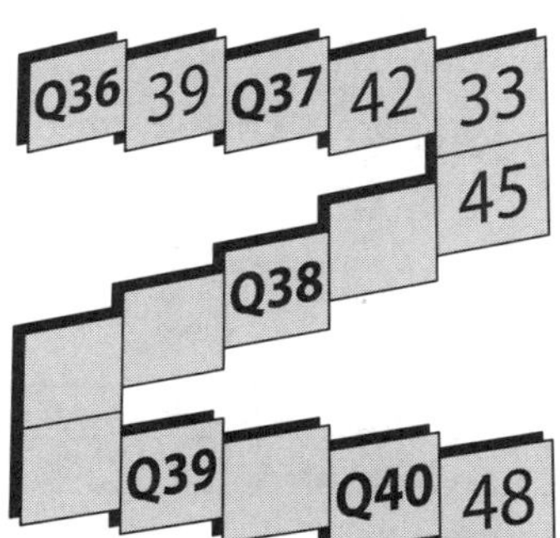

Q36. Quel est le nombre à placer dans la case Q36 ?
A. 25 **B.** 26 **C.** 27 **D.** 28

Q37. Quel est le nombre à placer dans la case Q37 ?
A. 30 **B.** 31 **C.** 32 **D.** 33

Q38. Quel est le nombre à placer dans la case Q38 ?
A. 45 **B.** 46 **C.** 47 **D.** 48

Q39. Quel est le nombre à placer dans la case Q39 ?
A. 53 **B.** 54 **C.** 55 **D.** 56

Q40. Quel est le nombre à placer dans la case Q40 ?
A. 54 **B.** 55 **C.** 56 **D.** 57

Test n° 5

Temps conseillé **5 min**

Q41. À un concours, cent cinquante candidats se sont présentés. Trente ont été admissibles et la moitié d'entre eux ont été reçus. Quel est le taux de réussite au concours ?
A. 10 % **B.** 15 % **C.** 20 % **D.** 25 %

Q42. Un séjour à la montagne est soldé avec une réduction de 30 %. Son nouveau prix est actuellement fixé à 455 €. Quel est le montant de la réduction ?
A. 136,5 € **B.** 318,5 € **C.** 65 € **D.** 195 €

Q43. Le tiers provisionnel et exact d'un contribuable s'élève à 450 €. Il déclare un revenu net imposable égal à 16 875 €. À quel taux ce contribuable est-il imposé ?
A. 2,7 % **B.** 5,3 % **C.** 8 % **D.** 12 %

Q44. Un prélèvement obligatoire de 15 % s'applique sur 90 % du traitement brut. Ce même prélèvement sera maintenant d'un taux égal à 20 %, mais ne s'appliquera que sur 80 % du traitement brut. De quel pourcentage augmente ce prélèvement ?
A. < 5 % **B.** de 5 % à 10 % **C.** de 10 % à 15 % **D.** de 15 % à 20 %

Q45. Sur son revenu brut, un salarié a un premier prélèvement de 20 %, puis un autre de 10 %. De quel taux est réduit son revenu brut ?
A. 30 % **B.** 28 % **C.** 25 % **D.** 20 %

Test n° 6

Temps conseillé **10 min**

Un logement se compose de trois chambres (deux petites et une grande), de deux salles de bain (une petite et une grande), d'une cuisine, d'une salle à manger et d'un salon. De l'extérieur, on accède au logement par une porte donnant sur un grand couloir qui sépare d'un côté la cuisine et les chambres et de l'autre côté, la salle à manger, le salon et la grande salle de bain. Au fond de chacune des petites chambres, une porte permet d'accéder à la petite salle de bain. Elle est donc commune aux deux petites chambres et il n'y a pas d'autre accès à cette pièce. Chaque pièce est accessible par une porte qui se ferme. De plus, il y a une porte de communication entre la salle à manger et le salon.
On suppose que le chat ne peut entrer dans une pièce ou dans le logement que si la porte d'accès est ouverte.
Indiquer les réponses exactes. Plusieurs réponses sont possibles.

Q46. On suppose que le chat est à l'extérieur du logement. On sait que la porte d'entrée est ouverte ainsi que les portes du salon. Toutes les autres portes sont fermées. Où le chat peut-il accéder ?

A. À la grande salle de bain
B. Au salon
C. À la salle à manger
D. À la cuisine

Q47. Le chat venant de l'extérieur dort tranquillement sur le canapé du salon. Que cela signifie-t-il ?

A. Les deux seules portes ouvertes sont la porte d'entrée et celle de la salle à manger.
B. Les deux seules portes ouvertes sont la porte d'entrée et celle du salon.
C. Les seules portes ouvertes sont la porte de la salle à manger, la porte du salon et celle qui communique entre la salle à manger et le salon.
D. Le chat est passé par la petite salle de bain et une des petites chambres.

Q48. On suppose que le chat qui dormait paisiblement sur le tapis de la grande salle de bain veut sortir du logement. Parmi les différentes propositions de portes qui sont maintenues ouvertes, indiquer celles qui permettent au chat de sortir du logement.

A. Les portes du salon, de la salle à manger et la porte d'entrée.
B. La porte d'entrée du logement et les portes de la salle à manger du salon et des chambres.
C. Les portes de la grande salle de bain, du salon et la porte d'entrée.
D. Les portes des deux salles de bain, de la cuisine et la porte d'entrée.

Q49. Les locataires de ce logement souhaitent que le chat ne puisse accéder à une chambre. On ne sait pas au préalable où se trouve le chat, mais on est sûr qu'il n'est pas dans une des chambres. Parmi les différentes propositions de portes qui sont maintenues fermées, indiquer celles qui ne permettent pas au chat d'accéder à une chambre.

A. Les portes permettant d'entrer dans les trois chambres à partir du couloir.
B. Toutes les portes du logement.
C. Les portes des trois chambres et des deux salles de bain.
D. Les portes d'entrée et de la grande salle de bain.

Q50. On sait que le chat n'est ni dans une salle de bain ni dans une chambre. On veut lui interdire l'accès à la cuisine et à la salle à manger. Pour cela, quelles portes doit-on fermer ?

A. Toutes les portes du logement.
B. Toutes les portes donnant sur le couloir.
C. Après avoir vérifié l'absence du chat dans les pièces où l'on veut lui interdire l'accès, on ferme la porte de la cuisine et les portes de la salle à manger.
D. Après avoir vérifié l'absence du chat dans les pièces où l'on veut lui interdire l'accès, on ferme la porte de la cuisine, celle de la salle à manger et celle du salon ; ces trois portes donnent sur le grand couloir.

Test n° 7

Temps conseillé 10 min

Pour chaque exercice, en se limitant aux informations données dans le texte, indiquer les propositions qui sont toujours exactes. Plusieurs réponses sont possibles.

Q51. Il est faux de dire le contraire de la proposition suivante : « Les chats ne s'abstiennent pas de montrer de la répugnance pour les chiens ».

A. Les chats aiment tous les chiens.
B. Les chiens n'aiment pas les chats.
C. Les chats ont de la répugnance pour les chiens.
D. Les chiens rejettent les chats.

Q52. C'est mentir que de nier le contraire de la proposition suivante : « Les hommes mentent en affirmant préférer les femmes qui n'ont pas les yeux verts ».

A. Les hommes préfèrent les femmes qui n'ont pas les yeux verts.
B. Les hommes ne préfèrent pas les femmes qui n'ont pas les yeux verts.
C. Les femmes préférées des hommes sont celles qui ont les yeux verts.
D. Les femmes aux yeux verts ne sont pas les préférées des hommes.

Q53. Il est vrai de nier le contraire de la négation : « Il n'est pas interdit de ne pas boire si on ne conduit pas un véhicule ».

A. On ne peut pas conduire en ayant bu.
B. Boire ou conduire, il faut choisir l'un des deux.
C. Il est interdit de boire en conduisant.
D. Si on conduit, il ne faut pas avoir bu.

Q54. Il est faux de contredire l'affirmation : « Ne pas fumer ne réduit pas l'espérance de vie des hommes ».

A. Les femmes peuvent fumer.
B. Fumer est moins dangereux pour les femmes que pour les hommes.
C. Fumer ne réduit pas l'espérance de vie des êtres humains.
D. Fumer réduit l'espérance de vie des hommes.

Q55. Affirmer le contraire de la proposition suivante, c'est mentir : « Le préservatif masculin n'est pas le meilleur moyen pour ne pas limiter la transmission du virus du SIDA ».

A. Le virus du SIDA se transmet par transfusion sanguine.
B. Sans préservatif masculin, on ne limite pas la transmission du virus du SIDA.
C. Le préservatif féminin est tout aussi efficace que le préservatif masculin.
D. Le préservatif masculin protège de la transmission du virus de l'hépatite C.

Test n° 8

Temps conseillé 5 min

Pour chaque exercice, il manque un nombre pour vérifier une suite numérique simple. Quel est ce nombre ?

Q56 **Q57** **Q58** **Q59** **Q60**

Q56.	**A.** 1	**B.** 3	**C.** 6	**D.** 9
Q57.	**A.** 2	**B.** 5	**C.** 10	**D.** 15
Q58.	**A.** 7	**B.** 10	**C.** 12	**D.** 15
Q59.	**A.** 16	**B.** 17	**C.** 18	**D.** 19
Q60.	**A.** 3	**B.** 5	**C.** 7	**D.** 30

Test n° 9

Temps conseillé 5 min

Le but de ce test est de retrouver les deux images qui ne sont pas des vues dans l'espace des deux autres images.

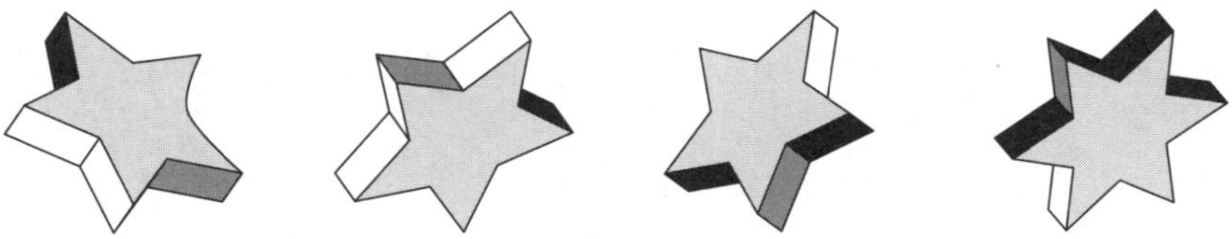

Q61. A. **B.** **C.** **D.**

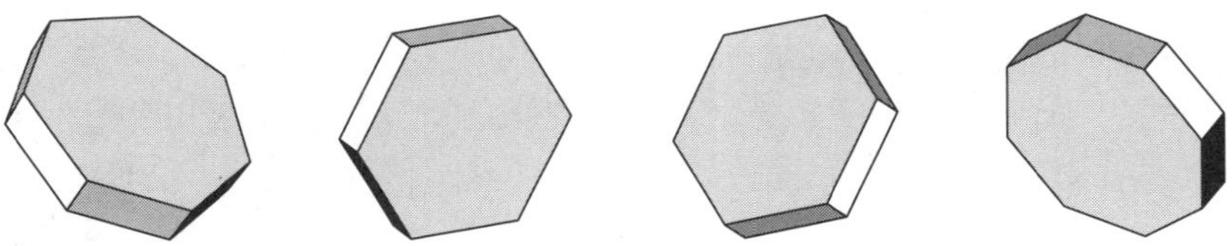

Q62. A. **B.** **C.** **D.**

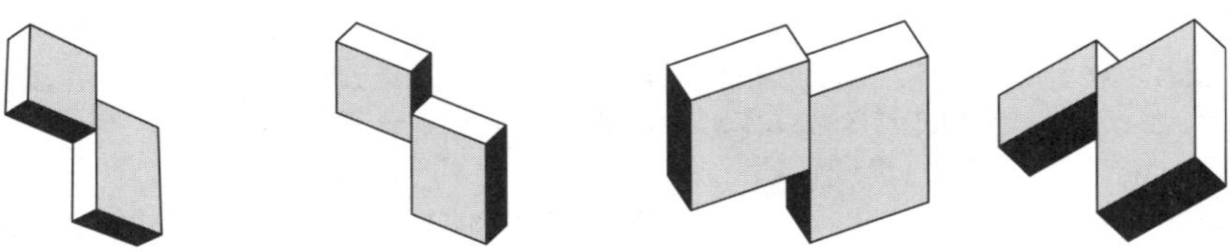

Q63. A. **B.** **C.** **D.**

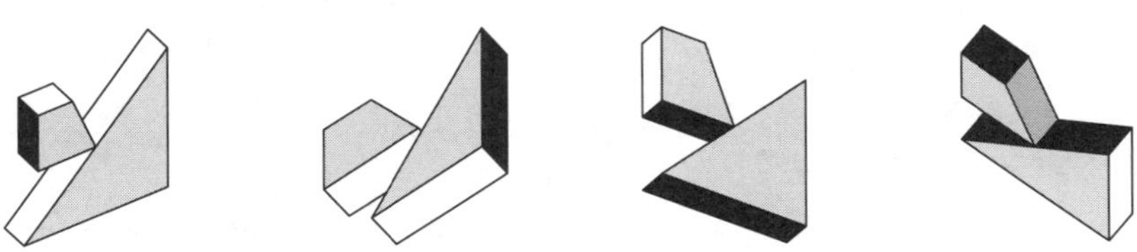

Q64. A. **B.** **C.** **D.**

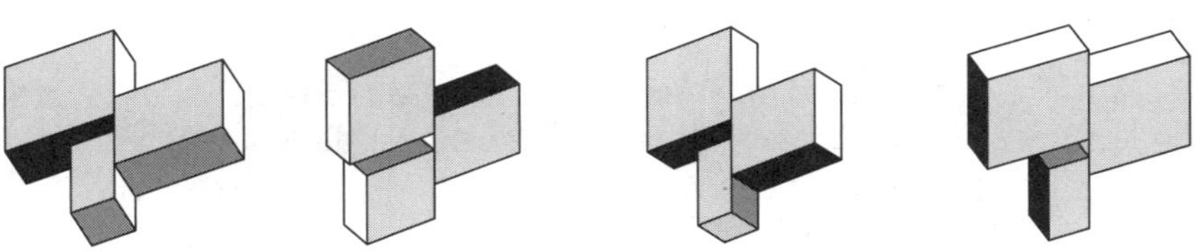

Q65. A. **B.** **C.** **D.**

Test n° 10

Temps conseillé 5 min

Le but de ce test est de compléter chaque série.

Q66. Texte – poésie ; livre – livret ; rythme – ?
A. Air **B.** Mélodies **C.** Chanson **D.** Danse

Q67. Violon – corde ; cheval – mors ; souris – ?
A. Fromage **B.** Blé **C.** Graine **D.** Avoine

Q68. Trompette – trombone ; contrebasse – alto ; harpe – ?
A. Cor **B.** Bugle **C.** Flûte **D.** Cornet

Q69. Ski – orteil ; contrebasson – volley ; candidats – ?
A. Concours **B.** Voile **C.** Vaillants **D.** Rugby

Q70. Cou – dent ; clavicule – amputation ; tête – ?
A. Jambe **B.** Cou **C.** Pleine **D.** Fracture

Test n° 11

Temps conseillé 5 min

À la préparation au concours d'entrée dans la Fonction publique territoriale, on compte trente candidats, parmi lesquels 20 % sont des hommes.

Q71. Quel est le nombre de femmes inscrites à cette préparation ?
A. 6 **B.** 12 **C.** 15 **D.** 24

Q72. Parmi les femmes on en dénombre 25 % qui ne sont pas bachelières, alors qu'ils sont 30 % parmi l'ensemble des candidats. Quel est le nombre d'hommes qui ne sont pas bacheliers ?
A. 3 **B.** 6 **C.** 9 **D.** 12

Q73. Parmi les hommes titulaires du BAC ou d'un diplôme universitaire, les deux tiers n'ont que le BAC. Quel est le nombre d'hommes bacheliers non titulaires d'un diplôme universitaire ?
A. 0 **B.** 1 **C.** 2 **D.** 3

Q74. Il y a trois fois plus de femmes diplômées de l'université que d'hommes dans cette même catégorie. Quel est le pourcentage de femmes diplômées de l'université ?
A. 3 % **B.** 10 % **C.** 15 % **D.** 20 %

Q75. Quel est le nombre de personnes seulement titulaires d'un BAC ?
A. 2 **B.** 5 **C.** 15 **D.** 17

Test n° 12

Temps conseillé 10 min

Pour chaque domino, les deux parties gris sombre et blanche possèdent de un à six ronds. Ces ronds décrivent la suite numérique de un à six. Après le six, on retrouve le un et ainsi de suite. De même avant le un, il y a le six. Le but de ce test est de déterminer le domino qui doit remplacer celui qui possède un point d'interrogation.

Q76.

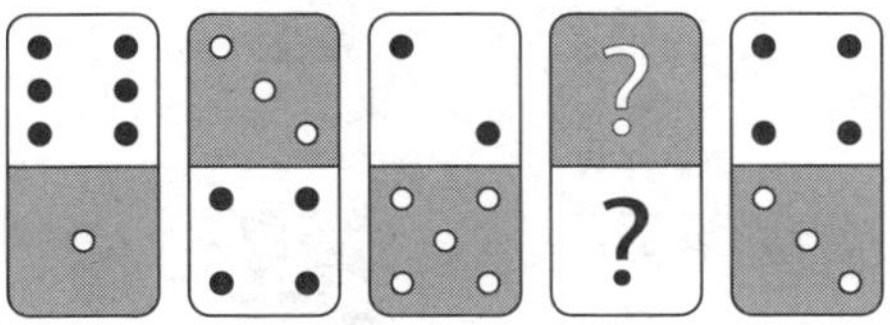

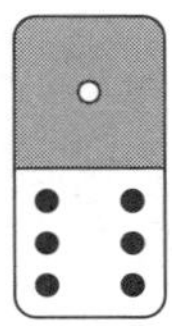
A.

B.

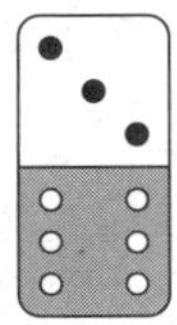
C.

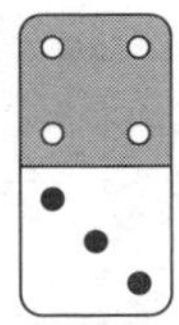
D.

Q77.

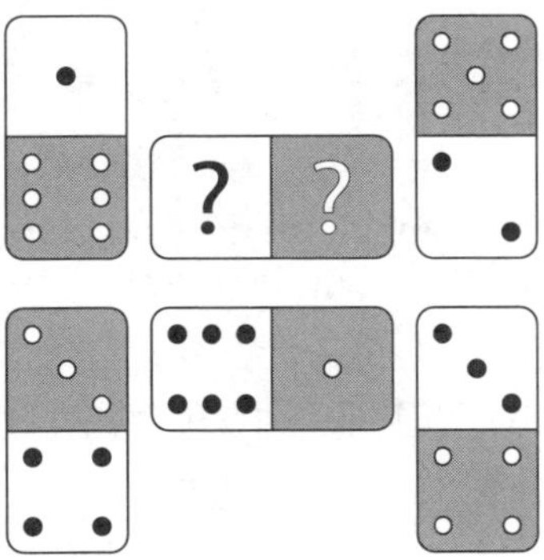

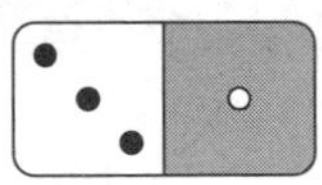
A.

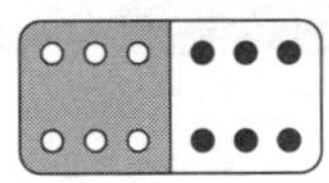
B.

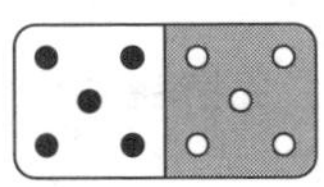
C.

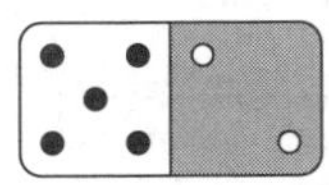
D.

Q78.

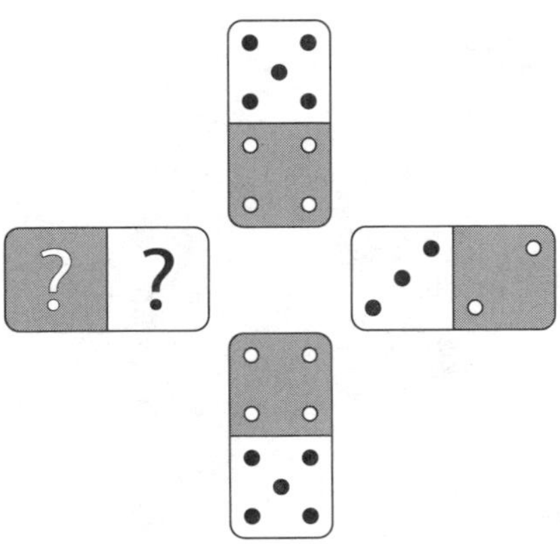

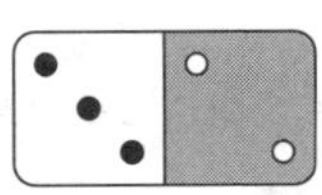
A.

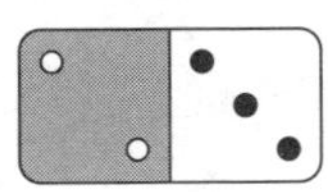
B.

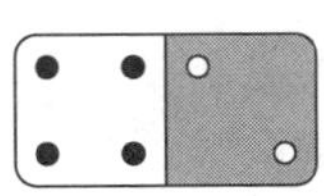
C.

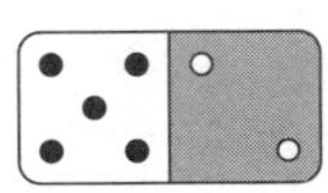
D.

Q79.

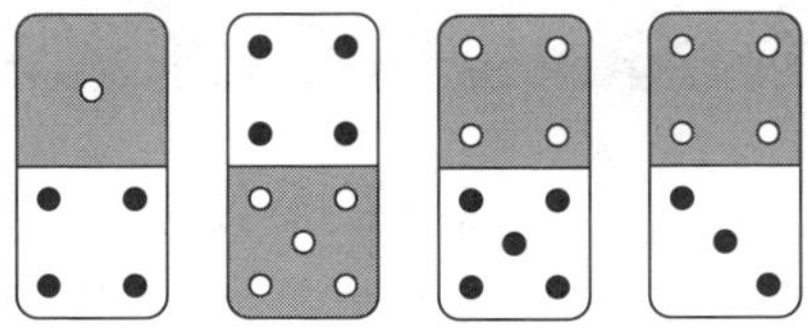

A. B. C. D.

Q80.

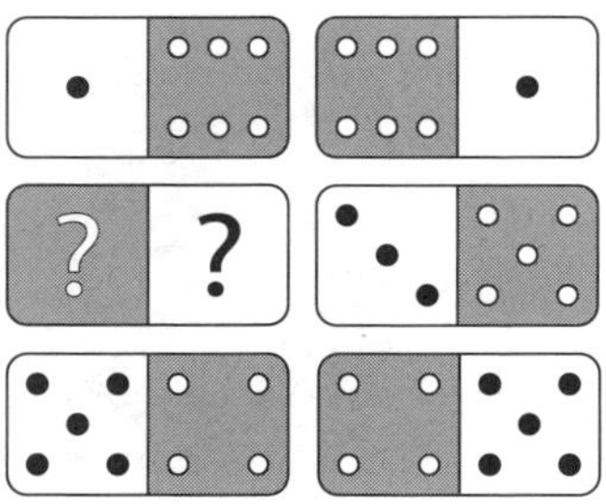

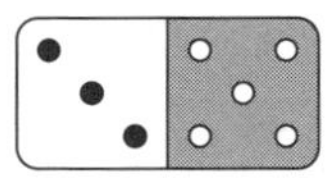

A.

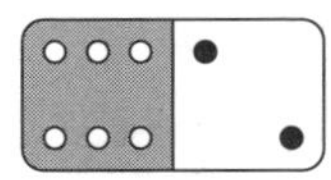

B.

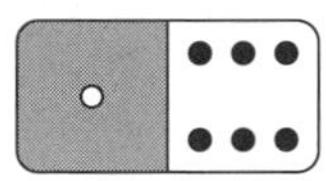

C.

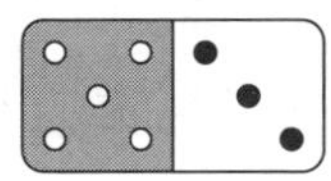

D.

Test n° 13

Temps conseillé 5 min

Des figurines se déplacent sur un carré gris en suivant un chemin inconnu. On donne trois images sur cinq étapes successives de ces déplacements. Le but de ce test est de déterminer l'image qui possède un point d'interrogation.

Q81. Quelle proposition de réponse doit remplacer l'image avec un point d'interrogation ?

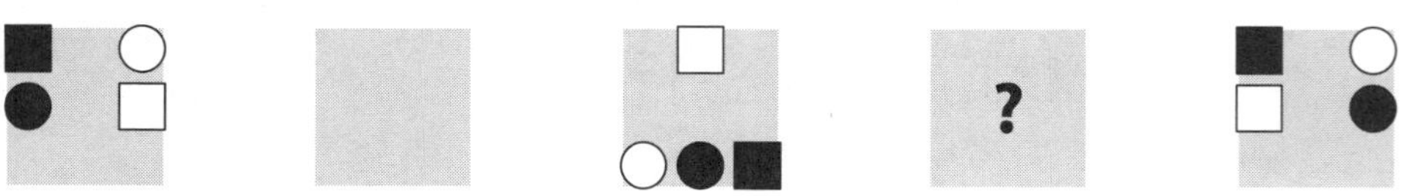

A. 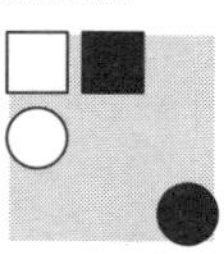

B. 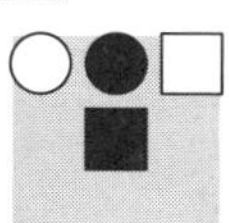

C. 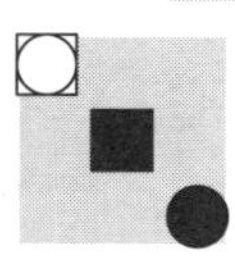

D. 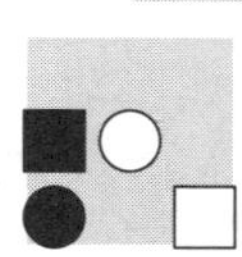

Q82. Quelle proposition de réponse doit remplacer l'image avec un point d'interrogation ?

A. 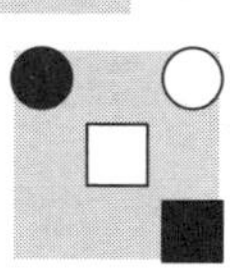

B. 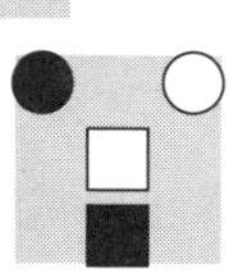

C. 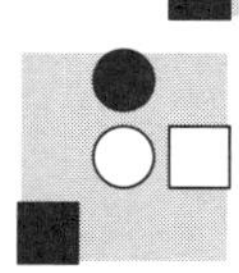

D. 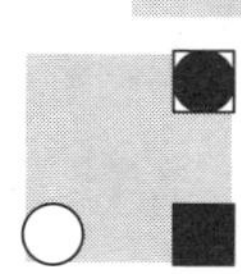

Q83. Quelle proposition de réponse doit remplacer l'image avec un point d'interrogation ?

Q84. Quelle proposition de réponse doit remplacer l'image avec un point d'interrogation ?

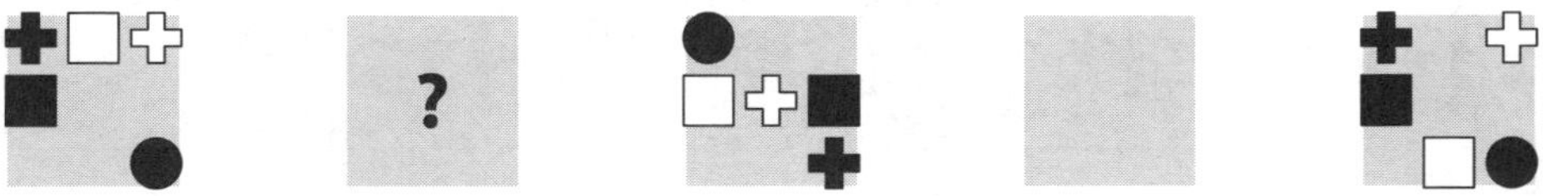

Q85. Quelle proposition de réponse doit remplacer l'image avec un point d'interrogation ?

Test n° 14

Temps conseillé

Pour chaque question, la première image est l'image de référence. Elle est suivie de quatre images. Quelles sont celles qui sont identiques à l'image de référence et tournées recto-verso suivant l'axe horizontal ou vertical, ou tournées d'un quart de tour ou d'un demi-tour ? Plusieurs réponses sont possibles.

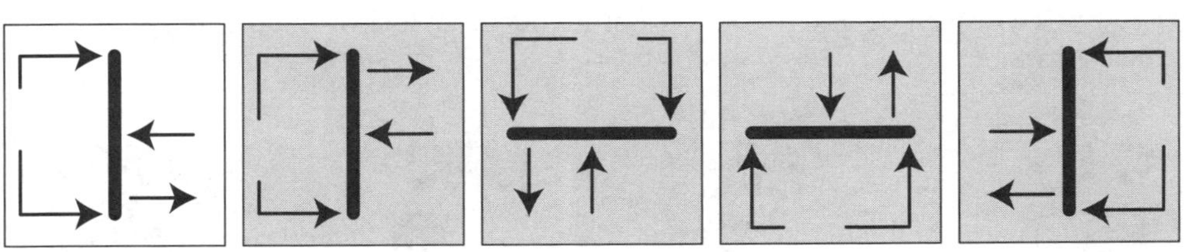

Q86. **A.** **B.** **C.** **D.**

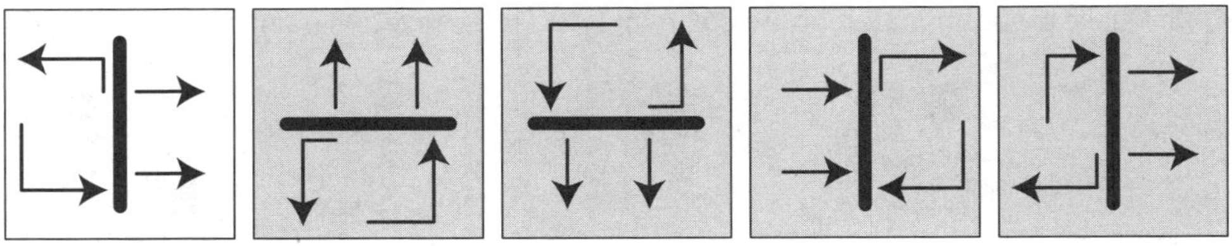

Q87. **A.** **B.** **C.** **D.**

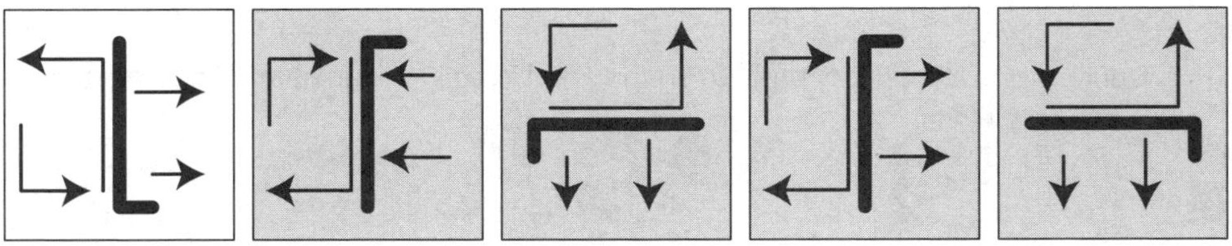

Q88. **A.** **B.** **C.** **D.**

Q89. **A.** **B.** **C.** **D.**

Q90. **A.** **B.** **C.** **D.**

Test n° 15

Temps conseillé : 10 min

Le but de ce test est de déterminer le nombre qui est associé à chaque image dessinée dans les sacs.

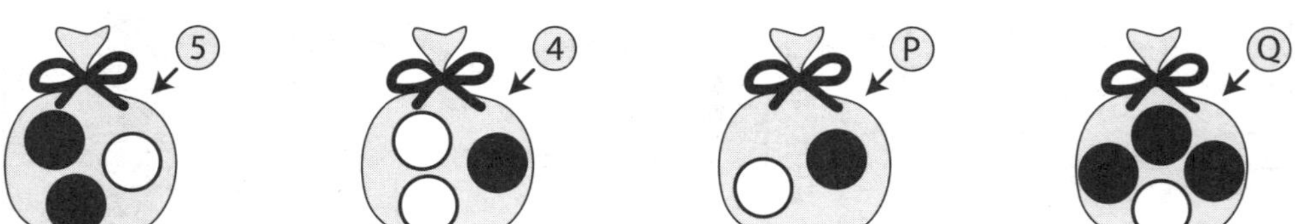

Q91. Quelle est la valeur numérique associée à P ?
A. 1 **B.** 2 **C.** 3 **D.** 4

Q92. Quelle est la valeur numérique associée à Q ?
A. 4 **B.** 5 **C.** 6 **D.** 7

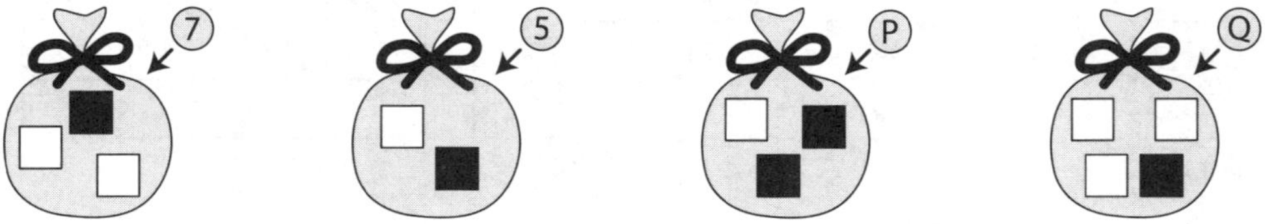

Q93. Quelle est la valeur numérique associée à P ?
A. 8 **B.** 9 **C.** 10 **D.** 11

Q94. Quelle est la valeur numérique associée à Q ?
A. 8 **B.** 9 **C.** 10 **D.** 11

Q95. Quelle est la valeur numérique associée à P ?
A. 2 **B.** 3 **C.** 4 **D.** 5

Q96. Quelle est la valeur numérique associée à Q ?
A. 4 **B.** 5 **C.** 6 **D.** 7

Q97. Quelle est la valeur numérique associée à R ?
A. 5 **B.** 6 **C.** 7 **D.** 8

Q98. Quelle est la valeur numérique associée à P ?
A. 3 **B.** 4 **C.** 5 **D.** 6

Q99. Quelle est la valeur numérique associée à Q ?
A. 7 **B.** 6 **C.** 5 **D.** 4

Q100. Quelle est la valeur numérique associée à R ?
A. 4 **B.** 5 **C.** 6 **D.** 7

Grille réponse

Avec un crayon, cochez vos réponses à chaque question.

	A	B	C	D		A	B	C	D		A	B	C	D		A	B	C	D
Q1					**Q26**					**Q51**					**Q76**				
Q2					**Q27**					**Q52**					**Q77**				
Q3					**Q28**					**Q53**					**Q78**				
Q4					**Q29**					**Q54**					**Q79**				
Q5					**Q30**					**Q55**					**Q80**				
Q6					**Q31**					**Q56**					**Q81**				
Q7					**Q32**					**Q57**					**Q82**				
Q8					**Q33**					**Q58**					**Q83**				
Q9					**Q34**					**Q59**					**Q84**				
Q10					**Q35**					**Q60**					**Q85**				
Q11					**Q36**					**Q61**					**Q86**				
Q12					**Q37**					**Q62**					**Q87**				
Q13					**Q38**					**Q63**					**Q88**				
Q14					**Q39**					**Q64**					**Q89**				
Q15					**Q40**					**Q65**					**Q90**				
Q16					**Q41**					**Q66**					**Q91**				
Q17					**Q42**					**Q67**					**Q92**				
Q18					**Q43**					**Q68**					**Q93**				
Q19					**Q44**					**Q69**					**Q94**				
Q20					**Q45**					**Q70**					**Q95**				
Q21					**Q46**					**Q71**					**Q96**				
Q22					**Q47**					**Q72**					**Q97**				
Q23					**Q48**					**Q73**					**Q98**				
Q24					**Q49**					**Q74**					**Q99**				
Q25					**Q50**					**Q75**					**Q100**				

Vous pouvez vous attribuer une note « N » sur 20, en comptant le nombre de bonnes réponses « B » et en le divisant par 5.

$$N = \frac{B}{5} = \frac{\square}{5} = \square$$

CORRIGÉ DE L'ÉPREUVE N° 9

Test n° 1

Q1. Réponse **A**.
Point commun : progression d'un quart de tour de la figure complète.

Q2. Réponse **C**.
Point commun : toujours le même nombre de figures.

Q3. Réponse **B**.
Point commun : l'image tourne d'un quart de tour dans le sens des aiguilles d'une montre.

Q4. Réponse **A**.
Point commun : d'une image à l'autre, le nombre de figures augmente d'une unité.

Q5. Réponse **B**.
Point commun : toujours deux figures aux formes arrondies, et une figure aux côtés rectilignes.

Q6. Réponse **C**.
Point commun : toujours trois figures.

Q7. Réponse **B**.
Point commun : toujours deux rectangles et une étoile.

Q8. Réponse **A**.
Point commun : chaque figure a un nombre de côtés qui augmente de une unité.

Q9. Réponse **B**.
Point commun : un rectangle découpé en trois morceaux.

Q10. Réponse **B**.
Point commun : diminution de un côté de chaque figure ; les figures sont déplacées.

Test n° 2

Questions de Q11 à Q20 : se reporter à la grille réponse.

Pour vous aider à recompter, on donne la composition de chaque tableau à la page suivante.

Premier tableau

Lettre	Nombre
Ỏ	7
Ố	6
Ồ	8
Ổ	10
Ỗ	9
Ớ	5
Ờ	5

Second tableau

Lettre	Nombre
Ỏ	5
Ở	9
Ồ	4
Ổ	12
Ỡ	7
Ợ	8
Ớ	5

Test n° 3

Q21. Réponse **D.**

$$(x-2)^2 = (3x+4)^2$$
$$(x-2)^2 - (3x+4)^2 = 0$$

On fait tout passer au 1er membre de l'équation.

$$(x-2)^2 \quad -(3x+4)^2$$
$$a^2 \qquad -b^2$$

On fait apparaître une identité remarquable.

$$a^2 - b^2 = (a-b)(a+b)$$

Identité remarquable

$$a = x - 2 \;;\; b = 3x + 4$$

On identifie les termes.

$$(a-b)(a+b) =$$

On factorise.

$$[(x-2)-(3x+4)][(x-2)+(3x+4)] =$$
$$(x-2-3x-4)(x-2+3x+4) =$$
$$(-2x-6)(4x+2)$$

C'est la forme factorisée.

$$(4x+2)(-2x-6) = 0$$

On résout l'équation.

$4x + 2 = 0$	$-2x - 6 = 0$
$4x = -2$	$-2x = 6$
$x = \frac{-2}{4}$	$x = \frac{6}{-2}$
$x = \frac{-1}{2} = \boxed{-0{,}5}$	$x = \boxed{-3}$

Un produit de facteurs est nul, si l'un au moins de ses facteurs est nul.

Q22. Réponse **B.**

L'expression sous le radical doit toujours être positive ou nulle.

$$x + 2 \geqslant 0$$
$$\boxed{x \geqslant -2}$$

Pour des nombres réels, la racine carré d'un nombre négatif est impossible.

Les solutions sont les nombres plus grands ou égaux à – 2.

Q23. Réponse **C.**

La racine carrée (d'un nombre positif ou nul) est aussi un nombre positif ou nul.

$$\sqrt{2-x} < 0$$

Cette équation n'admet pas de solution dans les nombres réels, car une racine carrée ne peut pas être négative.

Q24. Réponse **A**.

La quantité sous la racine carrée doit être positive.

$-x+1 \geqslant 0$

$-x \geqslant -1$

$\boxed{x \leqslant 1}$

Quand on change les signes dans les deux membres de l'inéquation, on change aussi son sens.

Les solutions sont des nombres plus petits ou égaux à 1.

$\sqrt{-x+1} > 2$

$-x+1 > 4$

Les deux membres de l'inéquation sont positifs, on peut alors les élever au carré en gardant le sens.

$-x+1 > 4$

$-x > 4-1$

$-x > 3$

$\boxed{x < -3}$

Quand on change les signes dans les deux membres de l'inéquation, on change aussi son sens.

Les solutions sont les nombres plus petits que – 3.

$\begin{cases} x \leqslant 1 \\ x < -3 \end{cases}$

$\boxed{x < -3}$

Si les solutions sont d'une part des nombres plus petits ou égaux à 1, et d'autre part des nombres plus petits que – 3, alors les solutions sont des nombres plus petits que – 3.

Q25. Réponse **B**.

Le dénominateur d'une fraction ne doit pas être nul.

$\frac{1}{x-1} > 1$

$x-1 \neq 0$

$\boxed{x \neq 1}$

Les solutions sont des nombres différents de 1.

$\frac{1}{x-1} > 1$

$\frac{1}{x-1} - 1 > 0$

On déplace 1 du second membre au premier membre en le changeant de signe.

$\frac{1}{x-1} - \frac{x-1}{x-1} > 0$

On réduit tout au même dénominateur.

$\frac{1-(x-1)}{x-1} > 0$

On simplifie le numérateur.

$\frac{1-x+1}{x-1} > 0$

$\frac{-x}{x-1} > 0$

Un quotient est positif si le numérateur et le dénominateur ont le même signe.

Il y a donc deux cas à étudier.

Le numérateur et le dénominateur sont positifs.

$\begin{cases} -x > 0 \\ x-1 > 0 \end{cases}$

$\begin{cases} x < 0 \\ x > 1 \end{cases}$

Il n'existe pas de nombres négatifs et plus grands que 1.
Ce cas ne convient pas.

Le numérateur et le dénominateur sont négatifs.

$\begin{cases} -x < 0 \\ x-1 < 0 \end{cases}$

$\begin{cases} x > 0 \\ x < 1 \end{cases}$

$\boxed{0 < x < 1}$

Les nombres positifs et plus petits que 1 sont compris entre 0 et 1.

Conclusion : *les solutions sont des nombres entre 0 et 1.*

Q26. Réponse **A**.

Le nombre de murs bâtis est proportionnel au nombre de jours.
Si un certain nombre de maçons (3) bâtissent 3 murs en 3 jours, il faut alors **le même nombre de maçons (3)** pour bâtir 5 murs en 5 jours.

Q27. Réponse **C**.

Nb. de boulangers	Nombre de pains	Durée en h
4	100	1
2	50	1
2	200	4

(÷2 entre les deux premières lignes ; ×4 entre les deux dernières lignes)

Q28. Réponse **D**.

$t = \frac{20-19{,}6}{19{,}6}$

$t = \frac{0{,}4}{19{,}6}$

$t \approx 0{,}02 \approx \boxed{2\,\%}$

Le pourcentage de l'augmentation de la TVA est le quotient de la différence des taux par le taux initial.

Q29. Réponse **B**.

On note a le nombre de billets de 5 €, et b le nombre de billets de 10 €.

$\boxed{a+b=28}$

Il y a 28 billets de 5 € et de 10 €.

$5a + 10b = 215$ — *La somme est égale à 215 €.*

$\boxed{a + 2b = 43}$ — *On divise tous les nombres par 5.*

$\begin{cases} a + b = 28 \\ a + 2b = 43 \end{cases}$ — *On résout le système formé par le deux équations.*

$\cancel{a - a} + b - 2b = 28 - 43$

$-b = -15$ — *On fait la soustraction terme à terme des équations.*

$\boxed{b = 15}$

$a + 15 = 28$ — *On remplace b par 15 dans la première équation.*

$a = 28 - 15$

$\boxed{a = 13}$ — *Il y a 13 billets de 5 €.*

Remarque : *on peut déterminer plus rapidement a dans le système, en multipliant par 2 la 1re équation et en faisant la somme terme à terme avec la 2de équation.*

Q30. Réponse **C**.

On calcule le nombre de gouttes dans 1 L d'eau.

$n = 20 \times 1\,000$

$n = 20\,000$

On calcule la durée.

$t = 20\,000 \times 10$ s

$t = 200\,000$ s

$t = 55 \times 3\,600$ s $+ 2\,000$ s

$t \approx 55 \times 1$h — 1 h = 3 600 s

$\boxed{2\text{ j} < t < 3\text{ j}}$ — 1 j = 24 h

Test n° 4

Questions de Q31 à Q35 : se reporter à la grille réponse.

Pour la première image, les deux opérations successives sont – 15 et + 7.

En effet : $97 - 15 = 82$; $82 + 7 = 89$
$89 - 15 = 74$; $74 + 7 = 81\ldots$

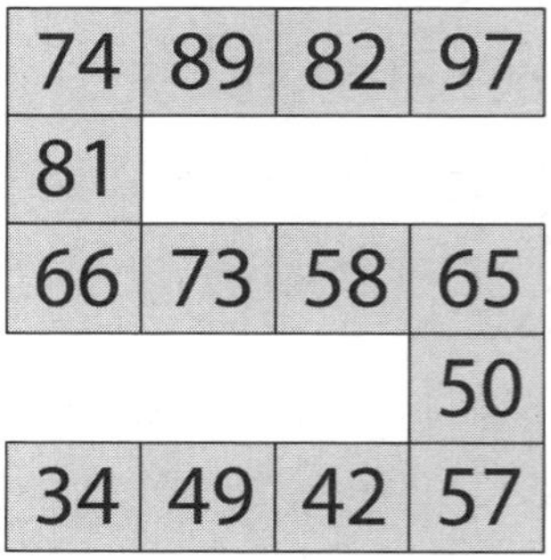

Questions de Q36 à Q40 : se reporter à la grille réponse.

Pour la première image, les deux opérations successives sont + 12 et – 9.

En effet : $27 + 12 = 39$; $39 - 9 = 30$
$30 + 12 = 42$; $42 - 9 = 33\ldots$

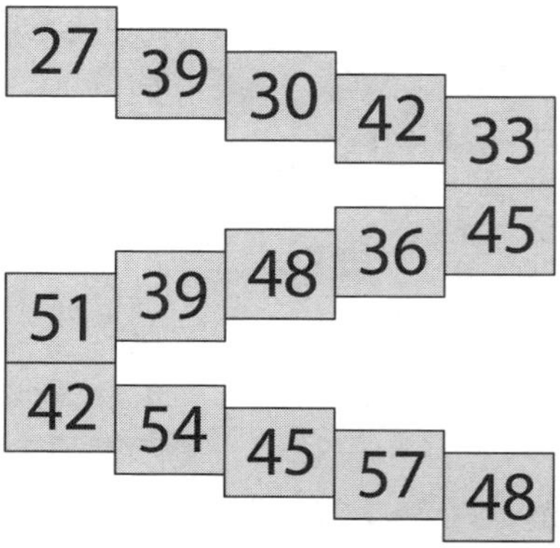

Test n° 5

Q41. Réponse **A**.

Le nombre de candidats admissibles est égal à 30.
Le nombre de candidats admis est égal à : $30 \div 2 = 15$.
Le taux de réussite au concours est alors de : $\frac{15}{150} = \frac{1}{10} = \frac{10}{100} = \boxed{10\ \%}$.

Q42. Réponse **D**.

La réduction est de 30 %. Alors 455 € correspondent à 70 % du prix initial.
Le prix initial en € est donc égal à : $\frac{455}{70\ \%} = \frac{455}{0,7} = 650$. La réduction en € est la différence du prix avant et après réduction : $650 - 455 = \boxed{195}$.

Q43. Réponse **C**.

Le tiers provisionnel est égal à 450 €. Le montant de l'impôt en € est alors égal à : $3 \times 450 = 1350$. Le taux d'imposition est de : $\frac{1350}{16\,875} = \frac{8}{100} = \boxed{8\ \%}$.

Q44. Réponse **D**.

Supposons que le traitement est de 1 000 €. Le prélèvement s'applique sur 90 % de cette somme, soit en € sur : $90\ \% \times 1000 = 900$. Le taux de prélèvement est de 15 %. Le montant en € prélevé est alors égal à : $\frac{15}{1\cancel{00}} \times 9\cancel{00} = 135$.

Le nouveau prélèvement s'applique sur 80 % du traitement, soit en € sur : $80\ \% \times 1000 = 800$.
Le nouveau taux de prélèvement est de 20 %. Le montant en € prélevé est alors égal à : $\frac{20}{1\cancel{00}} \times 8\cancel{00} = 160$.
Le prélèvement passe donc de 135 € à 160 €. Il a augmenté en € de :
$160 - 135 = 25$. Par rapport à 135 €, cette augmentation représente une variation de : $\frac{25}{135} \approx 0,185 \approx \boxed{18,5\ \%}$.
Conclusion : le prélèvement augmente entre 15 % et 20 %.

Q45. Réponse **B**.

Supposons que le traitement est de 1 000 €. Le premier prélèvement a un taux de 20 %. Son salaire est alors réduit en € de : $\frac{20}{100} \times 1000 = 200$. Il lui reste alors 800 €. Le second prélèvement a un taux de 10 %. Son salaire en € est réduit de : $\frac{10}{100} \times 800 = 80$.
Il perçoit alors en € : $800 - 80 = 720$.
Par rapport à son salaire brut de 1 000 €, les prélèvements en € sont de : $1000 - 720 = 280$. Cela correspond à un taux de : $\frac{280}{1000} = \frac{28}{100} = \boxed{28\ \%}$.

Test n° 6

Conseil : à partir de la description du logement, on dessine un plan des pièces. Le schéma est donné à la page suivante.

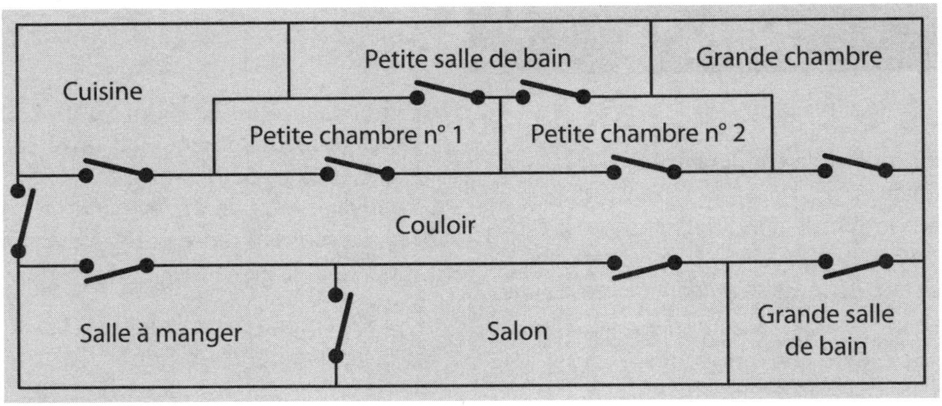

Q46. Réponses **B** et **C**.

Q47. Réponse **B**.

Q48. Réponses **C** et **D**.
Les propositions A et B ne conviennent pas, car on ne sait pas si la porte de la grande salle de bain est ouverte.

Q49. Réponses **B** et **C**.
Les propositions A et D ne conviennent pas, car on ne sait pas si le chat se trouve déjà dans la petite salle de bain.

Q50. Réponse **C**.
Les propositions A et B ne conviennent pas, car on ne sait pas si le chat se trouve déjà dans la cuisine ou dans la salle à manger.
La proposition D ne convient pas car, si le chat se trouve déjà dans le salon, et que la porte de communication entre le salon et la salle à manger est ouverte, il peut alors passer.

Test n° 7

Questions de Q51 à Q55 : se reporter à la grille réponse.

Conseil : lire attentivement les consignes du test. Pour simplifier les expressions, il faut remplacer deux négations successives par une affirmation. Enfin, il faut que chaque proposition commence par une affirmation du type : « *Il est vrai de dire que…* »
Pour chaque exercice, voici les propositions simplifiées. Pour répondre correctement, il faut s'en tenir à ces propositions, et ne pas faire appel à ses connaissances personnelles sur les différents thèmes abordés.

Q51. *Il est vrai de dire que :* « Les chats montrent de la répugnance pour les chiens ».

Q52. *Il est vrai de dire que :* « Les hommes ne préfèrent pas les femmes aux yeux verts ».

Q53. *Il est vrai de dire que :* « Il n'est pas autorisé de boire si on conduit un véhicule ».

Q54. *Il est vrai de dire que :* « Fumer réduit l'espérance de vie des hommes ».

Q55. *Il est vrai de dire que :* « Le préservatif masculin est le meilleur moyen pour limiter la transmission du virus du SIDA ».

Test n° 8

Q56. Réponse **C**.
Succession de nombres pairs.

Q57. Réponse **D**.
Succession de multiples de trois.

Q58. Réponse **D**.
Succession de nombres impairs.

Q59. Réponse **A**.
Succession de puissances de deux.

Q60. Réponse **B**.
Succession de multiplications par cinq.

Test n° 9

Q61. Réponses **A** et **D**. Les images identiques sont les images B et C.

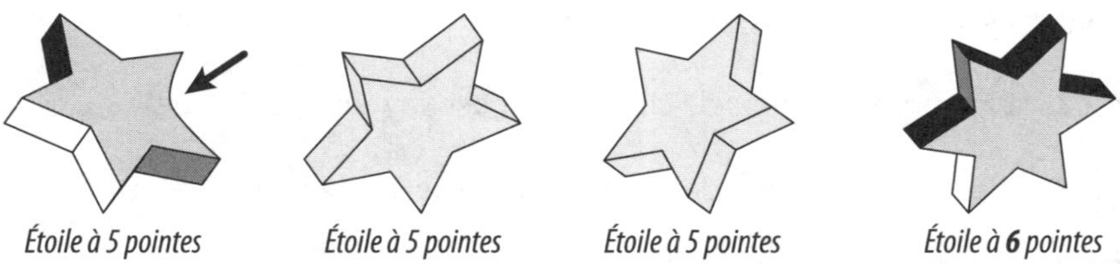

Q62. Réponses **A** et **D**. Les images identiques sont les images B et C.

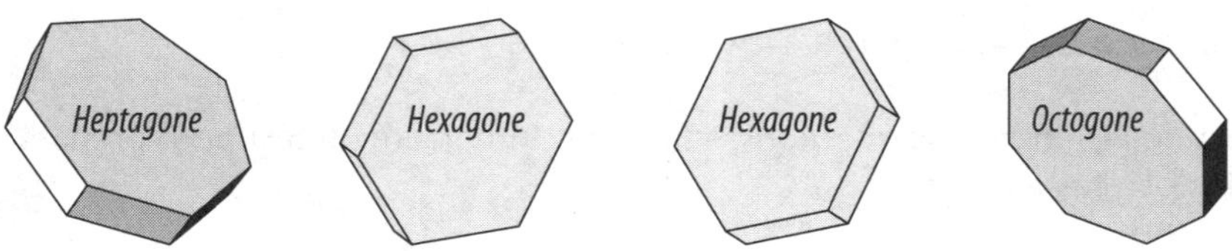

Q63. Réponses **C** et **D**. Les images identiques sont les images A et B.

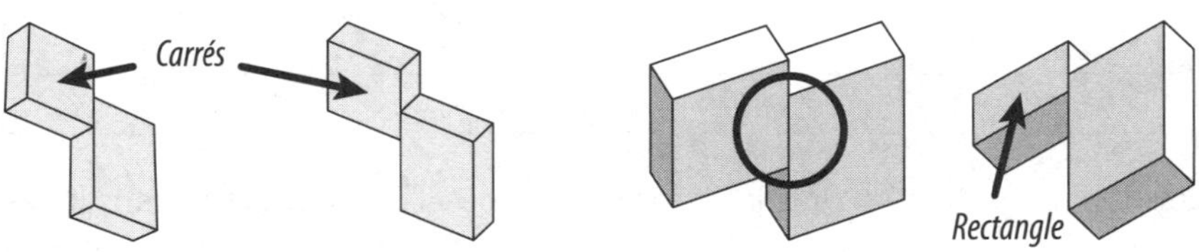

Q64. Réponses **B** et **D**. Les images identiques sont les images A et C.

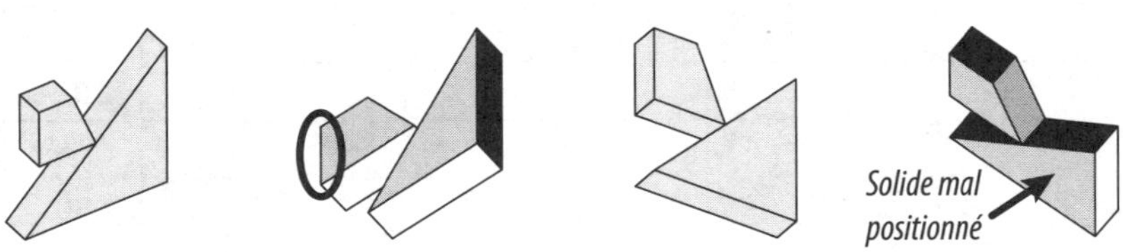

Q65. Réponses **B** et **D**. Les images identiques sont les images A et C.

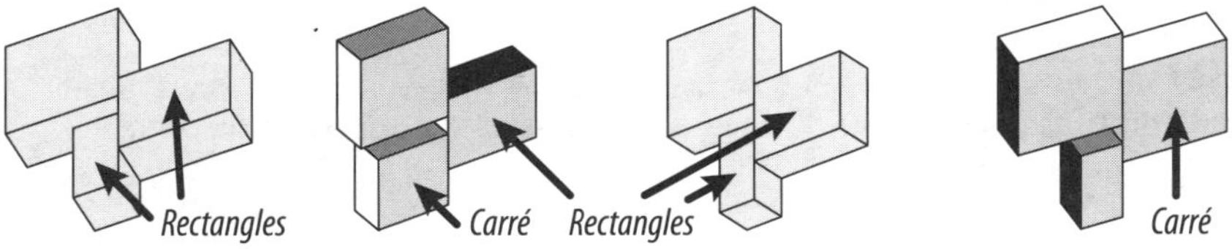

Test n° 10

Q66. Réponse **C**. Le second mot possède une lettre de plus que le premier mot.

Q67. Réponse **B**. Les premiers mots ont toujours 6 lettres. En revanche les seconds mots ont 5, 4 et puis 3 lettres.

Q68. Réponse **D**. Les premiers mots ont toujours un nombre impair de lettres. Les seconds mots ont toujours un nombre pair de lettres.

Q69. Réponse **C**. Le nombre de lettres de chaque mot est un multiple de trois.

Q70. Réponse **A**. Le second mot possède une lettre de plus que le premier mot.

Test n° 11

Questions de Q71 à Q75 : se reporter à la grille réponse.

Conseil : avant de répondre aux questions, il faut lire l'intégralité du test pour préparer un tableau de données que voici :

	Sans le BAC	Avec le BAC	Titulaire d'un diplôme universitaire	*Totaux*
Hommes				
Femmes				
Totaux				30

À chaque question, on notera en gras les informations que l'on peut écrire dans le tableau. À la préparation au concours d'entrée dans la Fonction publique territoriale, on compte trente candidats dont 20 % d'hommes.

	Sans le BAC	Avec le BAC	Titulaire d'un diplôme universitaire	*Totaux*
Hommes				**20 %**
Femmes				
Totaux				30

Q71. Il y a 20 % d'hommes donc 80 % de femmes soit : 80 % × 30 = 24 femmes.

	Sans le BAC	Avec le BAC	Titulaire d'un diplôme universitaire	*Totaux*
Hommes				20 %
Femmes				**24**
Totaux				30

Q72. Sur les 24 femmes, il y a 25 % de non bachelières, soit : 25 % × 24 = 6 femmes non bachelières. D'autre part 30 % des candidats n'ont pas le BAC, soit : 30 % × 30 = 9 candidats non bacheliers. Il y a donc 6 femmes et 3 hommes non bacheliers.

	Sans le BAC	Avec le BAC	Titulaire d'un diplôme universitaire	*Totaux*
Hommes	**3**			20 %
Femmes	**6**			24
Totaux	**9**			30

Q73. Il y a 20 % d'hommes, soit : 20 % × 30 = 6 hommes.
Sachant qu'il y a 3 hommes sans le BAC, il y a donc 3 hommes avec le BAC ou titulaires d'un diplôme universitaire. Parmi ces derniers, les deux tiers n'ont que le BAC. On écrit : $\frac{2}{3} \times 3 = 2$ hommes. Alors, il y a 2 hommes qui n'ont que le BAC et seulement un homme est titulaire d'un diplôme universitaire.

	Sans le BAC	Avec le BAC	Titulaire d'un diplôme universitaire	*Totaux*
Hommes	3	**2**	**1**	**6**
Femmes	6			24
Totaux	9			30

Q74. Il y a trois fois plus de femmes diplômées de l'université que d'hommes dans cette même catégorie. Il y a donc 3 femmes qui répondent à ce critère. Cela représente un pourcentage égal à : $\frac{3}{30} = \frac{1}{10} = \frac{10}{100} = 10\ \%$.

	Sans le BAC	Avec le BAC	Titulaire d'un diplôme universitaire	*Totaux*
Hommes	3	2	1	6
Femmes	6		**3**	24
Totaux	9		**4**	30

Q75. On complète le tableau.
Le nombre de bacheliers non titulaires d'un diplôme universitaire est égal à : 30 − 9 − 4 = 17.
Le nombre de femmes bachelières est égal à : 17 − 2 = 15.

	Sans le BAC	Avec le BAC	Titulaire d'un diplôme universitaire	*Totaux*
Hommes	3	2	1	3
Femmes	6	**15**	3	24
Totaux	9	**17**	4	30

Test n° 12

Q76. Réponse **A**.
- Les ronds blancs décrivent un élément sur deux de la suite.
- Les ronds noirs font la même chose mais en sens inverse.
- Les dominos progressent en tournant d'un demi-tour.

Q77. Réponse **D**.
En partant du premier domino (en haut et à gauche), les ronds noirs suivent la progression normale et les ronds blancs la progression inverse. La somme des points de chaque domino est égale à 7.

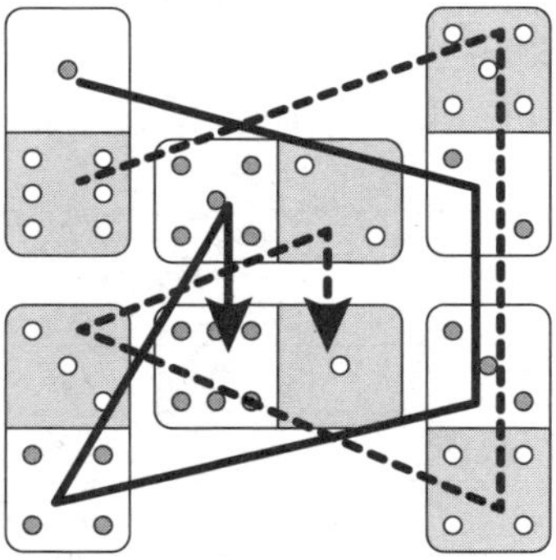

Q79. Réponse **C**.
- Les ronds noirs suivent la suite dans le sens inverse.
- Les ronds blancs suivent la suite dans le sens normal en sautant un nombre sur deux.

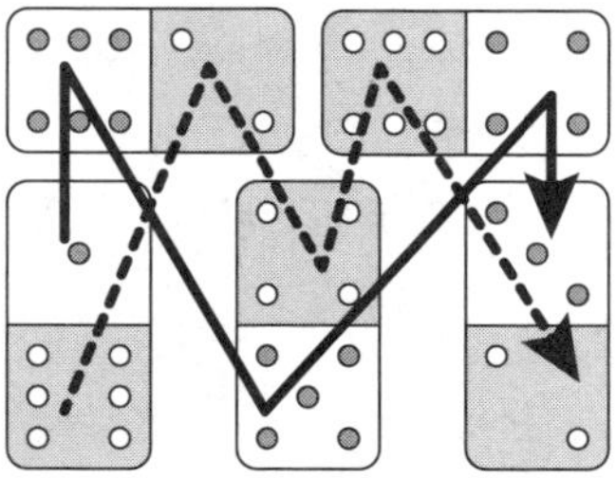

Q78. Réponse **B**.
Les dominos verticaux sont symétriques tout comme les dominos horizontaux.

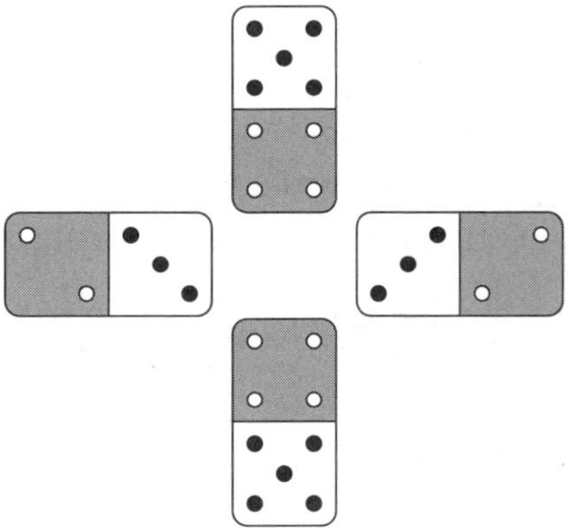

Q80. Réponse **D**.
- Il y a une symétrie entre les deux colonnes.
- Les ronds noirs progressent d'un élément sur deux dans le sens de la suite.
- Les ronds blancs décrivent la suite en sens inverse.

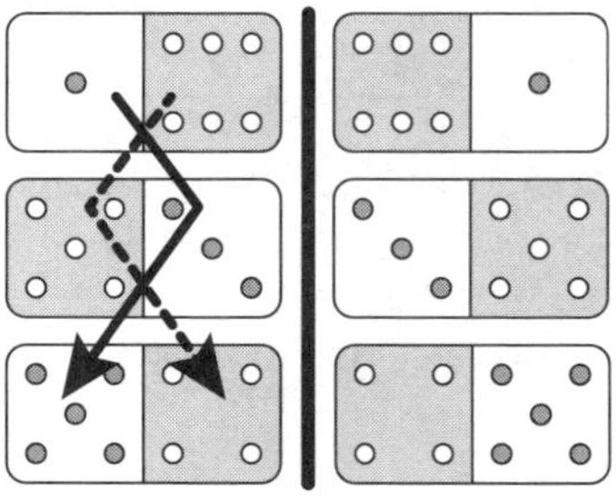

Test n° 13

Q81. Réponse **C**. On montre d'abord les déplacements de chaque figurine.

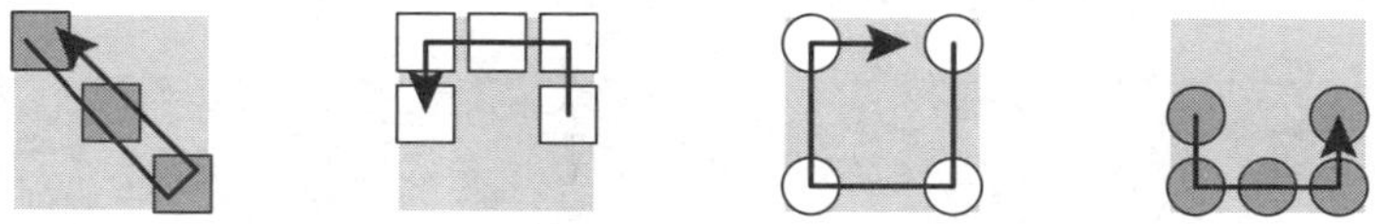

On obtient alors cette succession des images :

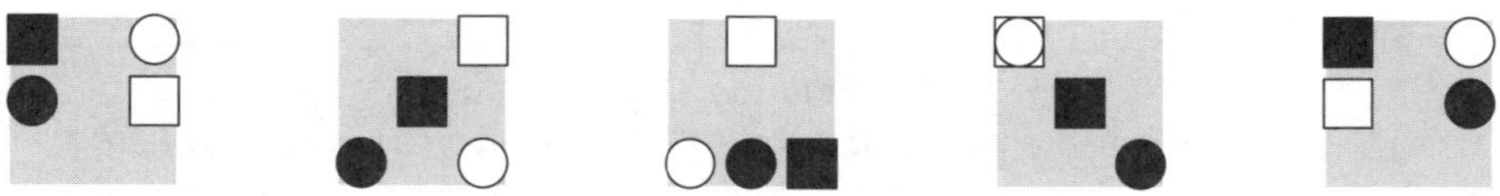

Q82. Réponse **A**.

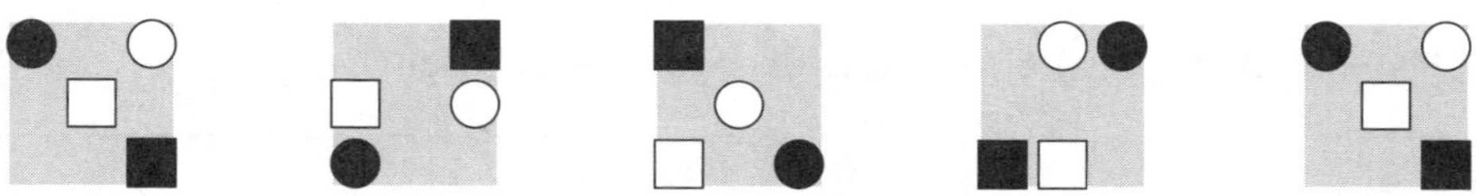

Q83. Réponse **D**.

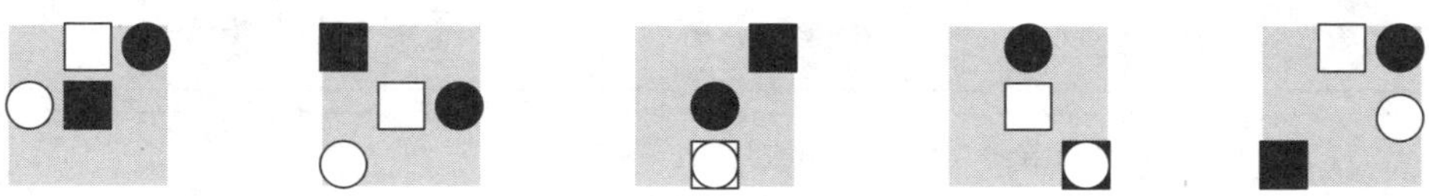

Q84. Réponse **B**.

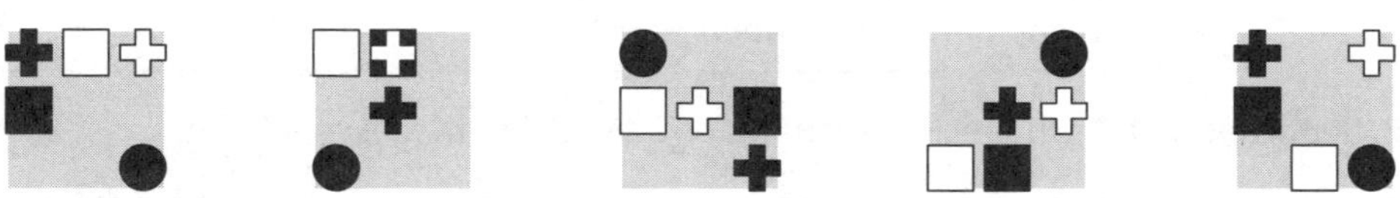

Q85. Réponse **A**.

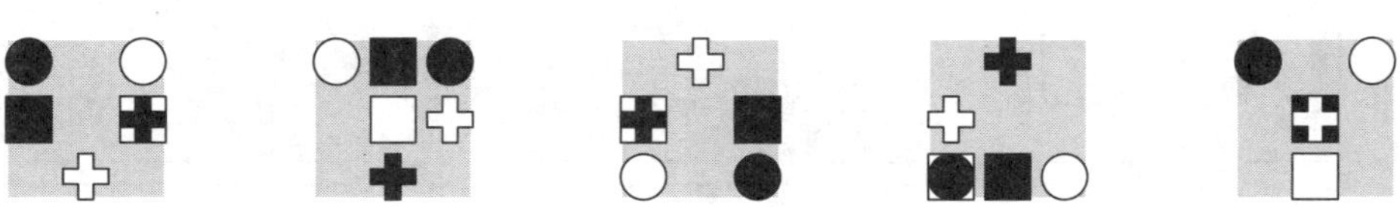

Test n° 14

Pour chaque question, on indique la transformation envisagée.

Q86. Réponses **A**, **B**, **C** et **D**. Toutes les images sont des solutions.

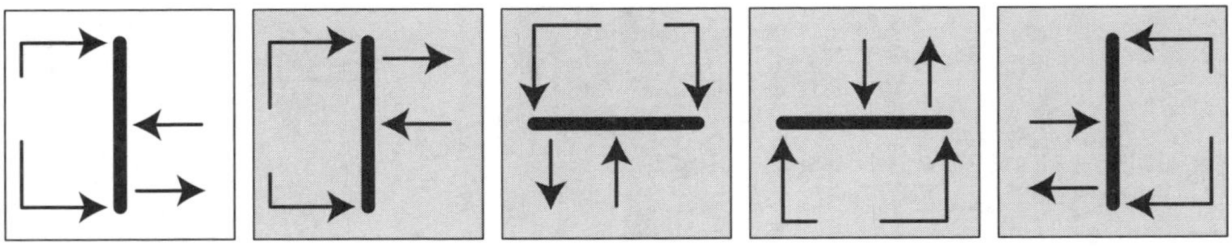

Symétrie suivant un axe horizontal	*Rotation d'un quart de tour dans le sens horaire*	*Rotation d'un quart de tour dans le sens antihoraire*	*Symétrie suivant un axe vertical*

Q87. Réponses **A** et **B**. On précise en gris les erreurs sur les images C et D.

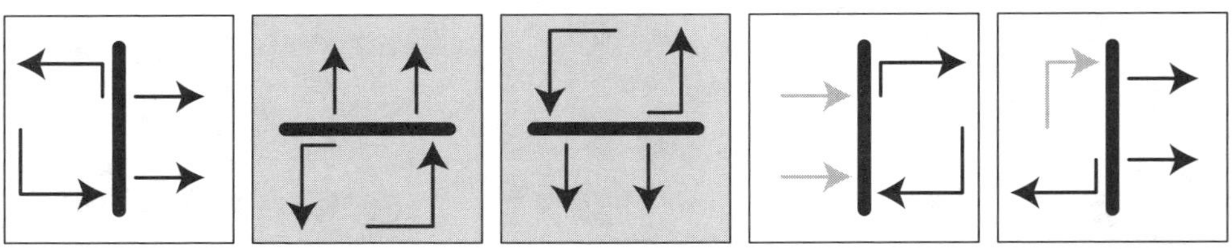

Rotation d'un quart de tour dans le sens antihoraire	*Rotation d'un quart de tour dans le sens horaire*	*Symétrie suivant un axe vertical*	*Symétrie suivant un axe horizontal*

Q88. Réponses **B** et **C**. On précise en gris les erreurs sur les images A et D.

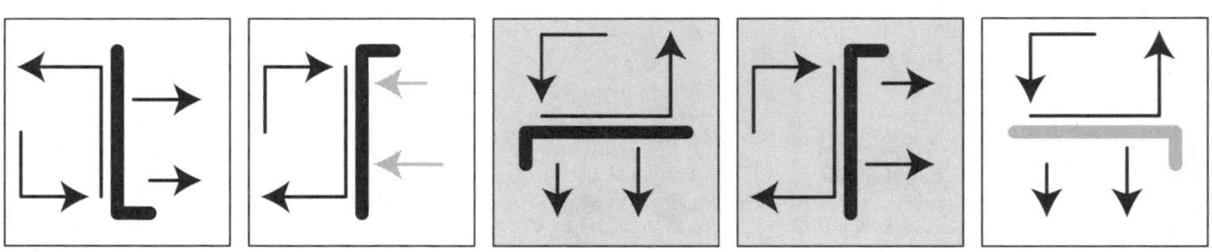

Symétrie suivant un axe horizontal	*Rotation d'un quart de tour dans le sens horaire*	*Symétrie suivant un axe horizontal*	*Rotation d'un quart de tour dans le sens horaire*

Q89. Réponses **A** et **D**. On précise en gris les erreurs sur les images B et C.

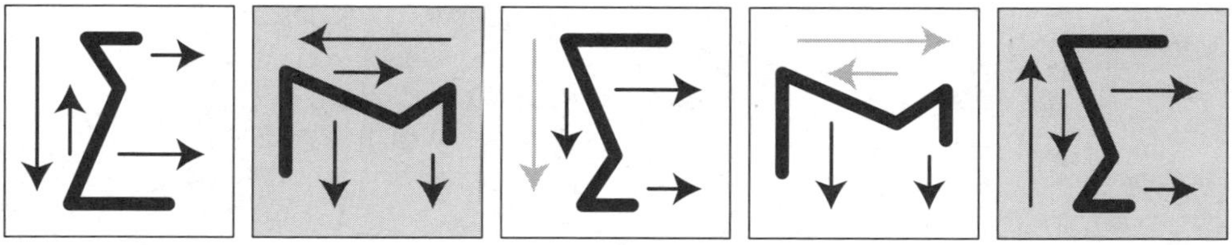

	Rotation d'un quart de tour dans le sens horaire	*Symétrie suivant un axe horizontal*	*Rotation d'un quart de tour dans le sens horaire*	*Symétrie suivant un axe horizontal*

Q90. Réponses **A** et **C**. On précise en gris les erreurs sur les images B et D.

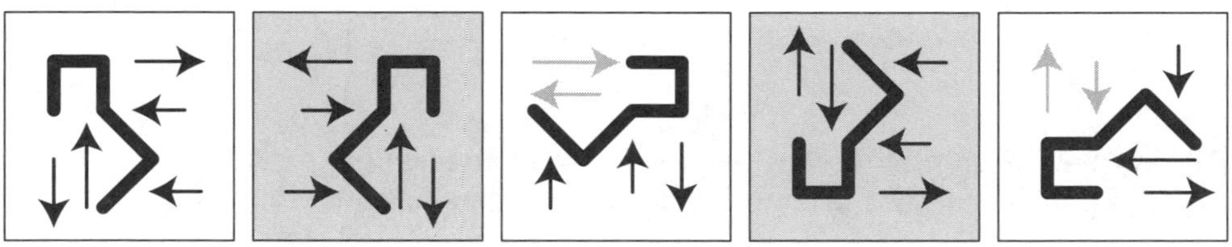

	Symétrie suivant un axe vertical	*Rotation d'un quart de tour dans le sens horaire*	*Symétrie suivant un axe horizontal*	*Rotation d'un quart de tour dans le sens antihoraire*

Test n° 15

Questions de Q91 à Q100 : se reporter à la grille réponse.

Pour les exercices suivants, il faut remplacer les images dessinées dans les sacs par les lettres *x*, *y* et *z*. Chaque exercice se ramène alors à un système d'équations à résoudre.

Q91 et **Q92**. On remplace le rond noir par x et le rond blanc par y.
Les deux premiers dessins se ramènent alors au système suivant :

$$\begin{cases} 2x + y = 5 \\ x + 2y = 4 \end{cases} = \begin{cases} a \\ b \end{cases}$$

On nomme a et b les deux équations.

On résout le système par la méthode de combinaisons linéaires.

$$\left\{ \begin{array}{c} a \\ 2b \\ \hline a - 2b \end{array} \right. = \left\{ \begin{array}{c} 2x + y = 5 \\ 2x + 4y = 8 \\ \hline y - 4y = 5 - 8 \end{array} \right.$$

$y - 4y = 5 - 8$

$-3y = -3$

$y = \frac{-3}{-3}$; $\boxed{y = 1}$

On détermine y en résolvant cette équation.

(b) : $x + 2y = 4$

$x + 2 \times 1 = 4$

$x + 2 = 4$

$x = 4 - 2$; $\boxed{x = 2}$

On détermine x en remplaçant y par 1 dans la 2de équation.

On applique ces solutions dans les deux autres dessins pour obtenir les réponses aux questions posées.

Pour le sac *P*, on a :
$P = x + y = 1 + 2 = \boxed{3}$.

Pour le sac *Q*, on a :
$Q = 3x + y = 3 \times 2 + 1 = \boxed{7}$.

Q93 et **Q94**. On remplace le carré blanc par x et le carré noir par y.
Les deux premiers dessins se ramènent alors au système suivant :

$$\begin{cases} 2x + y = 7 \\ x + y = 5 \end{cases} = \begin{cases} a \\ b \end{cases}$$

On nomme a et b les deux équations.

On résout le système en effectuant la soustraction membre à membre des deux équations.

$$\left\{ \begin{array}{c} a \\ b \\ \hline a - b \end{array} \right. = \left\{ \begin{array}{c} 2x + y = 7 \\ x + y = 5 \\ \hline 2x - x = 7 - 5 \end{array} \right.$$

$2x - x = 7 - 5$

$\boxed{x = 2}$

On détermine x en résolvant cette équation.

(b) : $x + y = 5$

$2 + y = 5$

$y = 5 - 2$

$\boxed{y = 3}$

On détermine y en remplaçant x par 2 dans la 2de équation.

On applique ces solutions dans les deux autres dessins pour obtenir les réponses aux questions posées.

Pour le sac *P*, on a :
$P = x + 2y = 2 + 2 \times 3 = \boxed{8}$.

Pour le sac *Q*, on a :
$Q = 3x + y = 3 \times 2 + 3 = \boxed{9}$.

De Q95 à Q97. On remplace le triangle par x, le carré par y et le rond par z.
Les trois autres dessins se ramènent alors à un système.

$$\begin{cases} x+y+z=4 \\ 2x+y+z=5 \\ x+2y+z=5 \end{cases} = \begin{cases} a \\ b \\ c \end{cases}$$

On nomme a, b et c les trois équations.

On effectue la soustraction membre à membre de a et de b.

$\boxed{b-a} : 2x+y+z-(x+y+z)=5-4$

$2x-x=1$

$\boxed{x=1}$

On effectue la soustraction membre à membre de c et de a.

$\boxed{c-a} : x+2y+z-(x+y+z)=5-4$

$2y-y=1$

$\boxed{y=1}$

On remplace les solutions trouvées dans la première équation.

$\boxed{a}\ :\ 1+1+z=4$

$z=4-2$

$\boxed{z=2}$

On applique ces solutions dans les trois autres dessins pour obtenir les réponses aux questions posées.

Pour le sac *P*, on a :
$P=x+y=1+1=\boxed{2}$.

Pour le sac *Q*, on a :
$Q=y+2z=1+2\times 2=\boxed{5}$.

Pour le sac *R*, on a :
$R=2x+3z=2\times 1+3\times 2=\boxed{8}$.

De Q98 à Q100. On remplace l'étoile par x, l'octogone par y et l'ellipse par z. Les trois autres dessins se ramènent alors à un système.

$$\begin{cases} x+2y+z=7 \\ 2x+y+z=8 \\ x+y+2z=9 \end{cases} = \begin{cases} a \\ b \\ c \end{cases}$$

On nomme a, b et c les trois équations. On détermine x en faisant une combinaison linéaire des équations pour éliminer y et z.

Combinaison linéaire des équations : $a-3b+c$

$(x+2y+z)-3(2x+y+z)+(x+y+2z)=7-3\times 8+9$

$x+2y+z-6x-3y-3z+x+y+2z=7-24+9$

$x-6x+x+\cancel{2y-3y+y}+\cancel{z-3z+2z}=-8$

$-4x=-8\ ;\ \boxed{x=2}$

On remplace x par 2 dans les deux premières équations.

$$\begin{cases} a \\ b \end{cases} = \begin{cases} 2+2y+z=7 \\ 4+y+z=8 \end{cases} = \begin{cases} 2y+z=5 \\ y+z=4 \end{cases}$$

Différence terme à terme de ces deux dernières équations.

$$\begin{array}{r} 2y+z=5 \\ y+z=4 \\ \hline 2y-y=5-4 \end{array}$$

On obtient alors y.

$2y-y=5-4$

$\boxed{y=1}$

On remplace y par 1 dans la 2e équation précédente.

$y+z=4$

$z=4-1\ ;\ \boxed{z=3}$

On applique ces solutions dans les trois autres dessins pour obtenir les réponses aux questions posées.

Pour le sac *P*, on a :
$P=x+y=2+1=\boxed{3}$.

Pour le sac *Q*, on a :
$Q=y+2z=1+2\times 3=\boxed{7}$.

Pour le sac *R*, on a :
$R=x+y+z=2+1+3=\boxed{6}$.

Grille réponse

	A	B	C	D		A	B	C	D		A	B	C	D		A	B	C	D
Q1	×				Q26	×				Q51			×		Q76	×			
Q2			×		Q27			×		Q52	×			×	Q77				×
Q3		×			Q28				×	Q53	×	×	×	×	Q78		×		
Q4	×				Q29		×			Q54				×	Q79			×	
Q5		×			Q30			×		Q55		×			Q80				×
Q6			×		Q31	×				Q56			×		Q81			×	
Q7		×			Q32				×	Q57				×	Q82	×			
Q8	×				Q33			×		Q58				×	Q83				×
Q9		×			Q34				×	Q59	×				Q84		×		
Q10		×			Q35		×			Q60		×			Q85	×			
Q11	×				Q36			×		Q61	×			×	Q86	×	×	×	×
Q12			×		Q37	×				Q62	×			×	Q87	×	×		
Q13	×				Q38				×	Q63			×	×	Q88		×	×	
Q14		×			Q39		×			Q64		×		×	Q89	×			×
Q15		×			Q40				×	Q65		×		×	Q90	×		×	
Q16	×				Q41	×				Q66			×		Q91			×	
Q17	×				Q42				×	Q67		×			Q92				×
Q18				×	Q43			×		Q68				×	Q93	×			
Q19				×	Q44				×	Q69			×		Q94		×		
Q20				×	Q45		×			Q70	×				Q95	×			
Q21				×	Q46		×	×		Q71				×	Q96		×		
Q22		×			Q47		×			Q72	×				Q97				×
Q23			×		Q48			×	×	Q73			×		Q98	×			
Q24	×				Q49		×	×		Q74		×			Q99	×			
Q25		×			Q50			×		Q75				×	Q100			×	

ÉPREUVE DE TESTS N° 10

- Durée : 2 heures.
- Nombre de questions : 100.
- Vous devez reporter vos réponses sur la « grille réponse ».
- Tout instrument de calcul est interdit.
- Chaque question, notée sur un point est suivie de propositions de réponse dont une seule est exacte (sauf indication contraire).
- Vous pouvez utiliser des feuilles de brouillon.
- *Il est recommandé de respecter le temps de travail conseillé.*

Test n° 1

Temps conseillé 10 min

Le but de ce test est de diviser une grille avec des rectangles contenant chacun un seul code. Chaque rectangle est formé d'autant de carrés que le code l'indique.
Exemple

?1		**B2**	
	C4		**D3**
A4			
		E3	

Les codes sont ici **A4**, **B2**, **C4**, **D3** et **E3**. Il y a donc cinq rectangles à construire qui posséderont respectivement **4**, **2**, **4**, **3** et **3** carrés chacun.

Quel est le nom du rectangle qui possède la case notée **?1** ?
Les réponses possibles sont **A**, **B**, **C**, **D** et **E**.

Solution : on divise la grille en formant des rectangles du nombre donné de carrés.

On constate alors que la case notée **?1** appartient au rectangle **A** composé de **4** carrés (code **A4**).

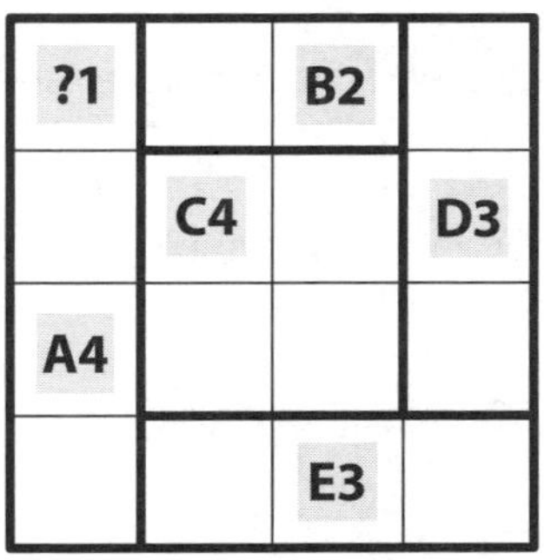

	E6		**F3**	**?0**			**G8**		**H6**
?1				**I6**					
					J4		**?2**		
	K8		**?3**		**L4**				
							M9		**?4**
N6		**?5**			**O3**				
						?6			
		P9	**?7**	**Q6**				**R8**	
		?8		**S6**			**T8**		
			?9						

Q1. À quel rectangle le carré noté **?0** appartient-il ?
A. E **B.** F **C.** G **D.** J

Q2. À quel rectangle le carré noté **?1** appartient-il ?
A. E **B.** F **C.** I **D.** K

Q3. À quel rectangle le carré noté **?2** appartient-il ?
A. G **B.** H **C.** J **D.** M

Q4. À quel rectangle le carré noté **?3** appartient-il ?
A. I **B.** J **C.** K **D.** L

Q5. À quel rectangle le carré noté **?4** appartient-il ?
A. H **B.** J **C.** M **D.** R

Q6. À quel rectangle le carré noté **?5** appartient-il ?
A. K **B.** O **C.** N **D.** Q

Q7. À quel rectangle le carré noté **?6** appartient-il ?
A. O **B.** R **C.** P **D.** S

Q8. À quel rectangle le carré noté **?7** appartient-il ?

A. P **B.** Q **C.** R **D.** S

Q9. À quel rectangle le carré noté **?8** appartient-il ?

A. N **B.** P **C.** Q **D.** S

Q10. À quel rectangle le carré noté **?9** appartient-il ?

A. P **B.** Q **C.** S **D.** T

Test n° 2

Temps conseillé 15 min

Le but de ce test est de déterminer toutes les propositions de réponse qui sont exactes. Il y a donc plusieurs réponses possibles à chaque question.

Q11. Déterminer les expressions égales à : $A = 1 + \frac{1}{2} + \frac{1}{4}$

A. $\frac{7}{4}$ **B.** $1 + \frac{1}{4}$ **C.** $3 - \frac{1}{4}$ **D.** $\frac{3}{2} + \frac{1}{4}$

Q12. Déterminer les expressions égales à : $B = \left(1 - \frac{1}{2}\right)^2$

A. $\left(\frac{3}{2}\right)^2$ **B.** $\left(\frac{-1}{2}\right)^2$ **C.** $\frac{1}{4}$ **D.** $1 - \frac{1}{2} + \frac{1}{4}$

Q13. Déterminer les expressions égales à : $C = \dfrac{1}{\frac{1}{2} + 1}$

A. $\sqrt{\frac{9}{4}}$ **B.** $1 - \frac{1}{2}$ **C.** $\frac{-3}{2}$ **D.** $1 - \frac{1}{3}$

Q14. Quelles sont les expressions égales à : $D = (x - 1)^2 - 1$?

A. $x^2 - 1$ **B.** $(x - 1)x + 1$ **C.** $1 - (1 + x)^2$ **D.** $x(x - 2)$

Q15. Déterminer les expressions égales à : $E = (x - 1)(x + 2)$

A. $\left(x + \frac{1}{2}\right)^2 - \frac{9}{4}$ **B.** $x(x - 2)$

C. $x^2 + x - 2$ **D.** $-(x - 1)(x - 2)$

Test n° 3

Temps conseillé 5 min

Q16. Quelle est l'image qui doit remplacer celle avec un point d'interrogation ?

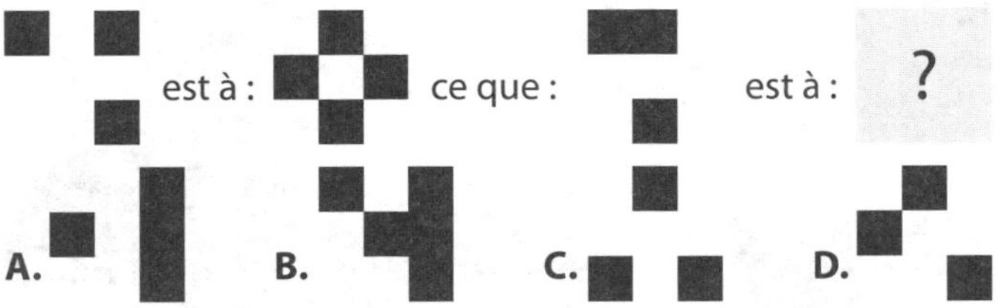

Q17. Quelle est l'image qui doit remplacer celle avec un point d'interrogation ?

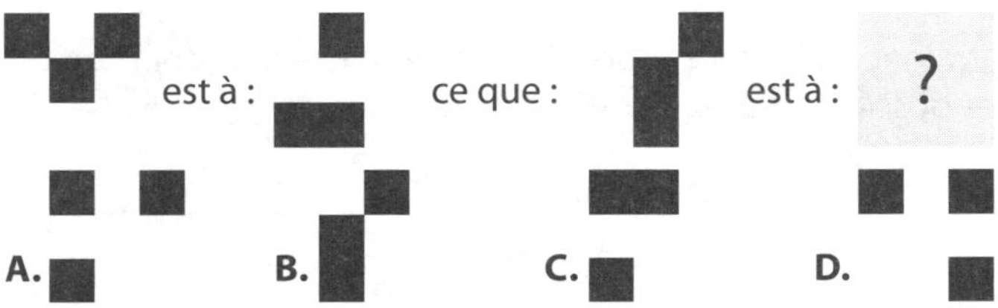

Q18. Quelle est l'image qui doit remplacer celle avec un point d'interrogation ?

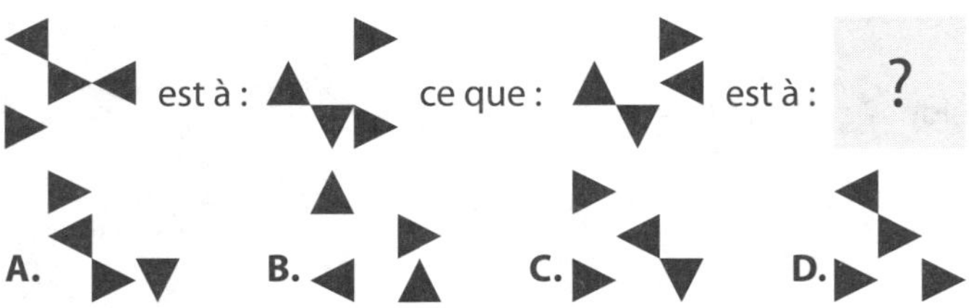

Q19. Quelle est l'image qui doit remplacer celle avec un point d'interrogation ?

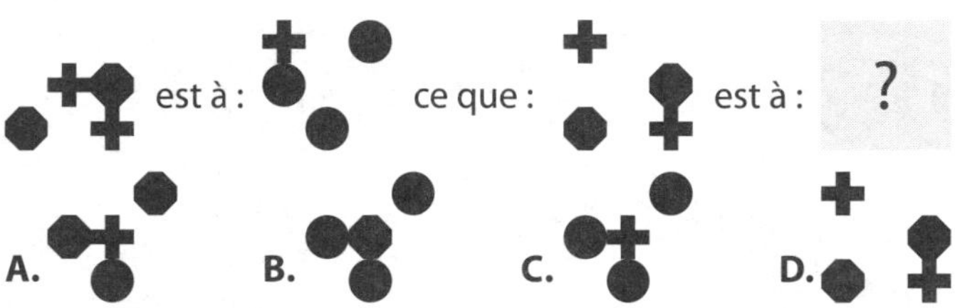

Q20. Quelle est l'image qui doit remplacer celle avec un point d'interrogation ?

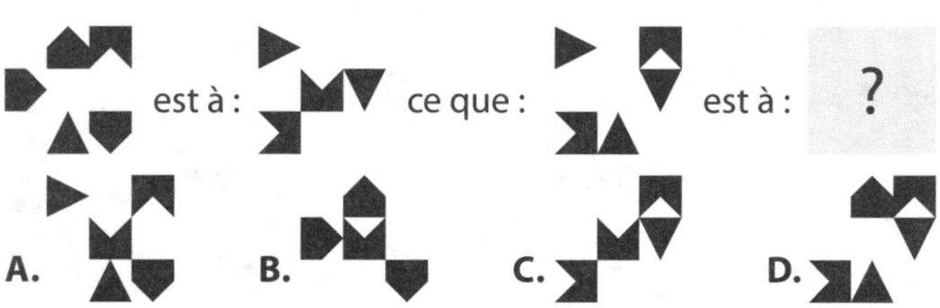

Test n° 4

Temps conseillé 10 min

Q21. Une bague est soldée de 20 %. Maintenant, elle coûte 100 €. Quel était son prix avant les soldes ?

A. 80 € **B.** 120 € **C.** 125 € **D.** $\frac{100}{1,2}$ €

Q22. Pour l'achat d'une voiture d'un montant de 6 500 €, il faut verser un acompte de 15 %. Quel est le montant de l'acompte ?

A. $0,15 \times 6\,500$ € **B.** 975 € **C.** 915 € **D.** $\frac{6\,500}{15\,\%}$ €

Q23. Pour ses bons services, le salaire d'un infirmier est augmenté de 1 % chaque année. Quel est le taux d'augmentation au bout de deux ans ?

A. 1 % **B.** 1,5 % **C.** 2 % **D.** De 2 % à 3 %

Q24. L'augmentation de 10 % d'un salaire correspond à une majoration de 100 € par mois. Quel est le nouveau salaire ?

A. 110 € **B.** 900 € **C.** 1 000 € **D.** 1 100 €

Q25. Sur un salaire net de 2 000 €, les charges passent de 20 % à 25 %. Quel est le nouveau salaire net perçu ?

A. 1 750 € **B.** 1 800 € **C.** 1 875 € **D.** 1 900 €

Test n° 5

Temps conseillé 5 min

Pour chaque test on superpose les deux premières images. Parmi les propositions de réponse, quelle est celle qui correspond à la partie commune des deux images superposées ? Exemple

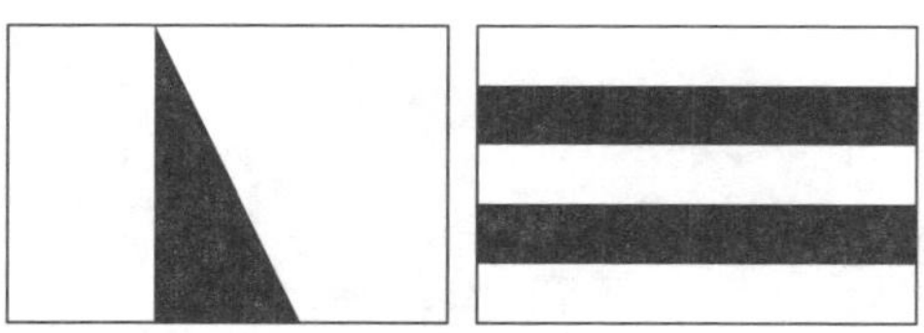

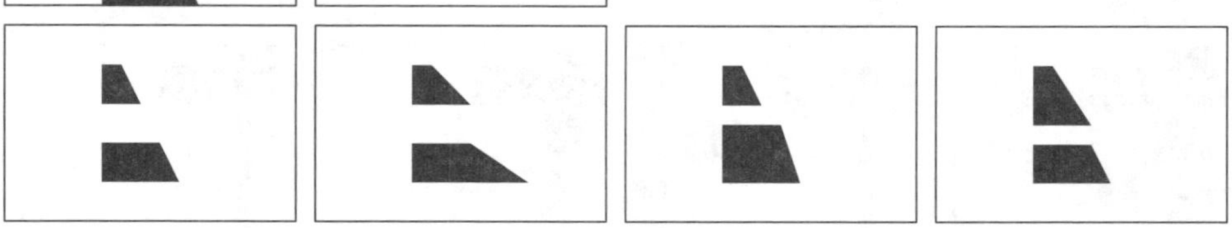

A B C D

On superpose la première image sur la seconde. On fait apparaître la partie commune. Elle correspond à la proposition de réponse **A**.

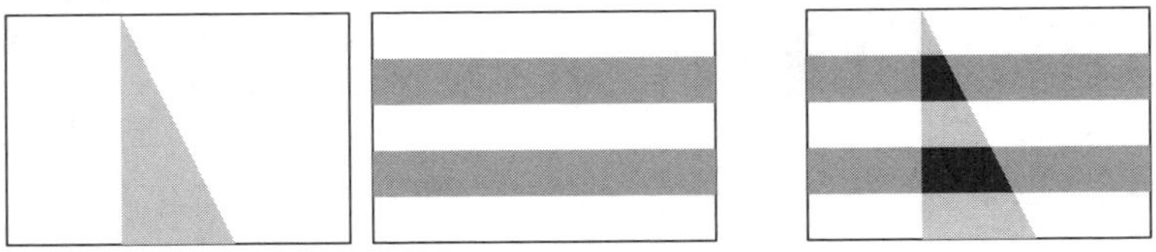

Q26.

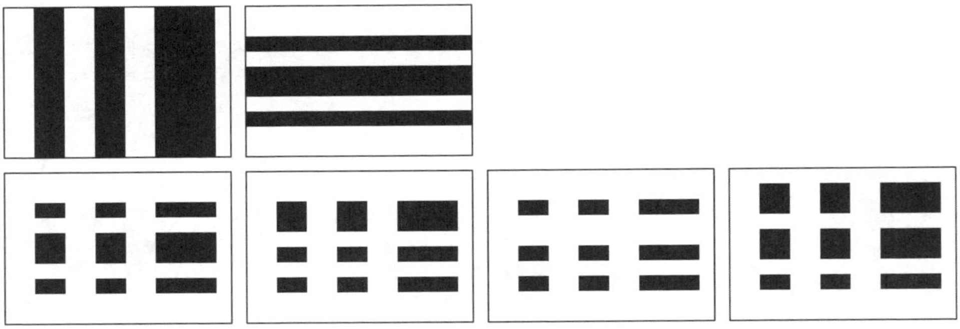

A B C D

Q27.

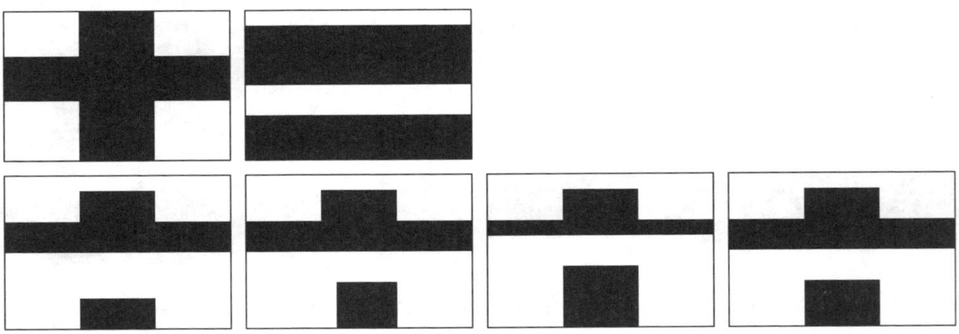

A B C D

Q28.

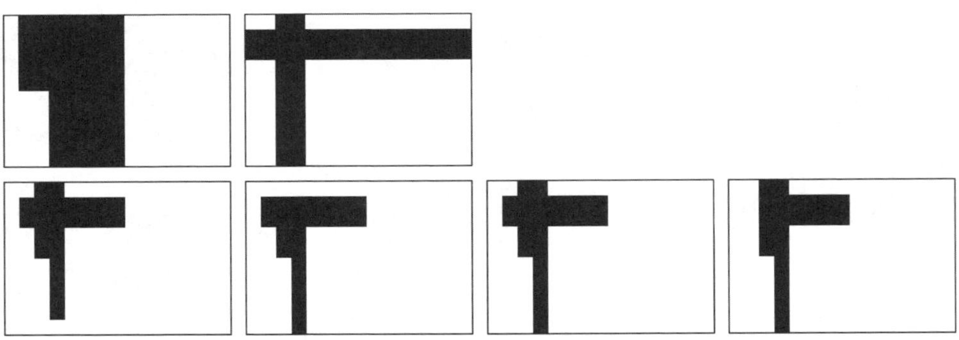

A B C D

Q29.

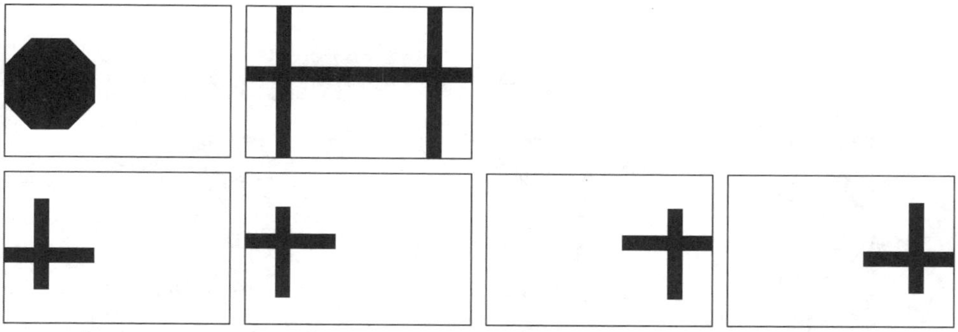

A B C D

Q30.

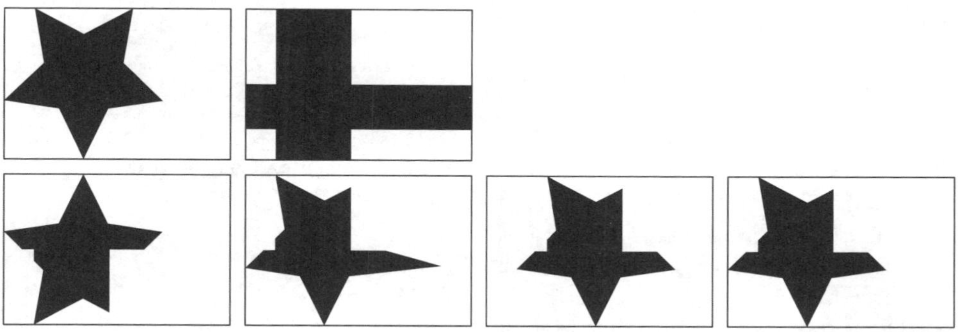

A B C D

Test n° 6

Temps conseillé : 10 min

Pour les exercices qui suivent, un ensemble est un groupement de mots.

Voici quelques règles sur les ensembles :

- dans un ensemble, on ne répète jamais plusieurs fois le même élément, on ne l'écrit pas plus d'une fois ;
- dans un ensemble, les éléments ne sont pas ordonnés, on peut écrire les différents mots dans n'importe quel ordre ;
- un ensemble vide ne comporte pas d'élément.

Voici quelques « opérations » sur les ensemble :

- l'union de plusieurs ensembles est un ensemble composé par tous les éléments des différents ensembles ; ne pas oublier d'appliquer les règles précédemment indiquées ;
- l'intersection de plusieurs ensembles est un ensemble formé par les éléments communs aux différents ensembles ;
- le complémentaire d'un ensemble A par rapport à un ensemble B est l'ensemble formé des éléments de B n'appartenant pas à A ; par exemple, si l'ensemble A est formé des chiffres 1, 2 et 3, et si l'ensemble B est formé des chiffres 2, 3 et 4, alors le complément de A par rapport à B est l'ensemble formé du chiffre 4.

Pour les exercices suivants, voici la composition des ensembles A, B et C :

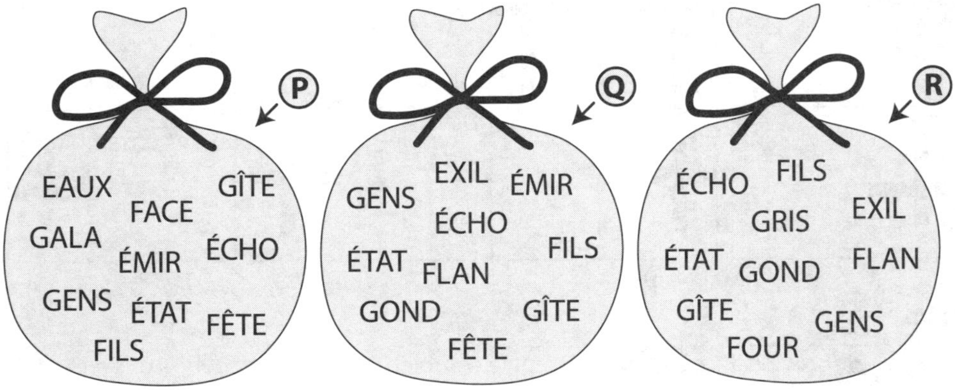

Q31. Quels sont les mots qui composent l'intersection des ensembles **P** et **Q** ?

A. (ÉMIR, FÊTE, GENS, ÉCHO, FILS, GÎTE, ÉTAT)
B. (EAUX, GENS, GALA, FILS, ÉCHO, GÎTE, FLAN)
C. (GALA, GÎTE, FÊTE, ÉCHO, GENS, ÉMIR, ÉTAT)
D. (ÉMIR, FÊTE, ÉCHO, FILS, GÎTE, ÉTAT, GALA)

Q32. Quels sont les mots qui composent le complément de **P** par rapport à **Q** ?

A. (ÉTAT, GOND, FOUR)
B. (EXIL, GRIS, GALA)
C. (EXIL, GRIS, EAUX)
D. (EXIL, FLAN, GOND)

Q33. Quels sont les mots qui composent l'union des ensembles **P** et **Q** ?

A. (FACE, FÊTE, FILS, GÎTE, GOND, EAUX, GRIS)
B. (ÉMIR, GOND, EXIL, FILS, GÎTE, ÉCHO, FOUR, EAUX, GALA, FACE, FÊTE)
C. (EXIL, GÎTE, ÉCHO, GENS, GOND, ÉTAT, FILS, EAUX, FACE, ÉMIR, GALA, FÊTE, FLAN)
D. (EXIL, GÎTE, FOUR, FILS, EAUX, ÉCHO, GENS, GOND, FACE, ÉMIR, GALA, FÊTE, FLAN)

Q34. Quels sont les mots qui composent l'intersection des ensembles **Q** et **R** ?

A. (ÉCHO, EXIL, GOND, FLAN, GÎTE, ÉMIR, FACE)
B. (EAUX, ÉMIR, GÎTE, FÊTE, GRIS, GALA, FACE, GENS, FILS, FLAN, ÉCHO)
C. (GENS, GRIS, ÉMIR, GOND, FLAN, FILS, GÎTE, EAUX, ÉCHO)
D. (EXIL, GENS, GÎTE, ÉTAT, GOND, FILS, FLAN, ÉCHO)

Q35. Quels sont les mots qui composent l'intersection des ensembles **P**, **Q** et **R** ?

A. (ÉTAT, FILS, FLAN, GÎTE, EAUX, ÉMIR, FÊTE, GOND, GALA)
B. (GENS, ÉTAT, FILS, ÉCHO, GÎTE)
C. (EAUX, ÉMIR, GRIS, GOND, EXIL, FÊTE, FILS, GÎTE, FLAN, GALA)
D. (GALA, FILS, FLAN, GRIS, ÉTAT, GENS, GÎTE, FÊTE)

Q36. Quels sont les mots qui composent le complément de l'intersection des ensembles **P** et **Q** par rapport à l'ensemble **R** ?

- **A.** (GRIS, EXIL, GOND, FOUR, FLAN)
- **B.** (EAUX, GRIS, GALA, FILS, ÉCHO, GÎTE)
- **C.** (GALA, GOND, FÊTE, FLAN, ÉTAT)
- **D.** (ÉMIR, GRIS, FLAN GÎTE, ÉTAT, GALA)

Q37. Quels sont les mots qui composent le complément de l'union des ensembles **P** et **R** par rapport à l'ensemble **Q** ?

- **A.** (GRIS, EXIL)
- **B.** (EAUX, GRIS, GALA, FILS, ÉCHO, GÎTE)
- **C.** Aucun mot, l'ensemble est vide.
- **D.** (ÉMIR, ÉTAT, GALA)

Q38. Quels sont les mots qui composent le complément de l'intersection des ensembles **P** et **Q** par rapport à l'union des ensembles **Q** et **R** ?

- **A.** (EAUX, ÉMIR, FILS, GRIS, EXIL)
- **B.** (GÎTE, FLAN, GALA, GRIS, FÊTE, EXIL)
- **C.** (FÊTE, EAUX, FACE, ÉMIR, GALA)
- **D.** (GRIS, FLAN, FOUR, GOND, EXIL)

Q39. Quels sont les mots qui composent le complément de l'union des ensembles **P** et **Q** par rapport à l'intersection des ensembles **P** et **R** ?

- **A.** (EAUX, ÉMIR, FILS, GRIS, EXIL)
- **B.** Aucun mot, l'ensemble est vide.
- **C.** (ÉTAT, FLAN, GRIS, EXIL)
- **D.** (FÊTE, ÉMIR, EAUX, FACE)

Q40. Quels sont les mots qui composent le complément de l'ensemble **R** par rapport à l'intersection des ensembles **P** et **R** ?

- **A.** (EAUX, ÉMIR, FILS, GRIS, EXIL)
- **B.** Aucun mot, l'ensemble est vide.
- **C.** (ÉTAT, FLAN, GRIS, EXIL)
- **D.** (GRIS, GOND, FOUR, FLAN, EXIL)

Test n° 7

Temps conseillé 10 min

À une question posée, Pierre répond **NON** quand il pense **OUI**, et répond **OUI** quand il pense **NON**. Parfois, il ne sait pas répondre.
Jacques, à cette même question répond **OUI** quand il pense **OUI**, et ne répond pas quand il pense **NON** ou qu'il ne sait pas répondre.
Marcel, toujours à cette même question répond **NON** quand il ne sait pas répondre, et répond **OUI** quand il pense **NON**.
Quant à André, il répond **OUI** quand il ne sait pas répondre, et **NON** dans les autres cas.

Pour les questions suivantes, on notera O à la place de **OUI**, N à la place de **NON**, X à la place de **Ne sait pas répondre** et un point d'interrogation (?) quand on ne peut pas répondre avec certitude.

Remarque : il faut faire très attention aux sens des mots « réponse » et « pensée ».

Q41. À une question posée où la réponse exacte est **NON**, Pierre et Jacques se trompent, et Marcel et André répondent correctement.
Que répondent respectivement Pierre, Jacques, Marcel et André ?
A. (O, O, N, N) **B.** (O, N, N, N) **C.** (N, O, N, N) **D.** (N, N, N, N)

Q42. À une question posée où la réponse exacte est **OUI**, Pierre et Jacques se trompent, et Marcel et André répondent correctement.
Que pensent respectivement Pierre, Jacques, Marcel et André ?
A. (O, N, N, X) **B.** (O, ?, ?, N) **C.** (N, O, X, X) **D.** (O, ?, N, X)

Q43. À une question posée où la réponse fausse est **OUI**, Pierre ne se trompe pas, Jacques se trompe, Marcel et André ne répondent pas correctement.
Que pensent respectivement Pierre, Jacques, Marcel et André ?
A. (O, O, N, N) **B.** (O, N, ?, X) **C.** (O, O, N, X) **D.** (N, X, O, O)

Q44. À une question posée Pierre répond **OUI**, mais sa réponse est fausse. Jacques et André répondent **OUI**, Marcel répond comme Pierre.
Que pensent respectivement Pierre, Jacques, Marcel et André ?
A. (O, O, N, N) **B.** (N, O, N, X) **C.** (N, O, ?, X) **D.** (N, N, ?, ?)

Q45. À une question posée où tout le monde répond correctement, Pierre et André répondent **OUI**.
Que pensent respectivement Jacques et Marcel, et quelle est la bonne réponse ?
A. (O, N, N) **B.** (O, N, ?) **C.** (N, O, N) **D.** (O, N, O)

Q46. À une question posée où tout le monde se trompe en répondant, Pierre répond **NON**.
Que répondent respectivement Marcel et André, et quelle est la bonne réponse ?
A. (O, ?, N) **B.** (O, N, N) **C.** (N, ?, N) **D.** (N, N, O)

Q47. En entendant la question posée, Pierre répond correctement **NON**.
Que pensent respectivement Jacques et Marcel, sachant qu'ils se trompent en répondant, et quelle est la bonne réponse ?
A. (O, N, N) **B.** (O, N, O) **C.** (N, N, N) **D.** (O, ?, O)

Q48. En entendant la question posée, Marcel ne pense pas à la bonne réponse. Il répond **OUI**.
Que répondent respectivement Pierre, Jacques et André sachant que leurs réponses sont fausses ?
A. (N, O, O) **B.** (O, N, ?) **C.** (N, ?, N) **D.** (N, N, N)

Q49. À une question posée, Pierre répond **NON**. Sa pensée est exacte. André ne pense pas correctement, ce qui n'est pas le cas de Marcel.
Que répondent respectivement André et Marcel, et quelle est la bonne réponse ?

A. (N, O, ?) **B.** (O, N, ?) **C.** (N, ?, O) **D.** (N, N, O)

Q50. Jacques suppose que la réponse négative de Pierre à une question donnée est fausse. Jacques réfléchit et pense la bonne réponse. Il dicte sa réponse à Marcel qui pense que Jacques se trompe. À son tour, Marcel donne sa réponse à André qui pense que son interlocuteur a raison.
Que pensent respectivement Jacques, Marcel et André ?

A. (N, O, N) **B.** (O, N, O) **C.** (O, ?, O) **D.** (O, N, N)

Test n° 8

Temps conseillé 5 min

La figure ci-dessous est composée d'une image de référence et de cinq autres images notées de P à T. Elles sont obtenues par rotation ou effet miroir de l'image de référence et présentent éventuellement quelques différences. Pour chaque image, le nombre de différences est inférieur à cinq. Elles portent sur la position d'un dessin par rapport aux autres ou à une légère modification du dessin.

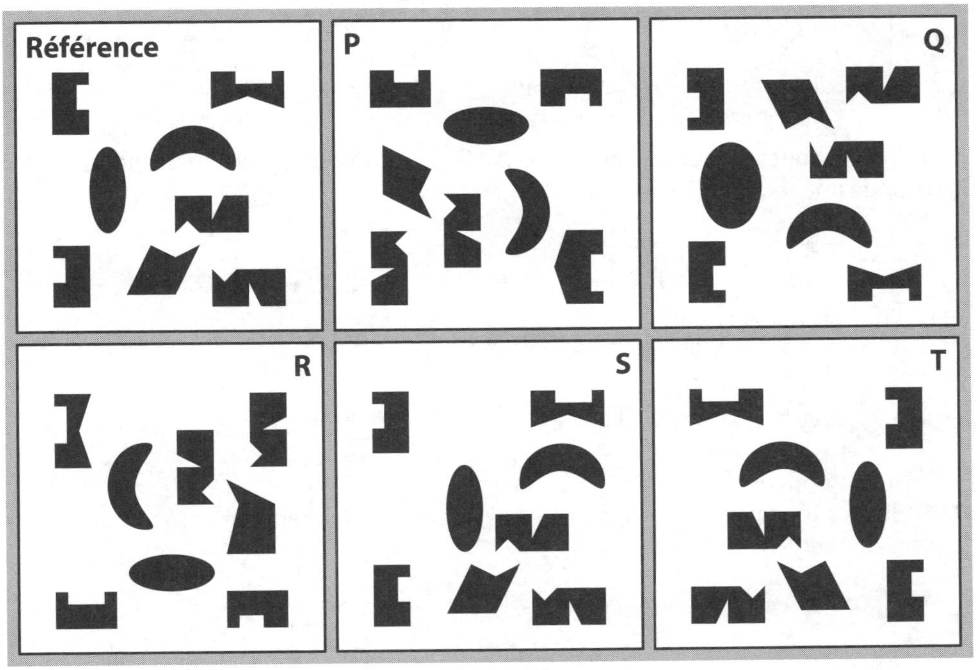

Q51. Quel est le nombre de différences entre l'image P et l'image de référence ?
A. 0 **B.** 1 **C.** 2 **D.** 3

Q52. Quel est le nombre de différences entre l'image Q et l'image de référence ?
A. 1 **B.** 2 **C.** 3 **D.** 4

Q53. Quel est le nombre de différences entre l'image R et l'image de référence ?
A. 0 **B.** 1 **C.** 2 **D.** 3

Q54. Quel est le nombre de différences entre l'image S et l'image de référence ?
A. 1 **B.** 2 **C.** 3 **D.** 4

Q55. Quel est le nombre de différences entre l'image T et l'image de référence ?
A. 0 **B.** 1 **C.** 2 **D.** 3

Test n° 9

Temps conseillé 5 min

Le but de ce test est de déterminer les transformations successives qui permettent de passer d'une image à l'autre.

Voici les transformations qui sont utilisées. Elles sont codées par des flèches. Elles sont appliquées à une image de référence : la première image des figures ci-dessous.

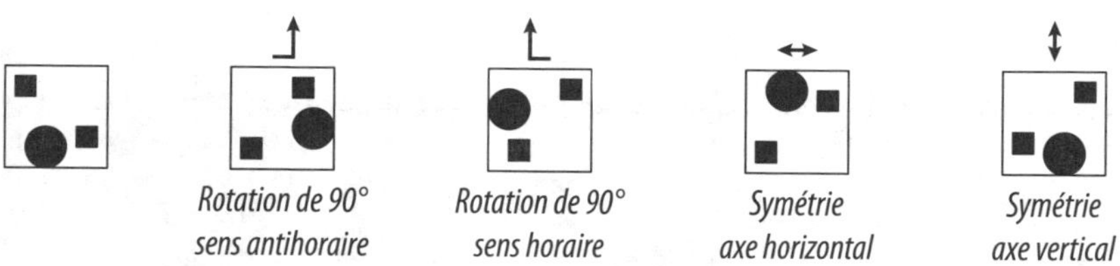

Q56. Quelles sont les deux transformations à appliquer à la première image pour obtenir la seconde image ?

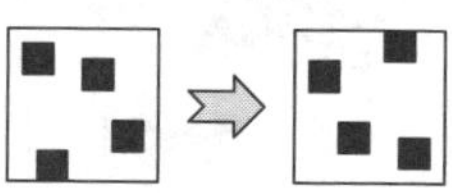

A. ⮥ ↔ **B.** ⮤ ↕ **C.** ⮤ ↔ **D.** ↔ ↕

Q57. Quelles sont les trois transformations à appliquer à la première image pour obtenir la seconde image ?

A. ⮤ ↕ ⮥ **B.** ⮥ ↔ ⮥ **C.** ⮥ ↔ ⮤ **D.** ↕ ⮥ ↔

Q58. Quelles sont les trois transformations à appliquer à la première image pour obtenir la seconde image ?

A. ⮤ ↕ ↔ **B.** ↔ ⮥ ⮥ **C.** ⮤ ↕ ⮤ **D.** ↔ ⮥ ⮥

Q59. Quelles sont les trois transformations à appliquer à la première image pour obtenir la seconde image ?

Q60. Quelles sont les deux transformations à appliquer à la première image pour obtenir la seconde image ?

Test n° 10

Temps conseillé

Une image est composée de figures usuelles. Les noms de ces figures sont inversés. Le but de ce test est de compter des figures dans une image en respectant des critères simples.

Q61. Combien de ronds ont une croix sur la même ligne et à leur droite ?

A. 10 **B.** 11 **C.** 12 **D.** 13

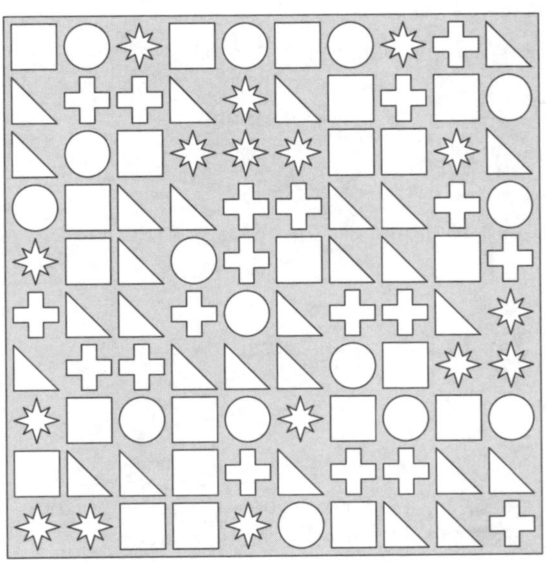

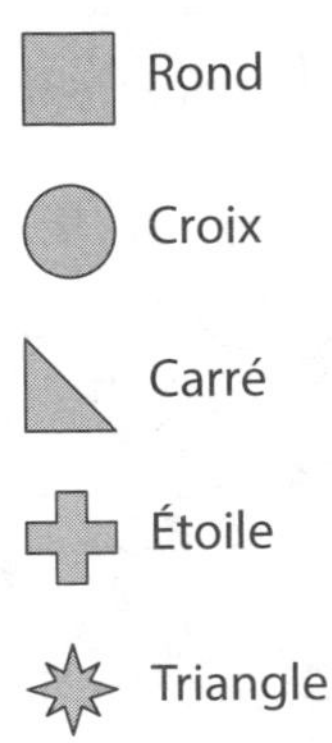

Les figures ci-dessus portent de nouveaux noms.

Q62. Combien de carrés ont au moins un rond au dessus d'eux ?

A. 10 **B.** 11 **C.** 12 **D.** 13

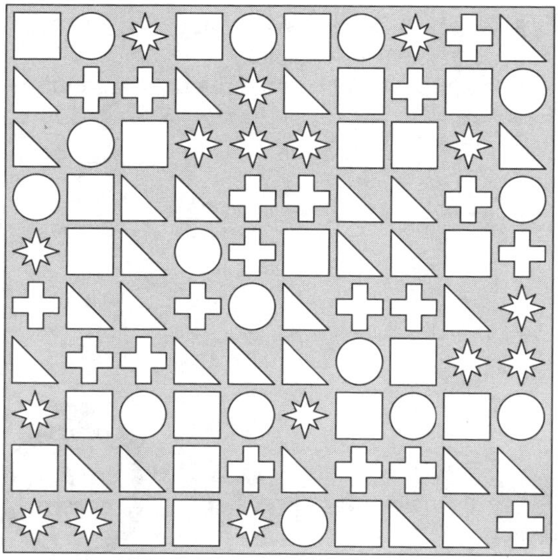

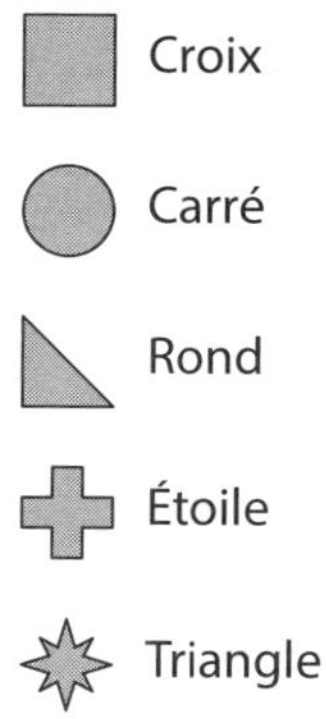

Les figures ci-dessus portent de nouveaux noms.

Q63. Combien de croix n'ont pas plus de deux carrés en dessous d'eux ?

A. 20 **B.** 21 **C.** 22 **D.** 23

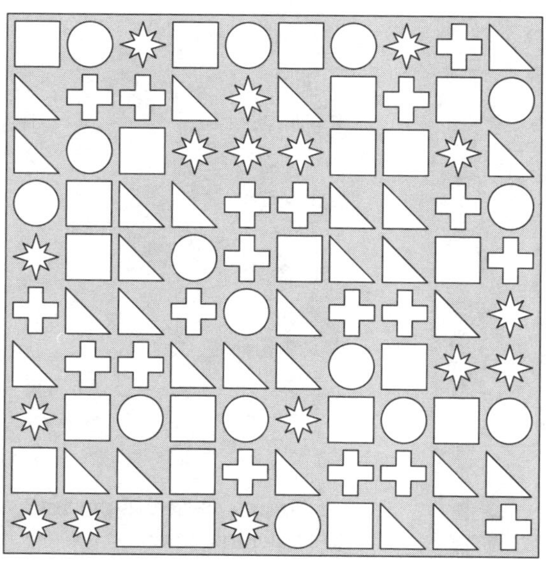

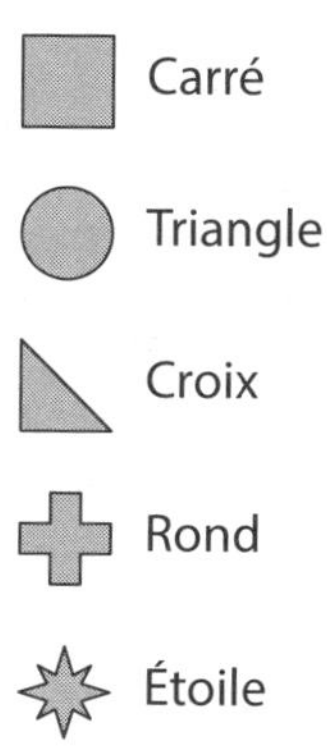

Les figures ci-dessus portent de nouveaux noms.

Q64. Combien de croix ont moins de deux carrés (ou de ronds) sur la même ligne et à leur gauche ?

A. 10 **B.** 11 **C.** 12 **D.** 13

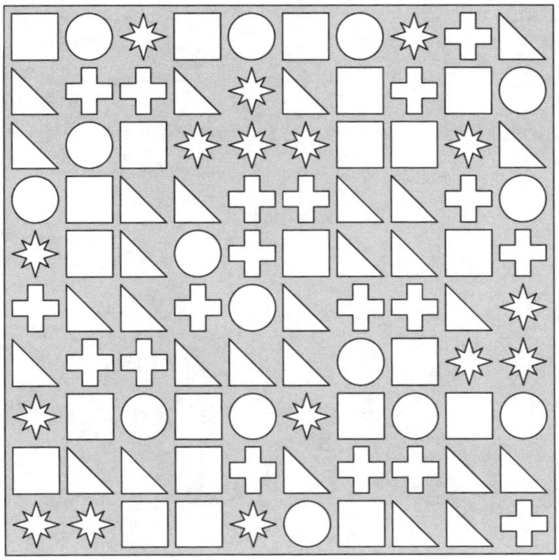

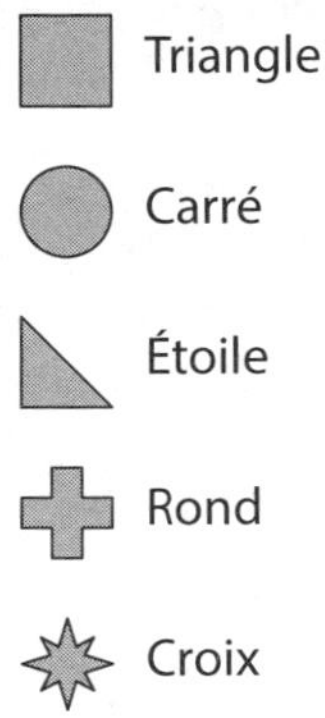

Les figures ci-dessus portent de nouveaux noms.

Q65. Combien de triangles ont entre 2 inclus et 5 exclus croix ou triangles sur la même colonne ?

A. 6 **B.** 7 **C.** 8 **D.** 9

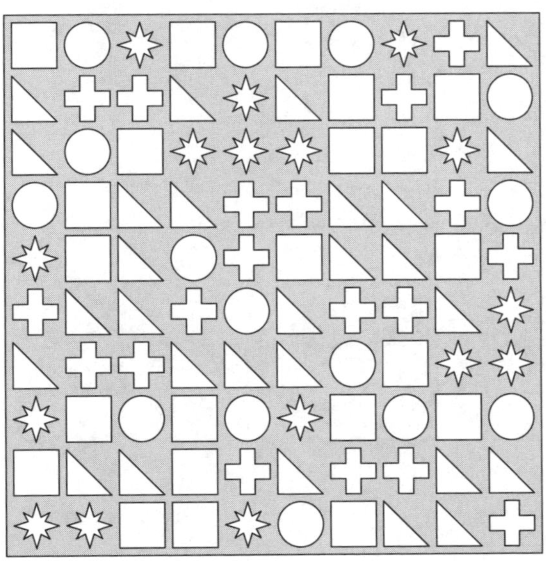

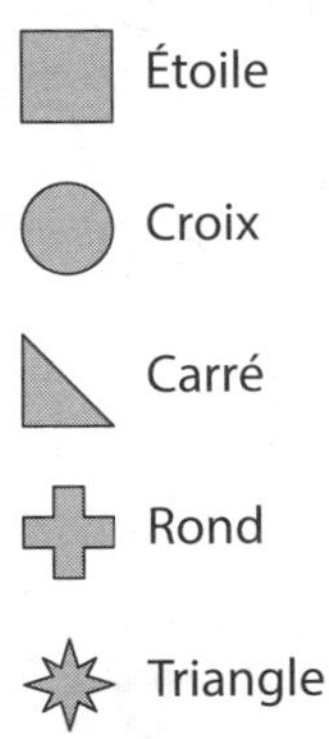

Les figures ci-dessus portent de nouveaux noms.

Test n° 11

Temps conseillé 5 min

On vous propose quatre images éventuellement tournées d'un quart de tour, ou d'un demi-tour les unes par rapport aux autres.

Q66. Quelles sont les deux seules images semblables ?

A B C D

Q67. Quelles sont les deux seules images semblables ?

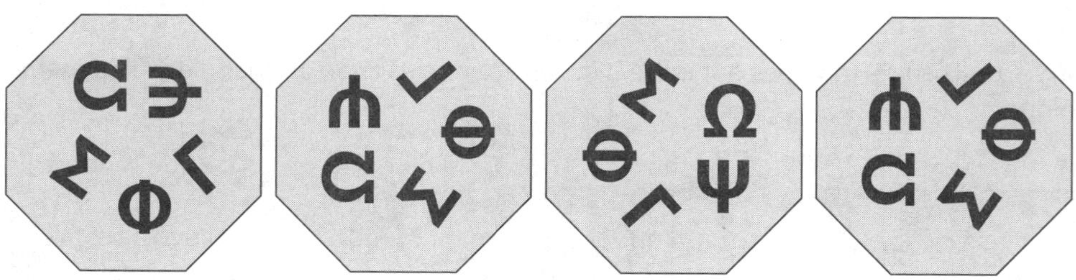

A B C D

Q68. Quelles sont les deux seules images semblables ?

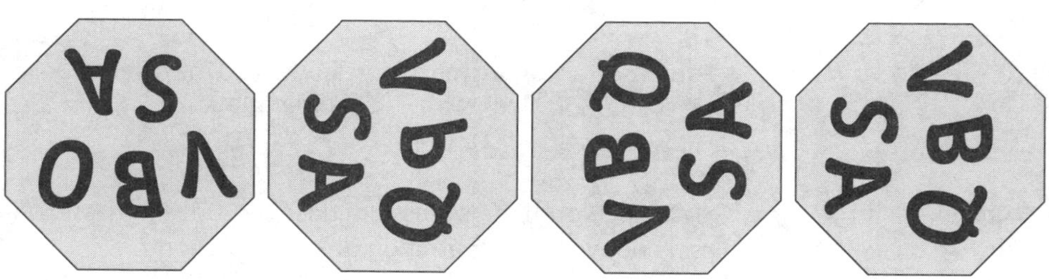

A B C D

Q69. Quelles sont les deux seules images semblables ?

A B C D

Q70. Quelles sont les deux seules images semblables ?

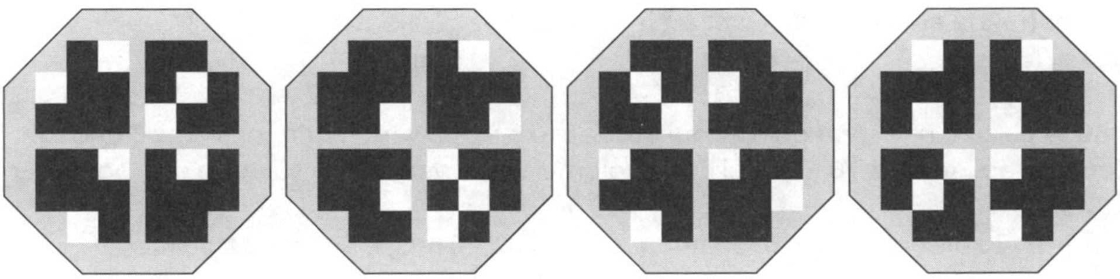

A B C D

Test n° 12

Temps conseillé 15 min

Q71. Quel est le volume d'alcool contenu dans une solution de 150 mL dosée à 15 % ?
A. 5 mL **B.** 10 mL **C.** 15 mL **D.** Autre réponse

Q72. On dissout 15 g de sucre dans un verre contenant 75 mL d'eau. Quelle est la concentration de sucre exprimée en g/L dans cette solution ?
A. 50 g/L **B.** 100 g/L **C.** 150 g/L **D.** 200 g/L

Q73. Dans une solution de chlorure de sodium (sel de cuisine) dosée à 25 % en masse, il y a 12 g de sel. Quel est le volume de la solution ?
A. 48 mL **B.** 50 mL **C.** 52 mL **D.** 54 mL

Q74. Dans 200 mL d'une solution dosée à 15 % en masse, on ajoute 100 mL d'eau. Quelle est la nouvelle concentration de la solution ?
A. 5 % **B.** 10 % **C.** 15 % **D.** 20 %

Q75. Dans 250 mL d'une solution de chlorure de potassium dosée à 20 % en masse, on ajoute 25 g de soluté. Quelle est la nouvelle concentration de cette solution ?
A. 20 % **B.** 25 % **C.** 30 % **D.** 35 %

Q76. On mélange 50 mL d'une solution dosée à 20 % avec 50 mL d'une même solution dosée à 50 %. Quelle est la concentration du mélange ?

A. 35 % **B.** 45 % **C.** 60 % **D.** 65 %

Q77. On mélange 40 mL d'une solution dosée à 20 % avec 60 mL d'une même solution dosée aussi à 20 %. Quelle est la masse totale de soluté ?

A. 5 g **B.** 10 g **C.** 15 g **D.** 20 g

Q78. On mélange 40 mL d'une solution dosée à 20 % avec 60 mL d'une même solution dosée à 30 %. Quelle est la concentration du mélange ?

A. 22 % **B.** 26 % **C.** 28 % **D.** 30 %

Q79. Une solution de 50 mL d'alcool dosée à 90 % est diluée pour obtenir une nouvelle concentration égale à 60 %. Quel est le volume d'eau à ajouter ?

A. 5 mL **B.** 10 mL **C.** 15 mL **D.** 25 mL

Q80. À partir d'une solution d'alcool dosée à 87,5 %, on veut fabriquer 50 mL d'une solution d'alcool dosée à 70 %. Quel est le volume à prélever dans la solution d'alcool dosée à 87,5 % ?

A. 20 mL **B.** 30 mL **C.** 40 mL **D.** 50 mL

Test n° 13

Temps conseillé 10 min

Dans la grille ci-dessous, la somme des nombres placés dans les cases de chaque ligne est indiquée dans les cases grisées. Il en est de même pour les cases de chaque colonne.

Pour une même addition, on ne peut utiliser qu'une seule fois les nombres compris entre 1 et 10.

Par exemple, si la somme est égale à 4, la seule solution possible est : $4 = 1 + 3$.
On ne peut pas retenir la solution : $4 = 2 + 2$ car le chiffre 2 apparaît deux fois.
De même, la solution : $4 = 4 + 0$ ne convient pas, car on ne doit pas utiliser le chiffre 0.

Le but de ce test est de remplacer les lettres de **P** à **Y** par des nombres compris entre **1** et **10**.

Q81. Quel est le chiffre qui doit remplacer la lettre P ?
A. 8 **B.** 7 **C.** 6 **D.** 5

Q82. Quel est le chiffre qui doit remplacer la lettre Q ?
A. 6 **B.** 7 **C.** 10 **D.** 9

Q83. Quel est le nombre qui doit remplacer la lettre R ?
A. 10 **B.** 9 **C.** 8 **D.** 7

Q84. Quel est le chiffre qui doit remplacer la lettre S ?
A. 4 **B.** 5 **C.** 6 **D.** 7

Q85. Quel est le chiffre qui doit remplacer la lettre T ?
A. 5 **B.** 6 **C.** 7 **D.** 8

Q86. Quel est le chiffre qui doit remplacer la lettre U ?
A. 5 **B.** 6 **C.** 8 **D.** 9

Q87. Quel est le nombre qui doit remplacer la lettre V ?
A. 6 **B.** 10 **C.** 7 **D.** 9

Q88. Quel est le chiffre qui doit remplacer la lettre W ?
A. 6 **B.** 5 **C.** 4 **D.** 3

Q89. Quel est le chiffre qui doit remplacer la lettre X ?
A. 6 **B.** 4 **C.** 5 **D.** 8

Q90. Quel est le chiffre qui doit remplacer la lettre Y ?
A. 9 **B.** 7 **C.** 8 **D.** 5

Pour vous aider à répondre, vous disposez ci-dessous d'une grille vierge.

Test n° 14

Temps conseillé **10 min**

Chacune des images suivantes est composée de plusieurs hexagones dont les sommets portent un nombre ou une lettre. La somme de ces nombres est indiquée au centre de chaque hexagone. Le but de ce test est de déterminer la valeur numérique à associer à chaque lettre.

Voici la première image :

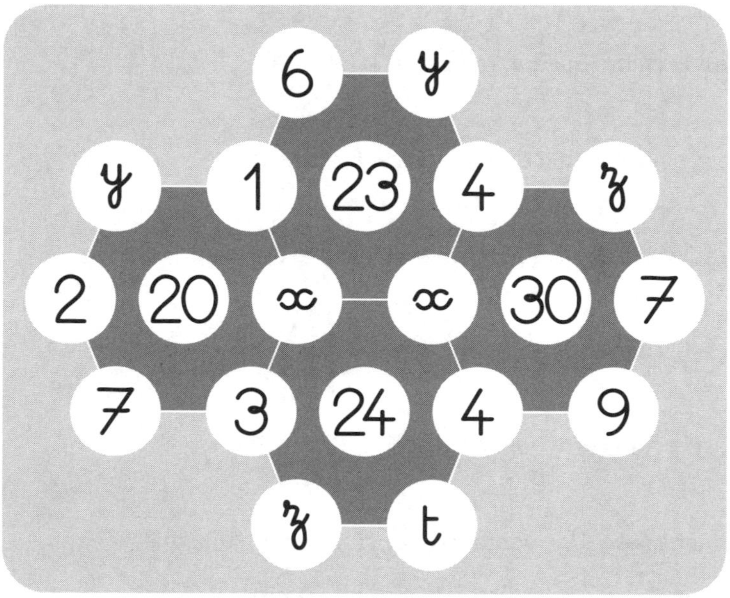

Q91. Quel est le nombre qui doit remplacer la lettre *x* ?
A. 2 **B.** 3 **C.** 4 **D.** 5

Q92. Quel est le nombre qui doit remplacer la lettre *y* ?
A. 1 **B.** 2 **C.** 3 **D.** 4

Q93. Quel est le nombre qui doit remplacer la lettre *z* ?
A. 1 **B.** 2 **C.** 3 **D.** 4

Q94. Quel est le nombre qui doit remplacer la lettre *t* ?
A. 4 **B.** 5 **C.** 6 **D.** 7

Q95. Quelle est alors la valeur associée à l'expression : $x + y - z - t$?
A. 0 **B.** 1 **C.** 2 **D.** 3

Voici la seconde image :

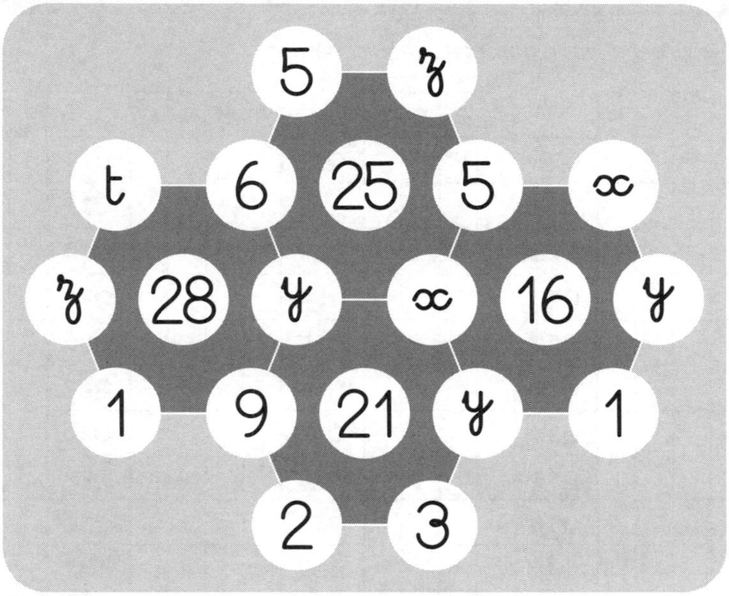

Q96. Quel est le nombre qui doit remplacer la lettre *x* ?
A. 2 **B.** 3 **C.** 4 **D.** 5

Q97. Quel est le nombre qui doit remplacer la lettre *y* ?
A. 1 **B.** 2 **C.** 3 **D.** 4

Q98. Quel est le nombre qui doit remplacer la lettre *z* ?
A. 1 **B.** 2 **C.** 3 **D.** 4

Q99. Quel est le nombre qui doit remplacer la lettre *t* ?
A. 6 **B.** 7 **C.** 8 **D.** 9

Q100. Quelle est alors la valeur associée à l'expression : $x - y + z - t$?
A. 2 **B.** 1 **C.** –1 **D.** –3

Grille réponse

Avec un crayon, cochez vos réponses à chaque question.

	A	B	C	D		A	B	C	D		A	B	C	D		A	B	C	D
Q1					Q26					Q51					Q76				
Q2					Q27					Q52					Q77				
Q3					Q28					Q53					Q78				
Q4					Q29					Q54					Q79				
Q5					Q30					Q55					Q80				
Q6					Q31					Q56					Q81				
Q7					Q32					Q57					Q82				
Q8					Q33					Q58					Q83				
Q9					Q34					Q59					Q84				
Q10					Q35					Q60					Q85				
Q11					Q36					Q61					Q86				
Q12					Q37					Q62					Q87				
Q13					Q38					Q63					Q88				
Q14					Q39					Q64					Q89				
Q15					Q40					Q65					Q90				
Q16					Q41					Q66					Q91				
Q17					Q42					Q67					Q92				
Q18					Q43					Q68					Q93				
Q19					Q44					Q69					Q94				
Q20					Q45					Q70					Q95				
Q21					Q46					Q71					Q96				
Q22					Q47					Q72					Q97				
Q23					Q48					Q73					Q98				
Q24					Q49					Q74					Q99				
Q25					Q50					Q75					Q100				

Vous pouvez vous attribuer une note « N » sur 20, en comptant le nombre de bonnes réponses « B » et en le divisant par 5.

$$N = \frac{B}{5} = \frac{\square}{5} = \square$$

CORRIGÉ DE L'ÉPREUVE N° 10

Test n° 1

Questions de Q1 à Q10 : se reporter à la grille réponse.

Voici la grille corrigée :

	E6		**F3**	**?0**			**G8**		**H6**
?1				**I6**					
					J4		**?2**		
	K8		**?3**		**L4**				
							M9		**?4**
N6		**?5**			**O3**				
						?6			
		P9	**?7**	**Q6**				**R8**	
		?8		**S6**			**T8**		
			?9						

Test n° 2

Q11. Réponses **A** et **D**.

$A = 1 + \frac{1}{2} + \frac{1}{4}$

$A = \frac{4}{4} + \frac{2}{4} + \frac{1}{4}$

$A = \boxed{\frac{7}{4} = 1{,}75}$

On réduit tous les nombres au même dénominateur : 4, puis on fait la somme des numérateurs.

A. $\boxed{1{,}75}$

B. $1 + \frac{1}{4} = \frac{4}{4} + \frac{1}{4} = \frac{5}{4}$

C. $3 - \frac{1}{4} = \frac{12}{4} - \frac{1}{4} = \frac{11}{4}$

D. $\frac{3}{2} + \frac{1}{4} = \frac{6}{4} + \frac{1}{4} = \boxed{\frac{7}{4}}$

Q12. Réponses **B** et **C**.

$B = \left(1 - \frac{1}{2}\right)^2$

On calcule d'abord la différence dans la parenthèse.

$B = \left(\frac{2}{2} - \frac{1}{2}\right)^2$

On réduit tous les nombres au même dénominateur : 2.

$B = \left(\frac{2-1}{2}\right)^2$

$B = \left(\frac{1}{2}\right)^2 = \frac{1^2}{2^2}$

Pour élever un quotient au carré, on élève le numérateur et le dénominateur au carré.

$B = \boxed{\frac{1}{4}}$

A. $\left(\frac{3}{2}\right)^2 = \frac{3^2}{2^2} = \frac{9}{4}$

B. $\left(\frac{-1}{2}\right)^2 = \frac{(-1)^2}{2^2} = \boxed{\frac{1}{4}}$

C. $\boxed{\frac{1}{4}}$

D. $1 - \frac{1}{2} + \frac{1}{4} = \frac{4-2+1}{4} = \frac{3}{4}$

Q13. Réponse **D**.

$C = \dfrac{1}{\frac{1}{2} + 1}$

On calcule d'abord le dénominateur de l'expression.

$C = \dfrac{1}{\frac{1}{2} + \frac{2}{2}}$

On réduit tous les nombres au même dénominateur : 2.

$C = \dfrac{1}{\frac{1+2}{2}} = \dfrac{1}{\frac{3}{2}}$

Pour inverser une fraction, on permute les numérateur et dénominateur.

$C = \boxed{\frac{2}{3}}$

A. $\sqrt{\frac{9}{4}} = \frac{\sqrt{9}}{\sqrt{4}} = \frac{3}{2}$

B. $1 - \frac{1}{2} = \frac{2}{2} - \frac{1}{2} = \frac{2-1}{2} = \frac{1}{2}$

C. $\frac{-3}{2}$

D. $1 - \frac{1}{3} = \frac{3}{3} - \frac{1}{3} = \frac{3-1}{3} = \boxed{\frac{2}{3}}$

Q14. Réponse **D**.

$D = (x-1)^2 - 1$

On développe avec une identité remarquable.

$(a-b)^2 = a^2 - 2ab + b^2$

$a = x \ ; \ b = 1$

$D = (x^2 - 2x + 1) - 1$

$D = \boxed{x^2 - 2x}$

A. $x^2 - 1$

B. $(x-1)x + 1 = x^2 - x - 1$

C. $(a+b)^2 = a^2 + 2ab + b^2$

$1 - (1+x)^2 = 1 - (1 + 2x + x^2)$

$= 1 - 1 - 2x - x^2 = -2x - x^2$

D. $x(x-2) = \boxed{x^2 - 2x}$

Q15. Réponses **A** et **C**.

$E = (x-1)(x+2)$

Les flèches indiquent les produits à effectuer.

$E = x^2 + 2x - x - 2$

$E = \boxed{x^2 + x - 2}$

A. $(a+b)^2 = a^2 + 2ab + b^2$

$\left(x + \frac{1}{2}\right)^2 - \frac{9}{4} = x^2 + x + \frac{1}{4} - \frac{9}{4} =$

$x^2 + x - \frac{8}{4} = \boxed{x^2 + x - 2}$

B. $x(x-2) = x^2 - 2x$

C. $\boxed{x^2 + x - 2}$

D. $-(x-1)(x-2)$

$= -(x^2 - 2x - x + 2)$

$= -x^2 + 2x + x - 2$

$= -x^2 + 3x - 2$

Test n° 3

On superpose les deux premières images, puis les deux autres. On remarque que les éléments noirs ou gris forment la même figure.

Q16. Réponse **A**.

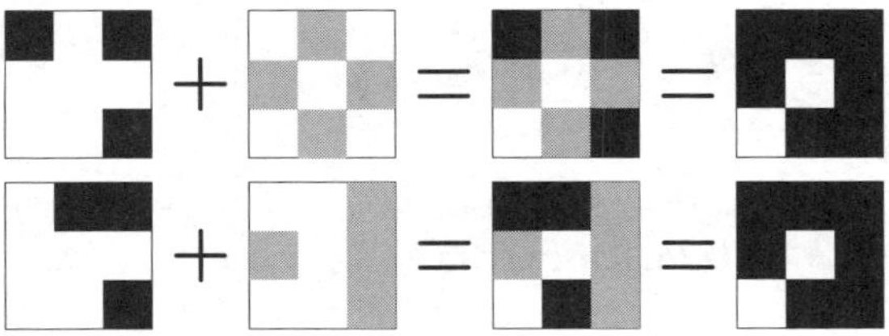

Q17. Réponse **C**.

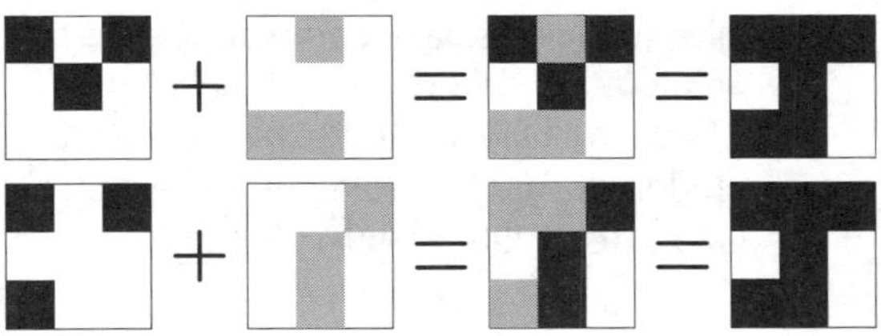

Q18. Réponse **D**.

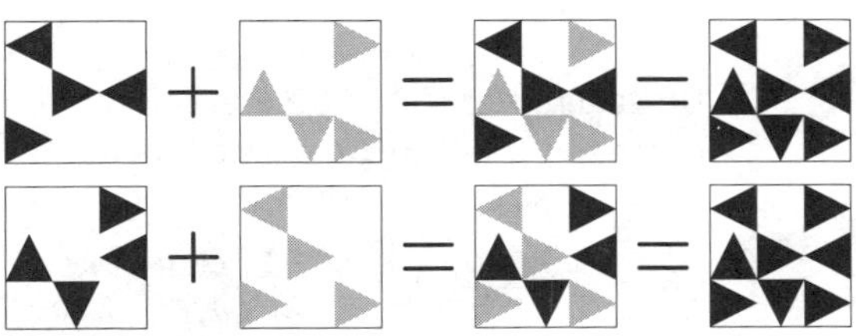

Q19. Réponse **C**.

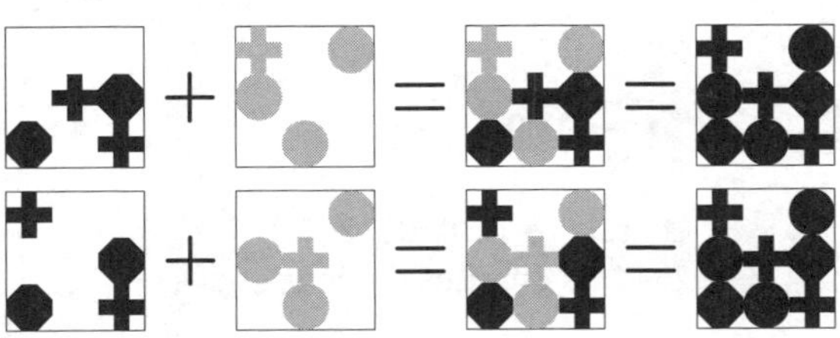

Q20. Réponse **B**.

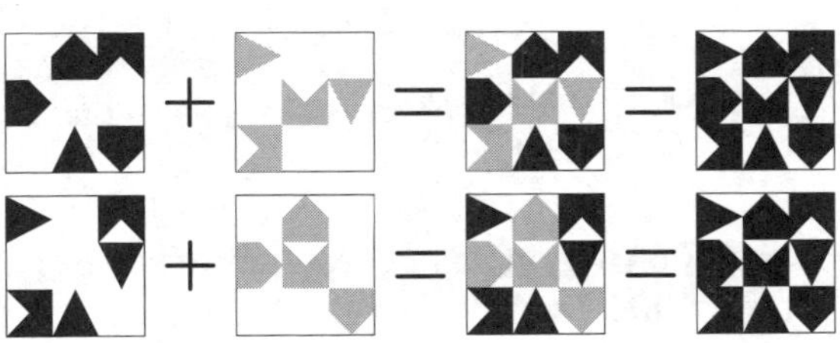

Test n° 4

Q21. Réponse **C**.

Avec un prix réduit de 20 %, 100 € représentent 80 % du prix initial. En notant *P* le prix initial, on a :

$P \times 80\,\% = 100$

$P = \dfrac{100}{80\,\%}$

$P = \dfrac{100}{0{,}8}$

$P = \boxed{125}$

$80\,\% = \dfrac{80}{100} = 0{,}8$

Conclusion : avant les soldes, le prix était de 125 €.

Q22. Réponses **A** et **B**.

Calcul du montant en € de l'acompte *A* :

$A = 15\,\% \times 6\,500$

$A = \dfrac{15}{100} \times 6\,500$

$A = \boxed{0{,}15 \times 6\,500}$

$A = \boxed{975}$

Prendre 15 % de 6 500, c'est multiplier 15/100 par 6 500.

Ces deux réponses sont proposées.

Q23. Réponse **D**.

Supposons que le salaire initial est de 100 €. En notant *S* le salaire au bout de deux ans, on a :

À chaque augmentation de 1 %, il faut multiplier le salaire par : $1 + 1\%$.

Comme il y a deux augmentations successives de 1 %, il faut alors multiplier le salaire par : $(1 + 1\%)^2$.

$S = (1 + 1\%)^2 \times 100$

$S = 1{,}01^2 \times 100$

$S = 1{,}0201 \times 100$

$S = \boxed{102{,}01}$

$1 + 1\% = 1 + \dfrac{1}{100} = 1 + 0{,}01 = 1{,}01$

Le salaire a donc augmenté de :
$102{,}01 - 100 = 2{,}01$.

Par rapport à un salaire de 100 €, l'augmentation correspond à un taux *T* de :

$T = \dfrac{2{,}01}{100}$

$T = \boxed{2{,}01\%}$

Q24. Réponse **D**.

Si 10 % d'un salaire correspond à une majoration de 100 €, alors par proportionnalité 100 % du salaire correspondent à une majoration de 1 000 €.
Avec un salaire de 1000 € et une augmentation de 100 €, le salaire majoré en € est alors de : $1000 + 100 = \boxed{1100}$.

Q25. Réponse **C**.

Un salaire net de 2 000 € avec 20 % de charges représente un salaire brut égal à :

$Sb = \dfrac{2\,000}{1 - 20\,\%}$

$Sb = \dfrac{2\,000}{1 - 0{,}2}$

$Sb = \dfrac{2\,000}{0{,}8}$

$Sb = \boxed{2\,500}$

2 000 € correspondent à 80 % du salaire brut.

$20\,\% = \dfrac{20}{100} = 0{,}2$

Ce salaire brut de 2 500 € diminué de 25 % de charges devient égal à :

$Sn = 2\,500 \times (1 - 25\,\%)$

$Sn = 2\,500 \times (1 - 0{,}25)$

$Sn = 2\,500 \times 0{,}75$

$Sn = \boxed{1875}$

Réduire de 25 % le salaire brut, revient à le multiplier par : $1 - 25\,\%$.

Conclusion : le nouveau salaire net est de 1 875 €.

Test n° 5

On superpose les deux premières images. On obtient alors une 3e image où la partie commune est dessinée en noir.

Q26. Réponse **A**.

Q27. Réponse **D**.

Q28. Réponse **C**.

Q29. Réponse **B**.

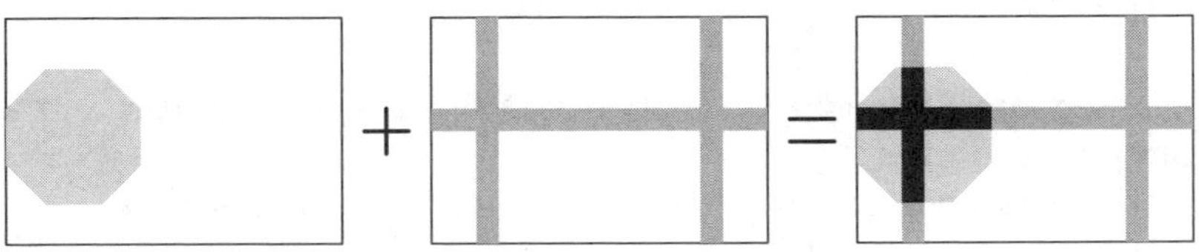

Q30. Réponse **D**.

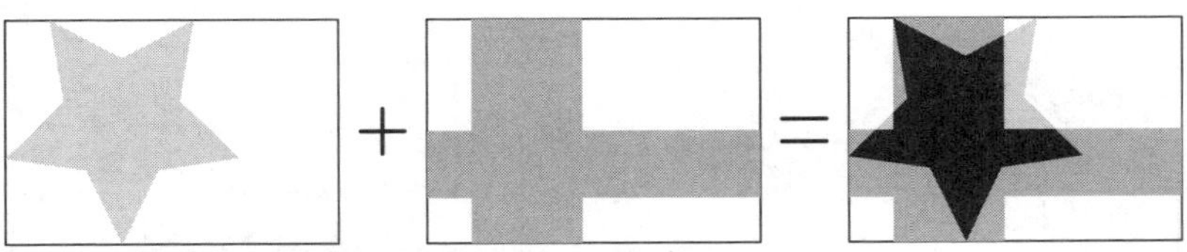

Test n° 6

Questions de Q31 à Q40 : se reporter à la grille réponse.

Méthode : représenter les ensembles dans un tableau en ordonnant les mots dans l'ordre alphabétique. Pour répondre aux questions, il faut observer les trois premières lignes du tableau (***P***, ***Q*** et ***R***). Ces trois lignes indiquent les compositions des ensembles en ayant ordonné les mots. Les mots communs appartiennent à une même colonne.

P	EAUX	FACE	GALA	ÉMIR	FÊTE	GENS	ÉCHO	FILS	GÎTE	ÉTAT					
Q				ÉMIR	FÊTE	GENS	ÉCHO	FILS	GÎTE	ÉTAT	FLAN	GOND	EXIL		
R						GENS	ÉCHO	FILS	GÎTE	ÉTAT	FLAN	GOND	EXIL	FOUR	GRIS
Q31				ÉMIR	FÊTE	GENS	ÉCHO	FILS	GÎTE	ÉTAT					
Q32											FLAN	GOND	EXIL		
Q33	EAUX	FACE	GALA	ÉMIR	FÊTE	GENS	ÉCHO	FILS	GÎTE	ÉTAT	FLAN	GOND	EXIL		
Q34						GENS	ÉCHO	FILS	GÎTE	ÉTAT	FLAN	GOND	EXIL		
Q35						GENS	ÉCHO	FILS	GÎTE	ÉTAT					
Q36											FLAN	GOND	EXIL	FOUR	GRIS
Q37	Ensemble vide														
Q38											FLAN	GOND	EXIL	FOUR	GRIS
Q39	Ensemble vide														
Q40											FLAN	GOND	EXIL	FOUR	GRIS

Test n° 7

Questions de Q41 à Q50 : se reporter à la grille réponse.

Méthode : pour les réponses, on notera O à la place de **OUI**, N à la place de **NON** , et X à la place de **Ne sait pas répondre**.

Remarque : il faut faire très attention aux sens des mots « réponse » et « pensée ».

On consigne les attitudes des quatre personnes dans des tableaux.

Pierre		Pense		
		O	**N**	**X**
Répond	**O**		×	
	N	×		

Jacques		Pense		
		O	**N**	**X**
Répond	**O**	×		
	N			
Ne répond pas			×	×

Marcel		Pense		
		O	**N**	**X**
Répond	**O**		×	
	N			×

André		Pense		
		O	**N**	**X**
Répond	**O**			×
	N	×	×	

Q41. La réponse exacte est **NON**.
Pierre et Jacques se trompent, ils ont répondu **OUI**. Marcel et André ont répondu correctement, ils ont répondu **NON**.

Q42. La réponse exacte est **OUI**.
Pierre et Jacques se trompent, ils ont répondu **NON**. Marcel et André ont répondu correctement, ils ont répondu **OUI**.
En utilisant les tableaux, nous pouvons écrire que Pierre pense **OUI** ; nous ne savons pas ce que pense Jacques ; Marcel pense **NON**, et André pense « **Je ne sais pas répondre** ».

Q43. La réponse exacte est **NON**.
Pierre répond **NON** ; Jacques répond **OUI** ; Marcel répond **OUI** et André répond **OUI**. En utilisant les tableaux, nous pouvons écrire que Pierre pense **OUI** ; Jacques pense **OUI** ; Marcel pense **NON**, et André pense « **Je ne sais pas répondre** ».

Q44. Pierre répond **OUI**, mais sa réponse est fausse. La bonne réponse est donc **NON**. En utilisant les tableaux, nous pouvons écrire que Pierre pense **NON** ; Jacques répond **OUI** et pense **OUI** ; André répond **OUI** et pense « **Je ne sais pas répondre** » ; Marcel répond **OUI** et pense **NON**.

Q45. Pierre et André répondent correctement **OUI**. La bonne réponse est donc **OUI**. Comme tout le monde répond correctement, Jacques et Marcel répondent aussi **OUI**. En utilisant les tableaux, nous pouvons écrire que Jacques pense **OUI**, et Marcel pense **NON**.

Q46. Pierre répond **NON**.
En utilisant les tableaux, nous pouvons écrire qu'il pense **OUI**. Comme tout le monde se trompe, Pierre répondant **NON**, la bonne réponse est alors **OUI**. Marcel et André en se trompant répondent **NON**.

Q47. Pierre répond **NON**.
En utilisant les tableaux, il pense **OUI**. Comme sa réponse est correcte, la bonne réponse est donc **NON**. Jacques se trompe en répondant. Il répond donc **OUI** et pense **OUI**. Marcel se trompe en répondant. Il répond lui aussi **OUI**, et pense **NON**.

Q48. Marcel répond **OUI**.
En utilisant les tableaux, nous pouvons affirmer qu'il pense **NON**. Comme il ne pense pas correctement, la bonne réponse est donc **OUI**. Les trois autres personnes se trompent en répondant. Elles répondent **NON**.

Q49. Pierre répond **NON**.
En utilisant les tableaux, il pense **OUI**. Sa pensée est exacte. La réponse à la question est donc **OUI**. André ne pense pas correctement, il pense **NON** et répond **NON**. Marcel pense correctement. Il pense **OUI**, et ne répond pas.

Q50. Pierre répond **NON**, et pense **OUI**.

Jacques pense que cette réponse négative est fausse. Il pense que la bonne réponse est **OUI**. Jacques répond **OUI** à Marcel qui pense que Jacques se trompe. Marcel pense donc **NON**. Il répond **OUI** à André qui pense que Marcel a raison. André pense **OUI**.

Test n° 8

Questions de Q51 à Q55 : se reporter à la grille réponse.

On indique sur la figure ci-dessous les différences avec l'image de référence.

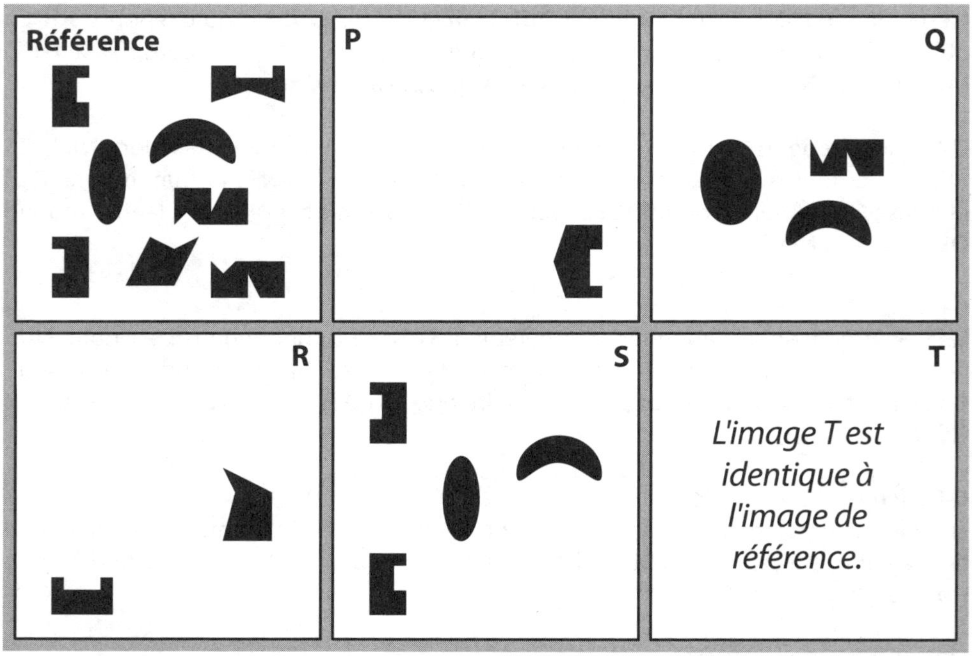

Test n° 9

Pour chaque question, on détaille toutes les transformations appliquées à la première image. Parfois on obtient la même image en appliquant des séries différentes de transformations. On a donc des propositions de réponse donnant la même image.

Q56. Réponse **D**.

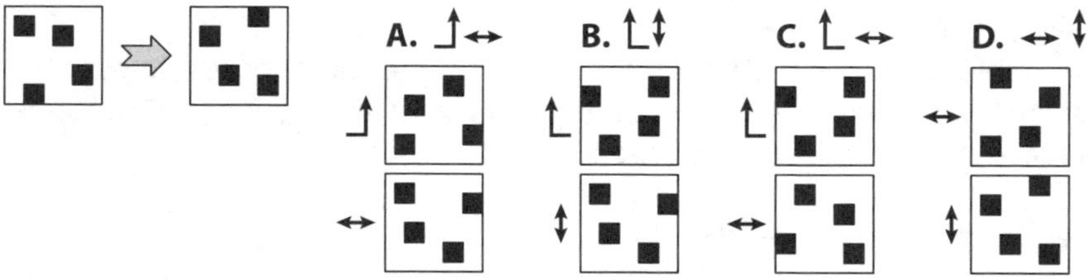

Q57. Réponse **D**.

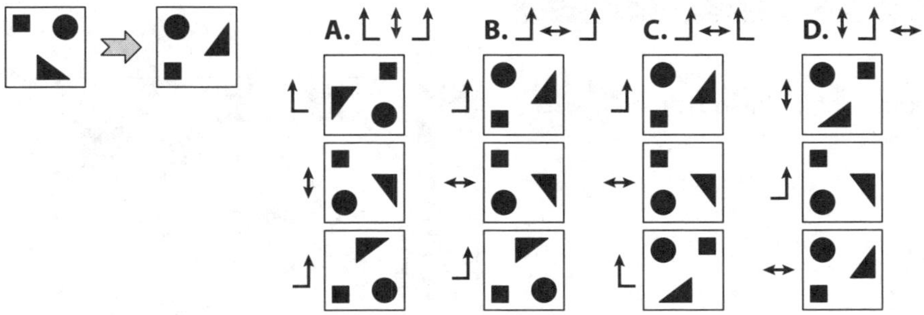

Q58. Réponse **A**.

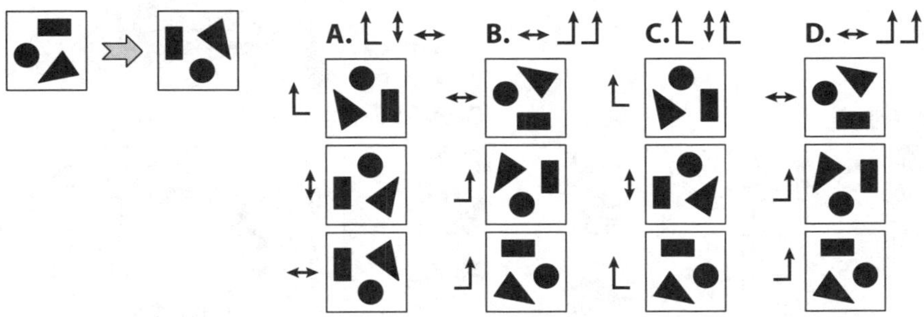

Q59. Réponse **C**.

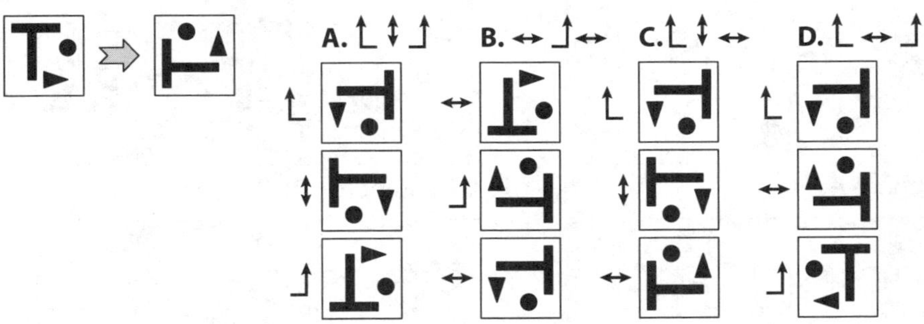

Q60. Réponse **B**.

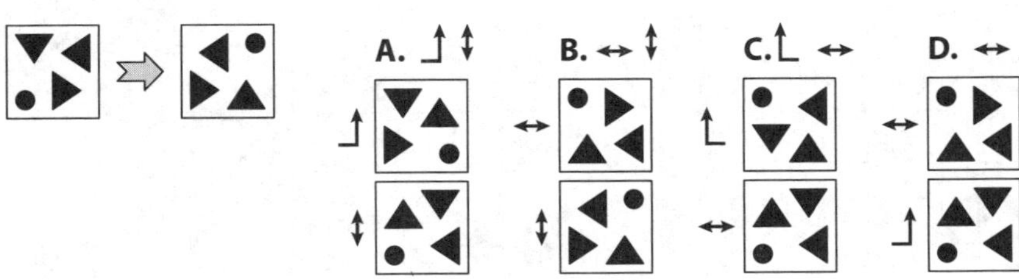

Test n° 10

Les solutions sont les images en noir.

Q61. Réponse **D**.

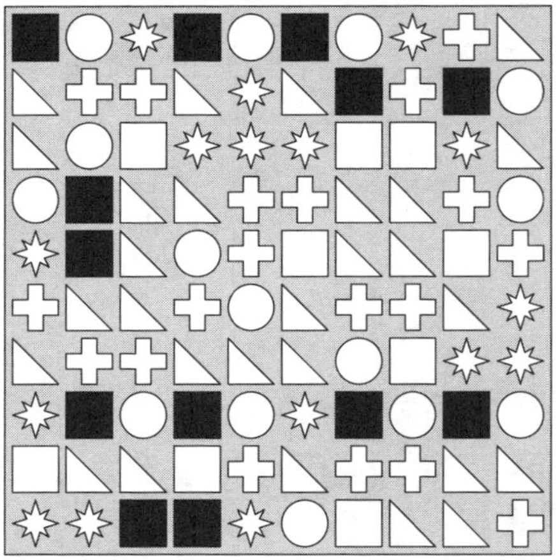

Q62. Réponse **A**.

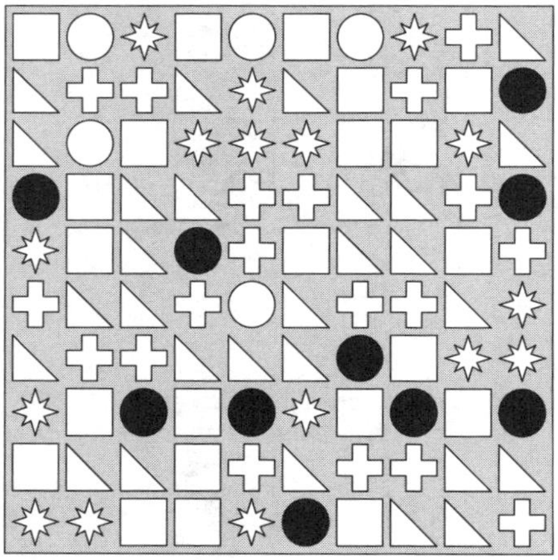

Q63. Réponse **D**.

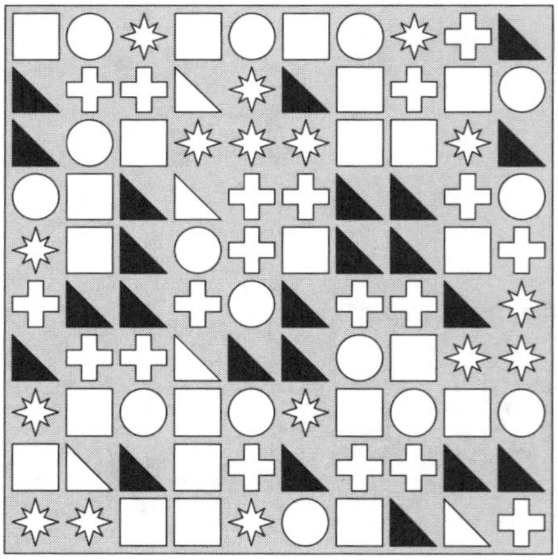

Q64. Réponse **A**.

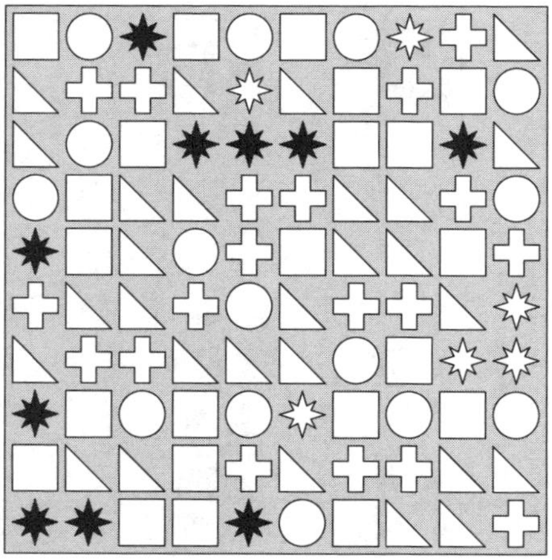

Q65. Réponse **B**.

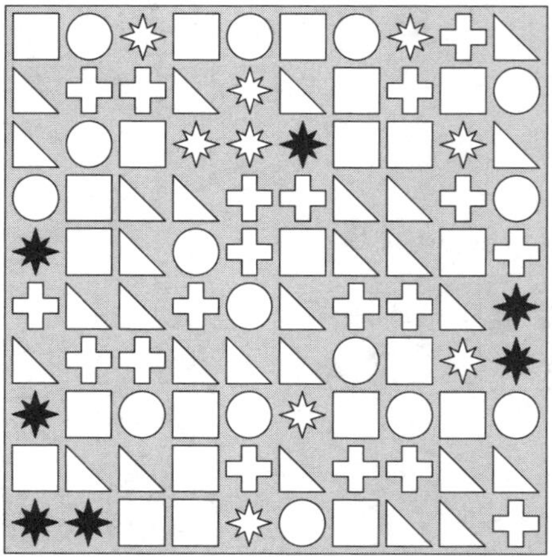

Test n° 11

Q66. Réponses **A** et **D**. Les images différentes des autres possèdent des détails en noir.

Q67. Réponses **B** et **D**. Les images différentes des autres possèdent des détails en noir.

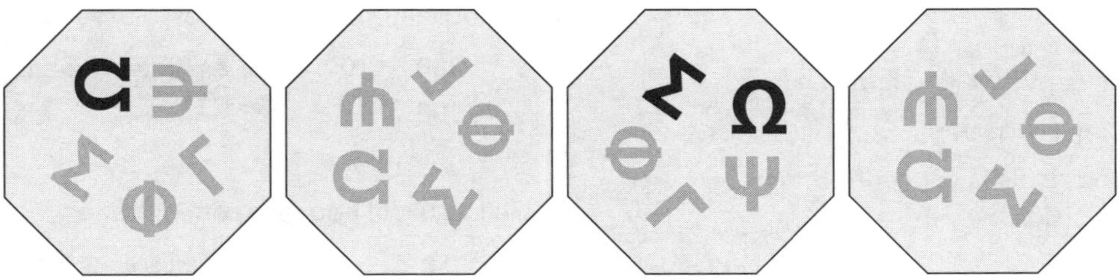

Q68. Réponses **C** et **D**. Les images différentes des autres possèdent des détails en noir.

Q69. Réponses **B** et **D**. Les images différentes des autres possèdent des détails en noir.

Q70. Réponses **A** et **C**. Les images différentes des autres possèdent des détails en noir.

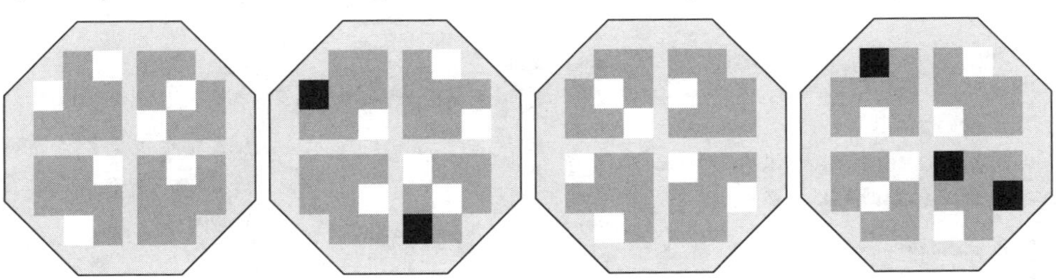

Test n° 12

Q71. Réponse **D**.
Dans cette solution, le volume d'alcool égal à :

$V = 15\,\% \times 150$

$V = \frac{15}{100} \times 150$

$V = 15 \times 1{,}5$

$V = 22{,}5$

$V = \boxed{22{,}5\ mL}$

Prendre 15 % de 150, c'est multiplier 15/100 par 150.

On divise 150 par 100.

Q72. Réponse **D**.
On convertit le volume en L :

$75\ \text{mL} = 0{,}075\ \text{L}$

On calcule la concentration :

$C = \frac{m}{V}$

$C = \frac{15}{0{,}075}$

$C = \frac{15 \times 1000}{75}$

$C = 200$

$C = \boxed{200\ \text{g/L}}$

La concentration est le quotient de la masse en g par le volume en L.

On multiplie le numérateur et le dénominateur de la fraction par 1 000 pour éviter les nombres décimaux.

Q73. Réponse **A**.
La concentration étant égale à 25 %, cela signifie que 100 mL de solution contient 25 g de sel. Si on ne dispose que de 12 g de sel, le volume de la solution est déterminé par une proportionnalité :

Masse en g	25	12
Volume en mL	100	V

$V = \frac{12 \times 100}{75}$

$V = 48$

$V = \boxed{48\ \text{mL}}$

Une règle de 3 permet de déterminer V.

Q74. Réponse **B**.
On rappelle que 200 mL d'eau ont une masse égale à 200 g.

Un litre d'eau a une masse de 1 kg.

Dans 200 mL d'une solution dosée à 15 % en masse, la masse de soluté est égale à :

$M = 15\,\% \times 200$

$M = \frac{15}{100} \times 200$

$M = 15 \times 2$

$M = 30$

$M = \boxed{30\ \text{g}}$

Prendre 15 % de 200, c'est multiplier 15/100 par 200.

On divise 200 par 100.

On dilue la solution en ajoutant de l'eau. Le nouveau volume d'eau est alors égal à :

$V = 200 + 100$

$V = 300$

$V = \boxed{300\ \text{mL}}$

On fait la somme des volumes.

On calcule la nouvelle concentration :

$C = \frac{30}{300}$

$C = \frac{10}{100}$

$C = \boxed{10\,\%}$

La concentration est le quotient de la masse en g par le volume en L.

Q75. Réponse **C**.
On rappelle que 250 mL d'eau a une masse égale à 250 g.

Dans 250 mL d'une solution dosée à 20 %, la masse de soluté est égale à :

$M = 20\,\% \times 250$

$M = \frac{20}{100} \times 250$

$M = 50$

$M = \boxed{50\ \text{g}}$

Prendre 20 % de 250, c'est multiplier 20/100 par 250.

On divise 250 par 10.

On divise aussi 20 par 10.

On ajoute du sel, alors la masse de soluté augmente. Elle est égale à :

$M' = 25 + 50 = 75$

$M' = \boxed{75\ \text{g}}$

La concentration est alors égale à :

$C = \frac{75}{250}$

$C = 0{,}3$

$C = \boxed{30\,\%}$

La concentration est le quotient de la masse en g par le volume en L.

Q76. Réponse **A**.

On rappelle que 100 mL d'eau ont une masse égale à 100 g.

Un litre d'eau a une masse de 1 kg.

Masse de soluté dans la 1re solution :

$M = 20\,\% \times 50$

$M = \frac{20}{100} \times 50$

$M = 10$

$M = \boxed{10\text{ g}}$

Masse de soluté dans la 2e solution :

$M' = 50\,\% \times 50$

$M' = \frac{50}{100} \times 50$

$M' = 25$

$M' = \boxed{25\text{ g}}$

La masse totale de soluté dans les deux solutions est égale à :

$m = 10 + 25 = 35$

$m = \boxed{35\text{ g}}$

Le volume total des deux solutions est égal à :

$V = 50 + 50 = 100$

$V = \boxed{100\text{ mL}}$

La concentration du mélange est alors égale à :

$C = \frac{35}{100}$

$C = 0{,}35$

$C = \boxed{35\,\%}$

La concentration est le quotient de la masse en g par le volume en L.

Q77. Réponse **D**.

40 mL d'eau ont une masse de 40 g.

60 mL d'eau ont une masse de 60 g.

Masse de soluté dans la 1re solution :

$M = 20\,\% \times 40$

$M = \frac{20}{100} \times 40$

$M = 8$

$M = \boxed{8\text{ g}}$

Masse de soluté dans la 2e solution :

$M' = 20\,\% \times 60$

$M' = \frac{20}{100} \times 60$

$M' = 12$

$M' = \boxed{12\text{ g}}$

La masse totale de soluté dans les deux solutions est égale à :

$m = 8 + 12 = 20$

$m = \boxed{20\text{ g}}$

Q78. Réponse **B**.

40 mL d'eau ont une masse de 40 g.

60 mL d'eau ont une masse de 60 g.

Masse de soluté dans la 1re solution :

$M = 20\,\% \times 40$

$M = \frac{20}{100} \times 40$

$M = 8$

$M = \boxed{8\text{ g}}$

Masse de soluté dans la 2e solution :

$M' = 30\,\% \times 60$

$M' = \frac{30}{100} \times 60$

$M' = 18$

$M' = \boxed{18\text{ g}}$

La masse totale de soluté dans les deux solutions est égale à :

$m = 8 + 18 = 26$

$m = \boxed{26\text{ g}}$

Le volume total des solutions est égal à :

$V = 40 + 60 = 100$

$V = \boxed{100\text{ mL}}$

La concentration du mélange est alors égale à :

$C = \frac{26}{100}$

$C = 0{,}26$

$C = \boxed{26\,\%}$

La concentration est le quotient de la masse en g par le volume en L.

Q79. Réponse **D**.

Dans 50 mL d'une solution dosée à 90 %, le volume d'alcool pur est égal à :

$V = 90\,\% \times 50$

$V = \frac{90}{100} \times 50$

$V = 45$

$V = \boxed{45\text{ mL}}$

Prendre 90 % de 50, c'est multiplier 90/100 par 50.

Si la concentration est égale à 60 %, cela signifie que 45 mL d'alcool pur représentent 60 % du volume total de la solution. Le volume total est alors égal à :

$V' = \frac{45}{60\,\%}$

$V' = \frac{45}{\frac{60}{100}}$

$V' = 45 \times \frac{100}{60}$

$V' = 75$

$V' = \boxed{75\text{ mL}}$

Le volume de la première solution est égal à 50 mL. Pour obtenir le volume demandé il faut alors ajouter un volume d'eau égal à :

$V'' = 75 - 50 = 25$

$V'' = \boxed{25\ \text{mL}}$

Q80. Réponse **C**.

Dans 50 mL d'une solution dosée à 70 %, le volume d'alcool pur est égal à :

$V = 70\ \% \times 50$

Prendre 70 % de 50, c'est multiplier 70/100 par 50.

$V = \frac{70}{100} \times 50$

$V = \frac{7\not{0}}{10\not{0}} \times 5\not{0}$

$V = 7 \times 5 = 35$

$V = \boxed{35\ \text{mL}}$

Ce volume est à prélever dans la solution dosée à 87,5 %. Il faut donc prélever :

$V' = \frac{35}{87{,}5\ \%}$

$V' = \frac{35}{\frac{87{,}5}{100}}$

$V' = 35 \times \frac{100}{87{,}5}$

$V' = 40$

$V' = \boxed{40\ \text{mL}}$

Conclusion : le volume à prélever est égal à **40 mL**. Il faudra alors ajouter 10 mL d'eau pour obtenir le volume de la solution demandé (50 mL).

Test n° 13

Questions de Q81 à Q90 : se reporter à la grille réponse.

Proposition de réponse

		28 ▼	31 ▼	
	15 ▶	5	10	12 ▼
34 ▶	10	9	7	8
28 ▶	9	10	5	4
	▲ 19	4	9	◀ 13

1) Regardons la dernière colonne : **T** + **W** = **12**.

		28 ↓	31 ↓	
	15 →	P	Q	12 ↓
34 →	R	9	S	T
28 →	U	V	5	W
	↑ 19	X	Y	← 13

Voici les combinaisons possibles pour **T** et **W** :

$\boxed{\mathbf{T} + \mathbf{W}}$

$= 10 + 2 = 9 + 3 = 8 + 4 = 7 + 5 = 6 + 6$
$= 5 + 7 = 4 + 8 = 3 + 9 = 2 + 10$

On ne peut pas retenir la combinaison :
$T + W = 9 + 3$, car le chiffre 9 est déjà utilisé sur la troisième ligne.
On ne peut pas retenir la combinaison :
$T + W = 6 + 6$, car le chiffre 6 est utilisé deux fois, ce qui n'est pas autorisé.
On ne peut pas retenir la combinaison :
$T + W = 7 + 5$, car le chiffre 5 est déjà utilisé sur la quatrième ligne.

À la lecture des valeurs proposées pour la lettre **W**, seule la réponse $\boxed{W = 4}$ convient. Alors : $\boxed{T = 8}$.

<u>Le tableau devient :</u>

		28 ↓	**31 ↓**	
	15 →	P	Q	**12 ↓**
34 →	R	9	S	***8***
28 →	U	V	5	***4***
	↑ 19	X	Y	**← 13**

2) *Regardons maintenant la 3e ligne du tableau :*
34 = R + 9 + S + 8, soit : **R** + **S** = **17**.

Voici les combinaisons possibles pour R et S en tenant compte des chiffres déjà placés :
R + S = 10 + 7 = 9 + 8 = 8 + 9 = 7 + 10.

À la lecture des valeurs proposées pour la lettre **S**, seule la réponse : S = 7 convient.
Alors : R = 10.

<u>Le tableau devient :</u>

		28 ↓	**31 ↓**	
	15 →	P	Q	**12 ↓**
34 →	***10***	9	***7***	8
28 →	U	V	5	4
	↑ 19	X	Y	**← 13**

3) *Regardons maintenant la 2e colonne du tableau :* **19** = **U** + **10**, soit : U = 9.

<u>Le tableau devient :</u>

		28 ↓	**31 ↓**	
	15 →	P	Q	**12 ↓**
34 →	10	9	7	8
28 →	***9***	V	5	4
	↑ 19	X	Y	**← 13**

***4)** Regardons maintenant la 4e ligne du tableau :*
28 = **9** + **V** + **5** + **4**, soit : $\boxed{V = 10}$.

Le tableau devient :

		28 ↓	**31** ↓	
	15 →	P	Q	**12** ↓
34 →	10	9	7	8
28 →	9	***10***	5	4
	↑ **19**	X	Y	← **13**

***5)** Regardons maintenant la dernière ligne du tableau :* **13** = **X** + **Y**.

Voici les combinaisons possibles pour **X** et **Y** en tenant compte des chiffres déjà placés :

(**X** + **Y**)
= 8 + 5 = 7 + 6 = 5 + 8 = 4 + 9 = 3 + 10

À la lecture des valeurs proposées pour la lettre **Y**, les réponses : Y = 8 et Y = 9 semblent convenir. Mais si on choisit : Y = 8 , alors à l'avant-dernière colonne, pour obtenir une somme égale à 31 il faut donner à Q la valeur 11, ce qui n'est pas possible. On rappelle que tous les nombres doivent être inférieurs ou égaux à 10.
En définitive, seule la réponse : $\boxed{Y = 9}$ convient.
Alors : $\boxed{X = 4}$.

		28 ↓	**31** ↓	
	15 →	P	Q	**12** ↓
34 →	10	9	7	8
28 →	9	10	5	4
	↑ **19**	***4***	***9***	← **13**

Le tableau devient :

***6)** On en déduit la valeur de P sur la 3e colonne :*
28 = **P** + **9** + **10** + **4**, soit : $\boxed{P = 5}$.

***7)** On en déduit la valeur de Q sur la 4e colonne :*
31 = **Q** + **7** + **5** + **9**, soit : $\boxed{Q = 10}$.

Le tableau ci-contre est alors complété.

		28 ↓	**31** ↓	
	15 →	***5***	***10***	**12** ↓
34 →	10	9	7	8
28 →	9	10	5	4
	↑ **19**	4	9	← **13**

Test n° 14

Questions de Q91 à Q95 : se reporter à la grille réponse.

On note de *a* à *d* les hexagones. On écrit une équation pour chaque hexagone.

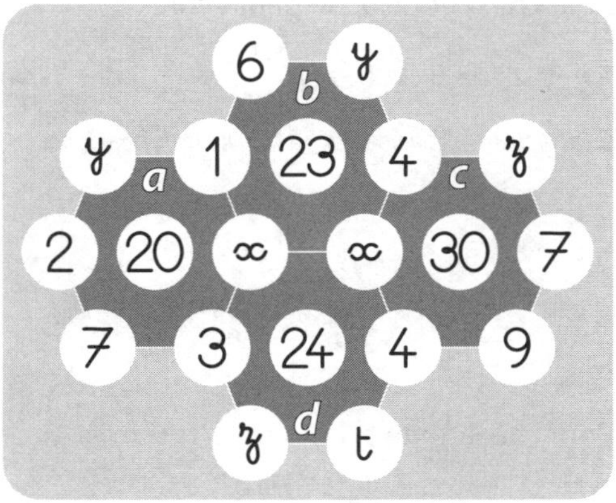

Pour l'hexagone *a*, on peut écrire :

$x + y + 7 + 3 + 1 + 2 = 20$

On déplace tous les nombres au 2nd membre de l'équation.

$x + y = 20 - 7 - 3 - 1 - 2$

$\boxed{x + y = 7}$ *Les termes qui changent de côté de l'équation changent aussi de signes.*

Pour l'hexagone *b*, on peut écrire :

$2x + y + 1 + 6 + 4 = 23$

On déplace tous les nombres au 2nd membre de l'équation.

$2x + y = 23 - 1 - 6 - 4$

$\boxed{2x + y = 12}$

On résout le système formé par ces deux équations encadrées :

$$\begin{cases} a \\ b \end{cases} = \begin{cases} x + y = 7 \\ 2x + y = 12 \end{cases}$$

On soustrait membre à membre les termes des équations.

$a - b$

$x - 2x \cancel{+y} \cancel{-y} = 7 - 12$

$-x = -5$

$\boxed{x = 5}$

On remplace x par 5 dans l'équation a.

$x + y = 7$

$5 + y = 7$

$y = 7 - 5$

$\boxed{y = 2}$

Pour l'hexagone *c*, on peut écrire :

$x + z + 4 + 4 + 9 + 7 = 30$

On déplace tous les nombres au 2nd membre de l'équation.

$x + z + 4 + 4 + 9 + 7 = 30$

$x + z = 30 - 4 - 4 - 9 - 7$

$\boxed{x + z = 6}$

On remplace x par 5 dans cette précédente équation.

$x + z = 6$

$5 + z = 6$

$z = 6 - 5$

$\boxed{z = 1}$

Pour l'hexagone *d*, on peut écrire :

$2x + z + t + 3 + 4 = 24$

On remplace x par 5 et z par 1 dans cette équation.

$2 \times 5 + 1 + t + 3 + 4 = 24$

$10 + 1 + t + 3 + 4 = 24$

$t = 24 - 10 - 1 - 3 - 4$

$\boxed{t = 6}$

Pour répondre à la question **Q95**, il suffit de remplacer toutes les lettres par leurs valeurs respectives ; c'est-à-dire :

$x + y - z - t = 5 + 2 - 1 - 6 = \boxed{0}$

Questions de Q96 à Q100 : se reporter à la grille réponse.

On note de *a* à *d* les hexagones. On écrit une équation pour chaque hexagone.

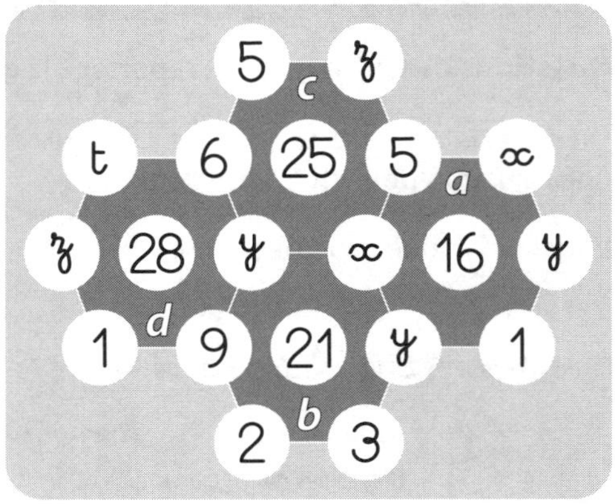

Pour l'hexagone *a*, on peut écrire :

$2x + 2y + 5 + 1 = 16$

On déplace tous les nombres au 2nd membre de l'équation.

$2x + 2y + 6 = 16$

$2x + 2y = 16 - 6$

$2x + 2y = 10$ *On divise tous les nombres par 2.*

$\boxed{x + y = 5}$

Pour l'hexagone *b*, on peut écrire :

$x + 2y + 9 + 2 + 3 = 21$

On déplace tous les nombres au 2nd membre de l'équation.

$x + 2y + 14 = 21$

$x + 2y = 21 - 14$

$\boxed{x + 2y = 7}$

On résout le système formé par ces deux équations encadrées :

$$\begin{cases} a \\ b \end{cases} = \begin{cases} x + y = 5 \\ x + 2y = 7 \end{cases}$$

On soustrait membre à membre les termes des équations.

$a - b$

$\cancel{x - x} + y - 2y = 5 - 7$

$-y = -2$

$\boxed{y = 2}$

On remplace y par 2 dans l'équation a.

$x + y = 5$

$x + 2 = 5$

$x = 5 - 2$

$\boxed{x = 3}$

Pour l'hexagone *c*, on peut écrire :

$x + y + z + 5 + 5 + 6 = 25$

On déplace tous les nombres au 2nd membre de l'équation.

$x + y + z + 16 = 25$

$x + y + z = 25 - 16$

$\boxed{x + y + z = 9}$

On remplace x par 3 et y par 2 dans cette équation.

$x + y + z = 9$

$3 + 2 + z = 9$

$5 + z = 9$

$z = 9 - 5$

$\boxed{z = 4}$

Pour l'hexagone *d*, on peut écrire :

$y + z + t + 9 + 1 + 6 = 28$

On remplace y par 2 et z par 4 dans cette équation.

$2 + 4 + t + 9 + 1 + 6 = 28$

$t = 28 - 2 - 4 - 9 - 1 - 6$

$\boxed{t = 6}$

Pour répondre à la question **Q100**, il suffit de remplacer toutes les lettres par leurs valeurs respectives ; c'est-à-dire :

$x - y + z - t = 3 - 2 + 4 - 6 = \boxed{-1}$

Grille réponse

	A	B	C	D		A	B	C	D		A	B	C	D		A	B	C	D
Q1		✕			Q26	✕				Q51		✕			Q76	✕			
Q2	✕				Q27				✕	Q52			✕		Q77				✕
Q3			✕		Q28			✕		Q53			✕		Q78		✕		
Q4			✕		Q29		✕			Q54				✕	Q79				✕
Q5	✕				Q30				✕	Q55	✕				Q80			✕	
Q6			✕		Q31	✕				Q56				✕	Q81				✕
Q7		✕			Q32				✕	Q57				✕	Q82			✕	
Q8		✕			Q33			✕		Q58	✕				Q83	✕			
Q9		✕			Q34				✕	Q59			✕		Q84				✕
Q10			✕		Q35		✕			Q60		✕			Q85				✕
Q11	✕			✕	Q36	✕				Q61				✕	Q86				✕
Q12		✕	✕		Q37			✕		Q62	✕				Q87		✕		
Q13				✕	Q38				✕	Q63				✕	Q88			✕	
Q14				✕	Q39		✕			Q64	✕				Q89		✕		
Q15	✕		✕		Q40				✕	Q65		✕			Q90	✕			
Q16	✕				Q41	✕				Q66	✕			✕	Q91				✕
Q17			✕		Q42				✕	Q67		✕		✕	Q92		✕		
Q18				✕	Q43			✕		Q68			✕	✕	Q93	✕			
Q19			✕		Q44		✕			Q69		✕		✕	Q94			✕	
Q20		✕			Q45				✕	Q70	✕		✕		Q95	✕			
Q21			✕		Q46				✕	Q71				✕	Q96		✕		
Q22	✕	✕			Q47	✕				Q72				✕	Q97		✕		
Q23				✕	Q48				✕	Q73	✕				Q98				✕
Q24				✕	Q49			✕		Q74		✕			Q99	✕			
Q25			✕		Q50		✕			Q75			✕		Q100			✕	

Achevé d'imprimer : juillet 2014
sur les presses de l'imprimerie LEGO
Dépôt légal juillet 2014

Imprimé en Italie